서울에
딴스홀을 許하라

서울에 딴스홀을 許하라

김진송 지음

현실문화

목차

개정판을 내며

이 글은 처음 '현대는 우리에게 무엇인가'라는 단순한 질문으로
시작되었다. 현대는 어떻게 시작되었을까? 그 모습은 지금과 얼마나
다르고 같을까? 어제와 오늘이, 10년 전과 현재가 빠르게 달라지는
현실에서 100년 전의 과거로 거슬러 현재의 원형을 찾는 일은 낯선
작업이었다. 식민지의 그늘 아래 비틀거리며 시작된 현대는 현재 우리의
모습과 놀랍도록 닮아 있었다. 그때 현대란 우리에게 존재하지도 않았던
개념이었다.

우리들 삶의 모습, 생각의 틀 그리고 일상을 지배하는 무수한
현상이 시작된 곳을 들여다보며 그 다르고 같음을 발견할 때마다
놀라고 흥분했던 기억이 선하다. 현대에 대한 이야기는 과거의 역사가
아니다. 현대의 시작을 찾아보려는 시도가 과거를 들춰내 현재 앞에
무릎을 꿇리는 역사 연구만일 수 없는 까닭은 현재, 우리의 모습을
말해야 하기 때문이다.

처음 글을 썼던 때로부터 20년의 시간이 흐른 뒤, 현대는 여전히
더 빠르고 더 깊게 우리를 관통하고 있다. 정치·사회적 현상들은 일상의
삶과 더 밀착되고 사회의 소통은 즉각적이며 대중문화의 흐름은 보다
강력하게 사회를 지배한다. 이러한 수많은 변화를 이제는 현대라고
뭉뚱그려 말하는 것조차 버겁다. 우리는 어디를 향해 가고 있을까?
서구사회의 뒤를 쫓던 우리 사회가 문득 뒤를 돌아보니 아직 아무도
도달해보지 못한 곳까지 내달리고 있을지도 모를 일이다. 현대가 이
모든 것을 가능하게 했다면 우리에게 '현대란 무엇인가'라는 질문은
여전히 유효할 것이다.

책을 출판할 무렵의 열악했던 환경과 조건들을 감안하더라도
당시에 미처 확인하지 못했던 사실, 실수나 누락을 내팽개쳐둔 것은
저자의 게으름 때문이었다. 그동안 현대에 대한 적지 않은 연구와
성과들이 있었고, 이를 통해 잘못 알려졌던 사실을 바로잡고 적지 않은

오류들을 확인할 수 있었던 것은 다행이다. 일일이 자료와 원문을
찾아 대조하고 꼼꼼히 오류를 바로잡아준 편집팀이 아니었다면 이마저
가능하지 않았을 것이다. 그럼에도 여전히 남아 있는 잘못이 있다면,
이는 미처 확인하지 못한 저자의 탓임은 물론이다. 현실문화 식구들에게
감사드린다.

　　2019년 11월.

책을 위한 변명

이 책은 처음 한국근현대미술사의 기본연구로서 현대문화에 대한
관심에서부터 비롯되었다. 애초부터 우리의 현대성과 현대문화 자체를
살펴보려던 것은 아니었다.

　　근대미술(현대미술과 구분하여 해방공간 이전의 미술을
근대미술로 부르는 것이 미술계의 통례이다)에서 가장 먼저 논의의
출발이 되는 것은 '근대(현대)'이며, 미술행위의 결과로 나타나는
'근대성(현대성)'이 현재의 미술과 어떠한 연관을 지니고 있는가를
따져보는 작업이 근현대미술연구다. 미술사를 연구하는 것이
'죽은 화가들의 뒤꽁무니를 캐고 다니는 일'이거나 아니면 '버려진
골동잡동사니에서 우연히 발견한 작품의 먼지를 털어내는 일'이 아닐
바에야 근현대미술에서 현대성이 문제가 되는 것은 당연하다. 그것은
미술 이전에 사회 전반과 관련된 문제이며 따라서 미술에서 '미적
의미에서의 현대성을 따져보는' 것뿐 아니라 '사회적 의미에서의
현대성을 가늠하는' 것 또한 매우 중요해진다. 이는 단지 미술사에서
언급되는 미술작품에서 벗어나 건축, 광고, 사진, 만화 등등이 연구대상
장르로 확산되어야 한다는 것을 의미하지는 않는다. 현대적 조건을
이루어내는 모든 시각언어 현상들을 '현대성'이라는 이름으로 다시
들여다보고 거기서 현대미술이라는 개념을 다시 되짚어나가는 것이
근현대미술연구의 한 방법일 수 있다.

　　그러나 거기까지 가는 데는 몇 가지 전제되어야 할 바탕연구가
필수적이다. 먼저 몇십 년을 거슬러 당시의 시각적 체험과 동질화된
추체험을 가능케 하기 위한 잡다한 현대에 대한 자료조사와 연구가
필요했다. 그리고 이를 위해서 우리의 손 닿는 곳에 적어도 현대
이후의 지성사나 문화사적 흐름을 맥락 지을 수 있는 삶과 의식에 대한
기록들이 일목요연하게 놓여 있어야만 했다. 현대성에 관한 기존의
논의나 현대의 개념에 대한 수많은 저술이 도움이 되지 않은 것은

아니었지만, 현대가 시작될 무렵의 그리고 현대가 전개되는 동안의 구체적인 사회상을 그려보는 데는 더 실제적인 자료가 필요했다. 물론 이러한 과정이 또 다른 엄청난 작업을 요구한다는 것을 알았을 때 근현대미술에 관한 연구는 당분간 뒷전으로 밀려나게 되었다. 게다가 현대가 태어날 무렵의 상을 대충이라도 가늠하기 위해 시간을 너무 많이 허비해버렸다.

이 책은 현대의 처음 모습을 그려보기 위한 그 지난한 과정의 초입에서 게으름에 지쳐버리고 남은 결과다. 애초에는 현대를 이해하기 위한 글들을 묶어 자료집을 만들 생각이었지만 거기에 해제를 붙여 쓰고 설명을 달다 보니 어느새 그 일이 더 커지고 말아 앞뒤가 뒤바뀌고 말았다.

필요에 의해서 이 책은 매우 제한적인 원칙을 적용했다. 하나는 기존의 정치, 사회, 경제, 문학 등에서 언급하거나 인용된 관념적이며 논리적인 글들은 가급적 중심에서 배제하려 했다. 오히려 그 반대로 되도록 일상적이며, 구체적인 현상들에 대한, 시답지 않게 보이거나 시시껄렁한 것으로 취급되는, 그러나 그 어느 것보다 '현대성'에 대해서 풍부하게 시사하고 있다고 생각되는 글자료와 시각자료들을 판단의 중심에 놓았다. 다른 하나는 현재 논의되고 있는 모더니티에 대한 담론들, 그리고 거기서 비롯된 매우 유효하고 효과적으로 적용할 수 있는 시각들을 일단 적용하지 않으려 했다. 자료를 몇 개 살펴보는 동안 현재까지의 논의가 앞세우는 그 전거들은 대부분 추상적이거나 관념적인 원칙에 충실한 낯선 개념들의 엮음에 지나지 않을 수도 있다는 의심이 들었기 때문이다. '있는 그대로의 날것'으로서의 구체적이고 일상적인 체험들을 내용의 중심으로 삼으려 한 것은 현대가 관념에 빠지는 것을 막고 싶은 이유에서다. 따라서 이 책은 현대성에 대한 연구서의 성격을 지니지 않는다. 당연하게 이 책이 우리의

'현대성'을 개괄하거나 망라한, 일목요연한 흐름을 보여주고 있다고는
생각하지 않는다. 현대가 형성될 무렵인 1930년대를 중심으로 한 것도
그렇거니와 거기서도 매우 부분적인 전거들로 엮어진 것에 불과하기
때문이다. 맨 처음 의도했던 것처럼 현대의 모습을 그려보기 위한 혹은
현대가 시작될 무렵을 체험하기 위한 작은 장소를 제공하고 싶었을
뿐이다.

　　　이 책은 일곱 개의 서로 다른 그러나 서로 중첩과 중복을 피할
수 없는 장으로 나뉘어 있다. 각각의 장들은 실제 현대성을 경험하는
층위와 각도에 따라 구분되어 있지만 그렇다고 해당되는 장의 성격을
전반적으로 망라한 내용을 담고 있지 못하다. 뿐만 아니라 매우
제한적인 자료를 통해 우리의 현대성의 경험 속에서 추출할 수 있는
몇 가지의 문화적 혹은 일상적 특징을 주목하는 것으로 채워져 있다.
예를 들면 첫 장은 현대의 개념, 특히 동시대인들이 인식했던 현대성을
간단한 사상적 흐름과 현대에 상응하는 용어를 중심으로 살펴보았지만
1930년대 '모던'에 대한 당시의 인식을 중심으로 짜여 있으며, 두 번째
장은 문물과 과학을 통해 새로운 인식적 범주가 확산되는 계기를, 세
번째 장은 지식인문화의 성격 특히 룸펜문화와 데카당으로 불리는
문화적 현상과 모더니티와의 관계를, 네 번째 장은 스포츠와 영화,
유행가 등 대중문화가 형성되는 과정과 유행의 양태를, 다섯 번째 장은
현대화과정에서 여성의 인식변화와 사회 속에서의 역할에 대해서,
여섯 번째 장은 건축을 중심으로 한 도시화의 과정과 도시적 감수성의
형성 그리고 도시의 경제적인 삶의 환경을, 마지막 장에서는 성에 대한
인식의 변화와 육체의 서구화 그리고 이를 통한 현대적 인간의 탄생에
대해 살펴볼 수 있는 몇 가지를 적어놓았다.

　　　각 장마다 앞의 글은 뒤에 수록된 원문의 해제 성격을 지닌
글이다. 어쩌면 각 장의 어수선한 앞글이 아니라 뒤쪽에 실린 글들만을

읽어봄으로써 현대에 대한 간접적인 체험을 더 실감나게 할 수 있을
것이다. 수록된 원문자료는 대략 1900년부터 1945년에 이르는 잡지의
글을 가려 뽑은 것이다. 이 글들 이외에 각 장에 해당하는 더 그럴
듯한 많은 글이 책의 부피를 줄이기 위해 실리지 못했으며 또한
자료의 대상이 되었어야 할 신문의 기사나 단행본의 글들은 다음
기회로 미루어야 했다. 각 장의 뒤에 실린 「읽어볼 문헌자료」의 글들은
가급적 현대어로 바꾸었지만 당시의 어투를 최대한 살릴 수 있도록
했으며, 앞글에 인용된 글들은 원문에 되도록 충실하도록 했다. 다만
국한문혼용체의 난삽한 글은 현재의 독자를 위해 상당 부분 풀어놓았다.

책을 만들 생각을 하고 글의 해제를 쓰기 이전에 자료를 찾고 정리하며
논의를 하는 과정의 절반은 동료 연구자인 목수현 씨의 차지였다.
사정으로 글을 쓰는 데 적극적으로 참여하지 못했지만 이 책은 그와
함께 시작하지 않았으면 어설픈 마무리나마 짓지 못했을 것이다.
마지막까지 꼼꼼하게 글을 살펴준 박순희 씨에게도 고마움을 전한다.
그밖에 자료를 정리하고 입력하는 데는 몇몇 사람들의 도움을 받아야
했다. 뒤늦게나마 고마움을 표한다.

   1998년 겨울.

우리에게 현대란 무엇인가

어느 날, 문이 열리고 '현대'가 물 위로 올라와 거리를 달리기 시작했다. 굵은 쇠막대 위로 김을 내뿜는 기차가 달리며, 사람들 사이로 바퀴 달린 자동차가 굴러가고, 언덕 위에는 붉은빛 벽돌의 첨탑이 주변의 낮은 지붕을 뚫고 치솟았다. 낯선 집들이 육중한 화강석을 쪼아 만든 아름다운 기둥에 받쳐 들어섰으며, 밤을 밝히는 불빛이 거리를 수놓았다. 현대는 그렇게 시작되는 것처럼 보였다.

그로부터 백여 년 후. 거리는 엄청나게 많은 자동차와 휘황한 건물로 둘러싸여 있다. 미끈한 중형차의 뒤꽁무니에 거대한 레미콘이 내달리고, 철골의 위용을 애써 드러낸 유리 건물이 햇빛을 반사한다. 숨쉬기조차 어려운 공기 속에서 수많은 사람이 이리저리 쏠려다니고 수많은 말을 뱉는다. 언어들과 이리저리 보이지 않게 옮겨 다니는 거대한 언어의 통로, 혼란스럽고도 교묘하게 얽혀 있는 그리하여 아주 가끔은 끔찍한 일을 불러일으킬 것 같은 전선들, 그 선처럼 교직된 질서로 이루어진 관료조직과 사조직, 산더미처럼 쌓인 상품을 둘러싸고 벌어지는 생산과 소비, 협력과 갈등의 경제구조 등등. 이러한 모두를 가로지르는 현대의 징후들은 우리에게 '현대성'을 실감케 한다.

현대성modernity? 그렇다. 우리의 복잡한 세상을 현대성으로 뭉뚱그리려는 의도는 '지금' '우리'의 모습에 대한 의문에서 시작한다. 지금 우리는 어디에서 시작되었는가? 우리 삶의 모습, 생각의 틀이 이렇게 생겨먹게 된 것은 언제 어디서부터인가? 분명 현재의 일상은 한 세기 전에 상상할 수 있었던 일상의 풍경과 다르다. 그 달라진 세계는 너무도 놀라운 것이어서 현대를 동시대와 유사한 어떤 기간으로 보기 위해 과거를 되새기는 일조차 쉽지 않다. 그 과거는 언제 어디서부터 현재와 다르고 같은가? 그 다르고 같음을 나누는 근거는 무엇인가? 이런 의문들은 종잡을 수 없는 우리 삶의 모습에서 시작된 것일지도 모른다. 아니면 너무 많은 사유와 이론과 실천의 각기 다른 방식(그것도 서로를 미심쩍어하는)에서 온 것이거나.

　현대에 관한 많은 글과 책에 밝혀진 이야기들은 현대사회가
발전한 경로를 설명하고 있다. 유럽의 몇 나라가 겪어온 사회적인
변화와 경제적인 발전이 현대성의 기원이라는 이야기는 때로 우리의
현대를 설명하는 데 도움이 될 수 있다. 구한말에서 식민지 시기에
이르는 근대사의 개항이니 동학혁명이니 갑오경장이니 하는 사건들을
엮은 역사책에서 현대성을 발견할 수도 있다. 정치사, 경제사, 사회사
등등… 그러나 우리의 현대성을 정치·경제·사회·문화적 유형들로 짜
맞춰 설명하는 방식에는 어딘가 늘 미심쩍고 불투명한 구석이 남는다.
그 의문은 현대가 불확실하고 불투명한 경로 그 자체일 것이라는
막연한 가정에서 출발하지만, 그보다는 현대를 말하는 방식에 대한
불만에서 비롯된다. 말하자면 현대를 말하는 방식이, 현대를 살아가는
삶의 모습에서 너무 멀리 떨어져 있다는 불만이다.

　현대는 역사적 체계와 구조 속에 위치한 일련의 과정이지만
그렇다고 현대가 체계와 구조로써 해석될 것 같지는 않다. 현대성에
대해 정치, 경제, 사회, 문화 등등의 범주로 구획 지어 접근하는 것은
정치, 경제, 사회, 문화의 범주가 실재하기 때문이 아니라 각각의 영역이
분할되었다고 가정한, 지극히 현대적인 인식 때문이다.

　그렇다고 현대의 조건이 사건으로 점철되는 역사를 통해서
밝혀질 것 같지도 않다. 개항, 식민지배, 해방공간의 좌우갈등, 전쟁과
원조, 선거부정에 이은 학생혁명, 쿠데타와 경제재건, 광주시민운동과
노동자봉기, 금융위기와 IMF 체제 등등의 역사의 파노라마 속에서,
천천히 그렇지만 빠르게 변화하는 '현대적' 의식과 정서의 잠재된
형태들은 모습을 감추어왔다. 사건이 주는 숫자의 무게와 가시적인
효과에 길들여진 역사학은 결코 그 형태들을 그려낼 수 없었다. 현대는
정치사의 밑바닥이나 사회사의 행간 속에 간간이 섞여 있었을 뿐이며,

연속적인 그러나 단절적인 집단의식의 변화들만이 사건의 지각변동을 통해야만 측정될 수 있는 단위로 치환되고, 으레 그래야 할 당연한 현상으로서 분노와 갈등, 폭력과 위기의 폭발만이 주목되었을 뿐이다.

그리하여 그 역사의 학문적 층위들 사이를 비집는 현대적인 삶의 조건과 거기서 끊임없이 상투화하고 반복되는 삶과 의식의 변화는 오히려 매우 낯선 모습으로 비친다. 《황성신문》에 줄기차게 반복된 비로드와 중절모의 광고는 「시일야방성대곡」의 비분강개한 흐느낌 속에서 현대사의 곁가지로도 주목되지 않으며, 1930년대의 모던 걸과 모던 보이는, 치열한(그리고 지적 허위에 가득 찬) 지식인의 자기고뇌에 가려 현대를 향한 한 푼어치의 당위성도 인정받지 못한다. 어쩌면 그 당연한 결과로서 현대를 살아가는 사람들의 현대성 체험은 교과서에 등장하는 도식적 삶과 일상의 실재적 삶에 대한 긍정과 부정, 진정성과 표피적 가식성 사이를 수없이 미끄러져 내리는 그 어느 곳에서 헤매고 있다. 그리하여 사람들의 생각은 어느 갈래인지 종잡을 수 없도록 늘 쪼개지고 갈라진 것처럼 보인다. 그것은 의식과 정서의 메울 수 없는 간극으로 나타나기도 한다. 청포도 적신 수건 자락에 아슴한 향수를 느끼다가도 느닷없이 람보의 총부리가 시원스럽게 내뿜는 죽음의 광기에 박수를 보내는 정서, 버지니아 울프의 고독을 마치 옆집 아가씨의 슬픔만큼이나 가슴 깊이 담아낼 수 있는 감수성, 경제를 살리자는 추상적 슬로건에 거리낌 없이 구체적으로 동참할 수 있는 의식 등등. 이런 것들은 흔히 말하는 탈脫모던의 분열적인 현상도 아니며, 부침하는 대중의 부박한 성정도 아니다. 현대의 과정이 그 모든 정서를 자연스럽게 체득하게 했을 뿐이다. 그 시작은 어디인가?

현재와 유사한 현대의 풍경이 펼쳐질 무렵, 그 시기는 지금으로부터 아주 가깝지만 매우 멀게 느껴지는 때다. 그 시대를 바라보면, 그

이전의 과거와는 다른 놀라운 모습을 보이기도 하지만 보잘것없고
보기에도 민망한 어리숙함이 배어 있기도 하다. 그때부터 현재에 이르는
수많은 변화는 놀라운 것이지만 생각해보면 낯선 변화는 아니다. 그때,
궁중에 머문 외국인들이 경망스럽게 헐떡거리며 정구庭球(오늘날의
테니스) 치는 것을 물끄러미 쳐다보던 일이 지금은 대낮같이
밝힌 야구장으로 몰려가 경기장을 가득 채우는 일로 뒤바뀌었다.
환등기의 껌뻑이던 문물풍광 스틸 사진을 구경 가던 인텔리는 한겨울
따뜻한 방 안의 소파에 몸을 묻고 딸기를 먹으며 리모컨을 눌러
텔레비전의 다큐멘터리를 보게 되었다. "본 상회商會로 내의來議하심을
무망務望함"이란 신문의 글 광고는 네온과 형광으로 도배된 그림 광고로
바뀌었을 뿐이다. 그렇다. 현대의 시작과 끝은 그렇게 다르지 않을
것이다.

　　　그럼에도 우리는 처음 현대의 체험이 얼마나 놀라운
경험이었는지를 상상하기가 쉽지 않다. 그 체험은 10년 전의 광고를 볼
때처럼 촌스럽거나 어색한 모습이라기보다 정치·경제·사회·문화적인
충격으로 시작되었을 것이다. 그것은 자신이 그때까지 믿어왔던
권위들이 무너지는 침략과 전쟁의 공포였을 것이며, 자신의 삶을
버티게 하는 기초적인 경제 질서들이 보이지 않는 힘에 밀려 손쓸 수
없이 부유하게 될 것이라는 두려움이며, 끔찍스러울 정도로 이질적인
문명들이 한 곳에서 부딪치며 내는 시끄럽고 떠들썩한 혼란에 대한
근심이며, 전화로 말을 틔우고 전기로 빛을 밝히는 물질문명에 대한
경외이며, 귀천을 빌미 삼지 않고 살아갈 수 있다는 희망과 인간해방에
대한 바람이었을 것이다. 그 두려움과 혼란, 외경과 희망의 뒤편에
현대가 짙은 그림자를 드리우고 있었다.

　　　그로부터 현재에 이르기까지 현대는 수많은 갈래의 스펙트럼을
그리며 이어져왔다. 현대를 거슬러 오르다보면 지금의 우리 모습과는

다르지만, 그 이전의 과거와도 다른 어느 순간을 만나게 된다. 그곳은
역사의 순간으로 기록되어 있지 않으며 흔히 현대성을 규명하는
논의나 시기구분론에서 거론되는 지점도 아니다. 그러나 그때의
모습을 살펴보면 놀랍게도 현재의 우리 모습과 매우 유사한 여러 가지
현상들을 만날 수 있다.

거리에 자동차와 인파가 밀려다니고 네온사인이 번쩍거리는
쇼윈도를 기웃거리는 남녀들은 서양 패션잡지를 사거나 영화배우
사진을 걸어놓고 스타일을 흉내 내며, 재즈가 울리는 카페에서 칵테일을
즐긴다. 외양과 삶의 양식만을 말하는 것이 아니다. 우리가 지닌
사고의 줄기, 생각의 결들의 밑동을 파보면 그때와 현재가 같은 뿌리를
지니고 있음을 발견하게 된다. 학문, 교육, 정치, 행정에 이르기까지
뿌리 깊게 밴 관념적 사회관, 지식인의 룸펜적 기질과 거대담론에 의한
사회비판의 버릇, 유행과 스타일에 대한 맹목적 집착, 현실보다 훨씬
급진적인 여성주의와 이에 대응하는 일상의 보수적인 시각, 유교의
봉건성과 결합하였음에도 현대적인 사고로 둔갑한 문화교양주의,
취미론에 머무는 예술에 대한 태도 등등. 우리 사회의 검증되지 않은,
그래서 더욱더 미심쩍은 부분들이 공유되고 있는 곳이기도 하다. 그곳을
'현대가 형성된 곳'이라고 말하거니와 시기로 보면 1930년대이다.
그곳을 바라보면 어색하고 촌스러움이 배어 있어 낯선 과거처럼
보인다. 그러나 더 꼼꼼히 들여다보면 현대가 굳건히 자리를 잡으면서
사라져버린 솔직한 현대인의 모습이 거기 있다.

현대가 시작될 무렵의 상황을 상상하기 위해 간단하지만 널리 알려진
두 개념축을 마련할 수 있다. 하나는 '나(주체)'와 '나에게 다가오는 다른
것(타자)'이며, 다른 하나는 '새롭고 좋은 것(현대, 서구)'과 '낡고 나쁜
것(봉건, 전통)'이라는 개념이다. 이 두 가지 각기 다른 줄기는 서로

교차하면서 여러 가지의 가능한 패러다임을 형성한다. 예를 들면 '낡은 나'와 '새로운 남'을 가정하면 이에 대응하는 '나쁜 나'와 '좋은 남'이라는 등식이 성립하며, 이런 공식은 우리가 상상할 수 있듯이 필연적인 정체성의 혼란을 가져온다.

　　현대로 막 진입하려는 언저리에서, 현대는 막연히 '억압과 야만의 미몽'에서 벗어나려는 조짐들로 나타났다. 그것은 불안하고 어수선한 세상에 다가온 '강력하고 위협적인 타자'에 대처하기 위한 스스로의 대응방법이자 '낡은 주체'와 결별하기 위한 몸부림이었다. 그러나 위협적인 타자의 음험한 본성을 미처 파악하기도 전에, 그리고 낡은 주체에 정면으로 대응하기 위한 새로운 주체들을 기다릴 틈도 없이, 현대는 '개화'와 '개량'과 '계몽'이란 패러다임에 더욱 강력한 힘을 실어야 할 무엇으로 변해갔다. 그 순간 우리는 서구의 현대와 맞닥뜨리게 된다. 서구 계몽주의의 주요 관념들, 이를테면 인간의 이성과 자연에 대한 과학적 지배, 물질적인 진보와 과학 발전에 의한 사회의 번영과 같은 현대적 발상들이 순식간에 우리의 새로운 논리로 차용되었지만, 그것은 전통 혹은 봉건에 젖어 있던 주체와의 필연적인 갈등을 야기할 수밖에 없었다.

　　가장 먼저 제기되었던 사회진화론이나 문명론과 같은 사상은 표면적으로는 분명 다가올 현대를 향한 것이었다. 문명의 '발전'과 사회의 '진보'를 주장하는 이런 이념들은 '발전되지 못한' 야만의 상태를 극복하기 위한 하나의 대안이었지만 동시에 미몽과 야만 그 자체를 당연시하는 수단이기도 했다. 이른바 모더니티의 유토피아에 대해 사회적(혹은 계몽적 지식인의) 공감대가 형성되지 못했던 저개발·후진적 사회에서, '발전되지 못한 상태'를 전제한 진화의 이데올로기는 식민지배의 당위성을 설득하는 데 사용되었다. 식민지배에 매우 유용하게 작용했던 문화적 열등감은 바로 봉건적인 상황의 비참한 현실에 적용되었으며, 진보된 문화의 폭력적인 '문화적 이식'을 수용하도록 강요했다. 그리고 그런 사회는 식민지로 정의되었다.

따라서 식민지의 현대는 출발지점에서부터 새로운 빛을 자신의 내부가 아니라 나오는 다른 타자로부터 발견해야 했다. 현대를 향한 진보와 발전은 내부에서 발견되어야 할 목록이 아니라 타자의 인덱스에서 가져와야 할 아이템이었으며, 진보와 발전은 끊임없는 '문화적 대체효과'로서의 진보와 발전이었다. 지금도 그런 사회문화적 특성이 지속하고 있는지 모른다.

모든 사회적 상황을 고려하면, 우리는 현대가 과거와의 급진적 단절을 가져왔다는 사실을 받아들일 수 있다. 전통적인 사회로부터 현대적인 사회로의 이행이라는 현대화과정은 우리에게 더 극적이고 파란만장한 것이었다. 곧바로 낡은·과거의·봉건의 패러다임은 '구舊'로 남아 구시대, 구식으로 소멸해가고, '새로움'을 지상과제로 하는 패러다임이 '신新'과 '양洋'을 머리에 쓰고 전면에 부상했다. 그리하여 '동방의 빛'이나 '고요한 아침의 나라' 그리고 '은둔의 국가'는 거칠게 다가온 현대의 풍경 속에서 스산하고 따분하며 지루한 수사로만 남게 되었다.

때로 현대에 대한 그리고 서구에 대한 하나의 역동일시逆同一視의 거울로서 '동양'과 '동방'은 자생할 수 있었다. 그리고 낡고, 비인위적이며, 원시적인 상태 그 자체가 때로는 찬양되고 때로는 자위의 도구가 되기도 했다. 그러나 오늘날 우리의 모습에서 발견할 수 있듯이, 한 꺼풀을 벗겨보면 동양과 과거와 자연은 재빨리 버려야 할 반현대적인 패러다임이었다. 새로운 모든 것, 덧붙여 서양적인 모든 것은 '옳은 것' '찬양할 것' '뒤따라야 할 것'이 되었으며 그 자체로 현대의 문화가 되었다. 그리고 급진적 단절이 가져온 전통과 현대, 동양과 서양이라는 대립적인 사고는 현대화과정에서 전통을 대신하는 현대, 동양을 대체하는 서양이라는 절대적인 개념을 심어놓게 되었다. 세계의 변방, 혁명의 바깥쪽에서 현대는 그렇게 시작된 것이다.

그런저런 사정으로 현대로 향하는 발걸음이 자연스럽고 편안했을 리 없다. 예상할 수 있는 것처럼 새것과 양洋 것의 우성이 낡은 것과 봉건의 열성과 단순 교배하여 새로운 문화가 만들어지기란 쉽지 않았다. 역설적으로 말해 새로움의 힘이 강대해질수록 열등한 한 켠의 낡은 것과 봉건적인 힘에 대한 집착은 더 깊어졌다고 할 수 있다. 새것이라는 적들에 대항하는 혹은 저항하지 않으면 안 되었던 낡은 우리에 대한 인식은 바로 주체적 자각으로 불릴 수도 있었기 때문이다. 자각의 심도는 식민지라는 현실을 바라볼 때 더욱 깊어졌을 것이다. 그것은 바로 서구의 현대성 속에 포함된 '주체'의 발견이 의미하는 것과 구별되는 우리의 현대를 향한 또 다른 지향점이었다. 자유인으로서의 현대적 주체는 민족으로서의 주체와 부딪혀야 했다. 적어도 식민지 위기의 사회에서 민족주의는 현대화의 이정표보다 더 절실한 방향으로 회귀해야 하는 지남철과 같은 것이었기 때문이다.

따라서 누구나 이야기하듯이 식민지 상황의 경제·사회적인 억압과 이에 따른 식민문화 정책의 조작적인 측면을 충분히 고려하더라도 현대성을 향한 걸음은 자꾸 어느 한편으로 쏠리는 무게를 감당하지 못해 비틀거려야 했다. 서구화라고 불리는 문화적 대체를 통한 '발전의 차용'이 일상화된 곳에서 전통에 근거한 문화적 반발은 오히려 충분히 예상할 수 있는 것이었다.

그 문화적 반발을 '우리' 것으로 아낌없이 받아들인다면 어쩌면 현대란 우리에게 존재하지도 않는 개념이다. '현대modern'란 특정한 역사 속에서 발전해온 특정한 삶의 방식을 일컫는 말이다. 그 특정한 역사란 '우리'의 역사가 아니며, 특정한 삶이란 '우리'의 삶을 규준으로 삼은 것이 아니기 때문이다. 현대성이란 서구의 계몽사상가들이 객관적

과학, 보편적 도덕률, 자율적 예술이 그 자체의 논리에 따라 발전하도록 하기 위해 구사한 독특한 지적 노력일 뿐이다. 현대란 서구인이 살아가는 삶의 방식(혹은 삶의 변화)을 지칭하기 위한 용어이며 따라서 그런 현대는 우리에게 존재하지도 않기 때문이다(일단은 '우리'라는 현대의 사회공동체가 인류적 보편성으로서 현대를 체험하고 있다는 모순된 가정은 접어두기로 하자).

따라서 우리의 현재를 이루는 삶의 궤적들을 사적史的으로 되새김질하는 작업에서 '현대'라는 매우 낯설고 이질적인 개념을 적용하는 것은 어느 한 곳에서 반드시 삐걱거리는 소리를 낼 수밖에 없다. 그 간극의 하나는 현재 우리 일상의 조건을 어느 틀에 부어 넣기가 매우 어렵다는 점이며, 다른 하나는 현대의 조건을 '나'가 아닌 '너'의 시각을 통해 보지 않으면 안 된다는 점이다. 남의 눈을 빌려 우리를 보는 것이 도대체 가당키나 한 일인가?

현대를 세계사적 보편성으로 보려는 시도는 늘 수많은 전제조건이 붙지 않으면 안 되었다. 보편성의 그물을 빠져나가는 무수한 구멍을 우리는 특수성으로 메워나갔다. 특수성이라고 부르는 그 전제조건들은 근간의 모더니티에 대한 논의에서 쉽게 살펴볼 수 있듯이 서구인의 현대 개념에서 우리의 현대가 얼마나 떨어져 있는지, 그리고 얼마나 다른지를 전제하는 데서 시작된다. 특수성은 바로 현대를 위한 알리바이다. 그것은 우리에게 '현대의 부재'를 가정하고 '현대의 존재'를 증명하려는 모순을 지니고 있다. 서구적 시각으로 현대를 규정하려면 현대의 '존재'에 대한 현대의 '부재'에 대해 일일이 대차대조표를 만들어야 했다. 봉건체제의 붕괴, 자본주의의 발달, 민족국가의 성립, 계몽주의와 이성적 인식, 과학적 합리주의, 주체의 자율성 등등 현대에 대한 보편적 개념의 시험 답안지는 백 점이 나올 수 없었으며, 그 오답에 대한 해명은 언제나 현대사회의 발전을 하나의 원인과 결과로 설명하지 못한다는 믿음뿐이었다.

그럼에도 여기에는 1649년 백성의 손에 의해 처형된 영국의
찰스 1세 대신 영조와 정조의 치세가 있어야 했으며, 부르주아계급의
목소리를 외쳤던 크롬웰 대신 상인과 객주들의 목소리를 찾아내야 했고,
1789년 바스티유감옥을 함락시키고 국왕을 굴복시킨 파리의 시민 대신
눈을 부라리고 죽창 든 동학농민을 떠올려야 했다. 그러나 정약용은
수학적 합리성을 확실성의 인식으로 전환했던 데카르트가 아니었으며,
유감스럽게 조선의 척박한 땅에는 뉴턴이 먹었다는 사과도 나지 않았다.
그나마 1830년 리버풀과 맨체스터를 연결하는 본격적인 철도가 개통된
지 69년 후인 1899년 똑같은 모양의 기관차가 제물포와 노량진을
달렸을 뿐이다.

그러나 이런 자조적인 나열들은 우리의 전제조건, 즉 '어떤
방식으로든' 현대를 기술하지 않으면 안 되는 조건 속에서 자조가
아니라 우리의 상황을 보여주고 있다. 현실의 일상이 지니고 있는
구체성과 그것을 바라보는 시각의 논리적인(그러나 관념적인) 서사의
격차에도 불구하고 서구는 이미 굳건하게 뿌리를 박고 있다. 서구의
'타자들' 중의 하나로서 우리 사회의 언어체계, 지식유형들은 이미
서구의 통합적 대상이 되기에 충분한 자격을 지니고 있지 않은가?
서구의 언어, 지식, 이미지, 사고체계 등등의 관념 속에 포섭된 우리는
서구가 자신을 '주체화'하기 위해 '타자'와의 차이를 드러내는 것과 같은
방식으로 중심으로부터의 차이성을 드러내는, 즉 '타자로서의 중심'에
올라서려는 논리를 발견할 수 있기 때문이다. 우리의 현대는 그렇게
정의되며 그렇게 발견될 수밖에 없다는 것이 우리의 현대적 조건이다.

아까 접어두었던 모순된 가정을 다시 펴면, 우리라는 현대의
사회공동체가 인류의 보편성으로서 현대를 체험하고 있다는 사실은

분명하다. '전통적 사회에서 현대적 사회로 이동한다'는 절대화된
보편적인 논리를 거스를 수 있는 국가, 사회는 거의 없다. 설사 그것이
식민지배자의 강권적인 논리 혹은 서구에 의한 점진적인 통합의
논리에서 자생적 민족발전론에 기대고 있을지라도 현대화는 적어도
20세기 세계사 속에 당연한 역사적 귀결로서 기록될 것이다. 그러나
우리의 현대화과정에 대한 피치 못할 오해는 현대화와 서구화를
등치시켰을 때 나타날 뿐 아니라 오히려 현대화가 곧 서구화가
아니라는 강변 속에서 더욱 두드러진다. 서양에 대한 우리의 오해는
동양에 대한 서양의 오해만큼이나 뿌리 깊다. 서양은 동양의 반대편에
있는 국가들이 아니다. 서양은 특정한 역사적 시기에 발전된 결과이며
산업화·도시화·자본주의화된, 현대적인 사회를 지칭하는 말이다. 따라서
서양은 동시대적이며 전세계적으로 보편적인 사회현상을 일컫는 하나의
개념이다. 그렇게 본다면 현대화는 곧 서구화라는 등치가 가능해진다.
　　식민지의 피지배 체험의 반작용으로서 혹은 현대적 주체의식의
집단적인 현시로서, 서구와 반대편에 놓여 있는 민족 혹은 전통에
대한 관념은 강력한 정치·사회적 이데올로기로 작용해왔으며 때로
그것은 현대화의 필연적 과정이었다. 그리고 식민지의 파고를 두어
번 건너뛰면서도 민족과 전통은 일상 속에서 강력한 이념으로 살아
숨 쉬고 있다. 그것은 때로 현대를 거부하거나 현대를 보는 시각을
왜곡시킨다고 하더라도 지켜야 할 덕목이며 언제든 회귀해야 할
고향 같은 것이었다. 이러한 우리의 상황은 서구사회보다 비서구사회의
현대화과정이 훨씬 더 불안정한 이데올로기의 분열이 일어날 소지를
배태하고 있음을 보여주는 예로서 거론될 수 있다. '서양=산업화=
도시화=발전된=훌륭한 것'과 비교되는 '동양=비산업적=농촌의=저개발=
나쁜 것'이라는 표상체계가 우리의 현대화과정에서 한 축을 이룬다면,
'민족적=전통적=주체적=소중한=좋은 것'과 비교되는 '서양적=현대적=

비주체적=천박한=나쁜 것'이라는 서로 모순된 표상체계 또한
강력한 다른 축으로 존재하기 때문이다. 그리고 이러한 표상체계는
정치·경제·사회·문화적 모더니티를 실현하려는 무수한 권력집단(정부,
언론, 학계) 사이에서 항상 일방적으로(그리고 모순을 안은 채)
내세웠던 디오라마였다.

　　　이렇듯 우리에게 현대란 초점이 두 개 있는 타원형의 궤도와
같은 것이었다. 그 초점의 하나는 새로움의 충동이자 서구화의 모델이며,
다른 하나는 낡은 전통에 대한 집착과 민족의 주체의식이었다. 시대에
따라 그리고 상황에 따라 새로움은 우월감으로 낡은 것은 열등감으로
작용하기도 하고, 때로는 새로움은 천박하고 낡은 것은 소중한 것으로
전도되는 과정에서 양자는 끊임없는 거울비추기의 허구적 주체를
생성했다. 그리하여 한쪽이 개방적·외래적이라는 지향점으로 나아가면
다른 쪽은 폐쇄적·주체적이라는 지향점으로 버티곤 했다. 만약 어느 한
초점의 구심력이 더 커져 더 큰 궤도를 만들더라도 마치 달걀의 더 둥근
쪽에 있는 공기주머니처럼 그 안쪽은 텅 빈, 각질만 부풀린 타원형일
뿐이었다.

그렇다면 다시 한번, 우리에게 현대란 무엇인가?

　　　'현대'라는 말이 반드시 현재의 우리를 설명하는 데 유용하고
적합한 근거를 제공하는 것은 아닐 수 있다. '현대'에서 상상된
보편적이고 다양한 발전의 축은 적어도 우리의 일상적 삶의 조건
속에서 체험될 때 부정형不定形의 끊임없는 조건을 양산하는,
자가증식의 궤도를 그리는 무엇이다. 그렇다고 현대에 관한 수많은
담론의 이론적이고 논리적인 궤적들을 회의하는 시각이 우리에게
확실하게 존재하는 것 같지도 않다. 다만 '현대'를 통해 이미 어찌할 수
없는 삶의 조건이 만들어졌다는 사실, 규정할 수 없지만 어떤 틀에도

맞출 수 있는(역으로 어떤 틀에도 끼워 맞출 수 없는) 삶의 조건이 우리를 둘러싸고 있다는 사실로부터 출발할 뿐이다.

오늘 우리가 살아가는 현대가 언제 어떻게 시작되었는지를 말하는 것은 지금 우리의 모습을 말하는 것이다. 현대가 시작될 무렵의 과거는 과거가 아니다. 어쩌면 잊힌 현대의 기억 속에 더 정확한 우리의 모습이 담겨 있을지도 모른다. 현대가 이미 익숙한 현재보다 현대가 낯설었던 그곳에서는 우리의 현대적 일상이 보여주는 모든 것이 새롭다. 그러나 현대가 익숙해져버린 현재, 일상에 묻혀버린 현대는 일상을 이루는 그림자이지만 일상 속에서 아무런 의미도 지니지 못한다. 일상에 던져진 현재란 과거를 납작하게 찌그러뜨려 그 표피에 찰싹 달라붙어 있는 찰나일 뿐 과거의 두툼했던 삶의 흔적을 애써 들추려 하지 않기 때문이다. 그런 현재를 사는 우리에게 현대의 과거를 캐물으며 '현대성'의 본질을 묻는다면 그것은 매우 당돌하고 난감한 일이다. 현대란 우리에게 주어진 삶의 조건이 되었지만, 유감스럽게도 그 삶의 조건이 곧 현대성을 말해주는 것도 아니다. 몇십 년을 거슬러 식민지 시기의 우울했던 현대를 들추어내는 일 또한 마찬가지다. 그곳에서도 현대성은 일상의 그림자에서만 발견할 수 있을 뿐이다. 그렇다면 도대체 어디에서 현대를 찾을 것인가?

이제 현대에 대한 개념을 말하기에 앞서 현대를 '현재와 유사한 무엇'으로 가정하는 것으로 충분하다. 현대의 상은 현재와 동시대적 유사성을 지니는 그 어떤 지점으로부터 출발하는 과거의 일상성에 대한 주목에서 시작되어야 하며, 그 일상성의 재구성을 통해 '현대의 개념'을 새롭게 발견할 수 있기 때문이다. 그 지점에서 현대의 상이 그려지기 시작한다. 스스로 가늠하기 어려운, 조각조각으로 들씌워져 그 실체를 드러내지 않는 삶의 조건이, 그리고 그 조건을 형성하기 위한 일상의 과정이, 현대라고 말할 수 있다면 우리의 현대다. 따라서 현대를

바라보는 시각 또한 그 삶의 조건과 마찬가지로 누더기일 것을
요구한다. 물질적인 삶의 형태와 정신적인 삶의 변화가 서구화로 이식된
혹은 강요된 결과일 뿐이더라도 그 누더기 또한 분명한 색깔을 지니고
있을 것이다. 비록 누비고 접혀 재봉선이 가물거리더라도 말이다.

1장

현대를 바라보는 눈

"멀니서 그러나 전지구全地球를 울니는 무슨 소리가
잇는지 얼마 안 되여, 그 소리는 마치 만조滿潮 때에
해변으로 몰녀오는 노도와도 가티 밧삭 말은 풀이 널녀
잇는 요원燎原의 화세火勢와 가티도 무서운 긔세로
몰녀오더니, 아편전쟁의 대포 소래로 중국의 만리장성을
부수고, 에도만灣의 흑선黑船으로 일본 사무라이의 칼을
부지르고 상투를 자르고, 그 세력은 역시 조선의
강화도에도 와서 은은한 소리를 내이기에 이 무슨
소리이냐 무르니, 태서제국泰西諸國의 봉건주의를 때려
부슨 자본주의 상업의 소래라 한다."

유광렬, 「종로네거리」, «별건곤», 1929년 9월호.

1871년 신미년에 통상을 요구하며 쳐들어온 미국 군함 콜로라도호.

검은 연기를 뿜으며 한강을 거슬러 올라오는 거대한 기선에서 느꼈던 막연한 공포 속에, 이제 막 시작되는 현대에 대한 두려움은 포함되지 않았다. 세상이 급작스럽고 혼란스러운 변화를 맞이하고 있다는 생각은 난리가 날 것만 같은 불안한 삶과 힘겨운 일상에 대한 위협에서 출발했을 뿐이었다. 그들(아직 현대인인 우리라고 말하지는 않기로 하자)이 겪었던 불안은 나라의 멸망, 정확히는 왕조의 몰락을 예고하는 조짐에서 비롯되었던 것일 뿐, 이제 막 시작되는, 개인적이고 사회적인 삶 모두에 엄청난 변화를 초래하는 시대가 그렇게 어처구니없이 다가오리라는 생각에서 온 것은 아니었다.

그러나 침략의 두려움으로부터 불과 몇 년이 지나면서 '개항'이라는 틈새로 밀려든 낯선 사람들과 이전부터 은밀히 들어와 벼슬아치와 부호들에게 널리 쓰였던 물건 그리고 그들이 전하는 말을 통해, 사람들은 이제 더 큰 세상이 '바깥'에 존재하며, 그것은 거대한 소용돌이를 이루며 돌고 있는 어떤 운명적인 힘이라는 것을 알아차리기 시작했다. 그리고 소용돌이의 가장자리에 서 있던 자신이 더 빠르고 더 숨 가쁘게 달려야 한다는 것을 깨달았을 때, 비로소 '현대'는 두려움으로 시작되었다.

구한말 인천에 정박 중인 증기선.

개항이라는 역사적 사건이 현대의
출발점에서 요란한 총소리를 울린 것은
사실일 테지만, 새로운 삶의 형태를 요구하는
움직임은 깊숙한 곳에서 이미 단단한 지표를
뚫고 올라오던 중이었다. 거대한 그러나
결코 알아차릴 수 없는 지각변동은 봉건이란
경제·사회적 토대에 서서히 위협을 가하면서
이를 해체하는 변화로 예감되었다. 봉건의
균열은 유교의 공고한 표면의 바로 밑에서부터
금이 가고 있었으며 이때 이미 조선사회는
현대를 향한 전환의 기운을 충분히 지니고
있었다고 해야 할 것이다.

《조광》 1941년 6월호에 실린
'양이를 막으라는 비' 사진.

　　사회적 불안은 삼정의 문란과
가렴주구의 구렁으로 치닫고 거기에 반항하고 저항하는 사람들은 뒤바뀔
세상을 꿈꾸며 반상班常의 신분제도를 틀어쥔 봉건의 종말을 고대하였다.
폭발적인 혁명의 기운이 충분히 잠재되어 있고 봉건적 질서가 해체의
움직임을 보일 무렵부터, 현대는 몇몇 선지자들의 인식뿐 아니라
보편적인 위기의 정서로 그 조짐을 보이기 시작했다고 보아야 옳다.

　　사방으로 터진 대해에서 문을 두드리던 '양이의 도전'은
내륙에서 벌어진 실정과 함께 사회 전체에 위기의식을 퍼뜨려갔다.
안팎의 도전은 위정척사론에서 동도서기론 그리고 개화론에 이르는
복잡한 스펙트럼으로 그려졌고, 사람들은 자신이 처한 위치에 따라 그
스펙트럼의 한 빛으로 빨려 들어갔다.

　　스펙트럼의 빛줄기가 개화의 한 귀퉁이로 열리면서도 불안은
가시지 않았다. 개화가 표상하는 '현대의 빛'은 찬란했지만 그만큼 아직
그들이 머물러 있는 어둠은 짙었다. 그들에게 현대의 빛은 밀려오는
제국주의의 칼끝과 그 뒤편에 든든하게 자리 잡은 어떤 힘으로
보였다. 때로 그 힘은 산업화를 선점한 자들의 경제력이었으며, 기계와

---

1. 근대, 현대 또는 근현대로 표기되고 있는 현대modern에 대한 용어는 일단
현대로 통일해 쓴다. 현대와 근대는 분야와 입장에 따라 구분해 쓸 수도,
동일한 의미로 쓸 수도 있지만, 일반적으로 시기개념이 더 개입된 근대라는
용어보다 여기에서는 동시대성을 강조하기 위해 현대로 쓴다.

과학이라는 틀로 빚어진 군사력이었으며, 그것을 바탕으로 한 세련되고
다듬어진 의식衣食이었다. 이런 모든 힘을 사람들은 '개화문명'이라고
불렀다. 개화의 목적은 문명화된 개명천지의 세상으로 나아가는
것이었으며, 이를 위한 식산흥업殖産興業의 기치는 문명화된 사회를
만드는 것이었고, 그 철학적 중심이었던 개조는 삶을 예술화·문명화하는
것이었다. 이들에게 현대는 '문명'과 동의어였으며 '문명'은 그들의 삶을
어떤 식으로든 뒤바꿀 것을 강박적으로 강요하는 현대성의 본질이었다.

현대가 눈앞에 다가왔을 때, 그 모습은 여러 가지였다. 새로움에 대한
충격과 반발, 낯선 것에 대한 호기심과 두려움, 이상한 것에 대한
취향과 혐오감, 서양에 대한 부러움과 적대감, 야만과 열등한 현실에
대한 분노와 한탄 등등이 뒤섞인 태도들이 현대를 둘러싸고 있었다.
그러나 현대성을 처음으로 경험하기 시작한 곳 그 어디에도 '현대' 혹은
'모던'이란 이름을 붙일 만한 적절한 표현을 찾을 수는 없다. 그만큼
현대란 미리 규정 지을 수 없을 정도로 낯설고 위협적으로 다가온
새로운 문화적 충격이었다.
　　당연하게도 현대성의 경험이 시작되는 무렵에서 현대의 개념을

제물포항. 구한말 프랑스 식품회사가 제작한 그림엽서. 『개화기 사진엽서를 통해 본 인천의
모습과 우리의 풍습』(인천일보, 1991).

발견하기란 쉽지 않다. 개화, 문명, 서구 등등의 말 언저리에
막연히 현대가 묻어 있을 따름이었다. '현대' 혹은 '모던'이라는
말은 1920년대 이전부터 사용되었지만 익숙한 유행어로
정착하게 된 것은 1920~1930년대에 들어서였다.
물론 1920~1930년대에 꽤 널리 쓰였던 '현대' 혹은
'모던'이라는 말 또한 지금 우리가 말하려는 현대, 즉
현대성과 동의어는 아니다. 예를 들면 '모던'은 그 자체로
모던풍 즉 현대적인 스타일을 말하는 유행어로 널리 사용되었으며,
껄이나 뽀이, 룸펜, 인테리, 빠 등등 서양말의 다발을 묶을 수 있는,
어떤 경향성을 말하는 용어였다. 그러나 현대성을 역사상의 한 시대로
고려하는 것보다 일종의 태도로 생각한다면, 1930년대의 '모던'은
서구적인 삶의 패턴을 지향하려는 의식적인 태도이자 행동방식이라고
말할 수 있다. 왜 유독 1930년대에 들어 '모던'이라는 말이 유행하게
되었고 서구적인 스타일이 집중적으로 드러나기 시작했는가를 생각하는
일은 여러 가지 면에서 우리의 흥미를 돋운다. 그것은 어쩌면 현대의
시작을 추정하는 데 중요한 단서를 제공하기 때문이다.
  '현대'라는 말이 현재의 현대와 등가를 이루며 전개되었던

의양풍으로 치장된 궁중의 실내.

시기를 말하기 전에 몇 가지 먼저 고려해야
할 과정들이 있다. 그중의 하나는 모던이
직접적으로 서구나 서구의 현대와 동의어로
쓰이기 이전, 사람들에게 '현대'란 어떤 모습으로
그려졌으며 어떤 삶의 태도를 규정할 때 그
말을 사용하게 되었는가에 대한 것이다.

'현대'라는 말이 사용된 것은 1910년대로 거슬러 올라가며
그 의미는 우리가 지금 현대라는 말을 그렇게 사용하듯이 '동시대'란
뜻을 지니고 있었다. 물론 그것은 단순히 동시대만을 의미하는 것은
아니었다. 당시의 현대란 '동시대' 그리고 '바깥쪽'의 의미를 내포하고
있었다. '현대물리학'이라고 말하면 동시대 나라 밖에서 발전되어온
새로운 물리학이라는 의미다. 따라서 '현대'란 시간적으로는 존재하지만
공간적으로는 부재하는 이율배반적인 의미가 함축된 새로운
단어였다. 어쩌면 '현대'란 말은 처음부터, 지금 여기에 없는
것들을 무엇으로 채워나가야 할 경향성을
의미하는 것인지도 모른다. 그것은
우리가 현대를 그렇게 거쳐 왔듯이,
텔레비전이라는 새로운 물건을
안방에 채워놓아야 비로소 한시름을
놓는, 그 어떤 흐름에서 벗어나지 않기
위해 선뜻 뒤좇아야 할 강박증과도 같은
무엇이었다.

1903년 고종황제가 구입한 자동차.

이러한 경향성을 담은 수많은 단어를 우리는 현대화과정에서
수없이 만들고 익숙하게 접해왔다. 초기에 '현대'라는 말보다 더
현대라는 상황을 적확하게 표현한 언어는 개항을 즈음하여 어느샌가
모든 언어의 앞머리에 붙였던 '신新'이란 말이었다. 신사고, 신문물,
신학문, 신여성, 신모던생활자, 신문화 등의 '새롭다新'라는 말 속에는
'이제까지 이곳에는 존재하지 않았던 그리하여 우리가 알고 있지
못했던' 그 무엇, 그래서 '이곳에 있어야 하며 반드시 지향해야 할'
무엇이라는 의미를 지니고 있었다. 따라서 '신'이라는 말에는 이미
'낡은 것'을 버리고 '새로운 것'을 받아들여야 한다는 계몽적인 의도가
내포되어 있다고 할 수 있다. '신'은 이미 진보와 발전의 이데올로기가

담뿍 담긴, 처음으로 쓰인 현대의 이음동의어였다.

'신'이 더욱 분명하게 낡은 것을 버리고 새로운 것을 지향하려는 태도가 묻어 있던 말이라면, 그보다 앞서 '이곳에는 존재하지 않았던' 그래서 '다른' 것을 지칭하는 말로 먼저 쓰였던 것은 '양洋'이었다. '신'이 담고 있던 '좋은'의 의미보다 '다른'의 의미가 담긴 이 말은 아직 현대에 대한 지향점을 설정하지 않았던 시기의 언어이기도 했다. '양'이란 말이 붙은 물건은 개항

서양복식을 한 대한제국 왕가의 모습.

훨씬 이전부터 은밀하게 들여온 박래품舶來品, 말 그대로 '이상하게 생긴 배(이양선異樣船)'에서 건너온 서양물건이었으며 그것은 '뭍 위 것'과는 뚜렷하게 구별되던 '물 건너온 것'이었다.

보다 앞서 서양물건에 대한 호기심과 놀라움은 조선시대 말 '양풍'의 유행을 가져왔으며, 대한제국 시절에는 황족 사이에서 이미 양풍으로 치장하거나 양풍의 의식을 따르는 것이 규범이 되었다. 실상 이런 양풍의 유행은 조선시대 말 계급적인 차별성을 드러내는 효과 때문에 비롯된 것이기도 하다. 서양물건은 이전에 중국과의 교역을 통해 들여왔건, 개항을 즈음하여 중국이나 일본의 장사치가 들여왔건 간에 매우 비싸고 고급스러운 물건이었기 때문에 권문세가나 왕족만이 손에 넣을 수 있었다. 이러한 양풍이 그대로 '현대풍'을 의미하는 것은 아니었다. 그때까지도 양풍은 낯선 것에 대한 호기심을 충족시키는 물건에 지나지 않았다.

현대에 대한 수많은 이음동의어는 각 시기마다 현대를 향한
지향점을 내포하고 있다. 현대에 대한 태도를 가장 먼저 결정지었던
상황은 개항이라는 정치적 의미가 '개화'라는 문화적 의미로
확산하기 시작하면서였다. 똑같이 대포의 위협에서 출발한 중국의
'개명문화開明文化'가 그랬던 것처럼 개화는 집권층에게는 하나의
정치적인 태도를 의미하는 것이었지만 일본에 뒤이어 미국, 영국,
러시아 등과의 조약과 함께 이미 문호개방이 기정사실로 되자 '개화'는
일반 사람에게도 새로움을 향한 적극적인 태도를 상징하는 말이 되었다.
서구적인 가치관을 서슴없이 발설하거나 서양문물을 적극적으로
받아들이려던 이들도 나타나 사람들은 그들을 '개화꾼'이라고
불렀으며, 덩달아 유행을 좇느라고 서양 것이라면 사족을 못 쓰는
얼치기 개화꾼을 일컬어 사람들은
'얼개화꾼'이라고 불렀다.

　　　그러나 개화를 곧바로
서구문화를 의미하는 것으로
받아들이기에는 그 충격이 너무 컸다.
따라서 개화의 주체를 좀 더 분명히
하고 개화를 기존 가치관의 대체가
아닌 진보로 해석하려는 시각이
지배적이었다.

　　　『서유견문』을 통해 개화의
정당성을 역설한 유길준에게도 개화는
곧 삼강오륜, 격물치지, 정치正治를
근간으로 하는 사회적 진화 혹은
진보를 추구하려는 태도였다.

노동자에게 배움의 중요성을 역설하는
유길준. 『노동야학독본』(1908).

　　　"오륜의 행실을 순독純篤히 하여 인人의 도리를 지知한
　　　즉 차는 행실의 개화며, 인이 학술을 궁구하여 만물의
　　　이치를 격格한 즉 차는 학술의 개화이며 국가의 정치를
　　　정대正大히 하여 백성이 태평한 낙이 유有한 자는 정치의
　　　개화이며...." 유길준, 「개화의 등급」, 『서유견문』, 1895년.

초기에 현대를 향한 태도에는
봉건적 의식과 가치체계를 기본으로
하여 개화를 시도하려는 주체적
자세가 살아 있었음을 볼 수 있다.

개화는 곧 새로운 문명을
받아들이려는 태도를 의미한다.
청나라의 양무洋務운동과 일본의
메이지유신에 자극을 받은 개화파는
새로운 문명을 보다 적극적으로
수용할 것을 주창했다. 기선과 대포에
의해 개항이 이루어진 후 서양의
문명과 문물을 목격한 사람들은
그들이 지닌 힘의 근원을 '문명'에서

«개벽» 1920년 7월호 「상징적 생활의
동경」에 실린 삽화. '신학문'이라는 정으로
상투를 단단하게 틀고 있는 봉건의식을
깨뜨리려는 계몽 삽화다.

보았으며 '문명'이 곧 그들을 부강하게 한 것으로 인식했다. 개화의
목적이 분명해진 셈이다.

새로운 문물에 대한 극도의 인식은 갖가지 문명을 증진하려는
'문명론'으로 드러났다. 약육강식이 지배하는 세계질서에서 강자의

신학문을 배우는 광경. 1896년 발행된 교과서 『심상소학』 제1과 「학교」의 삽화.

편에 속하기 위해서는 문명을 발달시키는 것 외에는 방도가 없었다고
생각했기 때문이다. 개화기를 온통 휩쓸었던 문명론의 신사고 뒤편에는
조선 후기의 실학을 중심으로 한 이용후생의 논리를 계승한 측면이
있었지만, 세계적인 문명을 접한 즈음에는 점점 사회진화론이라는
사상을 간접적으로 수용한 측면이 더 강하게 작용했다. 사회진화론이란
적자생존의 법칙이 적용되는 자연계와 마찬가지로 국제사회 또한
강대국이 약소국을 지배하게 된다는 논리다. 바로 제국주의에 침략의
논리를 제공했던 사상이다. 이런 논리를 식민지화에 직면한 국가의
지배적인 현대화 논리로 그대로 차용한 것은 곧 현대화의 시작부터
비극의 싹이 자라고 있었음을 보여준다. 사회진화론에 따르면 조선은
정복당해야 할 운명이었기 때문이다.

　　　문명을 향해 문을 열어젖히자 상황은 급박해졌다. 개화로 인해
받아들인 신세계의 모습은 폐쇄와 어둠에 대한 공포를 더욱 부풀게
했다. 봉건이라는 말은 개화의 반대편에 있는 낙후된 '현실'을 지칭하는
말로 등장하고, 서둘러 이러한 봉건의 어둠에서 깨어나고 미몽의 늪에서
빠져나와야 한다는 의식은 뒤이어 개조, 혁신, 진보, 진화를 부르짖게
되었다.

1910년대 소학교 수업광경.

> "잠을 깨세 잠을 깨세 / 사천 년이 꿈속이라
> 만국이 회동하여 / 사해가 일가로다
> 구구세절 다 버리고 / 상하동심 동덕하세"
>
> 안주 이중원, 《독립신문》, 1896년 5월 26일.

어둠의 늪이 깊을수록 '광명'에 대한 지향은 맹렬했다. 문명의 세계는 어떤 세상인가? 그것은 이상향의 극락세계이며 꿈속에서만 볼 수 있는 황금시대인 새로운 유토피아다. 그것은 물질을 통한 편리성뿐 아니라 정치·사회제도가 이상적으로 구현된 세계다.

> "극락세계가 이상적이 아니라 현재에 임하얏스며
> 황금시대가 몽환적夢幻的이 아니라 사실로 현하얏도다.
> 전등, 전화의 등은 오히려 여사餘事라. 무선전신이
> 세계교통의 상설기常設機가 되얏고 기차, 기선의 등은
> 오히려 예건例件이라. 비행기대飛行機隊가 공중생활의
> 대성공을 주奏하얏스며 혹은 기구器具, 혹은 건축으로
> 인류의 이利를 공供하고 혹은 회화, 혹은
> 조각으로 사회의 미를 진盡하도다."
>
> 장도빈, 「아등의 서광」, 《서울》, 1919년 12월호.

그러나 문명에 대한 인식이 넓어질수록 암흑에 대한 좌절과 열등감은 더욱 커졌다. 현실세계의 이상향을 서구의 현대문명에서 발견한 이들은 동시대인으로서 조선과 서구와의 간극이 너무 크다는 사실에 불안해했다. 그것은 현대사회에서 서구중심의 보편주의적 현대문화가 그 경계 밖 사람들에게 끊임없는 패배와 열등감을 주어왔다는 사실의 확인이다.

> "이 문명진보한 세계에 아등我等은 엇더하뇨.
> 아등의 세계는 아즉 사막세계니라.
> 아등의 세계는 아즉 암흑세계니라.
> 아등은 아즉 문명진보의 세계에서

《서울》 1919년 12월호
「아등의 서광」에 실린 삽화.

낙오되느니라. 그럼으로 정신계精神界로나 물질계物質界로나
퇴보한 인민이요, 정신계로나 물질계로나 진보하여야 될
인민이니라." 장도빈, 「아동의 서광」, 《서울》, 1919년 12월호.

개조와 개발, 개혁과 혁신, 문명과 진보라는 용어는 개항 이후
지식인 사회에서 일상적인 용어가 되었으며, 개화된 세계가 만들어낸
문화 속에서 살고자 하는 문화주의와 문화생활은 삶의 새로운 가치로
떠올랐다. 지식인들은 사회의 개조, 가족의 개조, 교육의 개조, 여자의
개조, 인간의 개조, 민족의 개조를 지상과제로 삼았으며 봉건적인
유습이 남아 있는 모든 제도와 가치를 '개조'하려고 했다. 개조는 열강의
침탈에서 오는 위기감과 열등감을 극복할 수 있는 유일한 대안이었으며
"문명진보한 세계"로 향하기 위한 몸부림이었다.

일본과의 합병으로 본격적인 식민지시대를 맞은 조선은
현대화의 길을 타인에게 내어주었다. 일본은 한편으로 '문명개화'를
표방하면서 지배를 위한 산업개발, 문명교육 등의 정책을 폈다. 이는
본격적으로 식민지 수탈체제를 구축하기 위해 정책적으로 일제의
지배에 대한 순종심을 기르려는 것이었으며, 봉건적인 풍속과 관습을
개량한다는 이른바 '민풍개선'이라는 명목으로 일정한 부르주아
사회관념의 주입을 통해 식민지 개량화정책을 주도하게 되었다.

동시에 봉건과의 결별을 보다 분명하게 실현하려는 움직임이
곳곳에서 일어났는데, 그것은 민족주의의 등장에 의한 것이었다.
내셔널리즘은 서구중심의 현대적 프로젝트에 대항하는 경계 밖의
유일한 대안으로 등장했으며 이를 통해서 현대사회로의 진입을 꿈꿀 수
있는 이데올로기였다. 그리하여 "애국계몽운동가였던 박은식, 신채호,
양기탁, 안창호 등은 개신 유학에 바탕을 두면서도 독립협회 활동 등을
통해 봉건에 대한 자기혁명을 단행하여 당대 부르주아 민족주의 이념의
최고 수준에 도달할 수" 있었다.[2]

그러나 조선의 계몽에 가장 걸맞은 용어였으며, 현대화의
지표였던 '개조'는 어느새 상당 부분 빗나가기 시작했다. 개조사상은
당시 서구에서 유행하던 새로운 사상적 흐름과 밀접한 연관을 지니고
있었다. 제1차 세계대전이 끝난 직후인 1910년대 말에서 1920년대 초
서구에서는 이른바 모던 프로젝트의 부정적 결과로 나타난 제국주의와

이로 인한 국가의
침략과 전쟁, 인명살상과
문화파괴 등에 대해
비판여론이 고조되었다.
한편으로는 봉건적
전제주의가 몰락하고
새로이 민주주의가
대두하면서, 자본주의
모순의 심화로 인해
사회주의 국가가 등장하는
커다란 사회변화를
체험하게 되었다. 이에
따라 국가·사회적인
재건reconstruction에
대한 사상이 유행하여
'세계개조' '사회개조'의
열풍에 휩쓸리게 되었다.
이성의 지배에 의한
사회의 발달과 과학에
대한 신뢰가 결국 전쟁과

1907년 발행된 교과서 『유년필독』 제12과 「나라」 편에 실린
삽화. 대한제국 시기에 독립에 대한 의지와 세계에 대한
안목을 높이기 위해 서양제국의 사정이 교과서에 실리기도
했다.

전체주의, 제국주의라는 두려운 결과를 낳았던 것에 대한 반성과 반발의
움직임이 퍼지게 된 것이다.[3]

이러한 사고가 조선에 유입되어 서구의 계몽주의와 근대주의의
결과인 "국가주의와 제국주의와 상공업의 발달과 과학의 발명과 군대와
형법과 조약 같은 것으로 인생을 행복되게 하리라고 믿었다가 지금에
와서 그네의 믿음의 망상인 것" 이광수, 「신세계와 조선민족의 사명」, «개벽», 1922년
1월호. 을 깨닫기 시작하고 이에 대한 반동으로 사회의 새로운 '개조'에
대한 사상이 일어나게 되었다.

보다 앞서 19세기 말경 서구의 많은 작가는 서구문명이 문화적

2. 고미숙, 「애국계몽기 시운동과 그 근대적 성격」, 『민족문학과 근대성』
문학과지성사, 1995, 245쪽.
3. 박찬승, 『한국근대 정치사상사연구』, 역사비평사, 1992 참조.

1912년 동서연초상회의 수입담배광고와 1914년 조선연초주식회사의 담배광고. 서구문화의
유입은 일상에서부터 시작되었다.

위기로 빠져들었다고 생각했다. 서구문명은 기술적으로 진보했다는
의미에서만, 특히 산업적인 생산과정에 있어서만 '문명'이었다.
도덕적 철학과 가치의 영역에서 유럽의 문명은 허무주의적으로
변화했다. 말하자면 '문명'은 긍정적으로 말할 어떤 것도 가지고 있지
않았다. 프랑크푸르트학파의 이론가들은 이러한 변화를 계몽주의의
이탈이기는커녕 그 진보와 해방의 꿈만큼이나 기획의 많은 부분을
점하는 계몽주의의 '어두운 측면'이라고 주장한다. 이성의 지배에 의한
사회제도 발달과 과학문명은 그 빛만큼이나 어둠도 두드러져 보였다. 그
결과는 허무주의와 파시즘의 불행이었다.
    이러한 문명에 대한 회의 혹은 그것을 바탕으로 한 서구의
관념론이 계몽기의 조선에서 개조론으로 등장했을 때, 조선의 모던
프로젝트는 방향을 상실하기 시작했다. 특히 서구의 현대화과정과
조선의 경우를 등가로 놓았을 때 개조론은 매우 곤혹스러운 논리를
제공하게 되었다. 일련의 계몽주의적 프로젝트가 실현되지 않은
조선에서 산업화와 문명에 대한 회의론적 태도는 가당치 않은 것이었다.
이미 이광수에게서 나타나듯이 '관념론적 개조론'은 물질적 사회진화를
추구해야 했던 조선 상황에 비추어보면 모순되고 혼란된 개념일
수밖에 없었다. 그것은 초기의 사회진화론에 의한 개화의 논리와도

《개조》 1927년 7월호에 실린 풍자
삽화. 이식된 현대문화에 대한 이질감을
표현하고 있다.

신○○파의 예술! 불가해의 예술!
대중이 알게 그리면 큰일 나는 예술!
"원 무슨 년의 그림인지 두 시간째나 들여다봐도
도무지 알 수가 없네그려, 내 원... 참."
"이 사람아 남이 못 알아보도록 그리는 것이 요새
시체(유행)라네, 시체야."

사뭇 다른 것이었다. 그 결과
현대화의 논리는 관념적이고
정신주의적인 태도로 빠져들었으며 정신적 '개조'는 식민지배 논리에
부합하는 뒤틀린 현대화의 개념으로 자리 잡게 되었다. 현대적
문명이라는 물질적 토대가 구축되지 않은 상황에서 이제 막 그 토대를
위한 경제적 프로젝트가 실현되기 시작할 무렵에, 물질에 대한 회의론에
바탕을 둔 정신적 개조의 사고는 현대로 진입하는 과정 자체를
관념적으로 몰아갔다.

개조에 뒤이어 현대화의 지표로 등장한 '문화주의'는 광범위하게
유포되면서 상황은 더 심각한 양상을 띠게 되었다.
     문화 역시 개조와 마찬가지로 정신적인 근거를 보다 강하게
주장했지만 문화생활, 문화주택, 문화조선 등등의 예시처럼 개조보다
더 광범위하게, 곧 사회의 모든 영역에서 현대화의 원리로 강조되었다.
문화라는 말이 일상적으로 빈번하게 사용된 것도 이때부터다.
문화주의에서 비롯된 '문화' 개념은 1920년대를 풍미하면서
식민지정책과 결합하였고 이후 교육, 행정, 예술 등 모든 영역에 걸쳐

막강한 이데올로기를 형성했을 뿐 아니라, 현재까지 가장 보편적인 삶의
태도로서 유교 이후의 제일선第一善으로 자리 잡았다.

미개한 야만의 반대어로서 문화에 대한 헤게모니를 가장
먼저 장악하고 끌어들였던 것은 물론 일본의 식민지배자들이었다.
1920년대에 들어서면 일본은 본격적으로 '문화주의'를 통한
식민지배에 혈안이 되기 시작한다. 이러한 일본의 정책은 주로 개량적
민족주의자들에게 흡수되었고 특히 주권중심사상과 자강주의가 결여된
단순한 '문화' 개념만을 흡수한 일본 유학파 지식인들은 일제의 강권을
부정하는 시각을 가질 수 없게 되었다.

이런 식민지 문화정책이 뒤섞이며 형성된 문화주의는 바로
사회개조론의 연장에서 싹튼 것으로, 정신적 측면에서 사회개조의
필요성을 강조하는 러셀, 카펜터 등의 '관념론적인 개조론'과 더불어
특히 일본에서 들어온 '문화주의 철학'의 영향을 받았다. '문화주의'는
19세기 말 부르주아 이데올로기가 사회주의의 비판에 직면하여 새로이
등장한 신칸트학파의 철학으로 1910년대 일본에 들어와 1910년대
말에서 1920년대 초에 유행한 사조였다. 문화주의는 이 시기 헤겔과
로맹 롤랑 등의 관념론적 사상과 함께 특히 예술론에 큰 영향을 미치게
되었다. 특히 구와키 겐요쿠桑木嚴翼의 문화철학은 이광수의 문화주의
예술론의 근거가 된 이론으로 보인다. 문화주의 사상가들은 '문화'란
"자아의 자유로운 향상 발전"을 의미하는 것으로, 문화가 갖는 절대적인
가치인 진선미는 자아가 자아답게 된 '인격'의 발현 형식이라고
이해하여, "문화주의는 곧 인격주의"라고 주장하였다. 즉 문화를 교화,
계몽, 인격완성 등의 의미로 받아들이게 되었다.[4]

이처럼 문화주의를 인격주의로 이해하는 것은 한국의
신지식층에도 큰 영향을 미쳐 문화운동에서 인격완성과 정신개조가
크게 중시되는 결과를 가져오게 되었다.

"문화주의는 인본주의, 인격주의로
각 개인의 자아를 확충하고
순화하여 자발 창조의 경지에
입하야 인격 가치의 실현에
노력함은 드디어 문화가치의

생산 창조를 득하여 문화가치의 향상 발전을 수반하게 하는 것이외다." 동윤,「문화주의란 무엇?」, 《공영》, 1922년 8월호.[5]

개화가 봉건에 대한 개혁을 의미한다면, 개혁된 상태로서의 '문화'와 '교양'은 더 구체적인 관념들을 끊임없이 생산해내면서 일상을 조직해나갔다. 초등학교에서 고등학교에 이르기까지 교실의 벽면을 아직도 장식하고 있는 지성, 덕성, 정숙, 진선미, 지덕체 등등의 교훈은 바로 이 같은 문화주의 철학의 개인적 주체 발달이라는 개념에서 유래한 것이다. 개인의 신체적·정신적 계발은 곧 국가의 문화를 고양하는 가장 적절한 수단으로 인식되었으며, 이러한 인식은 사회제도에서 가족관계 그리고 주거와 일상을 개조하려는 조선의 모던 프로젝트에서 좀 더 정치한 이론틀을 제공하게 되었다. 이와 함께 아베 지로阿部次郎가 쓴 『산타로 일기』[6]의 영향으로 교양주의가 널리 퍼져 인격과 교양이 보편적인 정서로 자리 잡아갔다.

경성전기주식회사에서 발행한 『발전하는 경성전기伸び行く京城電気』(1935)의 전기를 사용한 실내사진. 문화생활의 척도로서 전기의 일상적 이용을 홍보하기 위함이다. 문화주택의 일본식 거실과 백화점과 같은 고급 실내 인테리어가 문화생활의 척도였다.

4. 박찬승, 같은 책, 375쪽 참조.
5. 이 글의 말미에는 『현대사조의 비판』이라는 책에서 취합한 것임을 밝히고 있다.
6. 아베 지로의 『산타로 일기三太郎の日記』는 1914년에서 1918년까지 3부로 간행된 에세이로 일본의 다이쇼·쇼와시대에 가장 널리 읽혔던 교양서이며 조선의 지식인이면 으레 『산타로 일기』쯤은 숙독하였다. 아베 지로 개인의 내면적인 반성으로 쓰인 이 책은 개인의 인격과 교양을 중시하였지만, 정치적이고 사회적인 가치에 대한 배제와 단절을 불러일으켰다.

　　문화와 교양에 대한 관념은 이후 수십 년이 지난 현재까지 문화를 정신적이고 개인적인 정서의 한 부분으로 인식하게 하는데, 예를 들면 개인의 인격함양을 교육의 근본원리로 삼거나 예술을 개인의 정서적 함양을 위한 도구로 인식하는 것에서부터 국가의 문화예술 정책에 이르기까지 그 영향은 실로 광범위하다. 어떠한 논리적 모순도 없어 보이는 이러한 문화주의적 태도는 실상 사회·국가적 모순이나 계급갈등까지 개인적인 품성이나 인격의 범주에서 그 해결점을 찾으려 했다. 이것이 사회에 대한 객관적인 인식을 차단하는 결과를 가져온다는 중대한 자각이 있기 전까지 문화와 교양은 언제 어디서나 통용되는 이념으로 자리 잡았다.

새로운 사상의 유입과 식민지 정책의 전환 등 혼란스러운 상황에도 불구하고, 1920년대의 조선은 본격적으로 현대라는 사회에 깊숙이 발을 들여놓게 되었다. 봉건적인 삶에 찌든 현실은 개조와 문화를 통해 새로운 계몽의 사회로 변하는 듯했으며, 비록 이후 현대화에 대한 기대가 절망을 낳기도 하는 비극을 잉태하고 있었지만, 그 약동만큼은 활발했다.

1926년 《시대일보》 박영희 글 「신흥문예의 내용」에 실린 삽화.

　　1920년대에는 사회주의사상과 함께 서구 모더니즘의 여러 움직임이 다시 한번 밀물처럼 밀려들었다. 다시 현대를 지칭하는 말이 새롭게 등장하는데, 바로 '신흥新興'이라는 말이다. 이 당시에 쏟아져 들어왔던 사상이나 의식에는 대개 '신흥'이라는 말이 앞에 붙었다. 신흥물리, 신흥예술, 신흥사상 등등. 이 '신흥'이라는 말은 기존의 관념에 도전하여 기존의 사회, 제도, 문화에 전혀 반대되거나 저항하는 의식의 흐름을 지칭하는 것으로 사회주의 혹은 서구의 아방가르드 개념에 해당하는 말이었다. 거기에는 서구 모더니즘의 파괴적이고 극단적인 사조와 사회주의적 혁명을 내포한 사상 그리고 첨단적인 경향이나 최신의 흐름이 모두

'신흥'이라는 말이 새로운 용어로 등장하면서 책의
표지나 삽화에는 러시아의 구성주의나 서구 아방가르드
미술의 영향으로 입체파나 표현주의 양식을 띤 도안이
많았다. 김규택이 그린 《제일선》 1931년 10월호 표지.

포괄되었다. 예를 들면 조각가이자
비평가였던 김복진이 '신흥미술'이라고
하면 그것은 다다이즘이나 초현실주의
같은 1920년대의 서구 아방가르드
미술을 말하기도 하고, 또 부르주아
미술에 대응하는 노동자계급의 미술을
의미하기도 했다(이 말은 김용준이나
임화 등 이론가마다 각기 조금씩의 편차를 지니고 있었다). 어찌
되었든 신흥미술은 기존의 가치와 사회의 체제를 전면적으로 부정하는
전복적이고 혁명적인 미술을 지칭하는 말이었다.

　　　　신흥이라는 말이 현대를 지칭하는 새로운
단어로 받아들여질 수 있었던 것은 소비에트
노동자혁명처럼 전혀 다른 차원의 현대화
프로젝트가 가능하다는 의식이 지식인들의
사고 속에 자리 잡으면서 사회주의사상이 퍼진
결과이기도 했다. 1920년대 식민지 조선은
마르크스주의를 통해 새로운 사회구성체의
가능성을 보았던 것이다. 그것은 기존의
가치들, 특히 식민지배하에서 뒤틀리고 있었던
자본주의적인 퇴폐와 무질서, 아직 떨쳐버리지
못했던 봉건적인 사상과 결합한 식민지적
사고들을 혁신할 수 있는 대안이었다. 바로 이런
혁명적인 사회주의사상을 담아내거나 혹은 이와
유사하게 기존의 의식을 전복시키는 새로운
사고의 흐름에는 신흥이라는 말이 붙었다.
따라서 신흥은 막연한 모던의 환상과 반봉건의
계몽적 의식이 아니라 문명이나 개조, 문화가
이룰 수 있는 사회적 정체성의 한계를 지적하는

1937년 《조광》에 실린 삽화.

반발과 역동逆動의 진보적인 인식이었다. 관념적 개조론과 교양주의적 문화주의의 영향으로 조선의 계몽적 사고들이 사회의 체제와 구조에 대한 인식의 결여라는 결정적인 한계를 지니고 있었던 반면, 신흥사상은 이에 대한 새로운 대안을 제시한 듯 보였던 것이다.

따라서 기존의 개조사상과 문화주의 그리고 신흥사상과 사회주의적인 사고들이 충돌했던 1920년대는 바야흐로 개화라는 남루한 충격에서 벗어나 새로운 사회를 모색하며 본격적으로 현대를 열어가던 때였다.

> "그때 조선은 오래 잠자다 새로이 이러난 사람 모양으로
> 어느 사회층을 물론하고 모다 일맥의 생기가 약동하고
> 잇섯다. (...) 청년운동, 사회운동, 여성운동, 물산장려운동
> 등 각양각종의 운동이 우후죽순처럼 이러나고 잇섯다.
> 무산계급 자제들의 향학열을 '씸볼'하던 엄동嚴冬의 야夜
> '칼톱만주' 소래가 아즉도 나의 귀에 남하 잇는 듯하고 또
> 물산장려운동을 표징하는 수목 두루맥이 입은 사람들이
> 거리거리마다 욱실거리든 그 당시의 광경이 지금에도
> 나의 눈에 어리어 잇다."
>
> 고영한, 「신문기자로 본 10년 조선」, «별건곤», 1930년 1월호.

1920년대 말에 이르면 상황은 보다 광범위한 변화를 맞는다. 본격적으로 신교육을 받은 지식인의 수가 늘어나고 지식인을 중심으로 한 사상, 특히 사회주의사상이 일상의 영역에까지 널리 퍼지면서 이제 현대는 관념이 아니라 일상 속에서 체험하게 될 삶의 형태가 되었다. 이전부터 심심찮게 쓰였던 '모던'[7]이라는 용어가 그대로 일상에 등장하기 시작했던 시기도 이 무렵부터다.

이제 개조라는 말은 점차 사라지고 문화라는 말도 더 이상

«모던조선» 1936년 9월 창간호 표지.

영화관과 극장의 이미지를 오버랩시킨 사진. 경성전기주식회사의 홍보용 책자 『발전하는 경성전기』(1935)에 수록.

새로운 의미를 던져주지는 못했다. 새롭게 등장한 '모던'이란 말에는 개조와 문화가 지닌 계몽주의적인 무게가 더 이상 실려 있지 않았다. 식민통치가 점점 뿌리 깊게 자리할수록 그 상황에 반발하는 민족주의적인 의식이 깊어갔지만, 한편으로 더 어찌해볼 수 없는 일상의 현실 속에서 계몽은 점점 힘을 상실했다. 현대는 이제 계몽주의자의 엄숙한 입을 통해서가 아니라 일상 속의 발랄한 모더니스트를 통해서 등장하기 시작했다.

현대라는 거대한 사회문화적 흐름이 계몽적인 의식이나 독점화된 문화적 현상으로서가 아니라 대중적이고 보편적인 현상으로 등장하기 시작한 이 시기부터 우리는 낯설지 않은 '현대인'을 만날 수 있다. 그때의 모던은 굳세게 지향해야 할 의지가 아니라 경박하고

7. 모던이란 말이 본격적으로 매체에서 거론된 것은 1927년 전후이다. 그 후 1930년대 초까지 가장 빈번하게 다루어진 주제어였다. 잡지 《별건곤》은 「모-던뽀이 촌감」(1927년)을 시작으로 「MODERN COLLEGE」(1930년), 「모-던 복덕방」(1930년) 등을 실었고, 이밖에도 「모던걸 합평」(문예·영화, 1928년), 「모던 행진곡」(동광, 1931년), 「모던어 점고」(신동아, 1932년), 「모던아가씨 되는 법」(중앙, 1933년) 등 모던은 유행어처럼 회자되었다.

자유분방하며 천박한 유행으로
등장한다. 마치 1990년대 초의
압구정동 오렌지족이 그랬던 것처럼
'모던 뽀이' '모던 껄'이란 이름으로
수사되었던 군상이 점차 현대를
상징하는 인간으로 나타났다. 많은
사람이 이제 주의主義와 주장으로서의
현대가 아닌 일상의 현실로서
현대를 말하기 시작했으며, 비로소
현대적 삶을 바라보고 거기에 자신을
밀착시키거나 아니면 애써 거리를
두려는 분화된 태도를 갖기 시작했다.
　　　1930년의 「모 − 던어 사전」은
'모던'에 대한 사전적 정의를 이렇게
말한다.

《영화시대》 1931년 3월호 표지. 영화는
모던생활에 없어서는 안 될 요소였다.
영화잡지는 다른 어느 잡지보다
첨단적이며 서구적인 이미지들로 표지를
장식했다.

　　　"모던(modern)—어의는 '새로운' 혹은 '근대적'이란
　　　말이다. 그래서 '모던 껄'이라면 새로운 여자 혹은
　　　근대여자, '모던 보이'라면 같은 의미의 남자인 경우에
　　　사용한다. 의미로 보면 결코 낫분 말은 아니다. 그러나
　　　요즘에 '모던 보이'니 '모던 껄'이니 하면 경멸과 조소의
　　　의意가 다분으로 포함되여 잇다. 그래서 불량소녀
　　　不良少女 혹 불량소년不良少年이라는 의미로도 통하는
　　　것이 사실이다. 요즘에는 이 '모던'이 한층 더 새로워져서
　　　'씨 − 크'라고 변하여 간다. '씨 − 크'는 초 '모던'이다.
　　　'울트라 모던'이다." 「모 − 던어 사전」, 《신민》, 1930년 9월호.

　　　현대를 향한 태도는 도시화·산업화의 그늘 속에서 거추장스럽게
달라붙는 물질에 대한 향유, 문명의 이기에서 비롯된 당혹감일 수
있었으며 그것으로부터 소외되었을 때 나타나는 불편과 열등감일 수도
있었다. 당연히 이런 삶의 태도와 관련된 문화적 현상과 이를 상징하는
사물을 지칭하는 말들이 수없이 떠돌았다. 룸펜, 인텔리겐차, 뿌르조아,

스피드, 빠, 딴스 등등 수많은 단어[8]가 낯설게 다가왔지만 곧 익숙한
언어로 자리 잡았다. 이렇듯 '모던'이라는 말은 일본에서와 마찬가지로[9]
'시대의 첨단'을 의미하는 것이자 현대의 일상을 가장 적절하게 표현하는
말이었지만, 아직 낯설다는 의미에서 유행으로 치부되는 현상을
가리키는 말로만 쓰였다.

　　'모던'은 경박스럽고 불량스러운 현상에 붙이는 말이 되었지만,
그렇기 때문에 한편으로는 '진보적'인 의미를 담고 있었다. 뾰족구두를
신고 단발머리에 짧은 치마를 입는 과감한 행동은 분명 전근대적인
인식을 전환시키는 잠재된 의지였다. 모던족은 가장 먼저 다방이나
바 등에서 서비스업에 종사하는 사람들에 의해 촉발되었는데, 이들은
도시화와 현대화라는 삶의 패턴에 먼저 익숙해진 새로운 인간군이었다.

　　따라서 이 시기에 사용했던 '모던'이라는 말은 분명 당시에
쓰였던 유행어 이상의 의미, 1930년대의 도시문화적 현상을 지칭하는
의미를 지닌다. 즉, 과거에 '개조'와 '문화'가 지식인 사회를 지배했던
현대화의 계몽적 패러다임으로 작용했던 반면, '모던'이라는 용어는
사회에 반영된 현대화의 현상 그 자체를 지시하는 것이었다. 그것은
1930년대가 '서구화'와 '모던'이 등가를 이루며 일상 속으로 깊이
침투하던 시기라는 것을 일러준다. 1910년대와 1920년대를 거치며
계몽적 프로젝트로서 부르짖었던 현대성은 식민지라는 현실에서
좌절되었지만, 삶과 의식 속에서 진행되어온 현대화과정은 1930년대에
모던을 하나의 조류로서 유행처럼 등장시켰다. 한편으로 모던은 일제
식민통치에 대한 거부감과 함께 일본 것을 능가하는 서구 것에 대한
막연한 추종에서 비롯되었을 것이다.

　　모던이 일상화되자 이에 대해 거부감을 가졌던 계층은 예나

---

8. 1930년 《신민》에 연재된 「모-던어 사전」에 의하면 당시에 유행하던
언어들은 레뷰-(review), 푸로피-ㄹ(profile), 런데뷰(rendez-vous: 애인의
밀회), 스냅프(snap), 뉴쩌내리리즘(라디오나 텔레비전 등 새로운 기계에
의한 방송), 마치네(matinee: 영화의 주간 상영), 포리스 가젯트(police
gazette: 나체미인을 실은 미국의 저질잡지), 쇼-(show) 등으로 일상에 새로운
서구문화가 대거 틈입하였음을 알 수 있다.
9. "modern이 모던이라는 일본어로 표기될 때, 그것은 '근대'도 '현대'도
아닌 바로 '시대의 첨단'을 의미하고 시대의 '첨단'이란 "영화와 재즈, 댄스,
스포츠를 통해 수입된 모더니즘"이었다." 가와사키 쓰네유키 외 엮음,
『일본문화사』, 김현숙 옮김, 혜안, 1994.

«사해공론» 1935년 10월호에 실린 만화「유선형시대」. 모던의 유행과 함께 현대적인 가치에 대한 적극적인 관심이 등장했다.

지금이나 일상의 현상에 대해 현실감각이 부족했던 지식인들이었다.
그들은 현대에 대해 주워들은 이론으로 시기구분으로서의 '모던'과
유행으로서의 '모던'에 대해 분명히 선을 그으려 했다. 특히 일군의
새로운 삶의 패턴을 지칭하는 '모던' 인간에 대한 지식인들의 경계심은
자못 심했다.

> "과거에 있서서 당세기를 현대 즉 모던이라고 한 것과
> 갗치 압흐로도 그 당세기를 현대 즉 모던이라고 부를
> 것이다. 그러나 그 현대의 그 모던은 보통명사로 쓴
> 모던이다. 그러나 우리가 지금 부르는 모던은 1930년을
> 중심으로 새로이 생긴 사회적 조건의 반영인 일부
> 인간생활의 이데올로기를 표시하는 모던이쯤의 모던은
> 지금에 우리가 한 번밧게는 더 쓰지 못하는 고유명사의
> 모던이다." 임인생, 「모던이쯤」, 《별건곤》, 1930년 1월호.

    이러한 시각 속에는 모던에 포함된 '동시대'의 의미와
'유행'의 의미를 지적하면서도 그것을 현대라는 이름의 패러다임으로
받아들이기를 거부하려는 인식이 내포되어 있다. 따라서 모던을 하나의
유행현상으로만 보려는 시각이 꽤 일반적이었다.

1940년 3월 6일 《조선일보》의   미국… '센트럴 파-크'의 어느 높직한 '아파-트'에서 내다본
뉴욕 소개. 서구의 도시는   불야성不夜城을 이룬 '뉴-욕'시가입니다. 창마다 불빛이 현황찬란한
모던 조선의 이상향이었다.   '삘딍'은 보기만 하여도 흡사히 꿈나라에 온 것 같습니다.

"유행현상처럼 그 유래성이 막연하면서도 그
현현성顯現性이 선명한 것은 업다―그것은 시대생활과
시대정신이 빚어내는 분위기이고 향기인 까닭이다. 소위
모더니즘은 현대의 정조情調 이상으로 이즘화하였다."

오석천, 「모더니즘 희론」, «신민», 1931년 6월호.

　　지식인들에게 모던은 자본주의의 퇴폐적 문화현상으로,
질타하기 좋은 대상으로 부각되었다. 이는 1920년대 사회주의의
영향에 의한 것이기도 한데, 갑자기 불어온 모던의 열기는 확산하는
마르크시즘에 찬물을 끼얹는 것처럼 보였다. 그들에게 '모던생활자'는
노동생활과 무관한 유산자, 유한자계급이거나 쁘띠 부르주아이며
소비중심의 생활자일 뿐이었다.

"모더니즘의 문화는 과도기의 것이다. 그
향락자들은 대체로 정신병자이며 변태성욕자인
문명병자들이다. 그들은 대부분이 게을음뱅이요,
낭비성이 만코 무기력하다. 허식적이요, 무목적이며
소비일면的消費一面的이다."

임인생, 「모던이씀」, «별건곤», 1930년 1월호.

도시화가 가장 먼저 이루어졌던 일본인 중심의 명동 상가.

　　1930년대의 '모던현상'은 모더니티 그 자체의 특징이기도 한
도시화와 밀접한 연관이 있다. 현대화는 곧 도시화이다. 도시의 삶은
외면적으로 무수한 통행활동의 집합으로 이루어진다. 잠을 자거나 일을
하는 모습은 언제나 감추어져 있으며 일하러 가기 위해, 잠을 자기
위해 통과하는 사람들이 지나가면서 부딪히는 일상이 도시의 삶이다.
도시에서 유일하게 '일'처럼 보이는 것은 지나가는 사람들을 그냥
지나쳐버리지 않게 하는 일이다. 상점이나 술집, 카페 등등이 하는 일이
그것이며 이들이 바로 도시를 이루는 가장 기본적인 단위이다. 그리하여
도시적 삶이란 공장 직공을 제외한다면 대개는 바로 도시적 삶 자체를
위한 직업으로 이루어진다. 그러므로 모던생활은 "근대적 대도시라는
괴물의 소산"이라고 말하는 것이다.

> "모 – 던생활은 가두街頭의 생활이다. 말하자면 이런
> '거리'를 맨드러내여서 그것을 길러가는 근대적
> 대도시라는 괴물의 소산이다. (...) 그들은 모든
> 생산생활을 떠나 모든 생활양식을 버리고 혼돈된 색채,
> 음향, 선線 우에서 어느 시절인지 어데로 가는지도 몰으고
> 비틀다리로 난무하는 꼴! 이것이 모던생활이다."
>
> 적라산인, 「모던 수제」, 《신민》, 1930년 7월호.

　　그러나 1930년대에는 일상 깊숙이 침투한 낯설고, 불협화음을
내며, 퇴폐적이고 비도덕적인 '현대'라는 현상을 새로운 일상으로
재조직하려는 수많은 시도 또한 존재했다. 그것은 「서울에 딴스홀을
허하라」라는 글(「읽어볼 문헌자료」 79쪽 참조)이 보여주듯이, 개인의
의식과 행동을 균등하게 보장하는 개방과 자유를 요구하는 것에서
드러난다. 기생들과 다방마담, 배우들이 모여 식민통치자에게 '딴스홀'의
허용할 것을 요구하는 행동과 의식은 이를 통해 궁극적으로 사회의
자유와 평등을 그리고 문화적인 고양을 가져올 수 있다는 생각
때문이었다. 분명 이러한 시각의 상당 부분은 서구문물의 세례를 받은
신지식인에 의해 촉발된 것이었지만, 이를 일상 속에서 조직하는
인간군은 전혀 다른 부류의 사람들이었다. 계몽주의적 지식인들이
개조와 문화를 앞세웠다면 이들은 자유와 평등을 앞세웠으며,

계몽주의적 지식인들이 식민지의 룸펜 인텔리겐차로 전락할 때 그들은
대중의 감성을 견인할 줄 알았다.

식민지 시기에 현대화의 물결을
통제하고 견제했던 일본 식민지배층의
태도는 조선의 현대화에 결정적인
영향을 미쳤다. 식민지의 현대화는
일상 속에서 견제와 억제 아래에서만
가능한 '가능성'의 범주였으며, 따라서
반발과 역동의 힘으로서 현대화의
투쟁적 과정이 소멸해버렸다는 점은
분명하다. 낡은 주체와 결별하기 위한
투쟁으로서의 현대화가 아닌 새로운
객체와의 투쟁에 힘을 소진해버린
식민지가 아니었던가.

동일은행 본점에 내걸린 플래카드.
『조선사정』(총독부, 1940).

　　　그로부터 불과 몇 년 뒤에,
모던이 대중의 유행과 일상 속에
틈입하면서 삶의 형태를 서서히 그러나 재빨리 바꾸어가는 과정에서
맞은 전시체제의 군국주의는 현대의 체험을 또 한 번 굴곡지게
하였다. 1930년대 말부터 통제사회가 본격적으로 시작되자 현대화를
향한 초기의 계몽주의적 태도마저 완전히 파쇼적 계몽주의로
전환되어버렸다. 그것은 오늘날까지 '캠페인문화'의 '슬로건사회'로
잔존하고 있는 맹목적 계몽의 현대화과정이다.

> "요지음 전시하의 서울 시내 각 은행, 회사, 관청의 건물
> 우에 부친 표어는 이러하다.
> ○총독부　　　　　　　견지지구堅志持久 생업보국生業報國
> ○동아일보사　　　　　내선일체內鮮一體 보도보국報道報國
> ○경기도청　　　　　　생업보국 견지지구
> ○종로기독청년회관　　거국일치擧國一致 총후보국銃後報國
> 　　　　　　　　　　　내선일체 …"

「삼천리기밀실」, 《삼천리》, 1940년 1월호.

군국주의에서 시작된
편의주의적인 계몽 프로젝트의
슬로건은 모든 문제의 동인을 인민
혹은 대중에게 귀속시킴으로써
피계몽의 열등감을 만연케 한다. 그
절차는 필연적으로 보편적 '선善'의
저항할 수 없는 가치들을 전면에
앞세우고 벌어진다. 근면, 절약,
정직, 봉사, 친절... 여기에 저항할
수 있는 인민은 없다. 예를 들면
과소비 추방이란 슬로건은 그 원인과
결과의 차이를 고려하지 않은 채
계층과 계급의 구분 없이 모두에게
심리적인 억압으로 존재하며, 따라서

군국주의 포스터 「절미보국」. «삼천리»,
1940년 5월호.

정책의 결정권자나 사회의 여론 결정자들은 그 슬로건을 이리저리
흐를 수 있도록 물길만 틀어주면 그뿐이다. 슬로건을 통해 정책적
담론을 형성하는 통치방식, 그것이 슬로건사회의 본질이며 그 형성은
1930년대 말 군국주의에서 본격적으로 시작되었다. 슬로건을 생산하고
정책적으로 전유專有함으로써 인민을 장악하는 통치방식은 오늘에
이르기까지 자발적 강제가 서슴없이 이루어지는 문화현상을 양산하며
오랫동안 현대화의 또 다른 피상적 곁가지로 지속하였다.

서울 잡감雜感

추호 «서울» 1920년 4월호

> 잡지 «서울»의 창간에 즈음하여, 이제 막 현대적인 도시로
> 진입하기 시작하는 서울이 서구나 일본과 같은 현대문명을
> 보이지 못한 데 대한 초조함과 안타까움을 토로한 글이다.
> 사회진보에 대한 신념과 문명에 대한 초조함은 초기에 교육과
> 의식의 개혁을 주창하게 했으며, 문명의 원동력을 물질보다는
> 정신적인 것에 두는 태도를 낳았다. 특히 현대가 진행되면서
> 드러나는 물질우선의 사회와 도시적인 퇴폐 징후의 원인을
> 문화적 진보의 부족으로 생각하는 상투화된 비판은 현재까지
> 지속하고 있는 논리로 주목해볼 만하다.

1. 머리말

영국에 «London»이 있는 셈으로 조선에 «서울»이 생긴 것을
나는 몹시 반가워하였다. 이 우연한 일이 아니요 뜻이 깊은 것이라
생각하였다. 이 무슨 이상한 좋은 징조가 아닌가 하였다.

«서울»이여 «서울»이여. 네 부디 영국의 «런던»처럼 되어라. 너
«서울»로 말미암아 조선을 영국처럼 되게 하여라. 그를 문명과 자유와
평화로 뒤덮게 하여라.

«서울»이여 «서울»이여. 너는 하늘로 하강한 천사로다. 너는
대붕大鵬의 나래 같은 큰 날개로—아 그 부드러운 날개로 우리 '서울'을
두루 싸게 하여라. 그리하여 거기서 휘황찬란한 광채가 나서 널리
천하에 퍼지게 하여라.

아, «서울»이여. 그대의 나오기가 어찌 그리 늦었는가. 그대가
지금으로부터 50년 아니 30년 아니 20년 전에 만났던들 우리 서울이
이러한 서울은 되지 아니하였을 것을!

아, 그러나 늦었다고 어찌 그대를 배척할 수 있으리오. 나는
충심으로 기쁨으로 그대를 맞는다. 늦게 나온 죄로 힘은 들리라마는
이제라도 죽을힘을 다해서 너의 집 서울을 너의 큰 집 조선을 잘
돌아보아라. 잘 꾸미고 잘 간수하여라. 번쩍하니 새롭게 하여라. 환하게
빛이 나게 하여라. 너의 자녀를 잘 가르쳐서 살아 뛰놀게 하여라. 나는
너 «서울»을 향하여 다시금 비는 바로다.

이는 잡지 «서울»에 대한 느낌과 바람이다. 필자는 지난번에
평양에 있어서 «서울» 주필 선생에게 기고하여 달라고 청하심을 여러 번
받고도 아직껏 써 보내드리지를 못하여 매우 황송하게 지내다가 이번에
서울을 지나는 길에는 피할 수 없이 붓을 들게 된 것이다. 그러나
총총한 동안에 볼 만한 원고를 쓸 수가 없으므로 글머리에 낸 것과 같은
제목으로 서울에 대한 감상을 좀 써보려고 하는 바다.

나는 일찍이 서울에서 몇 해 살아도 보았고 여러 번 들러서 놀고
간 일이 있지마는 이번처럼 절절히 적막을 깨달은 적이 없었다. 내가
남대문역에 내리기는 저녁 8시였다. 시가에 깜박깜박하는 등불들은
졸음이 가득한 듯 금방 꺼질 듯 꺼질 듯하고 너른 가로에 이따금 오고
가는 행인들은 마치 친환이 위중하여 의사를 모시러 갔다가 실패하고
낙심천만하여 돌아오는 사람같이 보인다. 비록 청천백일의 낮이라도
침침칠야沈沈漆夜에 밤이 깊어 삼경이 지난 듯하다.

내가 서울에서 며칠을 못 묵는 동안에도 근일에 별로 맛보지
못한 적막과 설움을 느꼈다.

험한 북한산 송림 위에 높이 뜬 기러기는 발을 멈추어 깃들일
곳이 없어 이리저리 방황하고 오백 년 옛날의 푸른빛을 오히려 변치
않는 목멱산이 여기저기 녹다 남은 백설을 지고 소리 없이 울고 섰는
낯을 볼 때에 나는 단잠 자던 옛날을 꿈꾸면서 일종 형언할 수 없는
비애를 느꼈다.

아, 금일의 서울이 무슨 까닭으로 나에게 이러한 슬픔과 적막을
느끼게 하는가. 시골사람으로 가장 화려하고 번화한 서울에 와서 이렇게
적막함이 이 무슨 까닭인가. 아, 알 수 없다. 알 수 없다. 아, 나는 말할
수 없다. 말할 수 없다.

2. 서울과 진보

나는 어떤 친구를 방문하여서 종로로 교동으로 계동까지 갔다가 안동[안국동]으로 해서 낙원동으로 돌아온 일이 있다.

한 2년 보지 못한 동안에 얼마나 변한 것이 있나 하고 살펴보았다. 얼른 눈에 뜨인 것은 전에 없던 자동차 집이 많아지고 전에 보기 흉하던 간판이 없어지고 약간 미술적 간판이 걸리고 벽돌집 소위 현대식 양옥이 전보다 많아진 것이요, 그다음에는 전에는 막 타고 막 내리던 전차에 반드시 뒤로 타고 앞으로 내리는 법이 생기고 돈 받고 땡땡 치는 법이 없어지고 표를 주고 또 바꿔 타는 표를 주는 것이 새로운 것이다.

이런 것들이 변한 것이라면 변한 것이요 진보한 것이라면 진보한 것이라고 할까. 물론 내 눈에 뜨인 것 외부에 나타난 것 말이다. 그러나 굉장한 미술적 간판 밑에는 원시적 초가막아리가 그냥 있고 현대식 양식집에는 상투 짓고 망건 쓰고 긴 수염 늘이고 긴 담뱃대 가로문 양반들이 팔짱을 찌르고 서 있는 것을 많이 보았다.

나는 생각하여 보았다. 지금으로부터 한 50년 전에 대원군이 절대적 쇄국주의를 고집하고 불란서 선교사와 천주교도 수만 명을 학살하고 종로에 '양이침범 비전즉화 주화매국洋夷侵犯 非戰則和 主和賣國'이라는 석비를 해 세웠던 그때의 서울보다 변한 것이 무엇이며 발달하고 진보한 것이 무엇인가 하고.

아, 기막힐 노릇이로다. 50년 전보다 변한 것이 무엇이요 진보한 것이 무엇이냐? 기차가 생겼으니 변하였느냐, 전차, 자동차가 생겼으니 변하였느냐, 3~4층 벽돌집이 생기고 좁은 길이 넓어졌으니 진보하였는가? 그것들이 비록 천만 가지로 생기고 변하였더라도 조선사람에게 상관이 무엇이며 조선사람의 알 바가 무엇이냐.

다른 사람의 50년간 발달과 우리의 50년간의 발달(?)을 비교하니 그 차이의 큼이 어찌 이렇듯이 크냐 하고 놀라지 않을 수 없다. 50년 전의 동경과 경성, 50년 후 금일의 동경과 경성을 비교해보니 참 이런 신기하고 이상한 일이 있는가 생각이 난다.

과거 50년간에 서울에 조선사람의 생각으로 조선사람의 손으로 만들어놓은 작품과 사업이 그 무엇이냐? 혹 무엇이 있는지 모르지마는 나는 알지 못함을 슬퍼한다.

나는 어떤 책에서 런던박물관에 영국의 최초의 주민이던
켈트족이 만들었다는 토우가 있는데 그 제법의 조악하고 하등함이
말할 나위 없다고 한 것을 보았다. 그 세력이 전세계를 뒤덮으려 하는
영국민족, 그 업이 세계의 패왕이라는 영국의 옛날도 실은 그러하였던
것을 보면 옛날에는 피차에 다른 것이 없었던 것이다. 실은 우리가 훨씬
나았다. 그들의 그 업과 미술이 그와 같이 유치하고 보잘것없는 동안에
조선에는 고려자기 같은 훌륭한 미술품이 있었다. 어떤 독일귀족이
자기를 사랑하며 모으는 기벽이 있는데 말하기를 구라파歐羅巴[유럽]의
유명한 페르시아산 자기보다도 조선의 고려자기가 훨씬 낫다고 그
정원을 단장하고 사랑한다는 것을 보았다.

조선사람은 문화 발달의 능력이 남보다 못하지 않은데 어찌하여
그 문명이 이렇게 남보다 떨어졌느냐?

문명과 행복은 노력하는 자가 얻을 것이 분명하나 영국사람은
그 백성들이 향상하고자 발달하고자 노력하고, 노력하여 정체 없이
진보함으로 금일에 이른 때문에 저와 같은 문명과 부강을 얻은 것이요,
우리는 노력이 없고 향상 발전함이 없고 한갓 도원桃源의 꿈을 꾸고
천하태평을 구가한 까닭이다.

문명과 행복은 배우는 자가 얻는 것이다. 일본사람이 옛날에는
우리보다 나은 것이 없었고 오히려 우리의 가르침을 받은 것이려니
금일에 이르러 저러한 차이가 생긴 것은 '잠식暫識[석식晳識의 오류인
듯]을 널리 세계에 구하여' 힘써 배운 까닭이다. 자기보다 어린 이에게나
자기보다 천한 이한테나 자기를 해하려 하는 구적仇敵에게나 힘써 배운
까닭이다. 50년 동안 부지런히 배운 것이 현생의 일본사람이 얻은바
문명과 행복이다.

나는 종로에서 계동 갔다 오는 동안에 골목골목 좌우 쪽에
굉걸한 저택이 있고 문에는 이모 박모 민모 하는 뚜렷한 명패가 붙은
것을 보고 생각하였다. 경성부 내에 저와 같이 큰 집을 쓰고 아무라
하는 이름을 내걸고 사는 중류 이상 인사들이 합하면 적은 수효가 안
될 것이다. 저 사람들만 모두 놀지 아니하고 각각 자기 천분과 천직을
다하여 무엇이든지 노력하여 나아갈 것 같으면 서울이 금시에 문명의
실질이 충실한 도회가 될 것이요 그 문화와 그 부력으로 세계에
부끄럽지 않은 서울이 될 것이라 하였다.

아, 서울에 가득한 집에서 자고 깨고 먹고 입는 경애하는
인사들이여, 사랑하는 형님들이여 자매들이여. 당신들이 힘써서 우리
서울도 동경이 되고 런던이 되게 하소서.

3. 서울의 정신적 방면

금후의 문명은 마치 도회의 발달이 더 이상 지면에서는 싸움할
여지가 없어서 2층이 되고 3층이 되고 10층 20층 내지 40~50층으로
차차 하늘로 올라가는 것처럼 경經의 문명이라는 것은 Godless
Civilization(하나님 없는 문명)을 이름이요 종縱의 문명이라는 것은
하나님을 향하여 정의와 인도를 향하여 올라가는 문명이다.

우리 서울도 낮던 집이 높아지고 단층집이 2~3층으로 높아가는
것을 보건대 얼마큼 물질적으로는 경으로부터 종으로 향상하는 것이
있지만은 그 정신적 생활을 보게 되면 향상하기는커녕 타락한다고
하여도 과한 말이 아니겠다.

옳다. 물질적으로도 훨씬 훨씬 위로 향상하여야 되겠지만 정신적
방면이 병행하여 올라가지 못하면 '바빌론' 탑과 마찬가지 필경은
무너지고 말 것이다. 하물며 정신적 생활, 물질적 생활보다 떨어짐에리오.

아, 애달픈 일이다. 누구나 보든지 잠시 보든지 오래 보든지
서울의 물질적 발달이 (그 내용은 어쨌든지) 이만한데 정신적 향상이
따라가지 못하는 것은 불을 보는 것처럼 명백한 일이다.

서울사람의 생활을 보매 모두 이상理想이 없는 생활이다. 현금
조선사람의 생활을 통틀어 보더라도 이상이 있다고 할 수 없지만
더구나 서울 사는 사람들은 참말 몰이상이다. 나는 부호가 되겠다든지
대실업가가 되겠다든지 나는 문장가가 되겠다든지 하는 이상을 가진
사람이 더러 있을는지 모르지만 어떤 공통점이 있는바 큰 이상이라고
할 만한 이상이 없다. 개인으로라도 무슨 고원한 이상을 가지고 그것을
실현하기 위하여 노력하는 사람이 있는 것 같지 아니하다. 혹 그런
사람이 어느 구석에 있을지 모르지마는 대체로 보면 아무 자각도 없고
아무 이상도 없이 육체적 생활에 끌려서 이럭저럭 하루 이틀 지나가는
사람이 태반이 아닌가 한다. 생활이 곤란한 사람이나 생활의 여지가
있는 사람이나 엄벙해서 시간을 보낼 뿐이요 고상한 이상이라든지
위대한 vision환몽을 가지고 정신적 생활을 하는 사람이 어디 있는가.

이상이 없는 사람은 역사적으로 보아 생존의 가치가 없을 것이다. 이상이 있어야 계획이 있고 계획이 있어야 사업이 있을 것이요, 사업이 있어야 민족에게나 세계문화적 무슨 공헌이 있을 것이거늘 이 공헌이 없이 살아서 무엇 할 것이냐.

이상이 없는 생활은 마치 모래 위에 세운 집 같고 대들보나 기둥 없는 집과 같은 것이다. 이제 서울사람의 생활을 살펴보건대 과연 모래 위에 세운 생활이요 골자가 없는 생활이다. 가령 이제 어떤 외국 손님이 와서 "당신들의 이상이 무엇이요?" 물어본다든지 어떤 잡지에서 평생의 이상이나 혹은 사회상 생활의 주의라든가 무슨 문제에 대한 의견을 물으면 이러이러하다고 대답할 사람이 쉽지 못할 줄 안다.

이상이 없고 따라서 의식이 없는 생활을 하는 때문에 그 생활은 전부가 허위적이요 형식적이다. 어느 나라를 물론하고 대도시는 다 그러한 경향이 있지마는 우리 서울사람에 허위가 많고 외식外式이 가득한 것은 과연 놀랄 만하다. 그들의 일동일정과 일언일구가 거의 다 허위요 외식이라고 할 수 있다. 그것을 진정으로 믿었다가는 큰 낭패를 당한다. 이것은 오래오래 내려오는 유전적 관계와 사회적 경향으로 그러한 것이지만 근일에 외국으로부터 들어오는 물질적 문명 그중에도 현대문명의 암흑면의 독류毒流를 맨 먼저 가장 즉효적으로 받아서 그들의 생활이 몹시 경박하고 형식이요 허위적이매 서울의 공기에는 가장 불유쾌한 독액냄새가 흘러 있다.

나는 근일 《매일신보》 지상 사설에서 아래와 같은 일절을 보았다.

"요즈음의 경성은 외관으로는 층루걸구層樓傑構[높은 빌딩 웅장한 구조물]가 탄도대가坦道大街[평평하고 넓은 길]에 즐비하여 자못 화려한 아름다움이 넘치지만 내면은 심히 부패하며 음미(음탕)하여 각종의 죄악을 길러내는 장소이다. 말을 타고 차를 타서 홍등녹주紅燈綠酒에 빠져 이름을 그르치고 가문을 패하는 자가 자꾸 나오며 사기와 편협을 일삼아 저지르는 무뢰한의 소굴이다. 허영과 유행의 진원지다. 역시 경성은 타락한 경성이요 부패한 경성이다. 부패하고 타락한 경성에 어찌 청청한 공기가 있으며 소박하고 곧은 풍조가 있으랴 운운"

이것이 경성의 한 면이요 또한 혹평일는지 모르나 또한 거의 사실일 것을 나는 몹시 슬퍼한다. 나는 어느 정도까지 이 말에 동정 아니할 수 없다.

경성은 마땅히 정치의 중심지, 문화의 중심지, 경제의 중심지가 되어야 할 것인데 그것들의 진흥발전은 볼 수 없고 무뢰한의 소굴, 죄악의 배양지가 웬 말이냐.

처음에 말한 바와 같이 맨 먼저 눈에 뜨인 것은 곳곳에 있는 자동차 상회와 현대식 양옥이다. 조선사람도 문명의 은사물인 자동차도 타고 과학적으로 건축한 굉장하고 화려한 집에도 사는 것이 아니 좋은 바가 아니다. 그러나 그 자동차를 타고 그 가옥에 사는 이들이 그것들을 우리에게 팔고 전해준 사람만한 지식이나 재산의 실력이 있는지 나는 의문이므로 그것들을 보기가 그리 유쾌하지를 못하다고 하는 것이다.

한 시간에 30원을 주는 자동차를 타고 30~40원 돈을 벌어야 할 터인데 오히려 30~40원 돈을 갖다 버리고 오니 기막힐 일이요, 인력거를 끌거나 땅을 파도 시원치 않은 귀족들이 무익유해한 일에 타고 다니는 꼴이야 차마 볼 수가 없다. 서울에 있는 자동차는 호의호식하는 귀족이나 패가망신하는 부랑자를 태우고 지옥으로 가는 특별열차요, 허영심만 있고 아무 자각이 없는 여학생을 이끌어 망하게 하는 유혹물에 불과하겠다고 나는 생각한다.

교제장에는 그것이 필요하다고 할는지 모르나 겨울에 불 못 때고 세 때 끼니를 끓이지 못하면서도 서울사람들의 의복이 너무 사치한 것은 또한 놀랄 만하다. 그중에도 두루마기에 백여 원짜리 외투는 그만두었으면 하는 생각이 간절하다.

나는 이상에 너무 장황하게 너무 혹평을 하여 미안스럽다. 그러나 충고요 직언임을 알아주기를 바란다.

4. 서울의 서광曙光

우리 서울도 어서 진정한 의미로 물질의 발달도 해야 되겠고 거기에 정신적 향상이 평행해야 되겠다. 이상 있는 인사가 많고 인격 있는 신사가 가득해야 되겠다. 그리하려면 무엇보다도 먼저 교육을 힘써야 되겠다. 종교를 진흥시키고 전문학교와 대학을 세워야 되고 도서관이 있어야 하겠고 신문 잡지가 있어야 하겠다. 이것이 오늘날에 와서 비로소 일어나는 문제가 아니지만 아직도 생기지 아니하니까 말이다.

경성에 조선사람의 힘으로 하는 변변한 전문학교가 없고 도서관 하나 없는 것은 참 부끄러운 노릇이다. 경성에는 마땅히 남녀 사범학교가 있어야 할 것이요 외국어, 미술, 음악, 상선商船, 수산水産 등 각과 전문학교가 있어야 할 것인데 이것을 누가 할까? 나는 경성에 있는 인사가 하기를 간절히 바란다.

서울에 있는 각계급 각방면 재산가가 마음만 있어 힘을 합하면 한 대학을 넉넉히 세울 줄 믿는다. 사랑하는 경성 인사들이여, 학교를 세우라. 세우고 세우고 또 세우라. 그리하여 동경에서 보는 것처럼 서울도 아침이나 저녁이면 전차와 길에 학생으로 뒤덮게 하여라.

종이의 소비액으로 그 나라나 그 지방의 문화의 정도를 헤아린다 하는데 경성의 출판계를 말하자면 가히 말할 나위도 없이 미미하고 적막하여 몹시 부끄럽다. 여기에 대하여도 흔히 시절이 어떠니 저떠니 하고 출판의 자유 없음을 핑계하지마는 그것은 과연 구실에 불과한 것이다. 경성에 배재학당이 생긴 후에 영어 배우는 지 30년이 되어서 오히려 변변한 영어 자전이 하나 없는 것을 보매 출판의 자유뿐 아니라 노력함이 없는 까닭이라고 할 수 있다.

암흑하던 서울에 적막하던 서울에 바야흐로 떠오르는 한 줄기 서광을 보겠다. 첫째는 산업 경제적 각성이요, 둘째는 교육문화운동이 차차 생김이다. 모모 회사의 설립을 나는 많이 기뻐하였고 북한산 밑에 번쩍하게 세운 중앙학교의 신축을 바라보고 더욱 기뻐하였다. 도서주식회사에서 도서관을 세우고 출판사업을 경영한다는 것과 《동아일보》 등 신문 여러 종이 생긴 일과 작년 말부터 《서광》 《서울》 등 유망한 잡지가 생긴 것은 분명히 서울의 아니 조선의 큰 문화적 운동이 시작되는 것이라 하겠다. 이는 서울의 부흥을 의미함이요 서울의 큰 영광이다. 나는 이러한 운동의 전도를 암시하기를 마지않는다.

그 외에 《여자시론》 등 부인 잡지까지 출현한 것은 더욱 반가운 일이다. 들은즉 동경에서 《여자계》를 이어 내고 이화학당 일파에서 《신여자》를 발행한다고 한다. 한마디 어리석은 견해나마 충고하는 것은 과연 서울에 각성하고 자각한 여자가 있으면 조금이라도 파를 가르고 당을 짓지 말고 야심을 가지지 말고 겸손한 마음으로 서로 합하여 아울러 한 개 부인잡지를 튼튼히 충실히 해서 암흑하고 가련한 조선

여인계의 충실한 지도자가 되기를 바란다.

　서광이 비친 서울로 하여금 장차 혁혁한 태양이 내리비쳐 영광이
조선에 두루 비치고 이름이 세계에 떨치게 하려면 서울 인사들이
떠오르는 새벽빛을 바라보고 용기 있게 일어나서 각기 사력을 다하여
혹은 붓을 들고 혹은 흑필을 들고 산반算盤[주판]을 들고 망치를 들고
싸우고 싸울지어다. 일어나는 문명운동에 크게 호응하여 응원하며
투신하여 희생이 되어라.

　그리하면 우리 서울도 오래지 않아서 동경이 되고 '와싱톤'이
되고 '파리' '베를린' '런던'이 되겠다.

1920. 2. 8. 서울에서

모더니즘
임인생 《별건곤》 1930년 1월호

> 1920년대 후반부터 본격적으로 등장하기 시작한 '모던'은
> 도시의 새로운 유행과 의식의 변화를 가져왔다. 사회는
> 더욱 혼란된 듯한 양상을 보였으며 이에 대한 지식인들의
> 비판 또한 거셌다. 이 글은 사회의 한 풍조로 휩쓸고 있던
> 모던현상에 대해 개괄적이나마 비판적 분석을 시도한
> 글이다. 특히 모더니즘에 대해 자본주의 인터내셔널리즘과
> 기계주의적 미학에 의한 바바리즘, 병적인 퇴폐주의 등등의
> 원인을 들고, 물질적 토대가 없는 조선에서의 모더니즘이
> 기형적으로 나타나고 있다고 지적한다.

1. 모던...모던
모던 모던의 세상이다.

　미국이 그러하고 구라파 각국이 그러하고 상해가 그러하고
가까운 일본이 그러하고 그 운 덕분에 조선도 그러하다.

　모던! 모든 것이 모던이다.

모던걸, 모던보이, 모던대신, 모던왕자, 모던철학, 모던과학, 모던종교, 모던예술, 모던자살, 모던극장, 모던스타일, 모던순사, 모던도적놈, 모던잡지, 모던연애, 모던건축, 모던상점, 모던기생(조선에 한함)... 무제한이다.

사람의 생활에 관한 말에 모던 자字가 아니 붙는 말이 없고 사람의 입에서 모던이란 말이 나오지 아니하는 입이 없다.

그러나 모던이 무엇이냐? 하면 대답을 못한다. 대답을 못하는 것이 나쁘다는 것이 아니라 모던이란 그것이 얄궂기 때문에 한 말로 형용해서 그 의미를 표현하기가 까다롭다 그 말이다.

모던? 모던! '그 말'은 '그 말'인데... 무어라고 하면 좋을까...? 알듯알듯한데도 모르겠다—아니 알기는 아는데 알 수가 없다. 과연 도깨비 같고 수수께끼도 같다.

2. 고유명사 '모던'

그러나 실상 졸가리를 따지고 보면 그것이 그놈의 손자요, 그놈의 자식이지 별수가 없다.

우선 자의字義부터 풀어보자.

Modern 즉 현대라는 말이다. 모던 보이는 현대아現代兒, 모던 걸은 현대양現代孃 모던X 모던Y는 현대X 현대Y...

그러나 모던 보이라는 말과 현대아 혹은 신청년이라는 말이 우리의 귀에 동일한 정조를 가지고 동일한 리듬으로 울리는가? 모던 걸이라는 말이 현대양 혹은 신여성이라는 말과 동일한 정조를 가지고 동일한 리듬으로 울리는가?

아니다. '모던'이라는 말이 결코 '현대'라는 말과 동일하게 우리의 귀에 들리지 않는다.

17세기 사람들은 17세기를 현대라고 하였다. 18세기 사람들은 18세기를 현대라고 하였다. 19세기 사람은 역시 19세기를 현대라고 불렀다. 즉 그 세기 그 세기는 다 각기 '현대 - 모던'이었었다.

그러나 그들이 부른 '현대'라는 말은 지금 우리가 부르는 '모던'의 의미로는 부르지 아니하였다.

현대라는 말은 보통명사다. 그러나 '모던'이라는 말은 20세기의 현대—20세기 중에도 1920년—아니 1925년—아니 1930년—을 특별히 가리키는 말이다. 그러므로 '모던'은 고유명사다.

과거에 있어서 당세기를 현대 즉 모던이라고 한 것과 같이 앞으로도 그 당세기를 현대 즉 모던이라고 부를 것이다. 그러나 그 현대의 그 모던은 보통명사로 쓴 또한 쓸 모던이다. 그러나 우리가 지금 부르는 모던은, 1930년을 중심으로 새로이 생긴 사회적 조건의 반영인 일부 인간생활의 이데올로기를 표시하는 '모더니즘'의 '모던'은 지금의 우리가 한 번밖에는 더 쓰지 못할 고유명사의 '모던'이다.

'모던'의 모더니즘은 그러면 무엇인가? 위에도 말하였거니와 사회적 조건의 반영인 일부 계급 인간의 생활—미묘하고도 첨예한—의식의 구체적 경향—이데올로기—가 즉 그것이다.

그러나 이 정의는 객관적인 데 그친다. 아직도 모더니즘의 정체는 우리 앞에 나타나지 아니하였다.

3. 모더니즘의 모체

모든 사회적 현상은 경제적 조건에 좌우된다. 그런데 현대에 있어서 사회적 현상을 좌우하는 경제적 조건은 무엇이냐? 그것은 자본주의—극도로 발전된 자본주의다.

그렇다. 자본주의는 극도로 발전이 되었다. '정正'과 '반反'을 대체로 지나 '합슴'의 새 주인에게 자리를 양보하여야 할 때가 가까워왔다.

이 빈사의 거대한 구조물은 하염없는 여명餘名을 좀 더 붙들고 있어보려고 발버둥을 치며 부르짖는 소리가 있으니 이름하여 산업의 합리화다.

산업의 합리화—여기를 와도 산업의 합리화, 저기를 가도 산업의 합리화... 산업의 합리화의 소리가 아니 들리는 곳이 없다.

그러면 산업의 합리화란 무엇인가?

그것은 현대 자본주의의 대왕국인 미국을 중심으로—아니 수령으로 한 일체 산업의 전세계적 '튜러스'를 조직하자는 것이다. 즉 자본주의의 인터내셔널리즘이다.

그리함으로써 '콤먼 류인(共倒[common ruin])'을 예방하는 한편으로 막는바 이윤을 높이자는 것이다.

그러면 실행방편은 무엇으로?

여러 가지 여러 방면이 있으나 가장 중요한 것은 산업상 '기계의 절대적 진출'이다.

기계의 능률은 무서운 템포로 발전이 된다. 재래에는 노동자가 기계를 사용하였으되 이제부터는 기계가 노동자를 사용한다.

백 명의 노동자가 한 공장 안에서 기계를 사용하며 일을 하던 것이 지금은 단 열 명이 남아서 기계의 부속과 같이 일을 하고 있다.

자동은행원이 있다. 이것은 두뇌 노동에까지의 기계의 진출이다.

가정생활의 전기화가 있다. 이것은 가정으로의 기계의 진출이다.

체페린[zeppelin 비행선], 태평양 횡단, 여행수송, 2백 20리의 자동차, 고속도전차—이것은 지구상의 거리를 한 발 두 발 가까움게 하는 교통기관의 가두로의 진출이다.

4. 모더니즘의 모체...續

이 기계의 눈부신 활동은 필연적으로 인간의 의식을 좌우한다.

다른 방면에도 많이 그러하거니와 새로운 미의식, 즉 기계미의 발견인 메카니즘의 미 그것이다.

메카니즘의 미... 이것은 자본주의가 발견한 '울바니즘urbanism'의 미와 한가지로 새로운 미다.

현대 자본주의, 다시 말하면 아메리카니즘에 두 가지 형태가 있으니 울바니즘과 한가지로 메카니즘이 그 하나요 다른 하나는 모더니즘이 그것이다.

메카니즘은 공업가, 기술가와 노동자가 대표를 하는 생산방면이요, 모더니즘은 상업자, 금리생활자, 소부르주아, 샐러리맨이 대표하고 있는 소비방면이다.

그러므로 현대 자본주의 즉 아메리카니즘은 생산적 문화형식과 소비적 문화형식으로 나눌 수가 있는 것이다.

그러므로 모더니즘은 아메리카니즘을 모체로 하고 이 세상에 생겨난 일부 소비계급의 문화적 생활형식이라면 타당하겠다.

노동자는 이 생활영역에 절대로 참가를 허락지 아니한다. 미래에 있어서 생산과 소비가 그들의 것이 될 때는 그렇지 않지만 현대에 있어서는 그들에게는 그것이 금단의 과실이다.

모더니즘은 전소부르주아계급(광의)의 전유물이다. 그들은 생활이 유족함이 로마의 귀족 이상이다. 그들은 재래의 모든 예술 모든 자극으로는 그들의 메스같이 첨예해진 신경을 자극시키기에 너무나 수준이 낮다.

그들에게는 훨씬 더 날카로운 자극이 필요하다. 죽음의 긴장이 아슬아슬한 220리의 자동차 드라이브요, 사람의 신경을 도막도막 끊어놓으려는 듯한 참담한 공장의 사이렌이요, 우주라도 집어삼키려는 거대한 기계의 미묘한 율동이다.

토-키-요, 라디오요, 텔레비전이요, 태평양 횡단이요, 마네킹이요, '젊어지는 법'이요, 3분간 연애와 2분 후 단념이요, 자유이혼이요, 탐정소설이요, 콩트요, 유모어요, 무엇무엇...이다.

급속도의 역학성과 미래성...다이나믹한 중에도 미묘한 조화, 낙관주의의 명랑한 생활의 창조, 리듬과 템포, 미래파, 표현파를 질끈질끈 밟고 넘어가서 새로운 양식의 구성... 등이다.

변증법으로 볼 때에 사람의 생활양식이 극도의 문화적으로 발달이 되면 거기에는 반드시 만성蠻性이 나타나는 것이다.

그러므로 현대의 모던 이기의 일면은 문화의 세련을 받은 바바리즘이다.

5. 바바리즘

파리의 미인이 소위 '스틱뽀이人短杖'라고 체구가 늠름한 새까만 흑인을 고용해가지고 그것을 마치 인형을 가지고 놀듯이 하며 단장을 짚듯이 같이 산보를 다니는 것을.

미인의 표준인 백색이 흑색으로 기울어져가는 것을. 파리의 일류 대극장인 무랑루즈에서 춤을 추는 흑미인 '죠세핀 뻐-커'를 보기 위하여 양키 신사가 천 프랑의 지폐를 내던지고 스테이지의 앞자리를 사며 매일매야 만원이 아니 된 때 없다는 것을 들어보라.

새빨간 이상으로 새빨갛게 칠한 여자의 큰 입술을 보고 미를 느끼는 것을 보라.

등산을 보고 투창을 보고 다른 모든 스포츠를 보라.

클레오파트라가 백색미인이었던 것이 아니라 흑색미인이었다는 유력한 학설(?)을 듣고 좋아 날뛰는 자들을 보라.

재즈를 보라. 레뷰를 보라.

　　나팔바지를 보고 짧은 스커트를 보아라.

　　야만에 대하여 문화가 대립하였었다. 야만 자체 속에는 이미 그
반대물인 문화가 배태되었었던 까닭에 이에 그 문화는 성장하여 모체인
야만을 극복하고서 문화시대에 이르른 것이다. 그러나 그 야만의 요소는
전연 없어진 것이 아니다. 없어지지 않고 그대로 남아 있기 때문에
그것이 문화의 세련을 받아 다시 나타나는 것이다.

　　위에 말한 만풍蠻風의 미의식이 즉 그것이요 스포츠가 그것이요
전쟁심리가 그것이다.

　　이것이 발전이 다 된 뒤에 다시 '합슴'의 새로운 문화가 발생될
것이니 즉 노동자의 문화이다.

6. 병적 문화

　　그러므로 모더니즘의 문화는 과도기의 것이다. 그 향락자들은
대체로 신경병자이며 변태성욕자인 문명병자들이다.

　　그들은 대부분이 게으름뱅이요, 낭비성이 많고 무기력하다.
허식적이요 무목적이며 소비일면적이다.

　　생산과 소비의 분열이 없어지고 지배와 피압박이 없어진 뒤에
건전한 사회가 출현될 때에는 그러한 병적 모더니즘은 일소될 터이다.

7. 조선의 모더니즘

　　조선에도 모더니즘이 있는가? 있다.

　　'뽀-키-'가 있고 '토-키-'가 한 개 나왔었고 택시가 있고
모던 걸이 있고 모던 보이가 있다. 짧은 스커트와 나팔바지가 있고
'레부-걸'이 있고 재즈가 있고 라디오가 있고 나신독창裸身獨唱(이거야
말로 조선 모던계 독창이다)이 있고 바-가 있고 댄스가 있고…이만하면
넉넉하지 아니하냐. 넉넉하다. 그러나 외국의 모더니즘이 병적인
것이라 하면 조선의 것은 기형적인 것이다. 그러나 기형적인 그것이
조선으로서는 필연의 과정이다. 무슨 현상이든지 스스로 그것을 움직일
만한 기초조건이 빈약한 조선에 있어서는 외래의 조류에 움직여짐이 더
크다. 앞으로도 물론 그럴 것이다. 조선의 모던 보이 모던 걸이 외국의
그것과 비교해서 얼마나 배 속에서 꼬르륵 소리 나는 것을 보아라.

모더니즘 희론戲論

오석천 «신민» 1931년 6월호

> 모던 보이와 모던 걸의 행태에서 보이는 모더니즘에 대해
> 신랄하게 비판한 글. 모더니즘을 유행현상으로 본 이 글에서
> 모던이란 아메리카니즘에 경도된 자본주의의 유한계급이
> 벌이는 퇴폐적 문화현상일 뿐이다. 이즈음 모던 군상의
> 취향을 말하는 에로틱과 그로테스크란 뜻의 에로 그로란
> 말이 유행했는데, 양키의 춤인 재즈댄스와 문란한 성적 발산
> 등 도덕적 통제가 불가능한 이 현상에 대해 유감을 표현하고
> 있다.

1

유행현상처럼 포착하고 정의하기에 난한 것은 없다─그것은
신경중추보단 신경말초의 번번軂軂한 감촉이요 관능의 순간적 흥분제인
까닭이다.

유행현상처럼 전파속도가 빠르고 흡수성이 예민한 것은
없다─그것은 시대인의 호기好奇, 순응, 부박浮薄에 대한 매혹적 자극인
까닭이다.

유행현상처럼 그 유래성이 막연하면서도 그 현현성이 선명한
것은 없다─그것은 시대생활과 시대정신이 빚어내는 분위기이고 향기인
까닭이다.

소위 모더니즘은 현대의 정조情調 이상으로 이즘화하였다.

2

모더니즘의 구성원은 모보 모거[모던 보이, 모던 걸의 준말]요,
그것의 양식은 재즈, 댄스, 스피─드, 스포─츠요 그것의 표현은
에로[에로틱], 그로[그로테스크], 넌센스, 잇트[위트]이다.

모보 모거의 근거지는 유한계급의 지역이다. 그들의 출산자는
현대자본벌이다.

모보 모거의 생활환경은 기계문명이다.

모보 모거의 지도원리는 나리낀成金[졸부] 근성, 속악적 취미,
제일주의로써 도장한바 아메리카니즘이다.

3

현대의 자본주의계급은 몰락의 함정에서 벗어나려고 급급히
천식喘息하면서 합리화주의의 구원을 얻으려고 비규悲叫한다.

기계문명은 간명, 쾌속, 규율, 통정統整의 수법으로써 다량생산,
능률증진의 성적으로써 실업군을 토출吐出하고 자본가계급에 아첨한다.

기계문명의 생산퇴적, 황금의 무려집중처無慮集中處인 아메리카는
몰락 자본주의사회에 대해서의 전면적 위협이요, 모보, 모거에게는
절대한 유토피아다.

4

모던이란 '근대적' 의의다. 그러면 '모던 뽀이, 껄'은 얼마만치나
근대문화와 정신의 정수와 전통을 소화하여 있느냐? 그들의 뇌는 그에
있어서 제로(零)이다.

모더니스트는 시대의 첨단을 끊어서 약진한다고? 그들은 과연
자본주의사회가 잉회孕懷하고 있는 모순, 유암, 투쟁, 저기압, 암흑면,
무질서, 알력, 매춘부, 실업자, 룸펜, 인텔리의 고민, 자살, 암살, 음모,
참학, 정치情痴, 강간, 외음, 기갈...등등을 해결하고 양기揚棄하고
소탕하고 변혁하고 구제하고 청산하고 승화하고 방지하고 개척하고
건설하고 무엇무엇 그러고 그러고 함으로써 첨단을 끊어서 전진한다
하는가? 부당천만외인不當千萬外人!

5

장려한 주택, 순란한 침실, 감미와 지방적 음식, 췌미贅美
[사치스러운 아름다움]를 극한 촉쾌감의 의장衣裝―에로 그로의 원인.

장려한 주택은 안정과 나태한 분위기를 조성한다.

달고 기름진 음식은 그나마 무노동인 그들의 정력을 돋운다.

췌미를 극한 의장은 시각에 대한 매혹적 자극인 동시에 그것의
기촉감肌觸感은 성적 충동을 일으킨다.

에로 그로의 다분적 요소를 품고 그들은 문밖으로 갑충의

누집운산같이 질구폭주疾驅輻輳하는 자동차의 거리로 요신의 마화같이 휘황하는 '네온사인'의 댄스홀로 내달으며 헤맨다―에로 그로의 연무대演舞臺.

짧은 스커트 밑으로부터 '에로야 발산하라'는 것같이 뭉텅히 살찐 다리를 내벌리며 '그로는 나에게만 찾아라'는 듯이 나팔 통즈봉을 털털 털면서 지나치다가 그로가 발하는 음전류와 에로가 발하는 양전류가 교감하기만 하면 생전 부지지간不知之間이라도 스피드적으로 그간에 그것의 체결에 대한 '오-케'가 즉석으로 성립한다. 그것의 표현과 서비스의 양식은 허다하다.

6

재즈댄스. 이것의 원산지는 '양키-국'이다. 양키들은 니그로들의 원시적 무악舞樂에서 본떴다. 그들은 어떠한 요소만을 어떻게 본떴나? 원시무용과 악곡이란 그 대개가 다신적 숭배의 표현이거나 혹은 금기의 행동이었으며 또 원시적 종교대상에는 생식기 숭배가 있었다고 하니 그들 흑인종의 원시적 무용―더군다나 그 엉덩춤 추는 것 같은 제스추어를 보라―에도 그러한 형태 있었음이 분명하다 하면 배금주의국인 양키들 눈에 비치는 것이 무엇이며 그들의 탐취한 바가 무엇임을 상상하기 부족지 않다. 그러나 그들은 그대로 옮겨서 본떴을까. 더 스피드적으로 선정적으로 현대인적 감각에 영합하도록 짰을 것임도 틀림없다. 재즈의 취주단이 흑인종이거나 부득이하면 일부러라도 흑인적 분장을 시켜가면서라도 그들의 그로테스크怪奇미를 지보持保하고 자극하려 하지 않는가?

"재즈데 오톳데 리큐르데 홋게데 구두우단사노나미다아매"라기 보담 "재즈데 오톳데 리큐르데 요-데 구두우단사노 에로사비스"다.

그들의 댄싱 제스추어를 보라. 가급적이면 상체(흉부)를 후도後倒하고 하체(복부)를 전출前出하지 않는가. 그렇지 않으면 상하체의 밀착이다. 이 얼마나 공연한 음란스러운 자태냐, 이것이 에로의 백퍼센트적 발산이란다.

그러한 자세로써 막 틀고 함부로 뛴다. 그런 나머지에는...?

스트리-트街路―는 에로 그로체의 유보장이요 그것의 발산처다.

스트리-트 걸, 이것은 공창, 사창의 재래적 수법을 벗어나서

간단하게 속도적으로 에로를 서비스해서 생활하려는 중간층적 존재
내지 무산계급원이다.

같은 계급에 속하는 존재로서 '스틱 껄'과 '뽀이'가 있다. 스틱
걸에게는 유한有閑 모보가 상대요, 스틱 보이에게는 유한부인 혹은
에로를 초월하려다가 그로화한 유한 모거가 상대다.

△ "여보세요. 시–크! 산보요? ...잠깐 동안!"

○ "오–케–" 또는 "아사라!" "쳇."

○ "마담! 동반하릿가?"

△ "오! 귀여운 미소년!"

△ "여보구료 로매오! 나하구 산보해요."

○ "오–케 카페? 댄스홀?"

그들은 헤매다가 거닐다가 취하다가 춤추다가 그리고는
몽롱호텔로! 사라진다.

스피드, 기차, 자동차, 비행기. 이것은 에로 그로의 발산장소를
이동하며 변환하는 기관이다. 타서 시작하고 내려서 마친다.

비행기의 파라슈터 걸. 이것은 에로도 그러하거니와 보다 더
자타선전적 효과를 가졌다.

열차 내의 동반걸. 이것은 여수를 위안하려는 그것을 제외한
에로 서비스라고? 누가 아나? 여수의 발생원인과 심리를 추찰해보면
결론은 자득일 것이다.

7

모던 연애는 그것의 획득이 목적이다.

그들에게 '아배라–르'와 '애로이즈'의 순결과 '트리스탄'과
'이솔대'의 로맨스와 '로미오'와 '줄리엣'의 우미와 '카르멘'의 열정 같은
것을 약에 쓰려고 해도 구할 바가 없다.

그들은 순정과 열애가 없으면서 그것을 빼고 남은 기교만은
가졌다. 그러므로 그들의 정적 교제는 허구虛構 많은 연극적 장면의
연출이다.

때로 열정 같은 것이 있다면 그것은 관능적 흥분이다. 그들도
물론 키스는 한다. 키스는 하면서 속으로는 키스의 촉감과 그 위치와
키스하는 데의 표정과 동작을 감식한다. 선정적 영화와 감각관능의

유희인 염문에서 그들의 표정 동작과 그 감식 기준을 찾는다. 에로 그로의 기교와 표현술과 감식안을 갖추지 않으면 모보 모거가 될 수 없는 것이다.

모던 도덕은 의지의 통제가 없이 다만 감각의 쾌, 불쾌가 그들의 모든 행동기준이다. 경박부동, 때로는 표일명쾌한 짓도 하기는 한다. 의무라든가 책임관념이라면 랑데뷰의 시간과 극장 입장권, 연회의 초대권에 대한 때만 그친다.

또는 외면적으로 보아서 도덕적 행위라고 평가할 만하다고 한 것이라 해봤자 그들의 덕에 대한 모독적 호기심의 소출이 많으며 경망과 표일에서 행동할 때 거개 넌센스에 그친다. 넌센스! 이것은 도화역자道化役者[어릿광대]의 비장한 풍자미 있는 넌센스가 아니다. 경미한 동정심을 끌 만한 가엾은 탈선에 지나지 않는다.

그들 모보 모거는 넌센스! 넌센스! 하고 웃는다. 그 꼴들이 더 넌센스다. 그들은 자신의 넌센스를 반성하지 못하는 존재다. '피에로'에게는 안타까운 자조와 홍소哄笑가 있는 것이다. 오히려 우리는 그들의 넌센스에 눈물을 뿌리는 수가 있다. 그들 모보, 모거의 넌센스는 구하지 못할 넌센스다.

그들의 용기는 스포츠적 용기에 그친다.

그들의 아연히 취하는 태도, 단연한 행동은 호의준순狐疑逡巡 [우물쭈물함], 주저를 혐기하는 증명이나 그러나 그것 역시 명랑 경쾌 과단이라 해서 도덕적 가치를 부여하기에는 너무나 감각적 쾌락주의의 소산인 것이다.

8

우리는 모던의 두 양상을 찾으려고 했으나 과연 찾았는가? 당치 않은 말씀이지요!

사실 이 모던상이 이상의 서술과 같이 그러할까. 필자의 허망한 상상은 그 여실상을 넘어서 과오를 범하지 않았을까.

유행현상의 착잡성은 그것에 추종하는 시대인의 각자 개성에서 연유됨이 없지 않다 하면 유행현상의 규율성이라든가 전형성이라는 것은 찾기 어려운 것이라 하겠다. 그러므로 필자가 만일 모보로서 자처하게 되는 날에도 위에 적어놓은 상상 그대로 실현치 않으리라고 단언 못할 것이며 실현성 있는 상상이라고도 할 수 있다.

서울에 딴스홀을 허許하라
―경무국장께 보내는 아등我等의 서書
«삼천리» 1937년 1월호

> 레코드회사 문예부장과 바, 다방의 마담, 여급과 기생 등
> 대중문화의 중심인물들이 서울의 치안담당자에게 서울에
> 댄스홀을 허가해달라고 요청하는 공개 탄원서 형식의 글.
> 서양과 일본에서 유행하고 있는 댄스홀조차 식민지 조선에서
> 통제되고 있는 사실의 부당성을 설파하고 있다. 이들이
> 주장하는 글의 내용보다는 현대화과정에서 겪어야 했던
> 식민지 조선의 사회적 정황을 살펴볼 수 있는 글이다.

대일본 레코-드 회사 문예부장 이서구
끽다점 ‹비-너스› 마담 복혜숙
조선권번 기생 오은희
한성권번 기생 최옥진
종로권번 기생 박금도
바 ‹멕시코› 여급 김은희
영화배우 오도실
동양극장 여배우 최선화

삼교三橋 경무국장 각하여.
우리들은 이제 서울에 '딴스홀'을 허하여 주십사 연맹으로
각하에게 청하옵나이다.
만일 서울에 두기가 곤란한 점이 있거든 마치
대판大阪[오사카]에서 시내에는 안 되지만 부외府外에 허하듯이 서울
근접한 한강 건너 저 영등포나 동대문 밖 청량리 같은 곳에 두어 주십사

하고 청하나이다.

　　우리들은 대개 동경도 다녀왔고 상해, 하얼빈도 다녀왔고, 개중에는 서양까지 돌아온 사람들이 있습니다. 일본 내지의 동경, 신호神戶[고베], 횡빈橫濱[요코하마] 등지를 돌아보거나 상해, 남경, 북경으로 돌아보거나 가까이 대련, 봉천奉天[지금의 선양], 신경新京[지금의 창춘]을 돌아보거나 거기에는 모두 댄스홀이 있어 건전한 오락이 성하고 있는 것을 보고 우리들은 부럽기를 마지아니합니다. 일본 제국의 온갖 판도 내와 아시아의 문명도시에는 어느 곳이든 다 있는 댄스홀이 유독 우리 조선에만, 우리 서울에만 허락되지 않는다 함은 심히 통한할 일로 이제 각하에게 이 글을 드리는 본의도 오직 여기 있나이다.

　　삼교 경무국장 각하여.

　　각하는 댄스를 한갓 유한계급의 오락이요 또한 사회를 부란腐爛시키는 세기말적 악취미라고 보십니까. 그런 생각을 가지고 사교댄스조차 막는 것이라면 그것은 분명히 각하의 잘못 인식함이로소이다. 우리들은 일본 내지에 있어서의 댄스 발달사를 잘 압니다. 지금부터 40년 전 명치유신을 완성하고 서양문명국과 평등을 주장하려 할 적에 이등박문伊藤博文[이토 히로부미], 육오종광陸奧宗光[무쓰 무네미쓰] 등 유신의 제공신들이 동경 녹명관에 댄스파티를 성대히 열고 영국공사 '빠크' 이하 열국 외교관들로 더불어 성대히 댄스를 하면서 크게 국제적 사교를 하지 않았습니까. 이 어찌 정부요로 대관들만, 상류의 외국사신들과 교제하는 것으로 능을 삼았으리라. 국민도 국민끼리라는 정신에서 또한 시정에 댄스홀을 많이 허락하여 영미인들과 내외인들이 어울려 댄스하면서 크게 인민끼리의 친교를 맺지 않았나이까.

　　그러다가 댄스홀을 허하여줌으로부터 풍교상 좋지 못하다 하여 외무대신의 탄압으로 일시는 즈묵하여졌으나 그러나 구미문명의 풍조와 인생오락의 본능으로부터 오는 이 요구를 무리하게 막을 수 없어 마침내 소화 2년[1927년] 즈음부터 다시 허락하기로 되어 유행계를 풍미하게 된 것이 아니오리까. 그도 응접실과 특수한 집회소의 오락에만 만족하지 못하야 마침내 가두로 나아온 것이 아니오리까.

　　그래서 소화 3년에는 동경 경시청 관내에 3개소이던 것이

소화 7년에는 8개소로 격증했고 그 뒤로는 비록 동경 시내에는
허락되지 않았으나 자동차면 10분 20분, 멀어야 반 시간, 한 시간이면
갈 수 있는 기옥현埼玉縣[사이타마현], 신내천현神奈川縣[가나가와현],
천엽현千葉縣[지바현]에 댄스홀이 부쩍 늘어서 횡빈에 있는 것까지
합치면 20곳이나 되며 거기다가 경도京都[교토], 대판, 신호,
자하현滋賀縣[시가현], 별부別府[벳푸]에 있는 것까지 합치면 동경
횡빈과 경판신京阪神[교토, 오사카, 고베를 통틀어 지칭하는 말]에 있는
것만 53곳이나 된다고 합니다. 어찌 이뿐이오리까. 이름은 사교댄스라
하나 기실 일반 댄스와 별로 차별이 없는 쏘사이티 댄스홀이 동경에만
벌써 50여 곳이 따로이 있지 않습니까.

삼교 경무국장 각하여.

각하는 동경에서 몇 해 전에 일어난 유한마담들이 불량댄스
교사와의 사이에서 일으킨 도색유희사건이나, 상류가정 영양들과
댄스교사 사이에 일어난 풍기사건들을 들어, 댄스는 세상을 그르치게
하는 오락이라고 하기 쉬우리다. 그것은 어쩌다가 생긴 한두 가지
예요 신문지를 놀라게 하던 그 여러 사건 뒤 경시청의 취체가
엄하여지면서 불량교사의 처분, 불량 댄스홀의 쇄청 등이 있은 뒤로는
지금은 동경의 상하 가정의 온갖 신사숙녀가 모두 명랑하고 즐겁게
댄스홀에 출입하고 있지 않습니까. 그런 것은 오직 당국에서 취체하기에
따라 모든 폐해를 능히 막을 수 있을 줄 압니다.

만일, 그래도 댄스홀을 허락하면 댄서들의 유혹으로 청년들이
타락하리라고 근심하십니까. 그렇다면, 거리거리에 술 먹고 주정 부리게
하는 수많은 카페는 어째서 허락하였으며 더구나 화류병을 퍼뜨리고
음란한 풍조를 뿌리는 공창과 매소부賣笑婦들은 어째서 허락하였습니까.
댄스를 하기 때문에 타락한다 하면 그 사람은 댄스를 아니해도 타락할
사람일 것이외다.

우리는 잘 압니다. 일본 내지의 전통적 습관인 저 제례 때의
봉오도리盆踊[축제의 춤]를, 일 년 열두 달 두고 피땀을 흘려가며 일하던
남녀가 이날 저녁 서로 엉키어서 춤추고 노래하는 즐거운 그 광경을.
그러나 봉오도리 때문에 선남선녀가 타락했다는 말은 못 들었습니다.

또 얼마 전의 《대판매일신문》을 보면 부산현富山懸[도야마현]
각 여학교에서는 '오와라오도리おわら踊り' 등 제복의 처녀들에게

레코드에 맞춰 체조 대신에 춤을 배워주고 있고 동경에 많이 있는 '화가학교花嫁學校'에서도 모두 댄스를 가르쳐주고 있고 회진약송會津若松 등지에서는 부녀회와 애국부인회의 마나님들조차 댄스를 배우고 있다 합니다. 장차 선생님이 될 여학생을 가르치고 있는 여자사범학교에서조차 이름은 체육댄스, 사교댄스라 하나, 기실 '폭스' '퀵' '슬로' '원스텝' 같은 댄스를 배워주고 있다 하지 않습니까.

삼교 경무국장 각하여.

만주사변 직후에 우원宇垣[宇垣一成 우가키 가즈시게] 전 총독은 서울에 있는 신문기자를 향하여 국가비상시에 댄스는 허가할 수 없다고 말했습니다. 그러나, 만주사변은 모두 이제는 평정하게 되고 평화의 기상이 세상에 차고 있지 않습니까.

혹시, 각하의 귀에 완고한 노인들과 시대사조 문제를 모르는 도덕가들이 댄스홀을 허락하면 풍기문제 이외에 '돈'을 낭비하게 될 터이니 좋지 못한 것이라고 진언할는지 모릅니다. 그러나 그것은 일지반해一知半解[하나를 알면 반이나 겨우 이해함]의 무리이니 지금 우리가 알기에는, 조선사람들이 사교합네 하고 가는 곳이 명월관이나 식도원 같은 요리점이로소이다. 그런 곳에 가면 하루 저녁 적게 써도 40~50원의 유흥비를 내고 마나, 그러나 댄스홀에 가면 한 스텝에 5전 10전 하는 티켓값만 있으면 하루 저녁을 유쾌하게 놀고 올 것이 아니오리까. 이것이 술 먹고 주정 부리고 그래서 돈 없애고 건강을 없애는 데 비하여 얼마나 경제적이고 문화적이오리까.

세상의 교육가 부인도, 관공리 부인도, 은행회사원 부인도 모두 요릿집보다는 차라리 댄스홀에 그 남편이 출입함을 원할 것이외다. 어찌 원하고만 있으리까. 명랑하고 점잖은 사교 댄스홀이면 부부 동반하여 하루 저녁 유쾌하게 놀고 올 것이 아닙니까. 이리되면 가정부인에겐들 얼마나 칭송을 받으리까. 더구나 4년 후에는 국제올림픽대회가 동경에서 열려 구주와 아시아가 연결되는 요지에 있는 조선 서울에도 구미인사가 많이 올 것이외다. 그네들을 위하여선들, 지금쯤부터 댄스홀을 허함이 옳지 않으리까.

삼교 경무국장 각하여.

더 쓸 말이 많으나 너무 지루하실 듯하여 이에 그치거니와 어쨌든 하루 속히 서울에 댄스홀을 허락하시어, 우리가 동경 갔다가

'후로리다홀'이나 '제도帝道' '일미日米' 홀 등에 가서 놀고 오는 것 같은
유쾌한 기분을 60만 서울 시민들로 하여 맛보게 해주소서.

2장

물질과 과학의 시대

모더니티가 실현되는 곳은 일상이다. 새로 나온 냉장고에 신기해하고 새로 나온 컴퓨터에 놀라는 오늘날과 마찬가지로 현대의 시작은 일상에서 보고 겪는 물건을 통해 피부에 와닿는다. 미몽迷夢의 잠에서 눈을 뜨고 신세계가 눈앞에 전개되는 순간 사람들을 가장 먼저 놀라게 한 것은 듣도 보도 못한 신기한 문물이었으며 그 문물에 묻어 들어온 문명이었다.

그러나 문물은 필요에 의해 창안되는 자연스럽고 익숙한 과정을 생략했을 때, 하나의 커다란 문화적 충격으로 작용한다. 부시맨이 코카콜라병을 세상을 바라보는 도구로 삼았듯이 전혀 다른 문화적 의미를 생성하기도 하는데, 물질이 지닌 애초의 용도와 의미를 역전시킴으로써 그 충격을 해소하거나 물질의 가치를 전도시키는 방법으로 전개되기도 한다.

1930년대의 유성기.

기술과 과학의 시대인 현대의 물질들은 그것을 소유하지 못한 사회를 주눅 들게 하기에 충분했다. "새로운 기술이 원래 개발된 곳에서는 그것이 워낙 느리게 자리 잡기 때문에 이웃지역들이 그것에 경탄하고 그것을 모방할 시간이 충분하게 된다"[10]는 페르낭 브로델의 말은 현대가 본격적으로 시작하기 이전의 시기 혹은 이웃해 있는 문화권에서만 통용될 수 있는 말이다.

서양의 물질문명이 침탈의 상징으로 이해된다면 그것은 문화적

10. 페르낭 브로델, 『물질문명과 자본주의1-2』, 주경철 옮김, 까치, 2001, 549쪽.

충격을 앞세운 힘의 논리 때문이다. 대포에서 초콜릿까지, 문명을
상징하는 물질의 위력이 식민지에 유효한 효과를 발휘한다는 점은
인류학으로 무장된 서구문명이 맨 먼저 발견한 사실일 것이다.

그러나 물질이 그것을 소유하지 못한 사람들에게 폭력으로
다가왔다는 사실보다 더 중요한 것은 따로 있다. 낙타나 코끼리 같은
자연적인 대상이 다른 곳에 나타났을 때의 신기함과 시계나 기차처럼
기계적이고 인공적인 물질이 주는 경이감은 매우 다르겠지만, 그 본질적
차이는 새로운 물질이 단순히 호기심의 대상이 아니라 문화적 전환을
의미한다는 사실에 있다. 즉 서구사회의 현대화과정에서 촉발된 물질에
대한 과학적이고 객관화된 인식은 어느덧 물질을 통해서 문명과 문화가
보편화되고 균질화될 수 있다는 발견으로 이어진다. 현대는 물질을 통해
동시대적인 문화를 공유하게 된 사회를 의미하기 때문이다.

현대가 그 이전 시대와 구분되는 중요한 지점 중 하나는
바로 과학문명의 시대라는 점이다. 과학은 인간을 유물론적인
존재로 만들어버렸을 뿐 아니라 철학적이고 종교적인 사유방식마저

1930년대 진남포항의 저탄장.

뒤바꿔놓았다. 현대성은 곧 합리주의의 모체인
과학성을 바탕으로 전개되고, 과학적 인식은
사회의 모든 단위를 재조직하고 일상을
변화시키는 핵심이 되었다.

　　　물질과 정신에 관한 이원론은 서구
모더니티의 핵심적인 개념 가운데 하나다.
현대의 주체 혹은 자아 개념은 주체와 객체의
이분법을 작동시키며 이 대립구조는 전형적인
객체인 자연세계로부터 모든 의지와 저항권을
박탈함으로써 근대과학의 기반을 형성한다.
자연의 영역은 정복되기 위해 해부되고
조사되며, 그 과정에서 새로운 물질이 등장한다.
자연에 대한 정복의 역사 속에서 인간은 자신의

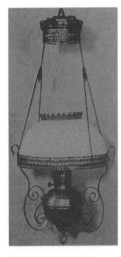

1910년대에 들어온 양등.

필요에 따라 자연을 조작하고 더 나아가 수많은
인공물을 만듦으로써 인간의 사회·경제구조에 대변혁을 가져오게
되었다.

조선에 서구문물이 소개되기 시작한 것은 조선 후기 청나라를 통해서다.
그 범위는 매우 제한적이었으며 이를 접할 기회를 가진 사람도 중국에
왕래했던 역관과 같이 특수한 중인층이거나 상층 양반 등 극소수에
불과했다. 나머지는 입으로 전해 듣거나 어쩌다 보게 되는 그림책을
통해서였다. 그러나 개항 즈음에는 밀무역으로 상당한 양의 박래품이
이미 들어와 있었다. 궁중이나 지체 높은 양반, 부호의 집에는 으레
서양물건이 한둘쯤 있게 마련이었고, 항구가 뚫려 일본인과 중국인에게
문이 열리자 박래품이 본격적으로 쏟아져 들어오면서 서민의
생활문화까지 크게 달라지기 시작했다. 이런 '신식물건'에는 물을
건너왔다는 뜻으로 '양洋'이라는 접두사가 새로이 덧붙게 되었다. 양복,
양동이, 양은, 양화, 양장, 양잿물, 양옥, 양철, 양말, 양식 등등. 알게
모르게 흘러든 이런 물건들이 개항기의 문화적 충격에 완충재 역할을
했지만, 본격적인 개항이 시작되기 전 조선 사회는 새로운 문물에 대한
공포와 위기감을 느낄 수밖에 없었다.
　　　미지의 공포는 한 사회의 정체성마저 위기로 몰고 갈 수 있다.

인천 축항의 하역 장면. 개항 이후 많은 물자가 항구를 통해 쏟아져 들어왔다.

현대가 주위를 맴돌던 그 어느 때부터인가 이상하게 생긴 배들이
바닷가 주위에 출몰하였다. 그 크기도 크기려니와 검은 연기를 내뿜는
배에서 터뜨리는 소리는 조선을 문화적 충격 이전에 공포 속으로 몰고
갔다.

> "올여름과 가을 이래 괴상하게 생긴 배들이 경상도,
> 전라도, 황해도, 강원도, 함경도 바다에 은밀히 출몰하여,
> 혹 쫓으려 해도 따라갈 수가 없고 혹 상륙하여 물을
> 길어가고, 혹은 고래를 잡아 식량을 하기도 하는데 그
> 수는 헤아릴 수 없이 많다." 『헌종실록』, 헌종 14년 12월 29일.

1856년 애로호 사건으로 영불연합군이 청나라를 공격하고
1860년에는 베이징까지 진격해 황제가 피란을 갔다는 소식에 조선은
경악했고, 서구가 조선을 침략하리라는 풍설이 돌아 사람들이
지방으로 낙향하기까지 했다." 그런 가운데 등장한 위정척사론은
유교를 중심으로 한 구체제의 유지를 위해 서양의 도전에 대항할
것을 주장했다. 위정척사사상의 거두였던 면암 최익현은 일본과의
통상조약을 반대하는 피 끓는 상소를 올려 "저들이 왜인이라고 하나

실은 양적洋賊"이라고 하여 일본인을 포함하여
모든 서양적인 것을 배척할 것을 호소한다.
그의 주장에는 "저들의 물화는 거개가
지나치게 사치하고 기이스러운 노리개이고
수공생산품이어서 그 양이 무궁하여"
그런 물건이 쏟아져 들어오면
"백성의 심성과 풍속이 패퇴할
뿐 아니라" 국내 산업이 몰락할
것이라는 경고가 들어 있다. 최익현,

1910년대 경인철도를 달렸던 독일
보르지히사의 프레리형 기관차.

「지부복궐척화의소持斧伏闕斥和義疏」, 1876년.

　　새로 유입되는 서구의 물건에 대한 이런 피해의식은 단순히
국내의 산업을 파탄에 이르게 한다는 명목 이상으로 더 근원적인
문제를 제기하고 있었다. 구한말부터 시작된 물질만능풍조는 몰락하는
왕조의 사회 분위기와 맞물려 더욱 심화하면서 식자들에게는 개탄할
것으로 생각되었다.

　　　　"민적民賊이 되든지 국적國賊이 되든지 오두녹미만 득하면
　　　　시대행是大幸이요, 금수禽獸가 되든지 어육魚肉이 되든지
　　　　삼품가자三品加資만 득하면 시대망是大望이라."
　　　　《대한매일신보》, 1908년 10월 7일.[12]

　　1876년 운요호 사건을 빌미로 이루어진 일본과의 강화도
조약으로 부산, 인천, 원산이 열리자 새로운 문물은 봇물 터지듯
밀려들었다. 19세기 말 일본이나 중국, 영국, 러시아에서 들여온
수입품목은 이미 2백여 개가 넘었고 여기에는 모피, 카펫에서 석유,
성냥, 화장품에 이르기까지 다양한 물품이 들어 있었다.[13]
　　1899년 제물포와 노량진 간 철도가 놓이고 서대문에서 홍릉까지

11. 이광린·신용하 엮음, 『한국문화사』, 일지사, 1984, 18쪽.
12. 한기형, 「신소설과 풍자의 문제」, 『민족문학과 근대성』(문학과지성사,
1995), 195쪽 재인용.
13. 이이화, 「한말―성냥과 석유를 처음 쓰던 시절(민중생활백년사)」,
《역사비평》, 1991년 여름호.

1899년의 마포발전소.

전차가 들어오고, 경복궁 향원정에 발전기를 설치하여 왕의 침소인 건청궁에 '건달불'이 들어오는 것을 시작으로 전깃불이 밝혀지고 전화가 개통되자 비로소 사람들은 개화를 실감하였다. 서구의 발전된 문화가 바로 물질을 중심으로 한 것임을 발견하면서 서양문물에 대한 관심은 더욱 높아졌다. 동도서기東道西器란 말이 나타내듯이 서양의 도구적 물질주의는 바로 서구문명 자체를 상징하는 것이었다.

개항 이후 주로 일본을 통해 서양물건이나 일본상품들이 수입되면서 일상에서 새로운 문물은 낯설지 않게 되었다. 점점 양풍이 일상화되고 익숙해지자 새로운 물건에 대한 수요는 증가하였고, 늘어나는 수요를 일부분 공장제 수공업으로 생산하게 되면서 자본주의적 산업구조가 발생하기 시작하였다. 초기 신문의 광고면에는 신문물을 대표하는 모자, 지팡이, 구두가 날마다 소개되고 있다. 광고는 소개된 물건들이 산업화의 결과로 만들어진 것이라는 설명과 함께 현대성의 특질을 적절하게 표상하는 글로 채워졌다. 그뿐만 아니라 국내에서 제조된 수공업 제품도 광고에 등장하면서 이른바 불특정 다수를 향한 상품의 대량생산과 대량소비의 전조가 보이기 시작한다.

1920년대 초 «매일신보»에 실린 구두 광고는 초기 광고처럼 '신식물건이 도래하였으니 내왕하여 매의함'이라는 식의 수입품 광고가

1909년 «대한민보»에 실린 모자 광고.

아니라 독자적으로 제조한 물건을 광고하고 있다.

> "미국 최초 유행 양화전문米國 最初 流行 洋靴專門,
>   제법製法은 독미식獨米式, 내구력耐久力은 세계적世界的,
>   신용信用은 사회적社會的, 가렴價廉은 박리적薄利的—
>   청년양화점靑年洋靴店" «매일신보», 1922년 5월 17일.

날렵한 몇 개의 구두 그림
옆에 적힌 독미식, 세계적, 사회적,
박리적이라는 구호는 현대화의
모토로 손색이 없다. 1920년대에
들어서면서 현대적인 패러다임은
이미 일상적인 것으로 자리 잡았으며
적어도 도시화한 공간 속에서 삶의
지표로 등장했다. 발전모델로서
서구, 동시대적인 보편성으로서
세계화, 자본의 궁극 원리로서
물질적 평등성을 반영하는 이러한
패러다임은 곧 현대적인 삶의
궁극적 가치지향점이었으며, 이는
물질로 보장되는 행복과 이익을
향한 자본주의 유토피아의 순조로운
출발인 듯이 보였다. 따라서 새로운
상품과 소비체계에는 현대적 삶의
가치지향점을 보다 분명히 밝히는

1923년 «동아일보»에 실린 축음기 광고.
광고의 글귀엔 "문화적 가정에 필수한
축음기"라고 쓰여 있다.

초기의 전차.

문구를 반드시 삽입하였다.

"이상적 일대 데파 – 드멘트 스토아—매점 130헌軒...
오락과 이익과 편리와 사회봉사의 종로권상장
鐘路勸商場" 《매일신보》, 1922년 5월 27일.

　　새로운 상품과 물질에 대한 경험은 엄격한 제한을 받았다.
현대적인 삶의 가치를 보장하는 물질은 자본을 위해 생산되며 자본을
위해 창안되고 발달한다. 따라서 돈이 없는 자들에게 신문물이
보여주는 풍요와 유토피아는 가질 수 없는 환상일 뿐이었다. '오락'과
'이익'을 주는 물건은 자본을 소유한 자만 누릴 수 있는 '봉사'였으며
새로운 세계가 가져다준 물질적 평등의 세계는 물질을 소유할 수
있는 사람에게만 한정되었다. 새로운 문물을 소유하지 못하는,
경험하지 못하는 이들의 좌절감은 옆집에 새로 들여놓은 대형냉장고에
불안해하는 요즘 사람들을 능가했다. 처음에는 '유행'에서 소외되는
불안감보다는 '문명'에서 소외되는 불안감이 훨씬 컸을 것이다.

　　"돈 없는 동무여! 당신네들은 80~90전을 내고 신문을
　　보듯이 그만한 돈을 내고 그 대신 라디오를 들을
　　수가 있을까요. 낮에는 신문이고 밤에는 유성기인
　　라디오를 들을 수가 있을까요. 그렇다. 생활과 라디오.
　　우리에게는, 우리의 생활과는 아직도 멀다. 어느
　　것이나 아니 그럴리요마는 문명, 그것도 돈 있는 자의
　　소용물이다. 문명은 쉬임 없이 새것을 내여놓는다. 그것은
　　'부르조아'에게 팔리여 간다. 그리하여 모처럼 의의 있게
　　나왔든 것이 그 본의를 잃어버리게 된다. 서러워한다.
　　라디오가 운다. 우리와는 거리가 멀다."
　　승일, 「라듸오, 스폿트, 키네마」, 《별건곤》, 1926년 12월호.

　　새로운 문물을 소유하여 새로운 문명을 체험할 수 있는 길은
자본이 내어주기 마련이다. 그러나 자본주의사회에서 소비하지 않는
생산을 생각할 수 없듯이, 현대사회는 '돈 있는 자의 소용물일 뿐인

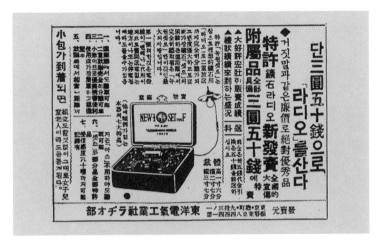

1936년 «신동아»에 실린 라디오 광고.

문명'의 시대는 아니었다. 돈이 없어 라디오를 들을 수 없다고 투덜댄 지 10년 뒤, «동아일보»에는 '단 3원 50전으로 라디오를 산다'는 광고가 실렸다. 도쿄의 동양전기공업사의 ⟨뉴원세트 NEW 1 SET⟩는 '거짓말과 같은 염가로' 조립할 필요도 없이 여자, 아동, 노인도 그대로 들을 수 있는 최신식 광석라디오였다. 오늘날에도 그렇듯이 새로운 물질에 대한 최초의 경험은 부자들의 특권이지만, 그것은 비싼 값을 치러야 하는 '최초의 경험'일 뿐이었다.

새로운 문물이 소유한 자와 소유하지 못한 자의 갈등만 일으킨 것은 아니었다. 새로운 물건들의 신기함과 편리함에 대한 놀라움은 어느새 의식과 생각을 바꿔놓았다. 귀족이나 지배층 등 상층계급뿐 아니라 대중의 일상적 삶의 모습 또한 변화시켰고 이로 인한 사회문제도 생겨났다. 사진이나 전기, 전차뿐 아니라 유성기, 라디오, 활동사진 등 대중문화와 밀접한 연관을 가진 신문물은 더욱더 그러했다.

1905년 빙글빙글 돌아가는 원반에 바늘 끝 하나로 사람의 소리를 내는 유성기가 들어오자 처음 보는 낯선 물건은 사람들의

1900년대 에디슨 스탠더드 축음기.

1900년대 전차를 타는 모습. 『한국백년』(동아일보사, 1978).

마음을 사로잡았고, 급기야는 이 물건 위에 묻어 있던 감각적 즐거움과 호화로운 삶에 대한 욕망은 사람들을 파탄으로 이끄는 원인이 되기도 했다.

> "유성기는 점차로 대중성을 띠고 가두로 나서게 되어 매약賣藥 행상인의 선전도구로, 오입장이 풍류도구로, 남의 소실小室의 화초花草도구로 퍼지게 되었으며, 시골 농촌민도 5일에 한 차례씩 개최되는 장날에 아무 할 일 없이 다만 유성기를 들으러 가는 현상도 나타난다. (...) [유성기는] 단순히 인간이 신기함을 좋아하는 본능만을 이용해서 정조적으로 마비토록 만들어 예술적으로 움트는 싹까지 망치고 태연히 하고 있다. 농촌 청년 중 기름진 땅을 버리고 호화를 꿈꾸고 출향出鄕해서는 한 달이 못가서 방황하는 사람이 몇 천 몇 만이 된다."
>
> 송석하, 「농촌오락 조장에 대해서」, «동아일보», 1935년.[14]

새로운 문물이 주는 충격은 단순히 사회적인 측면에 그치지 않는다. 존재하지 않았던 물건을 중심으로 새로운 산업이 이루어지고

기존의 산업을 대체해가는 과정은 단순히 산업화를 중심으로 한
현대화의 경제적 측면만이 아니라 문화 전반에 걸친 엄청난 지각변동을
예고하였다. 그것은 일상 속에서 쉽게 확인되는데 유행의 변화와 함께
이에 따른 여러 가지 의식이 교차하면서 다양하고 복잡한 시각이
형성되기 시작했다.

물질에 묻어 있는 정통성이 새로운 물질이 지니고 있는
비정통성과 대립하거나 충돌하는 과정에서, 물질을
선택한 '경제적 조건'과 '개인적 취향'이 대립하는
경우가 드러나기 시작했다. 예를 들면 상투를 잘린
후에 얹게 된 중절모는 갓 쓴 양반에게는 경박한 모습으로 비쳤지만,
점차 단발이 많아지면서 오히려 중절모 쓴 사람은 맨머리를 예의 없는
것으로 간주했다. 갓의 정통성이 사라지자 중절모가 새로운 정통성을
확보하게 된 것이다. 초기에는 현대와 개화진보의 상징으로, 나중에는
위엄과 예의의 상징으로 모자는 갓의 자리를 대체했다. 그렇게 문화는
바뀌었으며 사람들은 이를 현대화라고 생각했음이 틀림없다.

　　새로운 물질은 기존에 경제적인 이유로 선택할 수 없었던,
그리하여 신분계급을 차별화하는 상징이 되어버린 물질을 대체할 수
있는 경우에 급속하게 퍼지며 보편화된다. 인조견이 등장하여 널리
퍼진 것이 가장 좋은 예다. 비단을 대체한 인조견은 대량 수입되어
인기를 끌지만, 공장생산품인 인조견의 유행은 다시 비단과 차별화된
품목으로서 폄하되는 과정을 겪는다. 1931년 인조견의 유행에 대한
어느 식자의 말은 현대 초기 새로운 물질의 문화적인 분화에 대해 많은
것을 시사한다.

　　　　"점잔은 인사는 몸에 걸기를 즐기지 아니하나 지금까지
　　　　　굴근 무명이나 광목을 입든 가난한 부인이며
　　　　　노동자계급에서 입는 것을 보면 갑싸고 경제가 된다는
　　　　　타산하에서가 아니라 번지르한 맛에 다시 말하면
　　　　　지금까지의 진견사속眞絹絲屬을 갑시 비싸서 감히 몸에

---

14. 『신문화 100년—한국현대사 권6』(신구문화사, 1980), 285쪽 재인용.

걸 생의生意를 못하든 차에 그 반동反動 혹은 숙년宿年의
욕망을 채우려는 듯한 그 심리가 퍽 눈물겨운 한편으로는
경솔해 보인다는 말입니다."

「원탁만담회」, «신민», 1931년 1월호. 이 좌담에서 이윤종의 말.

경성방직의 태극성표 광목의 상표

새로운 물질의 유입은 기존의 물질이 지닌 정통성을 대체할 뿐 아니라 문화를 재조직하는 경향도 보인다. 예를 들면 '양깡깽이'를 연주하고 건반을 두드리는 서양음악이 '새로운 것'에 대한 문화적 호기심을 가져올 수 있지만, '새로움만을 즐기는' 문화적 취향에 대해 비아냥거림을 불러일으키기도 했다. 기존의 문화적 전통과 어울릴 수 없는 이질감은 끝내 문화적으로 이원화된 구조를 낳았다. 예술분야는 더욱 심해서 오랫동안 양음악과 국악이 갈리고 서양화와 동양화가 나뉘어 각각 하나의 도구적인 장르로 전락하는 현상을 낳았다. 처음 서양화(유화)를 그렸을 때, 고희동이 "스켓취 궤짝을 메고 나가서 뭘 좀 그려볼랴니까 담배장사니 엿장사니 놀려댄단 말이야. 그뿐인가. 달기 똥을 칠하느니 고약을 바르느니 하고 조롱들을 하는데..."「신문화 들어오던 때」, «조광», 1941년 6월호. 이 좌담에서 고희동의 말. 라고 말하듯이, 신문물과 신문화를 처음 받아들였던 사람들은 새로운 것을 받아들인 사람으로서의 우월감과 무지한 사람들에 둘러싸인 낭패감을 '선지자'로서 당연히 감당해야 할 몫이라고 느꼈다. 따라서 서구화된 문화 혹은 이질적인 물건을 둘러싼 새로운 사회구조는 필연적인 계급갈등을 불렀다. 새로운 것은 늘 상류층 부르주아에게 먼저 열려 있었으며(예를 들어 초기 화가의 대부분은 대지주이거나 식민지 부르주아의 자제들이었다), 이들을 중심으로 생산하고 소비하는 새로운 구조가 이른바 '문화계'를 장악하게 되고, 이는 문화예술의 엘리트화와 함께 사회로부터 고립된

'계界'의 형성으로 이어졌다. 물질에 대한 인식의 차이는 문화의
계급적인 분절과 문화적 괴리를 가져온 것이다.

신문물과 신문명의 충격이
어느 정도 사라지면서
사람들은 호기심 어린
시각으로 새로운 볼거리를
즐기기 시작한다. 게다가
현대는 '구경거리의 사회'
이기도 했다. 산업사회의
기획된 이벤트로서 박람회가
열리는 것은 시대적
흐름이었지만, 거대한
이벤트와 전람회를 통해
볼거리를 제공하는 일은
식민지의 통치방식 중

1909년 6월에 개최된 미국 시애틀박람회 유치광고.
출품자 접수를 한미흥업주식회사에서 받았다.
《대한매일신보》, 1909년.

하나였다. 1915년의 '시정 5주년 기념 조선물산공진회'도 그중 하나다.
말 그대로 일본이 조선을 통치한 지 5년이 된 것을 기념하기 위해 열린
박람회다. 낙후된 산업을 육성한다는 명목으로 열린 공진회는 새로운
산업과 물건에 대한 구경거리를
제공하는 동시에 식민지의 물질에
대한 수요를 촉발하기 위한 것이기도
했다. 이후 꾸준히 열린 공진회에
일본물산과 새로운 상품들이 대거
등장했음은 물론이다. 박람회는 열릴
때마다 인산인해의 성황을 이루었다.
자본주의 상품에 익숙하지 않은
대중은 새로운 상품이 번쩍거리는
광경 속에 식민예속 자본주의의
칼날이 번득이는 걸 알아차리지
못했다. 그러나 식민화와 함께 들어온
새로운 문물에 대한 비판적 시각도

1915년에 열린 조선물산공진회 포스터.

100

만만치 않았다. 8년 뒤인 1923년 열린 공진회를 보게 된 유광열은
식민지 백성으로서의 '영광'을 시종 한탄하고 사뭇 비아냥거리는 어투로
이렇게 말하고 있다.

> "이 구석에서 똑딱! 저 구석에서 덜걱! 한편에서 상투
> 틀고 탕건 쓴 노인이 한가롭게 재떨이를 하고 있으면,
> 한편에서는 일인경영日人經營의 기계성이 요란하다.
> 아이고 사람 살려라! 이 기계성이 조선사람을
> 죽이는구나. 우리 손에 기계성이 없는 우리는 이
> 기계성이 날 때마다 피가 말라 들어가고 살이 깎여
> 들어가는 듯하다. 그렇지만 무지는 용감이란 말과 같이
> 시골 양반들은 이 요란한 소리에 정신이 빠져서 눈이
> 멀걸 뿐이다. 그들의 눈에는 무엇 때문에 이 구경을
> 왔는지 구경 온 본의조차 모르는 듯하다. 그저 좋아서
> 해! 하는 사람도 있다. (...) 울긋불긋한 과실 중에는
> 조선인의 출품을 얻어 보겠다. 조선의 제일 유망하다는
> 양잠업도 태반이 일본인의 출품이다. 삿자리 몇 닙, 멍석
> 몇 닙, 짚신 몇 짝이 늘어놓인 옆에는 일본 제품의 화려한
> 기구가 번쩍인다." 유광열, 「나 역 구경의 영광을 입던 니약이」, «개벽»,
> 1923년 11월호.

　　결국 유광열은 이 공진회에
대해서 "1700만이 사는 조선사람의
출품이 40여만이 사는 일본인의
출품만 못한 것은 당국자가 아무리
변명할지라도 다수인 조선인의
산업보다 소수인 일본인의 산업을
더 장려하고 더 발달시킨 산 증거가
아닌가"라고 묻고 있다. 신문물에 대한
호기심조차 식민지의 생산과 소비의
구조 속에 뒤틀릴 수밖에 없었다.

1929년에 열린 조선박람회 선전 포스터.

새로운 문물과 문명에 대한 사회학적인
관심에 앞서 과학 그 자체에 대한 주목은
다른 시각을 요구한다. 구한말 서양문물에
대한 관심은 서구의 발전된 문화가 바로
물질을 중심으로 한 것임을 발견하면서 더욱
높아졌다. 개화기 '문명'에 대한 인식으로
'산업'의 필요성을 절감하게 되었고, 산업의
근간이 되는 학문, 즉 과학을 진흥시키는 것이 곧 '식산흥업植産興業'의
지름길이라는 것을 깨닫게 되었다. 문명이 곧 국운과 직결된다고
인식했던 당시로서는 걷잡을 수 없을 정도로 빠르게 발전해가는
물질문명에 대해 초조함까지 가지고 있었다.

> "오인吾人은 모름직이 일상日常의 타면惰眠을 깨뜨리고
> 침침히 일일一日도 휴지休止치 아니하는 문명文明의
> 진보進步와 가치 나아가지 아니치 못하리로다."
>
> 이종준, 「무선전신」, «서울», 1920년 4월호.

따라서 과학에 대해서는 신문물에 대한 단순한 호기심만이
아닌 좀 더 깊은 학문적인 관심을 요구하게 되었을 뿐 아니라 과학을
일상화하려는 노력을 기울이게 되었다. 그 노력은 구한말부터 시작되어
1883년 박문국博文局을 설치해 신식인쇄소를 차리고 «한성순보»를
발간했으며, 이를 통해 적극적으로 서양문물과 지식을 전하였다. 1886년
창간된 «한성주보»에는 천문, 역사, 물리, 전기 등 과학지식에 관한
기사가 빈번하게 게재되었다. 문물과 과학에 대한 일반의 관심이 높아진
것은 대한제국의 정책적인
노력에 힘입은 바 또한 크다.
위기의 제국이 우선 호소할 것은
'민족'이었지만 그다음은 민족의
실력이었으며, 그것은 문물의
진흥과 과학적 진보를 토대로
발전하리라는 믿음이었다.
물질문명과 과학적 지식에 대한

초기에 도입된 자동차.

국가적 차원의 교육이 필요했던 것이다.

과학은 선각자를 자처하는 지식인에게는 우월한 지식유형으로 인식되었다. 과학적 사고는 봉건적인 논리에 대항하는 가장 분명한 사고체계였으며 과학적 방법은 계몽과 진보를 가져다줄 현실적 방안이었기 때문이다. 이는 서구의 계몽주의자들이 자신의 과학적 방법론으로 자연을 이해하고 지배하는 새로운 인간을 창조하리라고 믿었던 것과 다르지 않았다.

서구 모더니티의 발전과정에서 과학은 철학 그리고 종교의 영역과 분리되면서 보다 수학적이고 물질적인 것으로 환원할 수 있었다. 20세기 들어 과학기술이 급속도로 발전한 것은 산업혁명을 시작으로 한 자본주의의 발달과 밀접한 연관이 있지만, 정신과 물질이라는 대립항을 성립시키는 한 축으로서 과학이 자연에 대한 지배, 타인에 대한 지배, 자기 내부의 정서적·신체적 성격에 대한 지배를 가능하도록 했기 때문이다. 현대의 이성적 사고방식은 세계를 물질로 파악하며

《과학조선》, 1933년 7·8월호. 에디슨의 얼굴을 표지로 삼았다.

이를 철저하게 객관화하려는 과학적 노력에서 비롯되었다. 데카르트의 방법론 또한 과학의 근원인 수학의 절대적인 확실성에 기초한 것으로, 세계를 객관화·보편화하려는 시도였다. 이런 사고체계는 주체인 자아와 기계적인 세계를 보다 분명하게 갈라놓았으며 나아가 정신과 물질, 이성과 감성, 인간과 자연을 대립항으로 놓는 사고를 확립하게 되었다.

따라서 과학적 사고란 자연에 대한, 타자에 대한, 그리고 자신에 대한 이성적이고 객관적인 관찰과 이를 바탕으로 한 사고체계를 말한다. 무질서하고 비합리적인 자연과 일상 그리고 비논리적인 감정, 물질로 구성된 신체 등을 이성적이고 논리적이며 합리적인 사고로 체계화하거나 혹은 그런 상태로 변화시키는 과정이 바로 '과학화'하는 과정이다. 모더니티의 실현이란 세계를 '보편적 질서'와 '보편적

이성'으로 재구축하는 과학적 사고를
바탕으로 하고 있음은 물론이다.

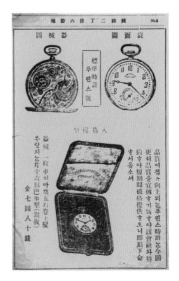

 현대 초입에 물밀듯이 밀려온
새로운 사상들은 새로운 문명에 대한
열망으로 급속도로 낡은 사고체계를
대체해나갔다. 봉건적인 지배질서를
합리적인 세계질서 속에 편입시키려는
욕망은 가장 먼저 서구의 보편적인
지식과 합리적인 이성을 적극적으로
받아들이는 것으로 시작되었다.
따라서 서구 '문명'에 대한 관심은
'보편적 지식'으로서의 합리적인
지식과 이를 바탕으로 한 '보편적
질서'로서의 과학적 인식에 대한
관심일 뿐이었다.

보신당 시계점 팸플릿 『Watch World』에
소개된 시계들.

 그런 면에서 보편적 지식으로서의 '상식', 즉 이성과 합리적
인식의 학문으로서 '과학'이 그 어느 때보다 강조되었다. 1910년을
전후로 모든 신문의 사설과 수많은 글은 이러한 인식을 바탕에
두고 있다. 1919년에 쓰인 「상식과 과학」은 당시의 이런 의식을
고스란히 반영한 글이다. 도덕과 법률, 경제에 대한 지식뿐 아니라
"금일 물질문명의 연원인 자연계에 관한 지식"이 곧 상식의 기초를
이루며, 이러한 "사물이나 현상에 대하여 반드시 체계적으로 조직된"
지식으로서 과학이 필요하다는 점을 역설하고 있다.

 이 글은 과학적 사고와 비과학적인 사고체계를 비교하면서
데카르트가 말한 명료한 인식을 위한 두 가지 방법, 즉 분석과
종합이라는 직관과 연역을 위한 방법론을 설명하고 있다.

> "가령 야夜가 경經하면 주晝가 래來하는 일일 자연현상에
> 대하여서도 계鷄가 명鳴하니 주晝가 래來하리라고
> 신信하는 것은 사실은 사실이나 차를 과학적 지식이라고
> 칭하기 난難하고, 지구가 태양계에 속한 위치를 분명히
> 하며, 지구 자전의 속도를 측정하야, 그 결과 일정한

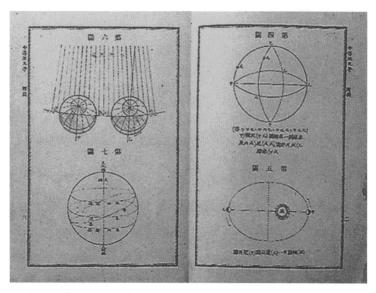

지구와 태양과의 관계를 설명한『중등 지문학中等 地文學』. 일본 책을 윤태영이 1907년 번역했다.
삼성출판박물관 자료.

시간을 경과하면 지구의 암흑면暗黑面이 반다시 태양을
향하지 아니치 못할 이유를 설명하여야 (...) 과학적
지식이라 할 수 있다." 장응진, 「상식과 과학」, 《서울》, 1919년 12월호.

즉, "닭이 우니 날이 밝는다"는 식의 인식은 과학적 지식이
아니며, 모든 인위적이고 자연적인 현상에 대하여 "동종류同種類는 차를
통합하며, 분류하여 그 원인 결과의 법칙을 체계적으로 명료히 설명함을
득한 연후에" 이를 과학적 지식이라고 할 수 있다는 것이다.

이보다 앞서 이미 단편적인 과학지식이나 이론은 빈번하게
소개되고 있었다. 주로 전기, 증기 등 신문물의 원리를 이루는 물리적인
현상과 수학, 천문학, 생물학, 이론과학 등으로 서구문명의 근원을
파악하려는 노력이었다. 예를 들어 "진화론이 무엇인지 알지 못하면
구미문명의 진수를 음미하기 어려울 것" 홍병선, 「진화론」, 《공도》 1915년 1월호.
이라는 글을 보면 과학이론에 대한 관심이 서구문명의 핵심을
파악하려는 데서 비롯되었다는 것을 알 수 있다.

최신 과학이론이나 물리학뿐 아니라 과학적 현상이나

물질의 원리를 설명하는 글도 속속
소개되었는데, 그중에는 일상과 밀접한
연관이 있는 전기, 전파, X선 등과 같은
내용이 있었으며 대개 일본의 글을
번역·축약한 것이었다.

신문물과 과학을 상징하던 수풍댐.

> "전파電波라는 것은
> 마치 물에 물결이 잇는
> 것과 가치 전 우주간宇宙間에 충만充滿한 '에-텔'이라는
> 물건物件에서 이러나는 일종一種의 파동을 이름이다.
> 물결에는 소파小波와 노도怒濤가 잇는 것과 가치 이
> '에-텔'에도 소파와 대파大波가 잇나니 소파라는 거슨
> 소위所謂 광선光線이고 대파라는 거슨 (...) 전파다."
>
> 이종준, 「무선전신」, «서울», 1920년 4월호.

　　무선전화에 대한 이 글은 에테르나 광선, 전파에 대한 개념과
해석이 현재와는 다르지만 나름대로 과학적이고 정연한 논리로
전파에 관해 설명하고 있다. 그러나 불과 2년 후인 1922년에 쓰인
「대화 신흥물리」를 보면 과학에 관한 관심이 놀라울 정도로 빠르게

전깃불을 밝힌 종로거리. 『발전하는 경성전기』(1935).

증가하였으며 그 새로운 과학적 내용에 대한 소개도 동시대적임을
알 수 있다. 새로운 사상을 의미하는 '신흥'이란 표현을 쓴 「대화
신흥물리」는 일본의 『고쳐 쓴 물리학書換へられたる物理学』을 번안한
글로서 아인슈타인의 상대성이론을 설명하면서 당시의 지식수준에
걸맞은 과학에 대한 호기심과 접근 태도를 재미있게 기술하고 있다.
　　과학을 연구하는 김가와 정치가인 서가 두 사람이 오래간만에
만나 나누는 대화 속에는 과학에 대한 신뢰와 정치에 대한 혐오가
들어 있다. 가령 김의 말에는 "우주의 진리를 찾아 기로에 방황하는
대중을 인도하려는" 과학자로서의 자부심과 "대중을 곤란케 하여 자기
배나 혹은 일부 계급의 이익을 도모하는" 정치가에 대한 비아냥거림이
묻어 있다. 또한 '상대율공리相對律公理[상대성이론]'로 "뉴턴 물리학의
기초는 완전히 와해되었다"고 말하고 이에 대한 서구와 일본의 관심을
표명하면서 조선의 과학에 대한 관심을 높이 강조하고 있다. 이 글은
특히 이전까지 소개되었던 낡은 과학지식을 부정하고 새로운 과학을
소개하고 있는데, 앞서 1920년에 소개된 「무선전신」이란 글의 에테르에
대해서는 "실로 진공은 복사파輻射波를 전하는 일종의 물리학적
공간인데 그에 무슨 에-텔이라는 우상偶像이 필요될 것인가?"라고 하여
에테르의 존재를 부정하는, 그야말로 최신의 '신흥물리'를 전하고 있다.
이밖에 전자기, 엔트로피, 기하학에 이르기까지 현대물리학에 근접하는
설명을 하고 있다.
　　과학은 일상의 변화를 실감케 하는 물건과 현상이 속속
등장하면서 폭넓은 관심의 대상이 되었다. 드라이아이스나 X선에서
음파, 합성화학, 의학, 무기까지 그 원리와 이치를 설명하는 글들이
대중잡지에 빈번히 실린
것은 이 때문이다. 과학과
신문물에 대한 호기심은
물질과 과학을 신비화하는
시각을 낳기도 했다.
그중에서 일반 대중에게
가장 충격을 준 것은
처음엔 사진이나 활동사진
혹은 영화와 라디오

1930년대 병원 광고의 X선 촬영 사진.

라듸오는 어떠케 放送되나

«조광» 1931년 9월호에 경성방송국 기술부 한덕봉이 라디오 방송의 원리를 쓴 글의 삽화.

등이었다. '현대문명의 극치'로 불렸던 이러한 과학문물은 "귀신의 작란. 과학의 신. 문명의 새로운 신"이라고 불리면서도 "전화를 듣고 뒤로 넘어지던 노인네가 라디오 앞에 앉아 이동백李東伯의 육자백이를 듣고" 있게 된 것처럼 점점 일상 속에서 익숙해졌다.

1930년대의 과학에 대한 관심은 보다 대중화하여 이제는 과학 그 자체가 현대문화를 전개하는 흥미로운 이야깃거리가 되었다. 특히 과학이 만든 놀라운 세상의 변화를 실감하면서 과학이 열어주는 미래에 대한 관심이 등장하기도 했다. 이때의 미래는 주로 '자연을 정복하는 인류 문명의 놀라운 진보'에 관한 것이다.

> "과학科學은 하나님을 옥좌玉座로부터서 내려 앉히고
> 거꾸로 섯던 사람의 생각을 바로 일으켜 세웠습니다.
> 과학은 자연을 한 걸음 한 걸음 정복하여 들어갑니다.
> 항아姮娥의 궁宮 월세계月世界를 가게 될 날이 머지
> 아니하였고 화성火星의 인류人類에게 연하장을 보낼 날도
> 가까운 장래일 것입니다."
>
> 조영근, 「1999년이 되면?」, «혜성», 1931년 7월호.

「1999년이 되면?」이라는 제목의 이 글은 미래학강좌란 이름으로 실린 것인데 대체인공연료의 개발, 로봇 등 자동기계와 인조물질의 발명

등에 관한 호기심 어린 시각을 담고 있다. 과거에 미래였던 1999년을 지나가는 현재 인류는 그런 기대를 버리지 않았다.

그러나 현대문명이 가져다줄 미래를 여는 주체가 문제였다. 자생적인 물질의 생산과 과학에 대한 연구가 미미한 식민지 현실 속에서 현대가 주었던 놀랍고 찬란한 빛은 항상 밖으로부터 비치기만 했다. 새로운 물질과 과학문명은 서양의 이미지를 결정짓는 주요한 요소이기도 했다. 문물을 선점한 서양과 일본에 대한 열등감은 그들에 대한 거부감과 부정적인 시각을 희석하면서 오히려 그들의 문화를 현대적 문화 자체로 인식하게 했다. 현대 초기에 시작된 '일제日製'와 그 후 이를 대체한 '미제美製'에 대한 맹목적 선호는 현대의 초입에서 느낀 물질과 과학에 대한 열등감을 표상하는 것이자 우리가 현대에서 지향했던 목표가 무엇인가를 분명히 보여주는 현상이기도 했다.

상식과 과학
장응진 «서울» 1919년 12월호

> 과학적 지식과 합리적인 사고를 강조한 계몽주의적인 글이다.
> 진보적인 사회를 건설하기 위해 합리적인 사고, 즉 상식을
> 가르칠 교육의 필요성을 역설하고 있으며, 체계적이고
> 조직적인 사고와 사물에 대한 관찰에서 우러나오는 과학적
> 지식을 적절한 예를 들어 설명하고 있다. 학문을 인문과학과
> 자연과학으로 나누어 설명하면서 특히 자연에 대한 인류의
> 지배가 문명을 가져온 사실을 주목하여 과학적 지식의 고양에
> 힘쓸 것을 강조하고 있다.

1

상식이라고 한마디로 말하면 다소의 보통교육을 받은 사람이
의심 없이 상용하는 표어라. 심히 평범하여 사람의 호기심을 끌 만한
아무것이 없으나, 이것이 우리 생활상에 얼마나 중요하고 긴밀한 관계가
있는가를 음미해보려 함이다.

사과가 땅에 떨어지는 것을 실제로 본 사람이야 고래로
몇천만에 그치랴만 '뉴톤'에 이르러서야 비로소 여기에서 지구인력설을
창도하였고, 탕권이나 부정의 물이 비등하는 것을 목격한 사람이
고래로 또한 몇만 억에 그치랴만 '와트'에 이르러서야 비로소 여기에서
증기기관의 원리를 발명하였나니, 진리란 것은 결코 고원한 곳에 있는
것이 아니요, 우리가 일상에 만들어 쓰며 심상히 간과하는 평평범범한
사물 중에서도, 상세한 주의와 면밀한 관찰을 게을리하지 않으면, 왕왕
비범한 학리學理를 안출하며, 심원한 진리를 발견함이 결코 희귀한 일이
아니라.

2

상식의 말이 심히 평범하나 여기에 완전한 정의를 부여하려면
용이한 일이 아니다. 그러나 지금에 그 통속적 의미를 말하면 상식이란
'진보적 지식'이라, 다시 말하면 '통상의 사람으로서 알지 아니치
못할 지식'이라 할 수 있다. 가령 구체적으로 말하면 지금의 세상에
처하여서는 여하한 업무에 종사함을 막론하고, 사람으로서 독서, 작문,
산술의 능력을 다소라도 갖지 않으면, 개인으로 능히 사회에 설 수 없을
것이다. 도덕과 법률, 경제의 관념이 전무하여서는 국민으로, 사회의
일원으로 능히 활동의 여지가 없을 것이며, 전세계의 교통이 지금과
같이 빈번한 시대에 지리와 역사의 지식이 없어서도 못할 것이요,
더구나 지금 물질문명의 연원인 자연계에 관한 지식이야 어떻다고
여기에 부언을 시하랴.

농부에게는 농업의 상식이 있어야만 하겠고, 상인에게는
상업의 상식이 있어야만 하겠으며, 공장工匠에게는 공업의 상식이
필요할 것이다. 인력거꾼에게도 상식이 필요하며, 노동자에게도
상식이 필요하다(사람이 어떤 한 가지 전문의 직업에만 전력을 다하여
연구하거나 종사할 때는 왕왕 상식의 수양을 결하여 시대사조에
떨어지는 폐가 없지 않다). 가정에서는 가정의 상식, 국민으로서는
국민적 상식, 인류로서는 인류의 상식을 가져야만 할 것이다. 사람이
어떠한 지위의 경우에 처하든지, 기회에 임하며 변화에 응하여 그
처지에 대한 최대한 완전의 임무를 수행하게 하는 것이, 모두 상식의
작용이다. 한 가정의 주부로서 상식을 결하면 가사의 정리는 이것을
도저히 바랄 수 없을 것이오, 한 국가의 국민으로서 상식이 유치하면
열패의 지위는 자탈自脫의 도리가 없을 것이며, 한 민족의 상식이
발달하지 못하면 야만의 대우를 면하지 못하는 것이다. 그러므로 지금의
우리 생활이 세계적으로 개방되는 동시에 상식도 또한 세계적 상식을
표준하여야 하겠다.

3

상식의 발달은 인격의 향상을 촉진하며, 사회조직의 발달
완성을 가능하게 하나니, 지금의 한 국가의 문명 정도를 비교함에는,
그 국민의 평균 상식 정도를 표준하는 것이다. 그러므로 세계 각국이

완전을 경주하여, 국민에게 의무교육을 실시하고, 의무교육의 연한은
경제력이 허락하는 범위 내에서, 가급적 연장하기를 힘쓰며, 국민교육에
보통교육을 위주함도 전혀 상식을 보급함으로 위주함일세니라. 연전에
어떠한 통계표에 의하면 미국에서는 전 국민 중에 독서력을 가진
자가 평균 100인 중 97인에 달한다 하였고, 지금 의무교육을 실시하는
각국에서는 국민의 남녀노소를 물론하고, 국민의 전부가 이 보통교육을
받았을 것이다. 우리 조선의 상태를 회고하면 1070만 인구 중에
독서력을 구비한 자가 과연 몇 사람이나 될꼬? 수백 호로 이루어진
당당한 한 마을에서 통상의 서신이나 공문의 한 매를 능히 읽고 쓰는
자가 겨우 열 손가락을 넘기 어렵거든 하물며 또한 기타 일반 상식에
관하여서랴? 한심에 불감不堪할 자 여기서 더할 것이다.

4

       원만한 상식을 수양하는 동시에, 우리는 과학을 좀 배워야
하겠다. 지금의 문명은 과학의 산물이라. 그러면 과학이란 어떠한
것인고? 여기에 또한 한마디 말로 정의를 내리기는 지극히 어려운
일이다. 그러나 이것을 개괄적으로 말하면 과학이란 체계적 상식이라
하는 듯하다. 우리는 직접의 경험 혹 간접의 경험(언어와 문자로 서로
전함)으로 사회상 만반 현상에 대하여 다소의 상식은 갖지 아니한 자가
없으며, 자연계에 대하여서도 부분적일망정 다소 살펴 아는 능력이
있다. 가령 말하면 우리는 낮이 지나면 밤이 올 줄 알며, 지금의 태양이
명일에도 동쪽 하늘에서 올라와 서쪽 하늘로 사라질 것을 확신하고
의심하지 않는다. 뇌전雷電이 일어나면 비가 내릴 줄을 예측하며, 서리가
오면 추위가 올 줄을 안다. 일상에 목격하는 금수초목의 이름도 약간
앎이 있다. 법률이니 도덕이니 하는 말도 귀에는 익숙하다. 기타 이목에
접하며 경험에 들어가는 온갖 사물에 대하여, 범위의 넓고 좁음과
분량의 깊고 옅음은 다르다 할지라도, 사람으로서 다소 자기 경우에
상응한 지식은 없는 자가 없을 것이다. 그러나 이와 같이 어떤 사물이나
현상에 대하여 단편적으로 부분적으로 약간의 지식이 있다 할지라도,
이것을 과학적 지식이라고 칭하지는 않는다. 과학이란 것은 어떤
사물이나 현상에 대하여 반드시 체계적으로 조직된 지식을 말함이니,
가령 밤이 지나가면 낮이 오려 하는 하루의 자연현상에 대하여서도

닭이 울어서 낮이 올 것이라고 믿는 것은, 사실은 사실이나 이것을 과학적 지식이라 칭하기는 어렵고, 지구가 태양계에 속한 위치를 분명히 하며, 지구 자전의 속도를 측정하여, 그 결과 일정의 시간을 경과하면 지구의 암흑면이 반드시 태양을 향하지 않을 수 없는 이유를 설명하여야, 즉 그 현상을 전체상으로 관찰하여 통합하며 분류하고 원인 결과의 법칙을 명료히 설명한 후에야, 이것을 과학적 지식이라 할 수 있다. 또 뇌전과 비의 현상으로 말할지라도, 구름이 일어나는 원인과 뇌전이 발하는 원인을 강구하여 그 필연의 결과로 비가 내리지 않을 수 없는 이유를 설명한 후에야 이것이 과학적 지식이 되는 것이다. 인위적 현상이나 자연적 현상임을 막론하고, 이상과 같이 한 현상에 대하여 연구할 때 동일한 종류는 이것을 통합하며, 분류하여 그 원인과 결과의 법칙을 체계적으로 명료히 설명함을 얻은 연후에, 이것이 비로소 과학적 지식을 조성하는 것이다.

　　과학은 이것을 대상의 범위로 인하면 자연과학과 정신과학의 이문二門으로 대별하나니, 물리학, 화학, 동물학, 식물학, 광물학, 천문학 등 자연계에 관한 현상을 대상으로 연구하는 학문이 전자에 속하고, 윤리학, 심리학, 법률학, 경제학 등 정신상의 현상을 대상으로 연구하는 학문이 후자에 속하며, 또 과학은 연구상 방법으로 인하여 이것을 설명과학과 규범과학의 이종으로 나눌 수 있나니, 물리학, 화학, 심리학, 식물학, 광물학 등 자연적으로 존재한 현상을 그대로 설명하는 것이 전자에 속하며, 윤리학, 법률학 등과 같이 인위적으로 작성한 현상에 대하여 설명을 가하는 것이 후자에 속한다.

5

　　우리 인류의 생활하는 방식은 두 개의 방면으로 관찰할 수 있으니, 하나는 물질적 방면이요, 하나는 정신적 방면이라. 그런 중 금일의 문명을 형성한 원동력의 대부분은 자연과학의 이용에 있음을 생각할 때 이것에 대하여 한마디 더하는 것이 무익하지 않을 것이다.

　　물질방면에 관한 것은, 이것을 총總히 자연계에 붙여 논할 수 있으니, 저 망망창창한 허공에는 무수한 일월성신이 일정의 궤도를 따라 운행을 그치지 않고, 주야는 서로 교대하며, 사계절은 순환을 그만두지 않는다. 달은 회망晦望의 현상을 나타내 보이며, 호수는 간만의 차이를

일으킨다. 새는 수림에 날아들며 고기는 연못에서 뛰고 짐승은 산야에서
달리며 벌과 나비는 아름다운 꽃을 동경하고 추풍은 잔엽殘葉을 날린다.
뇌전은 비를 환기하며 물은 낮은 곳을 따라 흐른다. 화산이 폭발하며
지진이 일어난다. 일일이 꼽기로 하면 도저히 꼽을 수 없으나, 이와 같이
잠시도 정체함이 없이 우주간에서 시시각각으로 일어나는 천태만상의
소위 자연적 현상은 직접 혹은 간접적으로, 우리 인류생활상에 다소의
영향을 미치지 않는 것이 없고, 다소의 관계를 두지 않는 것이 없다.
그런즉 이 사이에 처한 우리 인류가 어떻게 하면, 가장 안전한 생활을
보속하며, 가장 만족한 생활을 향상하였을꼬? 일언으로 자연계를
정복하여야 한다 하면 말이 외망猥妄에 가까울지는 알 수 없으나,
여하간 우리의 생활상에 조금이라도 위해를 주는 것은 이것을 예방하며
구제하기에 노력하여야 할 것이요, 우리 생활상에 조금이라도 편리를
주는 것은 이것을 보호하며 이용하기에 게을리하지 아니하여야만 할
것이다. 다시 말하면 인류가 금일 같은 물질문명의 사회를 형성한 것은
인류가 이 지상에 발생한 지 수백천 년 이래로 전 자연의 위력에 대하여
노력한 결과라고 할 수 있다. 가령 풍우가 습래할 때 가옥을 지으며,
홍수가 범람함에는 제방을 축조하였다. 한열寒熱을 피함에는 갈구葛裘를
이용하고 강과 바다를 통함에는 배를 고안하였다. 맹수는 이를 제거하고
가축은 기르며, 긴 강을 끌어 대는 수도水道는, 우리에게 청렬한
감수甘水를 공급하고, 비옥한 들에 경작하는 진과珍果, 야채는 우리의
식탁을 채운다. 금은동전은 물품을 제조하기에 족하며 석회, 석유는
연료에 이용한다.

　　근세에 발달된 인류의 지식은 이상과 같이 자연계의 산물을
이용함으로써 만족하지 않고 다시 과학의 힘으로 능히 정교한 온갖
기계를 발명하여 막대한 인력을 대용하며, 화학공업의 발달은 각종의
화려하고 아름다운 물품을 인조로 제출하여 실용에만 공급할 뿐이
아니라, 우리의 호기심을 더 일층 만족하게 하여 준다. 특히 근세에
이르러서야 증기기관과 전기사업이 발명된 이후로는 물질문명의 추세는
비상한 급속도로 진보를 하였다. 바다에는 기선이, 육지에는 기차,
자동차, 전차를 사하며 공중에는 비행기를 날려 전 지구를 자못 인가와
같이 교통하게 하였고, 전신, 전화, 무선전신 등의 통신사업은 금세계의
소식을 순식간에 전달하여 준다. 이뿐 아니라 이것 등의 원동력은 공업

제조 기타 온갖 방면에 응용되어, 인력의 소비를 절약하고 생산을
증가하는 동시에 우리의 문명은 더 일층 난숙한 광채를 더 친다.

그리하여 과학(자연과학, 정신과학) 발달은 상식의 진보를
촉성하며, 상식의 진보는 과학의 발달을 촉진하니 상식과 과학은 양면이
서로 원인이 되며 결과가 되어 우리 인류가 항상 일층 완전의 영역으로
인도하여 간다.

대정大正 8년[1919년] 6월 15일
훈증薰蒸의 고苦를 참으면서 쓰다.

대화對話 신흥물리
─아인슈타인의 상대성이론에 대한 이야기
신태악 «신생활» 1922년 6월호

> 현대문명에 대한 호기심은 과학에 관한 관심으로 나타나
> 신문과 대중잡지에 물리학 등 신과학에 대한 소개가
> 빈번했다. 이 글은 아인슈타인의 상대성이론을 중심으로
> 시간의 개념, 전자기와 엔트로피, 에테르, 유클리드 기하학
> 등에 관해 새롭게 등장한 물리학을 기초로 설명하고 있다.
> 일본의 원전을 번안해서 쓴 것이긴 하지만 행간 속에서
> 당시의 사회 상황과 과학에 대한 인식을 살펴볼 수 있다.

"이것은 일본 죽내竹內 이학사理學士의 저서『고처 쓴 물리학
書換へられたる物理学』서두에 있는 대화를 토대로 한 모작입니다.
그러므로 물론 창작은 아니요 또한 순전한 번역도 아닙니다. 실로 갑도
아니요 을도 아닌 두루뭉실이외다. 늘 건전한 사람으로만 보던 제위가
한번 두루뭉실 이를 구경함도 진기한 일이겠기에 붓을 들어 쓰기를
시작하였습니다. 바라건대 장차 과학계의 개척자될 제군이여! 다행히
한번 읽음이 있으소서"─ 필자

서기철: 김공?

김상욱: 아! 서공인가? 참 오래간만일세. 어째 그렇게 만나기
　　　 어려운가?

서: 밤낮 공부만 하는 학자님한테 자주 찾을 수 없고... 그래 무슨
　 공부를 그렇게 하나?

김: 공부가 다 무엇인가. 그래 재미나 좋은가?

서: 재미!? 조선사람인 우리에게 재미가 다 무엇인가.

김: 글쎄! 말일세. 그러나...

서: 자네는 밤낮 공부나 하니. 그래 박사나 될까 하고 그러는가?

김: 박사!... 우리 학자의 최대 이상은 결코 박사라는 허구의 명예에
　 있지 않아요. 적어도 우주의 진리를 찾아 기로에 방황하는
　 대중을 인도하려는 데 있다네.

서: 학자님들은 너무 큰소리가 많아서... 좀 허황하게 들리네!

김: 큰소리가 다 무엇인가. 사실은 자네들처럼 한 걸음에 천리를
　 가자는 정치가들이 허황하지! 그런데 정치가들은 될 수 있는
　 데까지 민중을 많이 죽이고 세계의 대중을 곤란하게 하여
　 자기 배나 혹은 일부 계급의 이익을 도모하려는 것이 최대
　 이상이지?

서: 그런 말은 그만두세... 그런데 자네는 책을 많이 샀네그려. 그래!
　 이것이 다 무슨 책인가?

김: 자네 같은 정치가 대감들의 상용어로 말할 것 같으면 위험사상
　 책일세. 물리학에 대한.

서: 아하! 아인슈타인의 상대율에 대한 논論들인가? 한번 보세!

김: 흥! 알 만하겠나?

서: 글쎄 비싼 밥을 먹고 공부하였으니 조금쯤 알만하겠지. 그래...
　 그래...

김: 정치가라도 다소는 이에 대한 풍조를 알아야 한다네. 마치
　 자본주의자라도 사회주의에 대한 다소의 이해는 있어야 하는
　 것같이.

서: 전에 신문에도 나고 잡지에도 쓰인 곳이 두어 곳 있네마는
　 나는 잘 모르겠데. 그런데 구미 제국은 물론이거니와 일본만
　 해도 이에 대하여 퍽 연구하는 모양이야. 그래서 교과서까지

고친다는데.

김: 물론 고치게 되네! 고치지 않으면 안 될 것이 아닌가? 지금
와서는 뉴톤 물리학의 기초는 전부 와해되었다 하여도 옳을
만치 되었다네.

서: 글쎄 어디선가 그런 말을 보았어... 그런데 어떤 말은 문외한인
나도 알 만한데마는 전체를 다 보고 나니 남은 것은 모르는
것이 아는 것보다 많데.

김: 그래요. 좀 더 어려운 이론이 되어서 좀체로 이해하기 어려우니
적어도 고등수학 전반은 알아야 하지. 그러나 일본 같은
데서도 벌써 중등 정도의 수학만 아는 사람도 족히 알 만하게
해석하여 놓은 책이 적지 않아요! 그런데 무엇을 모르겠다는
말인가.

서: 첫째, 물체가 운동하면 운동하는 방향으로 단축된다 하니
그것이 어떤 이치인가?

김: 그것은 상대율공법에서 자연히 인도되어 오는 결과이네. 지구도
태양에서 볼 것 같으면 운동 방향으로 단축되어 타원체로 보일
것일세. 그러므로 물체가 만약 빛의 속도로 운동한다면 물체의
후厚[부피]라는 것은 없어질 것이네. 그것은 물질에 상관함이
없이 다만 $\sqrt{1-\frac{V^2}{C^2}}$ 이라는 단축비로...

서: 아하! 그때의 C는 빛의 속도요, V는 물체 운동의 속도이니까
V=C가 되는 때는 식의 값이 영이 되므로 그렇다는 말이지.
그러면 운동 속도가 다른 계통에서 측정한 척도는 번번이
틀려갈 것이네그려.

김: 물론 그렇지! 그러나 물체가 단축되는 동시에 척도도 그 비로
단축되므로 실제에 있어서 척도에 대한 우리의 판단은 늘 같은
것일세.

서: 아하! 그렇지. 같은 계통에 있어서야 늘 같은 관념이 생길 테지.
다만 다른 계통에서 보는 때에 그렇게 된다는 말이지.

서: 그러면 상대율공리는 조금도 틀린 것이 없는가? 의심되는 점도
없는가?

김: 그것은 나 또한 옳은지 모르지. 그러나 이 상대율공리는
실험상으로 확실히 증명한 것인데 저 유명한 마이젤손과

　모 - 레의 실험에 의하여 '빛의 속도는 광원과 관찰자의
　비가속적 상대 운동에 의하여 불변한다'라는 공리를 확립하게
　되었다네.

서: 그러면 시간은 어떻게 되나.

김: 시간의 단위는 정지계의 것보다 운동계의 것이 커요. 즉 척도의
　단위와는 정반대가 되는 것일세.

서: 그러면 시계를 정지계에서 운동계로 가져간다 할 것 같으면
　드문드문 초음이 들린다는 말이지?

김: 그렇지.

서: 만약 그렇다 하면 이 시계를 정지계에 가져갔다가 왔으면,
　차용금 반납기간 같은 것도 능히 연장시킬 수 있겠네그려. 그것
　참 좋게 되었어. 우리 같은 무산자들은.

김: 그것은 그렇지 않아요. 시계가 타계에 갔다가 다시 돌아올
　것 같으면 곧 그전 초음을 내게 되어요. 시간의 단위가 길이
　단위와 정반대의 관계를 가졌다 함은 그 양계에 있는 관측자의
　시간이나 공간에 대한 판단의 상위에서 일어나는 말뿐이어요.

서: 그러면 그것도 되네그려.

김: 차용금 기간 연장 문제 말인가?

서: 그래, 우리 같은 무산자야 밤낮 해야 그 문제부터 첫 일이지.
　이 세상에 돈이 없어가지고서야 정치 운동 같은 것이라도
　자의대로 하겠던가 어데...

김: 참 자네도 웃기는 말 곧잘 하데. 그래, 차용기간을
　연장하겠다는 생각이나 하고서. 좀 철저하게 차용이라는 법도
　없게 하면 어떠하겠나?

서: 글쎄, 불공평한 세상이야. 간사하고 아첨 잘하는 사람이어야
　득세하는 세상이니... 아마! 어디인지는 모르겠으나 제도 그것에
　결함이 있는 것은 분명해.

김: 아! 이제야 그런 말 하나. 사회제도에 결함이 있음은
　물론이거니와 가장 진정한 학문이라는 물리학에도 결함이
　많아서 위인 아인슈타인은 근본적으로 타파하고 신학설을 세운
　것이 저 유명한 상대성이론 아닌가. 결함이 있으면 타파하여야
　하고 또한 자연히 타파되는 법이야. 저어! 이제까지의 과학이

일대 파산을 당한 것을 보지.

서: 공연히 말이 분기로 들어갔네. 그런 이야기는 후에 하고 지금
하던 말이나 마저 설명하게.

김: 무얼 말인가.

서: 만약 우리가 빛의 속도로 운동할 수 있게 된다 하면 어떻게
될까 하는 것 말이야?

김: 만약 그러한 속도만 있다 하면 자연계의 현상은 그 계통에
대하여 정지할 것일세. 오늘로 치면 오늘 이 시간의 현상을
그대로 볼 수 있을 것일세. 몇 년을 지나든지 늘(운동을
계속하는 날까지).

서: 그것 좋겠네. 만약 빛의 속도만 한 속력으로 운동할 수만 있는
기계를 만든다 하면 늙지 않고 그대로 지날 것이 아닌가. 참
요사이 양복장이들은 양복을 잘못 지어놓고는 유행식이라 하며
고위 신진여자(여학생)들이 '학구라이'(서양 제품을 가리킴)라
하면 덮어놓고 좋아하는 풍기를 이용하여 각 시정에서는
'학구라이'니 유행품이니 하고 광고하는 것같이 '늙지 않는 학설
발명'이다 하고 신문에나 광고할 일일세그려.

김: 글쎄 요새 신여자들도 걱정이야, 정신들이 없는 모양이야!
좌우간...

서: 그러면 우리가 만약 빛 이상의 속도로 운동한다 할 것 같으면
어떠한가.

김: 빛 이상의 속도는 우주간에 존재하지 않아요. 다만 잠깐 생각해
보면 어떠한 속도든지 상상할 수 있는 듯하나, 그러나 치밀히
생각하면 빛 이상의 속도는 절대로 있을 리가 만무해요. 마치
절대영도의 온도가 최저의 온도가 되는 것과 같아요.

서: 물리학자의 세계는 참 적으네그려. 그러면 빛의 속도가 물리적
무한 속도가 된다는 말인가.

김: 그렇지. 만약 그 이상의 속도로 운동한다 가정하는 때는 인과의
관계가 전도될 것이므로 그것은 논리상 불가능이 아닌가.
참으로 자식 낳기 전에 손자부터 보는 현상이 있다 하여서야
귀신이 웃을 일이지.

서: 그러면 동시각同時刻이라는 관념은 어떻게 되는가.

김: 시간에는 절대라는 것이 없으므로 동시각이라는 관념도
　　우습게 되지. 즉 어떤 계통에서 동시에 두 사건이 발생하였다
　　하더라도 다른 계통에서 볼 것 같으면 반드시 동시가 되는
　　것은 아니어요. 그러므로 사건 발생의 순서도 변하여 보일 것이
　　아닌가. 또한 공간 없이 시간은 생각할 수 없나니 그러므로
　　시간은 필경 '밍고후쓰커'의 설명과 같은 시공 혼체渾體의 4차원
　　세계의 투영에 불과한 것이어요.

서: 4차원 세계라 함은...

김: 재래에 우리가 알고 온 세계는 3차원 세계가 아닌가. 그에
　　시간이라는 제4차원을 더하여 우주는 4차원으로 형성되었다고
　　보는 것이야.

서: 그러면 그전 3차원 세계에 있어서 넓이, 길이, 높이로
　　진퇴상하할 수 있는 것같이 제4차원이 되는 시간도 선후로
　　진퇴할 수 있겠네그려. 그것이 동등의 원元의 권리를 가졌다니
　　그럴 것이 아닌가.

김: 물론이지. 그리고 이 4원 세계의 실체는 다 5원 세계의
　　일부인지도 모르지.

서: 그런 어려운 이론을 정규나 '콤맛즈'가 아니면 모르는 현재의
　　학생에게 말하여 알 만할까?

김: 알고말고. 우리 조선학생은 외국학생들 놔와는 달라요! 참으로
　　누구네와 같은 Blockhead는 아니라네. 참.

서: 자네는 늘 조선청년, 조선청년하고...

김: 조선청년은 과학연구에 대한 소질이 있고 또한 차차 하여야 될
　　줄 자각하는 모양이니 참 얼마나 기쁜 일인가. 그래서 말이지.

서: 또 물체의 세력과 질량은?

김: 신흥물리에서는 세력을 빛의 속도의 자승으로 제하면 질량이
　　되는 법이어요.

서: 그것은 마치 '물즉공物卽空이오 하악河嶽은 영웅의
　　기백이라'하는 지나支那[중국]사상과 같네그려. 참 세력
　　소유권이라 하는 것도 생각하여야 할 일이야. 실로 사람의
　　정신을 불안하게 하는 것은 즉 일종 약탈이야.
　　(...)

김: 또한 상대율이라 함은 수학의 부대에 과학의 술을 담은 것
    같은 것이오. 수학적 상징의 미에서 비로소 그 강미强味가 나게
    되는 것이오. 우리는 이것을 앎으로 말미암아 비로소 무명을
    탈하고 향수를 잊고 숭엄한 마음의 성경聖境에 이르는 활로를
    찾을 수 있을 것이오.

서: 참 그래요.

김: 나는 어디까지든지 물리학의 순수를 바라오. 그래서 그 순수한
    물리학의 연구에서 순수한 세계의 건설을 바라는 바요. 그러므로
    첫째 서공 같은 정치가 영감들이 이에 대한 다소의 이해나마
    있기를 바라오. 왜 그러냐 하면 현재의 조선은 과학연구의
    경향이 적으며 또한 그에 대한 시설이 없으니까. 뿐만 아니라
    공연히 허황한 야심에 마음이 젖어 순 자연과학 연구에
    몰두하는 사람이 없으니까... 참으로 우리 청년들은 자각함이
    있어야 하겠어. 우리가 바라는바 이상향도 순수한 과학의
    발달에서 비로소 참 행복을 얻을 수 있을 줄 알아야 하지.

                                        1922년 4월 7일 오전.

[우리 눈에 비친 공진회들]
나 또한 구경의 영광을 입던 이야기
유광열 «개벽» 1923년 11월호.

1923년에 열린 조선부업공진회의 관람기. 20세기 들어
세계적으로 박람회의 열풍이 불었는데 조선에서도 박람회는
빈번히 열려 매번 수십만 명의 관람객을 끌어모았다.
일본공산품의 소비자로서 식민지 역할에 충실하도록 짜인
박람회는 조선 대중에게는 새로운 문물과 산업을 접할
수 있는 구경거리였으나 식민지 수탈정책을 숨길 수는
없었다. 이에 대해 날카롭게 비판한 글이다. 더불어 출품된
물품의 면면과 이에 대한 조선인의 반응을 살펴볼 수 있는
자료이기도 하다.

부총독 격이라는 유길有吉 정무총감이 회장이고 이완용 군?, 아니 이완용 각하가 부회장인 조선농회 주최, 총독부 이하 군수, 면장까지 전 능력 총동원을 한 조선부업공진회는 눈 꿈적하고 20일이 획 지나가니 쇠총 짚신에 상투 틀고 갓 쓴 시골 양반의 모양도 사가로四街路에서 드물게 되었으니 그중에 끼여서 구경의 영광을 입던 이야기나 좀 해보자.

무엇을 공진共進한 회인가

공진회! 무엇을 공진한 회이던가? 세상이 보기 싫어 드러누운 사람을 장난 좋아하는 친구가 와서 하도 들쑤석거리며,

"이 사람, 그런 것도 한번 보아두어야 하느니."

"이 사람아, 무엇을 보러 가? 그러지 않아도 속상하고 눈꼴 틀리는 것 많은 세상일과 인연 끊고 드러누웠는데 가면 무슨 시원한 것을 보겠다고..."

"그래도 가보아야 하느니 선악이 모두 내 스승이라는 격으로 속상하는 일도 한번 보아두는 것이 관계치 않으니..."

못 이기는 체 오는 게 제일

가을 하늘에는 음울한 구름이 끼어 잔뜩 상을 찡그리고 있는데 황토현으로는 전차는 전차마다 갓 쓴 양반이 만원이다. 황토현에서 광화문을 바라보니 백목차일白木遮日을 친 것같이 흰 옷 입은 사람이 들끓는다.

"아이고. 저건 무얼 얻어먹자고 저렇게 많이 왔어?"

동행 K군은

"앗다, 이 사람. 노자 주면 가라는 구경에 왜 못 오리. 그래도 안 온다면 모처의 주의받고... 못 이기는 체 오는 것이 제일이지."

아마 일본인 샌님인 게지

광화문 앞에 당도하니 무단정치보다 수층 나으니, 가만히 있으라고 요술장이 요술같이 문화정치를 선전하는 총독부의 고안인지, 강화 화문석으로 고색난 옛 대궐문을 울긋불긋 장식하고, 수학여행 온 학생같이 시골 양반이 줄을 이어 섰다. 간신히 표 3장을 사서 가지고

문안에 들어서니 총독부 기관보 «매일신보»에서는 배달부가 관을 쓰고 점잖게 '급하지도 않고 보기를 원치도 않는 공진회 일을' 게다가 호외로 박아서 돌린다. 이것을 본 시골 양반.

"아이고 저 샌님은 일본 옷을 입고 관을 썼네. 아마 일본 샌님인 게지!"

700만 원의 마천각

문안에 들어서니 늘 보아도 쓸쓸한 경복궁 안은 수만의 백의인白衣人을 맞아도 여전히 쓸쓸하다. 총 공비工費 700만 원으로 수년의 세월을 비費하여 짓는 총독부 청사는 거의 준공이 되어 비계까지 떼이니, 그야말로 조선의 마천각이다. 공비만 700만 원이기에 망정이지 부지와 재료를 전부 사려면 일천 수백만 원이 들었을 것이다. 이것을 짓는 총독부 당국자는 한번 동양에 제일가는 관청을 지어본다고 한다던가, 1700만 민중이 살 수 없어 떠도는데 관청만 동양 제일이면 세음이 될 줄 아는가.

소학 아동에게 교육을 못 주는 이때에 700만 원씩 들인 마천각은 조선인에게 무엇을 주려는가. 속 모르는 시골 양반들, 입을 딱 벌리며,

"아이고 집도 굉장하다!"

아, 가련한 동포여! 이 집에는 당신네의 피땀이 흐르는 줄 아십시오.

백미의 '뉘'와 같은 조선부인

노순路順대로 제2참고관에 들어가니 과자 만드는 것과 허리띠 짜는 것이 모두 일본 경영으로 하는 것이다. 그 건너편으로 중앙시험소의 방직도 조선인 사업과는 무용이다. 이 속에 족답기계足踏機械로 무명 짜는 부인은 백미의 '뉘'라 할까.

그다음으로는 보는 것도 대개 그 모양, 화학응용제조 유리그릇이 번쩍이는 한편에 맨발 벗은 조선부인이 핏기 없는 얼굴로 먹서리를 느릿느릿 짜고 있는 것은 정녕 가련하였다.

철원 명주 짜는 옆에는 조선산업무역회사(일인경영日人經營)의 화려한 화문석이 빛나고, 안주 항라 짜는 옆에는 양말기계가 덜걱거린다. 죽림이 울창하기로 가서 보니 '다다미' 간 일식의

죽가竹家가 그 옆에 지어 있을 뿐이다.

사람을 죽이는 기계성機械聲

이 구석에서 뚝딱! 저 구석에서 덜걱! 한편에서 상투 틀고 탕건 쓴 노인이 한가롭게 재떨이를 하고 있으면, 한편에서는 일인경영의 기계성이 요란하다.

아이고 사람 살려라! 이 기계성이 조선사람을 죽이는구나. 우리 손에 기계성이 없는 우리는 이 기계성이 날 때마다 피가 말라가고 살이 깎여가는 듯하다. 그렇지만 무지는 용감이란 말과 같이 시골 양반들은 이 요란한 소리에 정신이 빠져서 눈이 멀걸 뿐이다. 그들의 눈에는 무엇 때문에 이 구경을 왔는지 구경 온 본의조차 모르는 듯하다. 그저 좋아서 해! 하는 사람도 있다. 그러나 이곳은 실지로 하는 것을 보니까 설명이 없어도 그들이 "그저 그렇게 하는 것인 줄이나 알리라." 그러나 본관은 어떤가.

태반이 일본인의 출품

본관에 들어가니 각색 어물이 수백 종이다. 그러나 출품인을 눈여겨본 사람은 누구든지 그것이 조선인의 출품이 별무함을 알리라. 3면으로 환해環海한 조선반도의 어권은 거의 전부가 일본인의 손에 있으니 이것도 괴이치 않은 일이다.

울긋불긋한 과실 중에는 조선인의 출품을 얻어보겠다. 조선의 제일 유망하다는 양잠업도 태반이 일본인의 출품이다. 삿자리 몇 닢, 멍석 몇 닢, 짚신 몇 짝이 늘어놓인 옆에는 일본 제품의 화려한 기구가 번쩍인다.

알다가도 모를 일인의 조선말

제1참고관에서는 실지實地를 하니까 보고 알던 농민도 본관부터는 더군다나 모르겠다. 품명은 한문으로 쓰고 설명은 일문으로 썼다. 그것도 그렇지! 1700만의 조선인이 본위가 아니요 40여만의 일본인이 본위인 총독 정치하에 조선문 설명을 쓰라는 것이 도둑에게 착해져라 하는 것과 일반이다. 그래도 무슨 얼어 죽다 남은 양심이 있던지 일본인의 조선말이지 정말 조선말은 아니다. 이런 고급의 조선말은 시골 양반이 땅뜨임이나 하겠느냐[감히 생각이나 하겠는가]. 이런 조선말로 통역비를 먹거든 돈도 없는 총독부 예산에 명년도부터 조선어 장려비인가. 통역비는 삭감이 어떠한가?

농민을 죽일 개량 온돌

본관을 나서니까 사람들이 죽 둘러섰다. 무엇인가 하고 보니 경기도 고안의 개량 온돌이다. 이 고안에 대하여 필자는 경기도 이원吏員에게 면박할 일이 있다. 불 때고 아궁문을 꼭 닫으면 불완전한 조선 농촌의 온돌에 가스가 방으로 새어 들어오면 그야말로 위험할 일이라고. 만일 조선인의 온돌이 모두 완전하면 이것을 시행하여도 좋을는지 모르나 방바닥에 틈이 있는데도 그 짓을 하다가는 위생상 대해가 되리라고 하였었다. 이런 필자의 말에 고안 측에서도 역시 고개를 기울이고 고려하였었다.

지자천려 필유일실

닭이 천 마리면 봉鳳이 한 마리로 지자천려智者千慮에 필유일실 必有一失이라더니, 안타깝게 일문 설명을 쓰는 그네가 임산林産 설명만은 조선문으로 쓰고 간혹 일문을 달았다. 이 일기괴사一奇怪事가 아니냐! 그리고 감옥소 제품이 많이 있는 것을 보았다. 콩밥 먹고 만든 그네의 정경을 생각하니 그리 마음이 싸지 아니한 부업 출품이다. 이 제2참고관은 그야말로 거의 전부가 소위 내지 출품이다. 두어 필의 무명이 놓인 옆에 기계로 짠 그네의 화려한 직물이 놓인 것! 이것은 왕공과 거지의 공진共進인가? 종과 상전의 공진인가?

엎드린 채 웃고 있는 일녀日女

한참 가다가 보니 삼천리 조선 강산을 모형으로 만들어놓고 조선 우선郵船회사의 깃발이 별 같듯 꽂히고 각처의 선로船路를 표시하였다. 그리고 그 위에는 강호시대江戶時代[에도시대]의 일녀가 엎드린 채 빙빙 돌고 그에 딸리어 그 밑에 있는 배도 왔다갔다한다. 이것을 본 어떤 농부는, "아! 그 계집 잘 해놓았다. 아주 선녀 같구나!"

순진한 동포여. "이 조선 전래의 우리 강산을 진진포포까지 일본인이 선로를 잡은 것을 보면 우리나라 선녀가 있으면 통곡을 할

터인데, 다행히 일본 선녀이니까 잘 되었소마는... 잘 해놓은 것이란 다
무엇입니까. 당신네들이 제발 혼이 들으소서. 아무리 숨이 넘어가는
중이지마는."

조선 토산이올시다

제2참고관을 나가 면화관에 들어가니 산같이 쌓인 광목이 모두
다 일본산이요 조선인 제품이라고는 한편 모퉁이에 경성방직회사
제품과 시골서 짠 무명 몇 필이 있을 뿐이라. 더욱 우스운 것은 금년
구력舊曆 정월에 조선인 간에 물산장려운동이 일어나고 '조선사람, 조선
것'이란 표어가 있었는데 일본인제 광목에다 조선문으로 '조선사람, 조선
것 만듭시다' '조선토산이올시다' '우리 물건이올시다'하는 표어를 박은
것은 그들이 얼마나 상학商學심리에 악착한 것을 엿볼 수 있다. 그리고
무료 활동사진의 일본, 인도, 중국의 제품 상황을 보고는 무거운 마음이
필자의 전신을 누른다. 그들과 경쟁이 도저히 불능이라는 절망이 더욱
깊어진다.

공상뿐이야 무슨 소용

잠사蠶絲관에 들어가니 문어귀에 은사수 산장의 출품인
부국환富國丸에는 '일본 무역의 양 대종'이란 목면을 걸고 '생사수출
연 6억 원'이라 하였다. 면화 수입이 연 4억 원이라고 하지마는 실상
그것은 모두 직포가 되어 연년이 우리의 피를 말려가는 것이다. 생사를
미국에 수출하는 총액이 연 6억 원이라 하고 조선도 양잠에는 상당한
땅이라 하니, 연 1억 원만 조선인의 생사를 외국 시장에 내어놓았으면
좀 살기가 나으련마는 공론뿐이야 무슨 소용이 있으랴! 잠사로는
조선제사회사의 제품이 유일한 조선 측의 출품인 듯하다. 그리고는
울긋불긋 차린 일녀 인형의 잠종蠶種 광고가 굉장하다.

순전한 우리 출품!

그다음 충남 저포苧布[모시] 특설관을 가보았다. 그 많은
출품 중에 이곳만은 순전한 우리 사람의 손으로 된 출품이다. 기계를
개량하고 당국에서는 적극적으로 장려비를 주어 장려하였으면
어떨는지! 이 소리가 그들의 귀에 들어갈까?

무서운 동척東拓특설관

조선의 토지를 도로로 말아 조선인을 만주 벌판이나 서백리아西伯利亞[시베리아]벌판으로 쫓아내고, 일본 이민을 가져오려는 사갈보다도 무서운 동척특설관에는 농촌의 어제와 오늘이라는 제목하에 이전 한국시대와 총독정치 이후를 대조하고 농촌의 백반이 쇄신되었다고 떠들었다. 그전에는 곧잘 토착하였던 농민이 총독부 덕택과 동척 덕택에 연년이 쫓기어 나가는 것은 말도 말고 미국의 흑선을 보고 산으로 기어오른 그대네들의 금일 발전이 총독부가 있어 그리 되었는가 물어보고 싶다.

오직 하나인 공진회 덕택

이 외에 도량술을 진설한 곳에는 일 좋아하는 친구들이 몸 달아 보기에 야단들이다. 무슨 상점, 무슨 상회의 특설관이 수없이 있으나 그것이 조선인의 생활과 무관언無關焉인 이상 그리 보려고 애쓸 필요가 없었다. 뒤로 돌아서 조선의 특산이란 소를 보게 되니 누런 털 나고 뚱뚱한 소가 조그만 눈을 꿈벅꿈벅하면서 있다. 이 소들도 이것만은 천재일우의 공진회 덕택으로 사람보다 더 잘 입고 있다. 목에 두른 장식은 번쩍번쩍하고 두른 덕석도 울긋불긋하다. 그러면 부업공진회 찬미는 우군牛君이 도맡아가지고 할 듯하나 실상은 자유로이 놀던 향촌을 버리고 종일 한군데 섰던 것이 불평인지 자주 밍밍거리고 울고 있다. 그 뒤로 양계 양돈의 실례를 잠깐 보고 경회루 연지蓮池로 가니 천진한 학생들은 '이 세상이 자기네 세상이라'고 '보트' 타기에 분주하다.

['언제부터 우동 맛을 들였소' 생략]

누구를 위하여 연 공진회?

구경을 다 하고 나니 본 바가 무엇인가, 얻은 바가 무엇인가? 첫째, 이 공진회가 어떤 사람의 공진회인가. 일본인의 공진회인가. 조선인의 공진회인가. 1700만이 사는 조선사람의 출품이 40여만이 사는 일본인의 출품만 못한 것은 당국자가 아무리 변명할지라도 다수인 조선인의 산업보다 소수인 일본인의 산업을 더 장려하고 더 발달시킨 산 증거가 아닌가. 둘째, 누구를? 어떤 사람들을 위하여 연 공진회인가. 당국자가 말함과 같이 진실로 조선인의 부업 발달을 위한 공진회라면

왜 상당한 설명원을 세워 적지 아니한 노비路費를 쓰고 모처럼 올라온
농민이 알아듣도록 일러주지 못하였던가. 향촌 농부의 눈에 비치는 일문
설명문이 소경의 눈에 단청이 아니고 무엇이랴. 대체 그 일문 설명문은
누구를 본위로 누구를 위하여 써놓은 것이냐? 다시 묻노니 누구를
위하여 연 공진회인가?

200만 원 소비의 효과

이 괴상한 공진회의 성적을 당국자의 설명대로 말하면 출품
인원이 9724이요, 출품 점수가 11821점이요, 20일 동안 입장자가
40만이요, 여기까지는 좋으나.

지방 농민이 이로 인한 소비 금액이 200여만 원이요, 그들의
감상은 왈 '소경 단청 구경이라'.

속담에 호랑이에게 물려가도 정신을 차린단 말과 같이
아무리 떠들고 선전을 잘하는 당국도 이 말단의 결론에는 무슨 말로
대변하려는가?

[하기夏期 과학상식]
«신민» 1931년 7월호

> 처음 등장한 드라이아이스와 네온사인을 설명한 글. 일상에서
> 접할 수 있는 새로운 문물에 대해서 이를 과학적으로
> 설명하고 소개하는 것은 언론의 주요한 역할이었다. 과학의
> 발명과 발견들이 삶을 풍요롭게 할 수 있다는 현대문명에
> 대한 신념을 발견할 수 있다.

천연빙 80배의 한도寒度를 보유한 인연빙人然氷
'드라이아이스'의 효용

인조빙人造氷이라면 인공적으로 물을 냉각하여 만든 얼음이라고
속단하여서는 아니 된다. 여기에서 말하는 인조빙은 보통빙에 비하여

80배나 더 엄청나게 찬 '드라이아이스'라고 부르는 근대 과학적 산물을 가리킴이다.

　　이 '드라이아이스'의 탄생은 1925년 3월 미국 뉴욕 시외 요－카－의 어떤 공장으로부터. 지금 겨우 6~7년의 세월을 지냈음에 불과한 이 '드라이아이스'는 이제는 전세계적으로 보급되어서 정히 '드라이아이스'의 시대를 현출하게 되었으니 대체 이 '드라이아이스'는 어떻게 만드는 것이냐?

　　'드라이아이스'의 본체는 이산화탄소다. 이산화탄소는 거듭 말할 것도 없이 산소와 탄소의 화합물이다. '드라이아이스'를 공업적으로 만드는 데는 '보이라－ 그레－트(화격자火格子[불판])'상에서 강렬하게 '코－크스'를 연소시키면 공기 중의 산소와 코－크스에서 나는 와사瓦斯[가스]가 화합하여 '후류－가스'라는 것이 된다. 이 가스는 아직 불순물을 포함하고 있으므로 이것을 일단 흡수탑으로 옮긴 다음에 분리탑으로 보내서 비등점까지 가열하면 불순한 혼성물은 죄다 유리되어 순수한 이산화탄소가 된다. 이를 1평방에 1000파운드의 압력으로 압축시켜서 액체로 화하여 그것을 팽창하게 하여 순수한 고형체로 변화시키면 분설粉雪과 같은 아름다운 물체가 된다. 그러면 이것을 다시 수압기에 걸어서 압착하여 중량 40파운드씩의 덩어리로 만든 것이 즉 드라이아이스다.

　　그러면 드라이아이스는 대체 어떤 곳에 쓰이는 것이냐? 드라이아이스의 특징은 얼음의 약 두 배의 열을 흡수한다. 그뿐 아니라 얼음은 녹아서 물이 되는 것이나 드라이아이스는 녹으면 곧 와사가 되어버린다(드라이아이스란 이름도 여기서 난 것이다. 즉 드라이라는 말은 건조라는 말이니 직역하면 건조빙이라는 의미다). 그러므로 사용에 극히 편리하다. 얼음은 다시 말할 것도 없이 빙점 즉 섭씨 영도에서 빙결하는 것이므로 그 자신의 냉도는 영도이다. 따라서 얼음을 사용하여서는 어떠한 방법을 쓰더라도 여름의 냉장장치를 섭씨 15도 이하로 내려서 올 수 없는 일이다. 그러나 드라이아이스는 그 자체가 영하 80도이므로 필요에 따라서는 영하 40도까지 쉽게 냉장장치를 설치할 수 있다. 즉 사용방법에 의하여는 얼음의 10배나 15배 이상의 가치를 가졌다. 그리고 드라이아이스는 또 온도를 평균히 오랫동안 보존할 수 있고 온도의 조절도 용이하게 할 수 있다. 즉 드라이아이스의

가장 중대한 소용은 얼음으로서는 도저히 할 수 없는 것을 용이하게 할
수 있는 것이다. 가령 냉동품을 먼 곳에 운송할 때 자동차, 화차선 중의
창고 등에 사용하여 일주간 이상 보급하지 아니하고 충분한 효과를
내는 것이다.

다음에 드라이아이스의 인체에 미치는 영향을 생각해보면
그 원료가 이산화탄소로서 사이다 – 시토론 등을 제조할 때 그중에
투입하는 탄소와 같은 것이므로 다만 무해하다는 것보다는 극히 유익한
것이다. 이것이 용해될 때 발산하는 기체도 또한 이것이 든 성질의
것인바 이 기체는 비상한 방부력을 가져서 특히 생선, 육류 기타
식료품의 부패를 방지하는 것이므로 모든 점으로 보아 단연 얼음을
압도하는 것이다. 드라이아이스를 사용할 때는 장갑을 껴야 한다.
그렇지 않으면 동상을 입기 쉽다.

조명계의 여왕 '네온사인'

초하初夏의 거리를 꾸미는 청, 황, 녹, 등橙의 광채를 발사하는
'네온사인'. 이것은 이름부터가 현대적인 것과 같이 '네온사인'은 실로
현대도시를 장식하는 가장 진보적 조명품이다. 얼핏 보면 비상히
자극적인 듯한, 자세히 보면 볼수록 어디까지 맑고 찬 네온사인은 정히
현대인의 신경을 상징한다.

×

조명계의 여왕 네온사인은 1911년 불란서의 화학자 '조르주
크로 – 드' 씨가 비로소 발명하여 이것을 공업적으로 일반에게 매출시킨
것은 지금부터 약 10년 전으로, 독일, 아메리카 등을 거쳐서 현재와 같은
대유행을 보게 된 것이다. 우리 서울의 밤거리에 이 네온사인이 비추게
된 것은 겨우 2~3년 전 일이다.

×

네온사인은 진공 유리관에 극미량의 '네온가스'를 봉입하여
거기에 고압의 전류를 통한 것이다. 보통의 전등은 전류가 불필요한
열로 변하는 것을 막을 수 없으나 네온관은 흘러오는 전류 전부가
빛으로 변하므로 전력 경제상으로 보아 막대한 이익이다. 장래의 조명은
모두 이 네온관식으로 변할지도 알 수 없다.

×

일종의 근대색이라고 할 만한 이 네온사인은 적, 흑, 황의 각 색이 있으나 엄밀한 의미로 과학적 '네온' 본색은 아직 적색 일종밖에 없다. 청색은 네온가스와 공히 소량의 수은가스를 넣은 것이요 녹색은 이를 '니스'로 바른 것이다.

현대문화와 전기
김봉집 《조광》 1931년 9월호

> 현대문명의 산물 중에서 전기는 가장 놀라운 것 중의
> 하나였다. 따라서 전기에 대한 많은 글이 소개되고 있는데,
> 이 글은 전기의 발견에서 원리와 응용, 그리고 현대문화에서
> 전기의 중요성에 이르기까지 폭넓게 설명하고 있다. 현대는
> 곧 과학의 시대임을 역설하며, 현대과학의 발전이 삶의
> 변화에 지대한 영향을 미치고 있다는 점을 강조한 글이다.

얼마 전까지 상당히 널리 유행하던 <흥부전>이란 작품 중에 이러한 말이 있었다.

흥부가 자기 집 처마 밑에 깃들이고 살던 제비의 다리가 부러진 것을 보고 가련히 여겨 당사실로 동여주었더니 그것이 절골이 소생하여졌다. 그 제비가 은혜를 보답하기 위하여 제비왕께 고하고 표박씨 한 개를 물어다 주었다. 그 박씨를 심으매 박 세 통이 열리었다. 한 통에서는 죽었던 사람을 다시 살리는 환혼주, 앞 못 보는 맹인의 개안수, 말 못하던 벙어리도 말하는 능언초, 곱사등이와 반신불수도 절로 낫는 소생초, 귀머거리도 소리 듣는 청이초, 녹용, 인삼, 웅담 등 각종 약품이 나오고, 또 한 통에서는 각종 가구, 농구, 견사 등 의복 재료, 모자, 관화규 등이 나오고 셋째 통에서는 황금, 호박, 산호 등 각종 보물이 나왔다 하였다.

지금부터 약 30년 전까지 시골 농가에서 많이 유행하던 동화 중에 다음과 같은 것이 있다.

"어떤 날 한 사람이 길을 가다가 날이 저물었는데 길가에서 독갑이[도깨비] 셋이, 서로 무엇을 다투고 있는 것을 만났다. 세 독갑이는 삼형제인데 그 부친의 유산 분배에 대하여 의견이 합치하지 않아서 다투고 있는 중이다. 그 유산 내용을 들어본 즉 안경 한 개, 귀걸이 한 개와 지팡이 한 개인데 서로 좋은 것을 가지고자 서로 다투는 중이다. 그것들의 용도를 물어본즉 그 안경을 쓰면 천리 밖의 것을 볼 수가 있고 그 귀걸이를 쓰면 천리 밖의 소리도 들을 수가 있고 그 지팡이를 한 번 휘두르면 순식간에 천리를 갈 수 있는 것이라고 하였다. 길을 가던 그 사람이 중재하는 체하고 세 가지 물건을 자기 손에 넣고, 그 지팡이를 한 번 휘두른즉 그만 천리 밖에 가버리고 말았다. 그래서 천리 밖에 와서 그 안경을 써본즉 세 독갑이는 아직도 그곳에 서 있는 것이 보였다. 귀걸이를 써본즉 공연히 분쟁을 하다가 그만 보물을 잃어버린 것을 후회하는 소리까지 들리었다."

이 두 가지 이야기는 그 창작 연대가 미상하나 아마 수백 년 전이었을 것이다. 그 당시에 있어서 이것은 참으로 너무나 어마어마한 환상이었다. 그러나 오늘날에 있어서 수세기 전 작자의 환상과 거의 방불한 것이 착착 사실로 실제화하게 하는 것이 있으니 그것이 즉 '전기'의 응용이다. '전기'란 현상은 우주 창조 때부터 있었으나, 처음으로 그것을 인식하게 된 것은 지금부터 겨우 2400~2500년 전인 기원전 6세기경이었다.

희랍의 7현인 중의 일인인 '타레쓰'가 처음으로 호박을 모견毛絹 같은 것으로 마찰하면 그것이 진애와 같은 가벼운 것을 흡인하는 성질이 있는 것을 발견하여 그것을 '에렉트론'이라고 하였다. 희랍어에서 '에렉트론'은 금 또는 금은의 합금의 의미인데, 호박이 적황색이었으므로 그와 같이 명명하였던 것이 즉 금일의 '전기'라는 것이다. 이것이 '전기' 인식에 대한 역사적 첫 기록이다. 이 이상 더 상세한 기록이 없으나 '타레쓰'는 당시 7현인의 최고로서 '학문의 조'라는 칭호를 받는 학자였을 뿐 아니라, 일면에 있어서는 행상인으로서 희랍 각지의 산물을 가지고 부근 연해 각도를 편로한 일도 있다. 당시에 있어서도 호박은 일종 귀중한 상품이었었다. 호박에 흡입되어 있는 진애를 떨어뜨려 좀 더 미려하게 보이기 위하여 모견 같은 것으로 문질렀던 것이 아마 그 발견의 단서였을 것이다.

그러나 이 전기란 현상은 근년까지 인류생활과는 아무 인연이 없었다. 다만 인류생활과 간섭이 있었다면 그것도 최근에야 비로소 처음으로 그 정체를 알게 된 것이지만 전기란 것이 인류에 공포를 주던 사실일 뿐이었다.

지금부터 100년 전인 1831년 영국 '파라듸'가 금속선륜金屬線輪 부근에 광석을 급히 가까이 가져오든지 혹은 급히 멀리로 가져가든지 할 때에는 그 선륜 중에 '전류'라는 현상이 생기는 것을 처음으로 발견하였다. 이것이 소위 '전자감응현상'이라는 것인데 오늘날 모든 전기응용의 기초가 되는 대발견이다.

파라듸는 이 신발견 사실을 황주협회皇主協會에 내외 귀빈을 모아놓고 일장 실험강연을 한 일이 있었다. 강연이 필한 후 청중 중에서 일부인이 기립 질문하였다. "선생님, 선생께서 말씀하신 강연과 실험은 다 잘 알았습니다. 그러나 대체 그것은 무슨 소용이 됩니까?" 하고 말하였다. 파라듸는 갑자기 대답할 말이 없었던지 혹은 장래를 예상하였던지 "여보십시오, 마님. 갓 나온 어린 아기는 무슨 소용이 됩니까?"라고 반문하였다. 이것은 그때 다만 일개 부인의 소감이 아니라 전 청중의 감상을 잘 대표하는 것이었다.

그뿐 아니라 어떤 때 파라듸가 당시의 정치가, 학자로서 명성이 대단히 높던 '글래드스톤'에게도 그 신발견 현상을 설명할 기회가 있었다. 그때 글래드스톤은 "여보시오. 그러나 그것은 대체 무엇하오"라 하였다. 파라듸는 "아마 당신은 이것에 대하여 과세課稅할 날이 올 것입니다" 하고 대답하였다는 일화가 있었다.

이와 같이 근년까지도 인류생활과는 전혀 무관하던 전기현상은 파라듸의 전자감응현상의 발견을 계기로 하여 처음으로 실생활과 관계를 맺기 시작하였다. 이것에 대한 연구가 또한 크게 장려되어 신발견 신발명이 속출하여 그 기계한 성능을 발로하여 이에 실생활과의 관계가 날이 갈수록 깊어져간다.

오늘날 전기현상의 학리상의, 응용상의 영역은 참으로 광범하고 제한 없이 세세년년으로 확장되고 심원하여져가는 중이다. 실생활에 대한 전기의 응용이 겨우 약 반세기 동안에 이와 같이 풍성한 진전을 보게 된 것은 무슨 까닭인가? 그것은 전기의 성능이 다양 다신多新하여 마치 옛날의 〈흥부전〉 중의 표박씨처럼, 우리가 요구하는 모든 것을

'전기'가 거의 다 제공할 수 있을 뿐더러 그것이 가지고 있는 '에너지'의
형태가 대단히 우수한 까닭이다.

전기의 실체는 수소 원자의 약 1800분의 1쯤 되는 전자의
운동에 기인하는 것인데, 따라서 그 전달속도가 1초에 30만 킬로미터나
된다는 것은 전력의 수송 분배에 편리할 뿐더러 또한 통신의 전달에
적합한 이유이다. 그뿐 아니라 전선을 떠나 전파가 되어 지구상에
일지점에서 다른 일점에 도달하는 데는 상공에 지구를 위요하고
있는 전리층의 작용으로 굴절반사하여 지구의 회면에 따라 전달되는
것이다. 무선전신전화와 '텔레비전'은 마치 옛날 동화 중에 천리안,
천리이千里耳의 실현인 감이 있다.

다음에는 전기는 그 제어가 극히 용이하여 송전망에 의하여
광범한 면적에 전력을 분배할 수 있을 뿐 아니라 그 개폐가멸이
자유자재하며 전압의 승강, 대용량의 전력 집중 등에 대하여 다른
동력으로는 도저히 생각지도 못할 작업과 응용을 가지고 있다.

그다음 또 전기의 응용을 광범하게 한 원인은 전력은 다른
형태의 동력으로 용이하게 변환할 수 있는 까닭이다. 전등에 사용하면
다른 인공적 광원에는 비교되지 못할 우수한 광원을 얻을 수 있고,
전동기에 사용하면 기계적 동력이 되어 다른 기계적 동력으로 미치지
못할 작업도 할 수 있고, 또 전열로서는 그 온도의 고저, 가열방법 등이
가감자재하여 난방설비로부터 전기로의 작업에 이르기까지 여러 가지
광범한 응용이 있고, 또 전기는 화학작용의 촉진에 응용하여 전해치금
등 작업에 있어서 다른 여하한 방법으로 불가능이던 작업이 실현되었다.
또 전기는 생리작용에 자극을 주는 성능이 있어 의료에 대하여 벌써
광범한 실효를 입었고, 장차 농경작업에 대하여도 위대한 공적을 발휘할
날이 머지않을 것이다.

일면에 있어서는 전기는 '엑쓰'선과 같은 기묘한 '에너지'로
변형하여 그 투과력이 강대하므로 인체 내부와 같은 육안으로는
도저히 볼 수 없는 것을 우리의 안전眼前에 보여줄 수 있으므로 인하여
이것으로 의료계에 대발전이 있었거니와, 엑스선은 그것뿐 아니라
분자와 원자와 같은 미우주微宇宙의 구조 비밀을 선명하게 하여 물리
화학계에 대혁신을 초래하게 되었고, 또 대전미립자를 고전압으로
가속도를 주어 다대한 '에너지'를 그것에게 부여하면 그것이 능히

원자와 같은 미우주의 구조를 동요케 하여 원자를 변화·파괴케 할 수 있게 되어 과거 수천 년 동안이나 보통의 물리로 귀중한 금을 제조하려 하던 연금술자의 몽상이 실현되었다(따라서 원자적 미우주의 연구에 대하여 전기는 유일의 기구이다).

　　일언으로 말하면 전기는 다만 우리의 일상생활에 있어서 불가결의 유기적 요소가 될 뿐만 아니라 금후 학문연구에 있어서도 불가무不可無의 무기가 되는 것이다. 사실상 오늘날 자연과학이란 학문의 모든 분과에 있어서 전기가 관계하지 않은 것이 없고 산업상에 있어서는 금일에 그 종류 여하를 불문하고 모든 방면에 전기가 다만 관계만 할 뿐 아니라 항상 극히 그 중요한 부분을 차지하고 있다. 이것은 인체의 기관에 비하여 말하면 오늘날 송전선망은 신체의 혈관계통이 사람의 모든 동작을 지배하는 것과 같이, 전기통신망은 사회생활에 있어서, 전기의 응용은 인류생활의 모든 방면에 있어서, 참으로 유기적 요소가 되어 현대문화를 '전기문화'라고 지칭하는 사람도 있을 만치 되었다.

　　전기의 응용방면에 많은 업적을 남겨 '전기의 기술자'라는 별명을 받던 '스타인멧즈'(원래 독일인으로 미국에 이주)는 1923년, 그이가 사거하기 조금 전에 만일 지구상의 송전선이 갑자기 제거되었다고 가정하면 여하한 사태가 발생하겠는가 하는 불길한 상상을 하여본 일이 있다. 그의 상상은 대략 아래와 같은 생각이었다.

　　"어떤 재난 때문에 전광급 전력을 공급하는 기관이 급히 그
　　기능을 정지한 경우에 그 혼란한 상태를 묘사하기는 용이치
　　않다. 현대의 사물의 활발의 근원을 전혀 가지지 못하였던
　　100년, 혹은 50년 이전에 있었던 것과 같은 상태로서는 금일의
　　우리의 복잡한 일상생활을 상상해보면 그 당연히 생길 결과인
　　혼란과 병적 상태의 약간만은 알 수 있을 것이다.
　　상상해보라. 어떤 밤 10시경 미국연방 제주의 각 발전소가
　　갑자기 기능을 중지하든지 혹은 부정시不定時 정지상태를
　　계속한다 해보자. 뉴욕, 시카고, 상항桑港[샌프란시스코] 혹은
　　보스톤과 그 근교, 즉 와사瓦斯의 공급뿐을 받아가지고 지내던
　　일부 지방을 제하고는 각 도시 촌락에서 여하한 사태가 발생할

것인가?

제일은 암흑이다. 각 가정이 암흑화할 뿐 아니라 가로, 여관
등이 전연 암흑이 되고 말 것이다. 와사와 자동차의 조명
이외의 모든 인공적 조명은 전연 차세에는 없어질 것이다. 지하
철도, 고가 철도, 지상 전철은 모두 정체되어 열차 내는 암흑이
되고 전화는 정돈停頓되고 말 것이므로 중앙국에 대하여 아무리
호출하여도 어떻게 된 일인지를 알 수 없을 것이다.

보도조직이 소용을 다하지 못하며 또 상수도 배수용 펌프도
무용이 되므로 화재가 일어나도 소방서의 활동이 불능하고
병원은 즉시 혼란하여져 촛불과 석유등을 준비하였던 것이
없으면 환자의 일을 보아줄 수 없고, 지중 철도의 승객은 가장
가까운 정거장으로 힘껏 빨리 갈지라도 자동차 신호기가 동작지
못하며 열차는 화물차로 운반 중이던 것은 별문이나 기차에
싣고 운반 중이던 식료품은 가도 오도 못하여 목적지의 절망적
혼란을 야기할 것이요, 모든 제조물, 각종 산업, 광업과 운송업
같은 것은 모두 휴업이 될 것이다. 운운."

이것은 물론 현대 미국에서의 상상이나 좌우간 현대인의
생활상을 잘 설명한 것이라고 볼 수 있을 것이다. 실로 금일의
문화조직에서 공연히 전기의 응용을 정지케 하면 실로 명장치 못할
화난이 될 것이다. 일상생활에 있어서 전기가 여하한 작용을 하고
있는가는 이 상상에 의하여 짐작할 수 있을 것이다.

전기의 응용은 실로 인류의 역사에 벌써 격별格別의 변화를
초래하였다. 20세기의 반세기는 소위 '원자물리학'의 황금시대로서 지금
물리학자들이 전력을 경주하여 연구 중인바 20세기의 후반기는 그
응용의 시대가 오리라고 일반이 생각하고 있다. 원자 내부에는 막대한
'에너지'가 포장包藏되어 있는 것은 벌써 명백한 사실인데, 이 막대한
'에너지'를 능히 자유로이 구사할 수 있게 되면 현재의 문화형태는 그
면목이 또다시 일신할 것이다.

3장
지식인, 룸펜과 데카당

현대가 문을 열자 지식인은 그 어느 때보다 분주했다. 새로운 사상과
문화가 낡은 사상과 문화를 대체하던 그때, 사회 곳곳에 변화를
가져올 의식과 사상을 풀어놓는 것이 지식인의 역할이었다. 봉건적인
지식인으로서의 '선비'는 어느덧 사라지고 새로운 문화를 흡수한
'인텔리겐차'가 사회의 변화에 민감하게 반응하고 있었다. 그들의
겉모습은 민족주의자, 문화주의자, 사회주의자, 모더니스트 등등 시대에
따라 다르게 나타났지만 그 이면에는 현대주의자로서의 공통적인
정서가 있었다.

　　　새로운 지식인은 일본이나 중국 혹은 서구를 통해 신식교육을
받았던 사람들이다. 그들은 자신이 보고 배운 것을 조선을 향해
외치면서 이 땅의 선지자로 등장했다. 새로운 지식인은 조선이 피폐한
문명과 낙후된 경제, 봉건적인
정치에서 벗어나 진보된 문명을
받아들이고 개조와 개혁을 통해
강건해지기를 갈망했다. 그들은
서구와 강대국의 문화와 철학적인
기조를 수용하고 이를 조선에
접목하려 했다.

　　　두루마기를 빳빳이 다려
입은 지식인에서 나비넥타이에
카이저수염까지 한 지식인에
이르기까지, 그들의 모습은 곧 조선의
상황을 고스란히 대변하고 있었다.
신사상과 신사고를 흡입한 지식인의
삶은 비록 봉건에서 벗어나지
못했지만, 의식은 좀 더 멀리 가고

1909년 6월 2일 《대한민보》 창간호에 실린
삽화. 신지식인이 신문의 사훈을 설명하는
모습이다.

싶어 하는 듯했다. 초기 현대 지식인의 모습은 이러했다.

> "신우션은 그로부터 일절 화류계에 발을
> 끊고 예의견심銳意專心, 일변 슈양을
> 힘쓰며 일변 져술에 노력하야 문명文名이
> 젼토에 떨쳤으며 더욱이 근일 발행한
> 『조션의 쟝래』는 발행한 이쥬일이 못하야
> 사판이 달하얏스며 그의 사샹은 더욱
> 깁고 넓게 되며 붓은 더욱 날카롭게
> 되어간다. 한 가지 걱정은 아즉 술이 넘어
> 과함이나 고래로 문쟝에 술 못 먹는 사람이
> 업스니 그리 책망할 것도 업슬 것이다. 지금은
> 유명한 대팻밥모자를 벗어버리고 빛설
> 갓흔 파나마모자를 쓰며 코 알에는
> 고은 카이제르 슈염까지 낫다."

이광수, 『무졍』, 1917년.

《동광》 1932년 1월호
「문인백상」에 실린
이광수 캐리커처.

하지만 그들은, 선각자로서 계몽적인 이성으로
완전무장했을지는 몰라도 자신들이 토대로 삼고 있는 사회·문화적
가치가 국가의 정체성 소멸로 인해 심하게 상처받을
것을 예측하지 못했다. 그것은 지식인이 지녔던
개화와 진보의식의 좌절임과 동시에, 더
본질적으로는 현대를 향한 힘의 재편과정에서
소외될 수밖에 없었던 식민지 지식인의 불행이었다.
서구의 계몽주의자와 합리주의자의 모던
프로젝트가 현대라는 정치·경제적 사회구조를
결정하고 그 연장선에서 세계의 힘의 재편을
위한 식민주의와 패권주의로 나타났을 때,
다른 한쪽 국가의 지식인은 그 정치·문화적

《혜성》 1932년 2월호
「가두에서 본 인물(1)」에
실린 한용운 캐리커처.

"어떤 때에 안국동 육거리나 제동 네거리를 지나노라면 목이
삐뚜름하고 시골 면장 같은 오십 내외의 노신사 한 분이 2~3인의
젊은 여자들과 이야기를 하며 동행하는 것을 볼 수 있다."

제물이 되는 희생의 역사를 갖게 되었다. 그들은
주체적 민족문화와 제국주의 지배문화 사이의 갈등
속에서 필연적으로 제국주의 지배문화를 식민지
지배문화로 대체하는 역할을 담당해야 했다.

　　식민지배층은 식민종주국의
부르주아문화를 식민지 지배문화로
이식시켜왔다. 문화 자체를 식민지배층에
종속시킴으로써 지식인과 식민지의
권력집단을 정치적 투쟁에서 소외시킬 수
있었기 때문이다. 동시에 식민지 통치의
수단으로서 문화를 통한 우민화 정책을

《동광》 1932년 1월호 「문인백상」에
실린 최남선 캐리커처.

지속할 수 있었다. 식민지의 종속적인 자본주의문화와 식민종주국의
부르주아문화가 뒤섞이며 현대 지성사의 굴곡은 시작되었고 그
과정에서 식민지 지식인은 수많은 파장을 그리며 매몰되어갔다.

　　현대문화의 주체를 자처했던 식민지 지식인의 현대적 자기
발견은 국제적 힘의 질서에 대항하는 민족주의적 투쟁의식과 함께
식민지적 좌절감에서 비롯된 열등의식이 뒤범벅된 채로 나타날
수밖에 없었다. 이를 누구보다 잘 알았던 식민지배층은 지식인을
비롯한 상부계층의 '민족주의적 입장'과 '사회적 열등감'을 문화정책의
전략지점으로 적극적으로 활용하여 식민지배를 위한 문화예술사상을
전개했다.

　　이러한 내적 갈등의 시작점은 구한말과
1910년대 당시의 민족주의자에게 강박처럼
작용했던 약육강식, 적자생존, 우승열패, 사회진화의
이데올로기였다. 사회진화론은 봉건적 상태에서
식민지로 전락하려는 조선의 사회모순을 해결하기
위한 가장 타당한 논리로 받아들여졌다.

《혜성》 1931년 12월호 「가두에서 본 인물(1)」에 실린
윤치호 캐리커처.

"이 조선에서 누구보다도 선진으로 양복만 입었던 윤치호
씨는 양복에 반역反逆者라 할까. 그는 언제나 양복을 입지
않고 조선옷만 입고 양복바지에도 조선 대님을 차고 다닌다."

사회진화론은 서구에서 산업혁명 이후 보수화되고 있던 부르주아계급이
노동자계급의 사회적 저항을 무마하고 자신들의 입장을 합리화하기
위해 내세운 이론으로, 약육강식 곧 강자가 약자를 누르는 현상이
사회진화의 원동력이라고 주장하는 사상이었다. 이 이론은 일본
유학생과 선교사, 서적을 통해 국내에 유입되었고 1883년 유길준의
「경쟁론」에서 처음 수용된 이후, 1890년 이후 «독립신문» «황성신문» 등
근대적인 신문을 통해 널리 소개되어 그 당시의 지식인에게 결정적인
영향을 미치게 되었다.[5]

사회진화론은 계몽주의적
입장에서 조선의 문명 발전을
주장하는 근거가 되었지만,
한편으로는 이미 '미개한' 국가로서
강국에 예속될 수밖에 없는
처지를 합리화하는 논리도 함께
제공했다. 서구의 현대이념을 재빨리
받아들였던 일본이 서구가 그들에게
강요한 것을 조선에 강요했을 때
내세운 논리도 바로 그것이었다.
지식인에게 주어진 현대적
사상인 사회진화론과 자강론은
민족주의적 자각에 의해 현대를
향한 이념적 테제로 작용하기도
했지만, 식민지배층과

«삼천리» 1933년 3월호 「안석영 씨가 본
현대문단 제씨 만화상」에 실린 김동환
캐리커처. 그림을 그린 석영夕影 안석주는
화가이자 미술평론가였으며, 신문잡지의
삽화도 활발히 그렸다.

그 추종자에게는 사회진화론의 또 다른 얼굴인
민족열등성론이라는 식민통치이념으로 재빠르게
변질되었다.
　　따라서 현대문화의 논리 속에는 늘
이율배반적인 두 측면이 동시에 존재하게

«혜성» 1932년 1월호 「가두에서 본 인물(1)」에 실린
김병노 캐리커처.
"좀먹은 삼잎麻葉 모양으로 파리하고 얽은 그 얼굴은
마치 병여病餘의 간디 얼굴을 사진 박아낸 것 같다."

되었다. 즉, 현대를 추구하는 신지식인에게는 그것이 민족적
실력양성론이든지 친일적 실력양성론이든지 교육과 계몽을 통한 민족적
힘의 고양이라는 민족주의자로서의 지식인적 자부심이 있었지만,
한편으로 식민통치를 합리화하는 사회진화론에 근거하여 제국주의를
받아들이고 서구문화를 수용할 수밖에 없는 민족적 열등감이 동시에
존재했다. 이런 상황은 지식인의 가치관뿐 아니라 삶의 태도에까지
영향을 미쳤다.

지식인을 바라보는 처지
또한 그만큼 실망과
좌절의 연속이었다.
현대로의 이행기 그리고
식민지 시기라는 사회적
상황에서 비롯된
열패감은 점차 지식인을
개인적 좌절로 몰아가기
시작했다. 구한말과
1910년대까지 한편에서
계몽주의적인 목소리가
계속 나오곤 있었지만,
지식인들은 그 한계를
'박제된 천재' 의식으로

지식인 남녀를 조롱하는 김규택의 삽화.

노부모 울려 유학하고 돌아온 유지신사와 신숙녀
매수박사, 불행이혼 준비중, 재산 ‒ 10만 원, 미인연애
애걸함
자칭 예술사상가, 연애 수십 회 경험 많음, 미소년 원함

토로하기 시작했다. 이전부터 지식인은 자신을 짓누르는 봉건적 삶과
현대화된 자신의 의식 간의 괴리를 가장 먼저 체험했던 이들이었다.
그 모순이 가장 먼저 표출된 것은 당연하게도 그의 집안, 매일 몸으로
부딪히는 아내에 관한 것이었다. 신소설을 썼던 이해조가 구식 결혼을
한 아내를 버리고 신식여성(일본여성)과 재혼하는 것으로 유학하면서
얻은 신사고를 현실에 적용했듯이, 봉건을 상징하는 구식여성을 버리고
현대를 표상하는 신식여성과 연애하는 풍조는 전환기 지식인이 겪었던
갈등의 전형이었다.

15. 박찬승, 『한국근대 정치사상사연구』, 역사비평사, 1992, 37~38쪽.

144

"외국으로 돌아다닐 때에 소위 신풍조에
띠어 까닭 없이 구식여자가
싫었었고 그래서 나의 일즉이
장가든 것을 매우 후회하였다."

현진건, 「빈처」, «개벽», 1921년 1월호.

현진건이 까닭 없이 구식아내가 싫었던
것은 아니다. 현대화된 의식(연애결혼)이 봉건적
상황(구식아내)과 부딪혀 갈등했던 것이다. 봉건과
현대의 갈등은 바로 지식인으로부터 그리고
그의 집안에서부터 균열을 드러냈다. 이는
곧 사회의 균열로 이어졌다.

«동광» 1932년 1월호 「문인백상」에
실린 현진건 캐리커처.

1920~1930년대 들어
일본으로 유학하는 사람이 많아지자
이런 지식인을 바라보는 사회의
시각이 곱지만은 않았다. 지식인을
자처하는 이들에 대한 상투적인
비난이 이즈음부터 잡지나 언론에
심심찮게 등장하기 시작한다.
지식인은 "중학교를 졸업하고
«대판매일신문»을 읽고 일어 몇
마디 하면 인텔리겐차로 행세하던
시기"에 "전문專門[전문학교]이나
제대帝大[제국대학]쯤 가면 그야말로
안하무인"이었다.

현대가 시작할 무렵부터
지식인계급이 곧 사회의
잉여인간으로 전락한 것은
비극이었다. 당시의 많은 글에서는
이 새로운 계급에 대해 비난하는

«혜성» 1932년 3월호 「가두에서 본 인물(3)」에
실린 학보蹶步 김진구金振九 캐리커처.

소리가 높았는데, 대개 부르주아 자제로 태어나 일본유학을 하고 집안에서 성사시킨 처를 버리고 신식 연애에 빠져 돌아다니거나 술집을 들락거리는 게 그들의 전형적인 모습이었다. 이런 인사들에 대한 시각은 대개 "할아버지나 아버지가 벌어서 노혼 재산으로 팔자 조하서 공부만 한" 축들이었으며 "양복이나 훌륭이 입고 슬금슬금 명예名譽나 돗그고 료리집이나 가"는 부르주아들로 비쳐졌다. 따라서 지식계급이란 "두말할 것 업시 오입장이요, 리긔주의자이요, 명예탐구자"아연동인, 「지식계급에게」, 《별건곤》, 1930년 8월호. 라는 강도 높은 비난을 들을 수밖에 없었다.

지식인 자신의 목소리도 다르지 않았다. 식민지 지식인의 좌절을 그린 채만식의 「레디메이드 인생」은 지식인 계층을 이렇게 말한다.

"인테리... 인테리 등에도 아모런 손끗의 기술이 없이 대학이나 전문학교의 졸업증서 한 장을 또는 조고만한 보통 상식을 가진 직업 업는 인테리... 해마다 천여 명씩 늘어가는 인테리... 뱀을 본 것은 이들 인테리다. 뿌르조아지의 모든 기관이 포화상태가 되어도 수요가 아니 되니 그들은 결국 꾀임을 바더 남게[나무에] 올나갓다가 흔들리는 셈이다. 개밥의

《개벽》 1926년 7월호 「만화에 나타난 신흥문단의 문사」에 실린 좌파지식인 10명 중 김영팔 캐리커처. 안석주가 그렸다.

도토리다. 인테리가 아니 되었으면 차라리 노동자가 되었을 것인데 인테리인지라 그 속에는 드러갓다가도 도루 다러나오는 것이 99%다. 그 남어지는 모다 억개가 추처진 무직 인테리요 무기력한 문화예비군 속에서 푸른 한숨만 쉬이는 초상집의 주인 업는 개들이다. 레듸-메이드 인생이다."채만식, 「레듸 - 메이드 인생」, 1934년.

지식인 자신도 새로운 사고를 적용하지 못하는 현실에 강한 불만을 지니고 있었다. 식민통치가 점차 현실로 나타나자 그들의

사회비판적 기능은 좌절되었고, 이는 허무와 퇴영적인 자기혐오로 이어졌다. 데카당이 된 것이다. 그러나 서구 모더니즘의 데카당과는 사뭇 다를 수밖에 없었다.

데카당의 전형으로서 1922년에 홍난파는 실연의 슬픔을 빌려, 세상에 대한 회의와 환멸 그리고 지식인으로서의 좌절을 "왼 세상이 나를 보고 치자痴者야, 약자弱者야, 비겁한 자야, 무능력한 자야 하고 욕하고 조소하더라도 나는 이것을 감수할 수밧게 업다"홍난파,「정신병자의 수기」, 《신천지》, 1922년 1월호. 라고 말하며 극도의 자멸감에 빠져든다. 그러나 이런 자괴감은 세상이 자신을 알아주지 못함을 한탄하는 자기기만에서 비롯된 것이었다. 글의 마지막에 그는 힘없이 "그러치마는 이 세상에는 나 이상의 재자才子도 업고 강자强者도 업"다고 중얼거린다.

《동광》 1932년 1월호 「음악가천태」에 실린 난파蘭坡 홍영후 캐리커처.

일본의 식민지라는 현실에서 보통의 지식인은 더 큰 좌절의 구렁텅이로 미끄러져 들어갔다. 그들은 사각모에 망토를 둘러쓴 모습만으로도 선민의식을 가져도 좋았지만, 식민지 관료가 되거나 학교 선생으로 남지 못하면 대개는 '고등실업자'가 돼버렸다. 방구들을 짊어지고 하릴없이 신문이나 뒤적이는 것이 일이었으니 자연히 퇴영적이고 나태한 사고로 하루하루를 보낼 뿐이었다. 1930년대가 되어 신식교육이 확산되면서 지식인의 수효는 훨씬 많아졌다. 그러나 그만큼 고등실업자의 숫자가 늘어나면서 '룸펜'이라는 말이 하나의 유행어처럼 번졌다. 스스로 멋스럽게 룸펜이라고 부르는 사람도 늘었다. 룸펜Lumpen이란 말은 독일어로 누더기, 넝마란 뜻으로 제정러시아의 서구파 자유주의자를 이르는 말로 지적 노동에 종사하는 지식인계급을 의미하며 이들의 본질적인 속성은 반항과 불안, 무기력 등이다.[16]

> "입술을 깨물고 끄러오르는 정열情熱의 피가 한테 엉키는
> 비장悲壯한 침묵沈黙의 '라스트 신'. 종종種種의 얼골이
> 무엇을 말하랴가도 그대로 눈을 내리깔고 지나가며 서로
> 손목을 붓잡고 힘 잇게 흔들다가도 그냥 길을 피해서

고개를 숙이고 가는 그네들"

이헌구, 「어떤 룸펜 인텔리의 편상」, «혜성», 1932년 4월호.

이헌구가 이 글에서 묘사한
지식인은 절망의 표상이다. 그러나
그가 묘사한 룸펜은 절망에 빠진
인간이 아니라 절망을 즐기는
인간처럼 보인다. 이른바 데카당의
낭만과 정서를 표현한 그는 한없이
비참한 지식인의 현실 자체를 가장
낭만적이고 비현실적인 것으로
그려놓는다. 다음 한 단락을 더
읽어보면 인텔리의 현실은 감상적인
영화의 한 장면으로 전환되고 있다.

"황혼黃昏도 지내고
밤이 되어 거리에
사람들의 그림자가
사라질 때, 희망希望을
일허버린 울분鬱憤에
펄럭이는 그 손이 다시
맥이 풀려서 마지막
한 개의 '마아코'를
끄내여 입에 물어슬
때, 모든 청춘靑春의
아름다운 환상幻想과
공상空想과 몽상夢想은
자색연기紫色煙氣

«혜성» 1932년 3월호 「가두에서 본
인물(1)」에 실린 홍명희 캐리커처.

속에 물녀서 아롱아롱 눈앞에 감을거리다가 사라지고

16. 전혜자, 「한국근대문학에서의 도시와 농촌」, 『한국근대문학의 쟁점』,
한국정신문화연구원, 1992.

만다. 마즈막 한 개의 궐련卷煙의 마즈막
한 목음 연기가 목 안을 핑그르르
돌며 꿀꺽 삼키는 쓴 침과 함께 그
쌍안雙眼에는 굵은 눈물방울이 여윈 두
볼 위로 흘러 떠러진다. 그 소리가 맛치
자기 전생명全生命을 절단切斷하는 듯이
가슴에 울니고 전신경全神經을
경련痙攣시킨다."

《동광》 1932년 1월호
「음악가천태」 중 현제명
캐리커처.

　　이제 점점 더 식민지 지식인은
딜레탕트, 데카당을 자신의 입지로 삼았고
이제는 '룸펜'으로서의 생활에 자족하지
않으면 안 되었다. 지식인인 그들은
"민간사업民間事業이래야 십지十指를 굴屈하지 못하는[열 손가락을
꼽지 못하는]" 조선에서 "팔자에 타고난 룸펜"이었으며, 따라서 자신의
처지에 대해 어찌해볼 방도가 없다고 생각했다.
　　이들은 가난해도 궂은일은 할 수 없다는 지조를 지녔지만,
그들이 표현한 대로 "무위도식無爲徒食, 무기력無氣力, 무정견無定見"
속에서 타인에게 기생하려는 의존적인 경향성까지 보인다.

　　　"이 룸펜군群은 비록 눈치밥 먹고 찬 방에서 배를
　　　깔고 원고료 업는 원고를 쓰고 잇슬망정 불원不遠한
　　　장래에는 현실성이 충분히 잇다고 확신한 막연한
　　　희망과 거기에 따르는 지조志操만은
　　　가지고 잇다는 것이 똥구루마를 끌지
　　　않고 '야끼이모[군고구마]' 장수를 하지
　　　안는 그들의 배곱흔 품위와 체면을
　　　간신히 설명해준다. (...) 이들 눈치밥에
　　　낙엽과 가티 위락萎落해가는 룸펜군을 그
　　　눈치밥에서 해방시켜주려는 공명심을

《개벽》 1926년 7월호 '만화에 나타난 신흥문단의 문사'에 실린
회월懷月 박영희 캐리커처. 안석주의 그림.

가진 기특한 부자富者가 여기저기서 용감히 튀어나오지는 안을까?…" 박로아, 「룸펜시대」, 《혜성》, 1932년 2월호.

이들 룸펜은 가난 속에서 자족하고 자위하는 삶의 방식을 하나의 '낭만'으로 생각했다. 그리고 룸펜의 낭만은 그 자체가 지식인문화로 재빨리 이해되고 흡수되었다. 바로 룸펜문화라고 할 수 있는 독특한 정서가 시작된 셈이었다. 룸펜문화가 싹트던 때가 1930년 전후였으니, 1970년대 말까지로 잡아도 무려 50여 년 동안 지식인 사회는 데카당을 그들의 전유물로 인식했다.

지식의 공백기라고도 할 수 있는 이 시기를 풍미하던 정서는 주로 '딸각발이의 멋'으로 말해지지만, 가난과 궁핍의 역사 속에서 퇴영적인 지식으로 즐길 수 있는 '객기'라고도 할 수 있다. 1980년대의 사회적 분위기 속에서도 끈질기게 남아 있던 이런 룸펜적 태도는 이제 거의 사라졌지만, 그것이 시작됐던 1930년대에는 이런 지식인의 상을 숨김없이 토로하곤 했다. 예를 들면 "하도 궁해서 송월정 순대집에서 점심 겸 한잔하다가 화푸리로 김군의 소유인 막심 골키 전집을 팔아서 철야통음"하는 것을 '운치 있는' 짓거리로 간주하던 일이다.

붉은 망아지란 뜻의 필명을 썼던 적구赤駒 유완희의 캐리커처. 안석주의 그림.

"一. 언젠가 하군河君과 나 두 사람은 나의 여름 양복 저고리를 잡혀가지고 당시 서울 장안에서 술맛 좋기로 유명하던 종로 '부벽루'에 가서 먹다.

一. 충청도 예산으로 금광을 하러 갔던 김군이 상경하여 그의 덕택으로 카페까지 진출하여 그의 소중히 쓸 금액에서 기십 원을 소비케 하다.

一. 종로경찰서 옆에 '벙글벙글주점'이라는 것이 새로 생겨서 셋이 시음試飮차로 가다. 그때 호박꼬치가 썩 맛있었다고 지금까지 기억된다.

一. 언제 보아도 흥정이 없는 가엾은 술집에를 우리

주호의 일행들이 아침부터 들어가서
주인의 두 눈이 휘둥그레지게
팔아주다.
一. 가까스로 나의 양복 저고리를
찾았었는데 다음에는 김군의
청으로 다시 입질을 하여 서소문 밖
갈비집엘 가다.
一. 찹쌀막걸리의 원조 서대문정
'은용루'에서 발전을 하기 시작하여
목로주점 시찰을 뜻하고 그때는
시외였던 아현리 방면으로
전음하다.

《삼천리》 1933년 3월호
「안석영 씨가 본 현대문단
제씨 만화상」에 실린 모윤숙
캐리커처.

一. 하도 궁해서 송월정 순대집에서 점심 겸 한잔하다가
화풀이로 김군의 소유인 막심 골키 전집을 팔아서
철야통음. 마포로까지 원정을 하였다가 밤을 새이고
이튿날 아침 다 쓰러져가는 비지집에서 해장을 한 것은
참 인상 깊은 일이다." 안회남, 「제3의 행복」, 《조광》, 1937년 1월호.

《삼천리》 1933년 3월호에
안석주가 그린 이헌구 캐리커처.

이들은 술자리에서 만나면 으레
"앙드레 지드의 『도스토옙스키론』"이니
"목목고태랑木木高太郎의 『이중살인』"
"발자크의 『외제니 그랑데』" 등 문학에 관한
현학적 토론과 사회비판에 심취하고 그것을
지식인의 마지막 권리이자 행복으로 알았다.
지식인의 좌절은 1930년대 들어와서
더욱 심해졌다. 당시 세계적인 정세가 전쟁
분위기에 휩싸이면서 "비상시" "통제주의"
"턱없는 불안" 김석송, 「묵은 유행」, 《조광》, 1936년 5월호.
이란 말이 유행처럼 번지면서 지식인은 더
깊숙히 자폐적 늪으로 빠져들어 갔다.

이런 지식인 군상에 대한 비판은 1920년대 사회주의 논의가

《조광》 1936년 12월호 「문단국저공비행」에 실린 이태준 캐리커처. 이주홍의 그림.

등장하면서부터 본격적으로 거론된다. 사회주의적 시각에서 지식인은 또 한 번 엄격한 사회적·계급적 한계를 지적당했지만, 1920년대 지식인이면 으레 사회주의자를 자처했다. 사회주의는 지식인 사이에서 하나의 유행이 되었고, 특히 일본에 유학 갔다 온 사람 치고 사회주의자가 아닌 사람이 없었다. "귀가 산호珊瑚가지 탓으로 '레닌'과 '맑스'의 이름만 겨우 듯고서도 자칭自稱 무슨 주의자主義者 무슨 당黨하고 떠들고 다니는 사람"이 많아진 것처럼 사회주의는 진보의 표상일 뿐 아니라 지식인계급의 표상이었다. 그러나 "한참 당년에 사구라 몽둥이주의자들의 대풍년이 들었을 때에는 동무라는 말이 엇지나 유행이었든지"「경성라듸오」, 《별건곤》, 1929년 2월호. 라는 말에서 알 수 있는 것처럼 얼치기 지식인과 사회주의자에 대한 비난 또한 일반적이었다.

　　　사회주의사상이 퍼지면서 지식인의 계급적 성격에 대한 논란이 활발해졌다. 지식인이 부르주아계급에 속한 것인지 프롤레타리아계급에 속한 것인지에 대한 논란은 지식인사회 속에서 일종의 자아에 대한 비판과 반성으로 표출되기도 했지만, 식민지사회 속 지식인의 한계는 자폐적이고 자기비하적인 의식으로 표출되어 지식인 자신을 폄하하는 풍조가 보편화되기도 했다.

　　　　"A: 하하하하. 자네는 참 엽서박사葉書博士ㅡㄹ세.

B: 그건 모욕侮辱이야. 박사博士니 학사學士니 하는
바보들이 관료官僚, 자본가資本家의 주구走狗가 된 뒤로는
일종一種 더러운 칭호가 되였어요, 저 이조말년李朝末年에
싸구려판 주사主事, 참봉參奉이나 다를 것이 없단 말이야."
적소생, 「엽서운동」, «신생활», 1922년 7월호.

특히 3.1운동의 실패는 지식인에게 깊은 좌절을 주었다. 당시
한 좌담회는 3.1운동 이후 뚜렷이 나타나는 퇴폐적 징후들을 지적하고
있는데, 특히 '인텔리겐차 청년이나 중류 이상의 생활을
영위하는 계급'에 그 경향이 더욱 심했고 "육영사업에
몸담고 있는 교육자, 종교가, 기타 우리 사회의
지도자로 자타가 임하는 선배며 사회를 걱정하고
민족의 장래를 념려하는 지사 선배들까지도 낮과
밤을 달리하여 일락을 찾아 요정주사로 헤매이는
경향"「원탁만담회」, «신민», 1931년 1월호. 이 늘어갔다.
이런 타락에 대해 그들 스스로 기계적 유물론과
데카당티슴의 유입 때문이라고 말하지만, 이보다
정치적이고 사회적인 원인이 더 많았다.
　　당시의 지식인 군상들을 바라보는 사회주의적인
시각 또한 부정적이다. 사회의 진화단계에서
자본계급과 노동계급의 중간에 있는 '지식인계급'은
특권계급을 도와주는 중간자로 취급된다.

<혜성> 1932년 2월호
「가두에서 본 인물(2)」에
실린 주요한 캐리커처.

　　　　"지식계급知識階級은 특권계급特權階級의 주구走狗가 되며
또는 수족手足이 되며 노예奴隷가 되여서 활동活動함으로
아유부종阿諛附從함으로 그들은 기탄忌憚이 업시
횡포橫暴하며 발호跋扈하는 것이 안임닛가. 그럼으로
근육노동자筋肉勞動者를 근육筋肉을 파는 노예奴隷라 할
것 가트면 지식계급은 양심良心을 파는 노예奴隷가 될
것이올시다."정백, 「지식계급의 미망」, «신생활», 1922년 4월호.

「만화에 나타난 신흥문단의 문사」에 안석주가 그린
이기영. '부르주아를 달아보는 이기영李箕永君의
계책計策'이란 부제가 붙어 있고 수평저울에 부르주아와
쥐새끼를 놓고 재는 모습을 그려 당시의 좌파 지식인의
보편적인 사고를 보여주고 있다.

따라서 사회주의이론에 따라
노동계급에 의한 사회발전을 확신하는
시각에서 지식인에게 "새로운 사회를
세우는 성전聖戰"에 동참할 것을 요구하는
건 당연했다.

> "소위 지식계급知識階級은
> 모름직히 양서적兩棲的 태도態度를 버리고
> 특권계급特權階級과 정식결혼正式結婚을 행행行行하야
> 매음생활賣淫生活을 계속繼續하다가 동시同時에 갓치
> 쓰러지든지 그럿치 안으면 자체自體를 분해分解하고
> 무산자화無産者化하야 노동계급勞動階級의 권내圈內로
> 입入하든지 양자중兩者中에 그 하나를 택擇하여야 할
> 것이외다." 정백, 「지식계급의 미망」, 《신생활》, 1922년 4월호.

지식인에 대한 비판과 비난에도
불구하고 지식인의 사회적 역할은 끊임없이
강조되었다. 특히 지식인으로서 자기 자신의
좌절에 대해 방어하는 것 자체가 지식인의
주요한 그리고 최소한의 사회적 임무일 수
있었다. 예를 들어 임화 같은 이는 1938년
휴머니즘 논쟁을 결산하는 자리에서 "'바바리즘'의
창일漲溢 가운데서 '인텔리겐차'가 최소한의 방어자세를
취한다는 것은 말할 나위 없이 귀중한 일이다. 또한 이
한계를 자기 붕괴崩壞의 최후 방어선으로 고수하고
자기 재건의 출발점으로 삼는다는 것도 존귀한
일이다" 임화, 「휴매니즘 논쟁의 총결산」, 《조광》, 1938년
4월호. 라고 말하기도 했다.

《동광》 1932년 2월호
「문인백상」에 실린 김억
캐리커처.

154

식민지 시기의 사회적 상황을
제외하더라도 지식인이 데카당의
우울한 모습으로 나타나는 것은
현대의 산물이라고 할 수 있다.
지식인이란 사회를 비판하는 견제자의
임무를 지녔지만, 그 지식으로 인하여
스스로 딜레탕트로 빠질 수밖에 없는
운명이다. 바로 '교양'이란 현대의
문화적 개념 자체가 이미 지식인에게
퇴영적인 문화의 길을 열어주기
때문이다. 1930년대 말 지식인에
대한 논쟁에서 지식인이 딜레탕트로
살아갈 수밖에 없는 이유가 등장한다.
초기의 계몽적 지식인이 가졌던
'선지자'로서의 역할은 1920년대에

«삼천리» 1933년 3월호 「안석영 씨가 본
현대문단 제씨 만화상」에 실린 김일엽
캐리커처.

들어와 '인텔리겐차'로 바뀌었다. 즉 학자나 교양인을 총칭하는
지식인계급이라기보다 지식을 통해 정치적·사회적 관심을 가지는
비판자라고 정의되었다. 이후 점점 인텔리겐차라는 말이 지니는 실천적
의미가 거세되면서 단순히 지식인이란 말이 사용되었다. 이때 보편적
의미로 쓰인 지식인은 "객관적 규범성을 갖지 아니한 때문에 최악의
경우에는 교양인 제 홀로 완미하고 감상하고 보수保守하는"데 빠지게
되며 이것이 곧 "딜레탕티슴"과 통한다. 이원조, 「교양론—지성론의 발전으로서의」,
«문장», 1939년 2월호. 즉, 교양인으로서의 지식인은 주관적인 취미나 기호에
대한 세련된 지식으로서의 교양에 함몰될 수 있는 여지를 늘 갖고
있으며, 그런 성격이 드러날 때, 딜레탕티슴은 자연스럽게 지식인의
속성이 된다.

지식인은 딜레탕트와 데카당으로 말해지는 퇴폐와 퇴영 그 자체로
치열한 자아의식을 보듬어가는 존재였다. 그것은 식민지 상황이라는
절대적 환경의 산물이기도 했지만, 더불어 자아를 인식할 수 있는
현대적 사고의 산물이기도 했다. 지식인은 그 존재 자체로 현대적인
삶의 전형을 이뤘던 것이다.

현대적 삶이란 곧 도시적
삶을 의미한다. 도시문명은 풍요롭고
번화하며 도시를 지배하는 것은 부르주아
이데올로기다. 가난한 룸펜 지식인의
의식은 도시적 삶을 지향하지만 도시
문명의 물질로부터 소외되기 마련이다.
소외에서 비롯된 정신적 내면화는
자의식을 북돋우며, 자아는 현실에
끊임없는 회의의 눈길을 보낸다.

《동광》 1932년 1월호
「음악가천태」에 실린 안기영
캐리커처. 안석주의 그림.

　　　인간에 대한, 삶에 대한, 사회에
대한 의심은 결국 현실을 객관화시키며
주체로서의 자아와 객체로서의 사회현실을
분화시킨다. 더는 절대화된 권위, 절대화된 도덕, 절대화된 종교는
존재하지 않으며 단지 주체가 인식하는 범주 속에서 '주관적으로
객체화'할 뿐이다.

　　　초기의 '지식인 대중'을 가늠하는 수단 중 하나는 그들이 '신문을
본다'는 것이다. 신문 보기는 단순히 활자를 읽는 기초적인 지적 능력을
가늠하는 척도일 뿐 아니라 신문이 제공하는 정치, 사회, 문화에 대한
정보를 공유할 수 있는지를 판단하는 근거이기도 하다. 특히 초기
지식인 대중에게는 신문이야말로 현대성을 체험하는 가장 효과적인
수단이었을 뿐 아니라 현대적 일상과 그 일상에서 바라보는 삶의
태도를 재조직하는 현대 특유의 산물이었다.

　　　신문은 정보를 매개로 하여 현대화된 일상 속에
틈입하는 현대적 소외의 불안을 증폭시키며 불안을
적절히 일상에 매어두는 이중의 효과를 지녔다. 예를
들면 언론은 가장 비일상적인 사건을 다루며,
그것을 일상적인 삶에 전달해주면서 일상을

《조광》 1936년 12월호 「문단국저공비행」에 실린 한설야
캐리커처. 이주홍이 그리고 간단한 설명을 붙였다.

"감흥의 거친 들판을 거니는 한설야 씨 '태양'을 지친
'황혼'의 그림자를 밟으면 다음 쾌작快作에서 '과도기'에서
끝없는 명상과 '씨름'하나 봐."

위협하기도 하고 일상에서 벗어나려는 충동을
억제하기도 한다. 이때부터 이미 일상을 비일상적인
것으로 둔갑시키려는 '쩌날리즘'은 식자들에
의해 비난의 대상이 되었으며, 그것은 신문이
지닌 '소문의 권력'과 함께 현대의 필요악으로
군림했다. 미디어가 지닌 이런 속성에 대해
1936년 정혁아正革兒라는 필명의 식자는, 두 면에
불과하지만 현대인과 신문으로 표상되는 미디어의
관계에 관해 매우 정확하고도 정곡을 찌르는 글을
썼다.

"근대인은 한 장의 신문을
펼쳐 읽을 때라도 그 한
장의 조희[종이]쪽에
인쇄된 활자가 명하는바
그대로의 의의만을 받지

《혜성》 1932년 1월호 「가두에서 본
인물(4)」에 실린 박찬희 캐리커처.

"뚱뚱한 몸집 풍후豊厚한 얼굴에 검은
안경을 딱 버티어 쓰고 침묵한 태도로
뚜벅뚜벅 걸어가는 것을 보면 누가
보든지 모던 중국인 같다."

않는다. 그 한 문제에 적히운 사실 이외의 가구假構,
상상想像 그리고 불안不安까지 느껴가는 것이며 무의식한
가운데서 그 영향을 포화飽和하고 만다. 극도로 과민한
신경은 극도로 둔한 신경과 틀림없는 것으로 둘 다
극도의 충동을 요구하는 것이다. 신문은 이러한 요구를
조금도 유감없이 만족시키기 위하여 당치 않는 커-다란
활자를 배열하는 것이며 없고도 있는 사실을 과대식힌
기사를 항상 준비한다. (...) 근대의 환락은 한 개의
마소치즘masochism[변태]이다. 고통 속에서 도취를
구하고 있다. 그럼으로 벌써 근대인이 신문에서 구하려고
하는 것이 지식知識이 그의 기조基調가 되지 않는다.
아모리 새로운 지식이라고 할망정 그 속에 무엇이든지
신경神經을 강렬强烈히 충동衝動받는 참혹慘酷한
불안不安을 얻지 못하면 그 신문을 좋은 것이라 하지
않는다." 정혁아. 「신문활자의 광태」, 《사해공론》, 1935년 7월호.

이러한 신문의 특질은 곧 지식인 대중의 삶과
밀접한 연관이 있어서 신문의 사활을 결정짓기도
한다. 예를 들어 정혁아의 말을 빌리면 당시의
《동아일보》는 신문이 지닌 이러한 특질을
반영하지 못해 특수층 이외에는 환영받지 못하며,
《조선일보》는 "모던" "구로미" "유모어소설"
"교환대" "어찌하릿가" 등의 저질 기사로 비난을
받지만 현대적인 유행을 좇고 있다고 평한다.
또한 《매일신문》을 보는 것은 바로 《매일신문》이
총독부의 기관지였던 만큼 살벌하고 암울한
기사가 많았지만, 이를 읽고 병적 불안을
가중하는 것이 신문을 보는 이유라고 역으로
갈파했다. 현대인의 불안한 의식조차 현대의
특성이 된 것이다.

《조광》 1936년 12월호
「문단국저공비행」에 실린
김동인 캐리커처.

*"감자'밥은 싫다고 투구와
장검(고담古談)을 좇아간 김동인
씨, 자수自手 편집의 '야담野談'을
끼고 별別 시대의 아스팔트를
거니는 것도 한 정취."*

　　　　일탈의 일상으로 점철된 도시의 삶
그리고 거기서 소외된 존재로서 지식인의
극한적인 자의식 분열은 바로 도시 룸펜
지식인의 마지막 비상구였다. 그들은 바로 회의와 불안의 밀실 속에서
모더니티를 깊이 체험하고 있었다.

　　　　도시 속에서 지식인이 발견할 수 있는 것은 "피로疲勞, 앙분昂奮,
분노忿怒, 낙심落心, 비탄悲嘆, 미가지未可知의 운명運命에 대한 공포恐怖,
불안不安─인간의 고통이란 고통은 노도怒濤와 가티
일시─時에 치밀어 와서, 껍즐만 남은 피彼를
팽살烹殺하라며 덤벼" 염상섭, 「표본실의 청개구리」, 1921년.
드는 극대화된 자기연민과 자학적인 공간이었다.

　　　　실상 이런 극대화된 지식인의 자아의식은

《혜성》 1932년 1월호 「가두에서 본 인물(5)」에 실린 박달성朴達成
캐리커처.

*"자칭 주국酒國 대통령이요 주국 천자라고 하던 춘파 박달성 씨는 신경계의
혁명난亂革命亂이 일어나서 주국에서 방축放逐을 당하고 요새에는 사무 이외의
바깥출입도 잘 아니하고 실속만 차리느라고 술 대신 쇠고기를 가끔 사다
먹는데."*

퇴행적인 심리상태와 병적인 상황을 유지함으로써 오히려 사회적
상황으로부터 일탈하려는 의식과 평형을 이룬다.

따라서 지식인은 대개 "변비, 요의빈수尿意頻數, 피로, 권태,
두통"박태원, 「소설가 구보씨의 일일」, 1938년. 이 따르는 병적이고 심약한 성격을
자신들의 전형으로 삼았다. 지식인은 그들 스스로 이렇게 된 까닭이
바로 '지식'에 있다는 것을 알았다. 지식이 곧 불안을 잉태하는 것이며,
그것은 불안에서 벗어난 일상을 영위하는 무리와 그들을 확고하게
구분하는 기준이었다.

> "종로 네거리에 황혼을 타서 나온 '노는 계집의 무리'―
> 그들은 누구라 하나 인생에 확실한 목표를 가지고 있지
> 않았으나 무지無智는 거의 완전히 그 불안不安에서 그들의
> 눈을 가리워준다."박태원, 「소설가 구보씨의 일일」, 1938년.

이런 불안의식은 점점 더 자신을
분열적인 존재로 만들어갈 뿐 아니라 언어,
인간, 세계 또한 분열적인 존재로 파악하게
한다. 회의와 의심과 일탈과 자학이 새로운
인간으로서의 자아인식에 중요한 밑거름이
되어간다.

《삼천리》 1933년 3월호
「안석영 씨가 본 현대문단 제씨
만화상」에 실린 임화 캐리커처.

> "왼갓사람들은 모다 정신병자로
> (...) '의상분일증意想奔逸症,
> 언어도착증言語倒錯症,
> 과대망상증誇大妄想症,
> 추외언어증醜猥言語症,
> 여자음란증女子淫亂症,
> 지리멸렬증支離滅裂症, 질투망상증嫉妬妄想症,
> 남자음란증男子淫亂症, 병적기행증病的奇行症,
> 병적허언기편증病的虛言欺騙症, 병적부덕증病的不德症,
> 병적낭비증病的浪費症'(...) 오직 이런 것에 흥미를 갖는
> 것만으로도 병."박태원, 「소설가 구보씨의 일일」, 1938년.

이러한 도시 지식인의
일탈과 불안 그리고 병적인 분열이
실제 지식인의 일상을 지배했는가
하는 것은 별개의 문제지만, 적어도
자신의 의식을 벼랑 끝에 놓아두어야
지식인의 범주에 들 수 있다는 가식적
위기의식만이 그들을 지탱하게
했다. 모더니스트 이상李箱에 의해
극단적으로 표현된 "아스피린, 아달린,
아스피린, 아달린, 맑스, 말사스,
마도로스, 아스피린, 아달린"「날개」,
1936년. 이 의미하는 단절적이고
분열적인 외침은 상실, 좌절, 망설임,
자기기만, 히스테리, 혐오감, 소외,

《삼천리》 1933년 3월호 「안석영 씨가 본
현대문단 제씨 만화상」에 실린 염상섭
캐리커처.

탈출, 부적응, 거짓, 위선, 조소, 환멸, 불안, 환각, 염세, 절규, 자유, 방탕,
환락, 퇴폐, 광기, 매춘, 불모, 공허, 빈곤, 고독, 비관, 절망, 우울, 향락
등등의 의식들이 지식인을 지배하고 있었다는 것을 분명하게 보여준다.

　　계몽주의적이며 지사다운 초기의 지식인과 자유분방하고
퇴영적인 지식인과의 간극은 모더니티가 진전되면 될수록 더욱
두드러진다. 이는 초기의 지식인이 지닌 봉건과 개화의 갈등이 현실과
이상의 갈등으로 전이되는 과정에서 드러나는 현상이다. 식민지 시기
개인적 주체로서의 자아와 사회적 주체로서의 정체성이 서로 일치하지
못하는 데서 나타나는 이중적이고 이율배반적인 지식인의 특질은, 그
후로도 오랫동안 지식인의 성격을 지배하였다.

정신병자의 수기

홍난파 «신천지» 1922년 1월호

> 흔하게 볼 수 있는 글 중의 하나다. 초기 현대의 많은 글은
> 지금 보기에 매우 어설프고 유치한 듯 보인다. 치기 어린
> 글들은 사춘기를 벗어나지 못한 듯 보이지만, 이런 글은
> 지식인을 자처하는 사람의 잡문에서 흔하게 나타나고 당시
> 사람들의 정서와 감정을 솔직하게 드러낸다. 아마 연애에
> 실패한 후의 심정을 쓴 모양인데, 과장된 절망과 자포자기의
> 심리를 극단적으로 표현하는 방식이 당시 지식인의 데카당
> 기질을 엿보게 해준다.

아! 세상이란 과연 이런 것일까? 사람의 마음이란 이같이도 못
미더운 것일까? 만일 그렇다고 할 것 같으면 내가 이때까지 무엇을
바라고 무엇을 믿고 살아왔더란 말인가? 허위와 교사驕奢로 가장한 이
세상에게 바보같이 속아왔더란 말인가? 그래도 내 마음속에는 한 낱의
믿음이 있었고 바람이 있었다. 이것이 나로 하여금 이때까지 살아오게
한 원동력이었던 것이다.

그러나 내가 이같이 허무한 세상을 상대자로 하여 펄펄 속아
넘어가면서도 끝끝내 호의를 보려고 하던 것이 너무 어리석지 아니한가?
내가 어리석은 까닭에 세상이 나를 속였나, 또 혹은 세상이 나를
속이므로 내가 어리석어졌나? 여하튼지 간에 내가 어리석음도 사실이요
세상이 나를 속인 것도 부인할 수는 없다.

나는 아직도 어리석다. 아니다, 차차 더 어리석어간다. 이같이
허무한 세상에서 온갖 허위의 속임감이 마냥되면서도, '그래도
설마...'라는 병자의 근성을 뽑아버리지 못하고 터무니없이 진리를
찾으려드는 정황을 생각하니 과연 어리석다.

그렇다고 나는 똑똑한 사람이 되고 싶지도 않다. 온 세상이 나를 보고 치자痴者야, 약자弱者야, 비겁한 자야, 무능력자야 하고 욕하고 조소하더라도 나는 이것을 감수할 수밖에 없다. 차라리 이것이 나의 본의가 아닌가 생각한다. 나는 과연 치자다, 약자다, 동시에 비겁하고 무능력한 자다. 나는 이만한 모욕과 조소를 받으면서도 불평을 말할 수 없으리만치 이 세상에 대한 애착심이 강대하다.

어떤 때 나는 이런 말을 한 일이 있다. "이 세상에서 내가 사랑하고 믿는 것은 오직 너 한 사람밖에는 다시없다"고. 과연 나는 너 한 사람을 온 우주와 바꾸자고 해도 응치 아니하리만치 믿고 사랑했던 것이다. 내 눈에는 오직 너 한 사람이 전세계요 대우주로 보였던 것이다. 네가 없는 세계는 내 눈에 보이지 않았고 너를 제한 우주는 내 마음에 비치지 않았다.

세계가 개조된다더니 너도 그 은택을 입어서 개조가 되었더냐? 지금까지의 너의 형적은 내 눈앞에서 떠나가고 내 마음에서 사라져버렸구나. 눈에 보이지 않고 마음에 비치지 않는 것을 대하여 된 소리 안 된 소리 함부로 지껄이는 나는 어리석은 중에도 또다시 어리석다.

어떤 사람의 말인지도 모르겠다마는 사람의 마음에는 비애와 쾌락과 질투의 감정이 있다고? 연애란 홀로 있으면 비애요, 2인이 있으면 쾌락이요, 3인이 있으면 질투라고? 나는 모르겠다마는 너는 잘 알 것이다. 지금 나는 비애에 울고 있겠느냐, 쾌락에 기뻐하겠느냐?

물론 내 마음에는 질투라는 것은 없다. 질투라는 것은 오직 똑똑한 사람의 전유물인 줄 안다. 또 쾌락도 없다. 그러나 내가 말하는 쾌락은 너희들이 요구하는 쾌락 그것과는 판이한 별물別物이다. 그같이 단순하고 건조함을 의미하는 것은 아니다. 내가 아는바 쾌락은 적어도 비애에서 나온―비애의 결정체인―일종의 불가사의의 쾌락이다. 많은 눈물과 한없는 한숨과 큰 희생의 미화체다. 이것들의 수확물收獲物이다.

나는 확실히 비애를 느끼고 있다. 그러나 그 결과야 어찌 될지 누가 알겠니? 나는 결코 수확을 바라거나 미화하기에 힘쓰지 않는다마는 무조건으로 한없이 비애를 느끼고 있다. 한갓 나는 지금 느끼는 이 비애가 나의 일생에 끊임없이 계속해주기를 바라고 있을 뿐이다.

온 세상이 나를 보고 정신병자라고 하더라. 나 역시 이 말에

반항코자 하지 않는다. 정신병자는 아니라 하더라도 확실히 나의
정신에는 이상이 생긴 듯하다. 그러나 한 가지 네게 바라는 것은 나의
정신이상이 과도의 비애로부터 유인由因함인지, 그렇지 않으면 정신에서
이상이 생긴 까닭에 병적 상태로 비애를 느끼는지 잘 분간하여
생각해다오. 그러나 양단간에 그 결과는 동일할 수밖에 없을 것이다.

　　나는 지금부터 원구遠久한 장래를 예상한다. 수상水上의
부초浮草와 같이 갈 데 올 데 없이 떠돌아다니다가, 인적은
끊기고 초목은 싹이 없으며 남북극의 세찬 바람은 살을 에이고
일망무제一望無際하여 수륙을 분별할 수 없는 얼음 벌판 위에 사랑에
주린 창자를 부둥켜 쥐고 변함없는 비애의 뜨거운 눈물을 흘리며
횡와橫臥하였을 때에 높고도 또 높은 창공에는 섬광이 반짝거리는
무수한 소아들이 코웃음을 치는 듯이 나를 내려다보며 치자야, 약자야,
비겁한 자야, 무능력한 자야 하고 조소할 때에 "옳다 옳다. 네 말이 옳다.
나는 어리석고 약하고, 비겁하고 무능력하다. 그렇지만 이 세상에는 나
이상의 재자才子도 없고 강자도 없단다" 하고 목 속의 음성으로 힘없이
조잘대다가 고요히 눈을 감을 줄을...

1921. 11. 30. 북악 밑에서

지식계급의 미망迷妄
정백 «신생활» 1922년 4월호

　　지식인계급의 위상에 관해 쓴 글. 지식인계급이 자본가계급과
노동자계급의 중간에 있으면서 이중적인 태도를 지니고
있다는 지적과 함께 사회의 진보를 위해 자신들의 입지를
분명히 할 것을 촉구하는 글이다. 1920년대 사회주의가
들어오면서 새로운 변혁과 사회적 진보에 대한 기대감이
점차 커지는 가운데 노동계급을 중심으로 한 계급투쟁의
논리가 자주 등장한다. 이에 따른 지식인의 사상투쟁 또한
매우 강조되었는데, 당시에 사회적으로 매우 부정적인 인식에
휩싸여 있던 지식인계급에 대한 비판적 시각을 볼 수 있다.

　　지식계급은 사회상에 일종 특이한 지위를 가지고 있습니다. 지식계급이라 하면 심히 모호하며 어폐가 있어 보입니다. 엄정한 의미로 보면 그 의미가 성립할 수가 없습니다. 경제적으로 보아 일개 독립한 사회계급이 될 만한 경제적 지위를 점하지 못하였으므로 자본계급이나 또는 노동계급도 될 수 없습니다. 지식계급 중의 일부분은 특권계급을 옹호하며 또 일부분은 노동계급의 정신을 고조하는 두 개의 반대되는 사상이 서로 교류합니다. 이로써 보면 경제적 기초와 계급의식이 결여缺한 집단을 계급이라 할 수 없으니 따라서 지식계급이란 말은 오착誤錯된 것이외다. 그러나 보통으로 항용恒用하는 말이 되었으므로 그대로 씁니다. 그런데 집단에 대한 윤곽을 몽롱하게라도 말하고 보면 그는 어느 한도의 사회생활에서 비교적 지식의 교양이나 훈련을 받아가지고 그 지식을 이용하여서 생활하는 집단을 지칭함인 줄 압니다. 그러므로 지식계급은 노동, 자본 양 계급의 중간에 있는 두뇌노동자 혹은 직업적 계급이라고 할 것이외다. 구체적으로 다시 말하면 관청, 은행, 회사, 학교, 기타 각종 단체에서 근무하는 자와 또는 그 외에 자유직업에 종사하는 자, 현재는 소속이 불명하나 장래에 이러한 집단에 들어갈 가능성이 많은 중학 정도 이상의 학생들이 지식계급의 명칭을 가지게 되는 것이외다. 그들은 그의 지식상 교양 또는 훈련으로 얻은 인생관, 사회관, 세계관은 노동계급이나 자본계급이 각각 그의 인생관, 세계관, 사회관의 여하로 말미암아 그 방향이 결정되는 것과 같이 사회진화의 방향을 결정하는 데 적지 않은 영향을 줄 만한 지위에 있는 것은 사실이외다. 그러나 노자勞資 양 계급의 중간에 있어서 개구리와 같이 수륙양서적水陸兩棲的 미망迷妄을 가진 현대 지식계급은 그 방향을 결정하지 않을 수 없는 사회의 사정이 머지않아 절박하여 올 것이외다.

　　근세 무산계급은 역사 위에 새 선을 긋고 모든 소비자의 행복을 조소하면서 생산자의 세계를 세우고자 반역의 제일선에 나섰습니다. 그들이 하는바 계급의 쟁투가 인류를 여하한 방향으로 인도하는 것임을 깨닫고 옛것을 파괴하며 새것을 창조하는 최고의 능률을 스스로 의식하며 계속하는 그의 거룩한 싸움은 더욱 백열화白熱化되어갑니다. 역사에 새 기원이 될 이 싸움에 광영光榮을 나타낼 자는 다만 노동계급만이 아니요 지식계급이든지 자본계급이든지 이 싸움에 투사가 되지 못할 것은 아니지만 특별히 역사적 사명을 가진 자는 노동계급이라 합니다. 그러므로 신사회를 바라고 나아가는 역사적 진화의 조류는 여러 가지 계급에서 흘러들어 오는 많은 지류와 합하여 호대浩大한 수세水勢를 이룰 것은 물론이외다. 이러한 지류들이 혹시는 그의 하폭河幅을 넓게 또는 좁게도 하며 혹시는 급류와 합동하기 위하여 수면에 파란도 일으키며 혹은 수로를 좌로 우로 굴곡하게 할 것이외다. 그러나 그 지류가 새 사회를 향하여 가는 본류의 방향을 변하게는 못할 것이외다. 이와 같이 지식계급이 자본 노동 양면에 한 편으로 기우는 것이 그의 이상을 실현하며 신사회를 건설하는 데 지속遲速 또는 표현상으로 영향이 막대할 것은 물론이지만 그렇다고 지식계급의 향배가 반드시 사회적 진화의 방향을 결정할 것은 아닌 줄 압니다. 그는 반드시 올 것을 오지 못하게 할 수 없는 것과 동양同樣으로 오지 않을 것을 오게 할 능력도 없는 것이외다. 다시 말하면 그는 신시대로 나아가는 사회진화의 도정에서 제이의적第二義的 결정조건은 될지언정 제일의적 조건은 될 수 없는 것이외다. 그러하고 지식계급이 계급투쟁의 어느 편으로 기울든지 간에 노동계급운동은 그의 좌우여하를 불구하고 반드시 올 새 시대를 오도록 하지 않을 수 없게 되었습니다. 근대 노동자의 해방운동은 지식계급의 모든 적의와 대항을 불관不關하고 진보하여온 것이외다. 뿐만 아니라 지식계급은 특권계급에게 법률을 만들어주었습니다. 경찰제도를 가르쳐주었습니다. 그의 철학 그의 윤리학설 그의 교육은 권위에 복종하는 것을 미덕으로 알게 하였으며, 그의 만 권 서적은 그의 현하웅변懸河雄辯은 현상유지를 고조하였으며 모든 계급과 미신을 찬양하였습니다. 이러한 모욕, 이러한 조소, 이러한 질곡에서 노동계급의 운동은 더욱 발달해왔습니다.

지식의 그 실상이 아무리 고귀하다 하더라도 오늘날 우리를 모든 인습과 미신으로써 얽어매며 씌워준 것을 생각하면 도리어 나는 지식을 저주하기를 주저하지 않습니다. "지식! 마술! 어느 것이 지식이며 어느 것이 마술이냐? 지식아 대답하여라. 너의 기원은 무엇이냐 응. 너의 기원은 마술이로다." 그러하외다. 근세 사회학의 보고를 들을 것 같으면 "무장武將과 마술사의 발생이 이곳 사회계급이 발생하게 된 최초의 원인이라"고 합니다. 마술쟁이는 일월성신이 출몰하는 하늘을 가르치며 산야와 소택沼澤이 둘린 땅을 가르치며 탁랑濁浪이 배공排空하는 바다를 가르치며 장엄한 삼림을 가르치며 광명과 암흑과 뇌전雷電과

폭풍의 신비를 말하여 암매暗昧한 그들에게서 노동 약취掠取하기를
시작하였습니다. 마술쟁이는 무장과 같이 경제적 강자가 되었으며
후세에 그 마술은 과학으로 진화하였습니다. 과학이 경제적 강자의
독점이 되며 무기가 된 것은 실로 오랜 일이올시다. 이와 같이 지식은
소비자의 도구와 노복이 되어 인류로 하여금 나타懶惰한 소비생활로써
도리어 행복으로 알게까지 그렇게 중독을 시켰습니다. 오래고 오랜
옛적에는 우리 선조는 무한한 자유와 평등 속에서 살았습니다. 그네들은
오죽이나 힘과 삶의 환희에 충만하여 창조의 생활을 하였겠습니까.
정의의 결정인 힘의 상징인 노동으로 무한한 환희를 맛보는 그네들의
생산자의 세계에 앉아서 오만과 권태와 허위와 향락이 혼혈된
현대지식을 생각할 때에 우리 몸에 우리가 안다는 것에는 얼마나 많은
마술과 미망의 분량이 뿌리를 깊이 박고 있는 것을 우리는 알 것이외다.

　　　금일에 무수한 민중을 형극의 길로 구축驅逐하는 특권계급의
호적을 조사할 것 같으면 실상 그들은 개인 개인이 각각
단독적이올시다. 그러나 그들이 단독으로서만은 그 횡포와 발호를
임의로 자행자지自行自止할 수 없으리라 합니다. 다시 말하면 한 사람
한 사람씩을 분리시켜 놓을 것 같으면 저들은 아무런 권위도 임의로
행사하지 못할 한 우상에 불과합니다. 그러나 이 우상을 도와가지고
강대한 위세를 부리게 하는 자는 곧 지식계급이외다. 지식계급은
특권계급의 주구走狗가 되며 또는 수족이 되며 노예가 되어서
활동하므로 아유부종阿諛附從하므로 그들은 기탄이 없어 횡포하며
발호하는 것이 아닙니까. 그러므로 근육노동자를 근육을 파는 노예라 할
것 같으면 지식계급은 양심을 팔아먹는 노예가 될 것이올시다.

　　　그런데 이러한 처지에 있음에도 불구하고 그들은 저들에게
호위虎威를 빌어가지고 지배와 명령의 태도로써 노동계급을 대합니다,
이로써 생각해보면 노동계급은 특권계급보다도 지식계급을 더 증오하는
것도 무리가 아니외다. 그런즉 중간에 처한 지식계급은 특권계급으로
기우는 경향은 많아도 노동계급과는 기필코 격리隔離하게 될 것이외다.
그러므로 지식계급은 이러한 자살적 미망을 먼저 각오하여야 할
것이외다.

　　　위에 말한 바와 같이 지식계급은 노동, 자본 두 계급의 중간에
있어서 중간계급의 성질을 벗지 못합니다. 다시 말하면 지식계급은

특권계급의 견마犬馬도 되고 노동계급의 동정자도 되어 양서류의 생활을 짓습니다. 또는 그들의 향배가 필연히 올 것을 오게 한다든지 혹은 오지 못하게 한다든지 할 능력은 없습니다. 그러나 사회적 과정의 현상으로서 반드시 올 것이 여하한 모양을 가지고 어떠한 속도로써 올까 하는 것은 현재의 형편으로 보아서는 다수한 지식계급의 향배 여하로 인하여 좌우될 듯합니다. 예컨대 저 러시아의 10월혁명 후에 중류계급의 사상을 가진 소신사벌적小紳士閥的 지식계급의 반反혁명으로 인하여 그 혁명의 전개에 얼마나 많은 장애가 되었는가를 생각해보면 가히 알 것이외다. 그러므로 새 사회를 건설함에는 지식계급과 노동계급의 단결이 필요한 점도 없지 아니할까 합니다. 그러나 이 단결로 말하면 중간계급적 심리를 가진 지식계급으로는 될 수 없고 오직 그 단결을 실현함에는 지식계급이 분해되어야, 즉 무산계급화가 되어야 가능할 것이외다. 다시 말하면 금일의 지식계급이 중간계급의 심리를 벗어버리고 무산계급적 심리로 화하여야 새 사회를 세우는 성전聖戰에 광영을 나타내는 자가 될 것이며 따라서 노동계급과의 단결이 실현될 것이외다.

그런 즉 금일의 소위 지식계급은 모름지기 양서적 태도를 버리고 특권계급과 정식결혼을 행하여 매음생활을 계속하다가 동시에 같이 쓰러지든지, 그렇지 않으면 자체를 분해하고 무산계급화하여 노동계급의 권내로 들어오든지, 양자 중에 그 하나를 택하여야 할 것이외다.

학교무용無用론
남영희 «혜성» 1931년 3월호

> 어느 구식촌부가 신식학문에 대한 불신을 토로한 글. 구식을 버리고 신식을 좇는 신학문의 결과는 가족의 갈등을 낳았고, 이는 당시 지식인을 향한 가장 큰 불만이었다. 이 글 역시 세태에 따라 자식에게 새로운 학문을 가르친 부모가 첩을 두고 부모를 공양하지 않는 자식을 고발하며 그 원인을 신식 학교교육에 있다고 하소연하는 글이다.

나는 신식사상에 어두운 한 촌부요 그뿐 아니라 구학문도 넉넉지
못하여 말하는 바가 우악스럽고 무지스러울지도 모르겠소만 마음에
쌓인 울분이니 그대로 들어주오.

나는 사십의 만득으로 자식 한 개가 있었소. 독신이지요.

그것을 사십이 되어 얻어가지고 잘 기르고 잘 가르치고 좋은
배필을 정해주어 노후의 낙을 보려고 우리 내외가 즐겁게 궁리한 적이
많소. 아닌 게 아니라 내가 선친에게 받은 백여 석 추수의 전장이
있겠다 그리하려면 못할 것도 아니었지요.

그래 그놈이 열 살 때에 보통학교에 보냈소. 내 생각 같아서는
구학문을 시켰겠으나 신시대에는 신학문을 배워야 한다기로 여러
사람의 권에 염에 못 이겨 그리한 것이지요.

그래 5년 동안 다녀 보통학교를 졸업이라고 합니다. 졸업을
하였다니 얼마나 공부를 했나 하고 우선 천자를 읽혀보지 않았소.

허허!! 그랬더니 맨 처음에 있는 일천 천인千人자를 손가락으로
가리키며 무엇? '센ㅅ자'요 하던가 그리고 도무지 읽지를 못합디다.

그뿐이겠소. 5년 동안 무엇을 배웠느냐니까 국어, 산술, 도화,
창가, 체조...라면서 무엇인지 이름만 죽 늘어놓읍디다.

하도 어이가 없고 답답하여서 그놈을 데리고 학교에를 다시
가서 교사더러 묻지 않았소. 물었더니 교사 역시 국어, 산술, 도화,
체조...라고만 합디다.

앞으로 어쩌면 좋으냐고 하니까 경성유학을 시켜야 한다던가요.

그래 그런가 보다고 그해 봄에 제 동무 몇과 한가지로 서울로
보냈지요. 그랬더니 그 달부터 매달 30원씩을 갖다 쓰고 또 가끔 무어니
무어니 해서 돈 10원씩 수월찮이 가져갑디다.

그러느라니 백여 석 남짓한 추수를 가지고 집안 살림을 하랴
그놈 학비를 대랴 자연히 빚을 져가게 되었지요. 그러나 자식을
가르치는데 그것쯤이야 대관할 일이 아니겠지요.

그놈이 열일곱 되던 해는 불러 내려다가 장가를 보냈지요.
본래 사람의 부모된 자 소생이 있으면 남은 여가를 시켜 후일의 낙과
선대봉사를 하게 하는 일이 떳떳한 일이 아니요.

그래 실상은 열두 살에 꼭 취처를 시키려 하였으나 신식에 소위
조혼이 해롭다 하여 열일곱까지 미룬 것이지요.

자부는 다시 더 고를 나위 없이 얌전하외다. 인물이 상스럽지
아니해, 문벌이 좋아, 시부모 봉양이 지성스러워, 침선이 갖추어,
거기다가 하인들을 부릴 줄 알아... 이만하면 다시 더 무엇을 구하겠소.

자식 놈도 장가를 가릴 때는 싫다고 하더니 성례를 지낸 뒤에는
금슬이 매우 좋았소. 그러나 그것도 얼마 아니 가서 지금은 이 지경에
이르렀소마는.

그 애를 취처를 시키기 전에는 우리 늙은 내외는 매우
고단하였소.

그것을 사십에야 겨우 낳아가지고 그야말로 손안의 보배같이
기르다가 서울로 훌훌이 떠나보냈으니 그 섭섭한 마음이 어떠했겠소.

날이 추워도 이것이 잠자리가 차서 고생이나 아니하나 날이
더워도 이것이 더위나 먹지 아니했나 비가 죽죽 오면 내 아내는
먼 산을 바라보며 한숨을 짓고 해가 저물면 날아드는 까치를 보고
눈물을 흘리고 꿈자리가 사나우면 혹시 이것이 불의의 변이나 당하지
아니했나—

이러한 마음이 그 뒤로도 놓이지 아니했소마는 자부애를 얻어다
기른 뒤에는 그래도 적이 위안을 받은 적이 많았소.

그리저리 하는 동안에 그 애가 서울서 학교를 마치고 이어서
일본유학을 가겠다고 합디다. 사오백리 밖에다 두고도 마음을 놓지
못하였거늘 어찌 수만 리 타국 일본으로 보낼 생각이 나겠소.

그러나 기왕 시작한 것이니 아니 그리할 수 없다고 저도 간절히
원을 하고 또 세태도 그러한 듯하여 일본으로 보내었소그려.

보내었더니 그때부터 탈이 나더구려.

제일 제 처를 이혼을 해달랍디다. 시속에 무슨 패도가 생기어
그러한지 모르거니와 우리 골에도 조강지처를 버리고 각색 신식결혼을
한 탕자들이 있기는 했소마는 내 자식이 그럴 줄이야 몰랐소.

나는 준절히 나무라서 편지를 했소.

그러나 그때부터는 방학에 돌아와도 제 처를 눈떠보지도
아니했소. 그러면서 나에게는 다시 더 말을 내지 못하고 제 어미만
은근히 졸랐던 눈치요.

그러나 제 어민들 들을 리가 있었겠소.

그러자니 집안에 자연 풍파가 자주 일어나게 되었소그려.

그뿐 아니라 학비가 의외로 많이 들어 가산을 지탱할 수가 없이 되었소.

명색 일본유학이라는 4년이 지나 작년 봄에 학업을 마쳤다고 고향으로 돌아왔소.

보통학교로부터 대학교까지 십사오 년의 공부를 시키면서 내 기다린 바는 큰 도를 깨달아 성현의 본을 받지 못한다 하더라도 제 한 몸 한 집안은 다스리며 늙은 부모의 노후의 마음과 살길을 편케 할 만은 하리라 믿었던 것인데 그러한 한 가지의 소원도 이루지를 못하였소.

그래놓고는 돌아오던 이삼일 후에 바로 서울로 다시 올라가서 지금은 소식조차 없소.

작년 봄에 제 어미 되는 사람이 구경 겸 상경했을 때 만나보았는데 그때 웬 신식여자가 어미라고 부르며 인사를 하더라요.

생각건대 그놈이 취첩을 한 모양이지.

자, 그러니 15년 공부의 성과가 선량한 아내를 버리는 것일까요.

가산을 탕진하고도 돌아다보지 아니하는 것일까요.

늙은 어미 아비를 버리고 첩을 두어 홀로 살아가는 것일까요.

그래도 우리 집 자식 놈은 행인지 불행인지 어디 가서 저 먹을 밥벌이는 하고 있는 듯하오마는 우리 고을에도 10여 명의 외지 유학생인 신학문자가 있되 면서기, 금융조합서기 하나도 얻어 하지 못하여 펀펀히 놀고 있으니 이런 것이 모두 다 학교교육의 성과인지요.

그러나 남의 말을 한들 무엇 하겠소. 방금 내 발등에 불이 붙는데.

지금 내 자부는 제 친가에 가서 한숨으로 지내고 있소.

내 처는 매일 흐르는 눈물에 눈이 어두워서 앞을 보지 못하오. 나는 쌓인 울화에 발광할 지경이요.

그러한데다가 당장에 먹고 살 것이 없소.

그러한데 15년간 성심을 다하여 가르쳐놓은 자식 놈은 제 좋은 계집을 얻어 저 버는 것으로 먹고 살되 집안은 돌아보지도 아니하오.

이러한 것이 신식이요 학교교육의 성과라면 나는 온 학교에 불이라도 지르고 싶소.

여러분은 다 신식양반이니 잘 사리를 살펴 어느 편에 잘못이 있는지 알아보오.

현대의 부층浮層 — 월급쟁이 철학

남일 《혜성》 1931년 8월호

> 월급쟁이란 노동자계급과 지주·자본가계급과 달리
> 정신노동에 종사하는 화이트칼라를 지칭하는 말이다. 이
> 글은 계급상으로 그 위치가 모호한 존재이며, 따라서 현대를
> 부유하는 군상인 월급쟁이의 가난한 삶을 그리고 있다.
> 1930년대 인텔리의 조건과 생활여건을 보여주는 글이다.

월급쟁이 분류

월급쟁이 철학! 과연 '짜 – 나리씀'[저널리즘] 가치 100%의
제목이다. 그러나 원고를 맡아 쓰게 된 나로서는 장히 마음이 놓이지
아니한다.

대관절 무슨 말을 써놓아야 옳단 말인가?!

회사면 회사, 관청이면 관청, 어쨌거나 자기의 일하는 곳에 가서
매일같이 맡은 일을 하여주고 스무하룻날이 되면 '봉투'를 받아 들고
오는 것. 이것이 월급쟁이다. 이 밖에는 아무것도 다른 사람과 다를 것이
없다. 그런데 거기에 무슨 독특한 철학이 있을까 싶지 아니하다.

그러니 할 수 없이 월급쟁이에 대한 것을 이것저것 되는 대로
그려놓는 수밖에는 없다(아마 편집자도 그것을 가리켜 월급쟁이
철학이라고 한 듯하다).

◇

일국의 재상(대통령이나 독재관까지도)을 비롯하여 순사,
면서기에 이르기까지 모두 월급쟁이다.

정부에서 요인으로 골라낸 만철滿鐵[만주철도회사]총재나
선은鮮銀[조선은행]총재도 역시 월급쟁이요, '얘 –' 부르면 '네 –'하고
달음질쳐서 오는 은행의 급사나 '도데라[솜옷]'에 어린애를 뭉쳐 업고
왜나막신짝을 끄는 '오마니'도 일금 4원의 월급쟁이임에 틀림없다.

그러나 실지는 그러하다 하더라도 우리가 일반적으로 가지는
'월급쟁이'의 개념은 특별한 내용이 포용되어 있다.

월급쟁이가 월급을 받아먹고 산다는 것은 물론 근본조건이요,

제일 월급쟁이는 정신노동자라는 것이 한 조건이다. 그러므로 같이 월급을 받아먹는 은행의 급사나 '오마니'나 일반 노동자와 다른 점이 된다.

다음 월급쟁이는 피사역자—고용인—이라는 것이 한 조건이 된다. 그러므로 다 같이 월급을 받아먹되 대은행, 대회사의 사장이나 지배인과 다른 점이 된다(하기야 요즈음 세상에는 내각총리대신도 금융정치의 피사역자라고 하지만).

이렇게 범위를 좁혀가지고 가령 조선 안에서만 정말 자격 있는 월급쟁이를 골라내었다.

면서기(면장을 빼놓고)

군직원(군수를 빼놓고)

도직원(지사와 각부 과장을 빼놓고)

부직원(부윤府尹과 각 과장, 계주임을 빼놓고)

총독부(총독과 각국 과장과 계주임을 빼놓고)

순사 이상(직함이 없는) 경부警部 이하

재판소의 판검사(직함 없는)와 서기

철도종사원

우편사무원

이상은 관업이요, 다음에는 민간 측을 살펴보면,

은행원

회사사무원

상점사무원

신문기자 등이라고 볼 수가 있다.

그리고 다음 두 가지,

학교 교원(교장을 빼놓고),

의사(큰 병원에 고용된 사람)는 관업도 있고 민영도 있으니까 어느 한 편에 몰아넣을 수 없다.

그런데 혹 어느 사람은 월급쟁이를 고르는데, 관업 즉 다시 말하면 소위 관리라고 하는 것은 넣지 아니한다. 그러나 나는 그 이유를 아무리 하여도 발견할 수가 없다. 노동자로 말하더라도 관업노동자나 민영노동자나 노동자이기는 일반인 것과 같이, 같은 노동이로되 다만 정신노동자도 차이를 가지고 관리를 그 축에 넣지 아니한다는 것은 되지 아니할 말이다.

모든 월급쟁이가 갈 데 없는 노동자임에 틀림없으며 그 속에는 관리도 자연히 끼어 들어가지 아니치 못한다.

월급쟁이의 종속

이상과 같이 월급쟁이의 분류를 하고 나면 다음으로 생기는 문제는 그들이 이 사회의 어떠한 계급에 속하여 있느냐 하는 것이다.

그것은 두말할 것 없이 노동자의 일종인 '정신노동자'라고 대답할 수가 있다.

예를 들어서 이야기하자.

여기에 한 제사製絲회사가 있다고 하자.

이 제사공장에서 실을 만들어내는 데 가장 중요한 소임을 맡아 하는 것은 직접 기계에 붙어 서서 실을 뽑아내는 직공 즉 노동자이지만 그 제사회사의 본시 목적인 제사업(원료구입과 상품판매)의 모든 일을 맡아 하는 것은 회사원인 월급쟁이다.

또 관리를 보더라도 그들은 생산 제관계를 토대로 경제적 기초 위에 서 있는 문화적 상부구조의 하나인 정치운동하는 일부분 일부분을 나누어 맡은 역시 노동자—정신노동자의 한 사람씩이다.

그것은 마치 한 노동자가 자기의 생활과는 직접으로 아무런 관련도 없는 고무신을 만든다든가 실을 뽑는다든가 하는 일을 해서 그날 하루의 품삯을 받는 것과 같이, 월급쟁이도 자기의 생활과 직접으로는 아무 관련도 없는 일—장부에 숫자를 기입한다든가, 세금납입고지서의 수령증에 도장을 찍는다든가 하는 하루하루의 일을 한 달 동안 하고 나서 스무하룻날에 월급봉투를 받는 것이, 이 두 가지는 하나는 육신을 쓰고 하나는 비교적 머리를 많이 쓸 따름이지 노동자라는 의미에 있어서는 아무 다를 것이 없다.

봉건시대의 케케묵은 관념을 착실히 보존하고 있는 친구들은 월급생활을 하는 문화노동을 장히 비싸게 평가하는 동시에 월급쟁이를 노동자의 부내에 집어넣는 것을 위대한 신성이나 더럽힌 것같이 분개할 것이다. 그러나 한번 정신을 차려 "내가 지금 이 가는 철필 끝으로 배추씨 같은 가는 글자를 장부에다 정성스럽게 기입하는 것도 대체 누구의 이익을 위한 것이냐"는 것을 알아내게 되는 때는 그때야말로 허여멀겋게 퇴색된 관념의 부광浮光이 도리어 원망스러울 것이다.

　더구나 요즈음 학교의 선생님들이야말로 가관이다. 그 이유는 현대의 교육의 목적이 문화적 노동자를(쉬―중지) 따라서 학문이라는 것이 상품화하였고 그럼으로 해서 선생은 장사하는 사람. 학생은 그 상품을 사는 사람(쉬―중지).

월급쟁이의 생활수준

　"먹고 살 것만 있으면 이놈의 짓을 오늘이라도 그만두겠다."

　이것은 어떠한 월급쟁이치고 아니해본 적이 없는 말이며 그 실현을 바라지 아니하는 사람이 없는 것이다.

　노동자가 그날그날의 밥벌이에 몰려 그 생활을 벗어나려고 하는 것과 한가지로 월급쟁이가 그달 그달의 빚에 졸리고 돈에 몰리는 생활을 벗어났으면 하고 애쓰는 것은 무리라 할 수 없다.

　그들의 생활은 결코 넉넉지 못하다.

　35원짜리 월급쟁이는 그것이 다달이 모자라니까 좀 더 받았으면... 하며 60원이나 70원짜리 월급쟁이를 부러워한다.

　그러나 35원짜리 월급쟁이가 가령 50원을 받게 되면 그의 생활이 35원 시대보다 나아졌는가 하면 결코 그렇지 아니하다.

　또 같은 월급쟁이로 60~70원짜리 월급쟁이가 35원짜리보다 생활이 훨씬 나으냐 하면 그도 그렇지 않다.

　이 모든 이유는 굳이 캐어내자면 월급쟁이가 월급이 오르면 거기에 따라 지출이 느는 탓이요 또 액수가 많은 월급쟁이는 그만큼 비례해서 역시 지출의 퍼센티지가 많은 까닭이다.

　그러므로 월급쟁이는 그가 월급쟁이인 이상 하늘에서 금덩어리가 뚝 떨어져 내려오기 전에는 숙명적으로 가난뱅이를 벗어나지 못한다―운수가 좋아서 돈 많은 집으로 데릴사위나 들어가면 모르지만.

월급쟁이의 꿈

　세상 사람이 모두 다 꿈을 품고 있는 것과 한가지로 월급쟁이에게도 제가끔 그럴 듯한 꿈이 있다.

　더욱이 월급쟁이가 사회의 명색 없는 존재에 어느 일부 사람의 이익을 위하여 심혈을 바쳐 일을 하면서도 생활이 임의롭지 못한—
그러나 지식계급인 관계로 그들의 꿈은 크고 호화롭다.

　　장가를 아니 간 월급쟁이는 장가 잘 갈 꿈을 꾸고 있다. 제가끔
이상에 맞는 미인으로서 '부잣집 딸', 그리고 더욱이 자기 회사 중역이나
또 상관의 딸이 있으면 그 사위가 되며 진급이 되고 그리고 더 나아가서
중역이나 국장, 과장이 되고…

　　또 이미 장가를 든 사람은 어떻게 하면 승급, 진급이 자주 되어
중역, 국장의 의자에 앉고 자식을 잘 기르고 사위를 얻고…

　　그러나 이러한 꿈들이 현실되는 '푸로바빌리티'는 천에 하나,
만에 하나도 드물다.

　　부잣집 딸이 무엇이 그리 답답해서 가난뱅이 월급쟁이를
쫓아가며 중역 과장이 하고 많은 사람을 많이 두고 하필 시들부들한
월급쟁이를 사위로 삼을 것이냐.

　　더구나 세상의 국장과 중역은 그 수효가 불과 몇이 아니 되는데
그것을 바라는 사람은 수없이 많으니 과연 그 복덩이가 돌아온들
누구에게로 돌아올 것이냐?!

　　이러한 허무한 꿈을 품고 어릿어릿하는 동안에 악착한 현실은
그들에게 사정없이 덤벼든다.

　　회사원 같으면 상여금 감하에 더 심하면 도태를 당하지, 관리는
감봉을 당하지.

　　자식은 생겨나고 자라나지, 나이는 한 살 두 살 더 먹어가지.

　　투쟁의식이 없을 따름이지 다 같은 노동자의 일부를 이룬 그들을
누가 그렇게 만드는가?

월급쟁이 생활 요모조모

　　월급쟁이와 양복. "양복쟁이 거동보소. 양말 뒤꿈치 빵꾸가 났네."

　　우리가 길로 지나다니노라면 이러한 노래를 흔히 듣는다. 이것은
가난한 양복세민洋服細民을 표현한 눈물겨운 풍평諷評이다.

　　과연 월급쟁이치고 양복을 아니 입는 사람이 몇이나 되며 또
월급쟁이로서 양복생활하는 사람치고 양말 뒤꿈치에 빵꾸가 나지
아니하여본 사람이 몇이나 되는가?

　　물론 중역의 자제나 혹은 돈 있는 사람이 중역 견습으로

회사원이 된 사람이야 그럴 리가 없겠지만 양복쟁이, 월급쟁이,
발뒤꿈치 빵꾸는 삼위일체다.

       ×

또 이러한 노래가 있다.

"양복쟁이 호주머니 전당표시가 웬 말인가."

이것 역시 발뒤꿈치 빵꾸식의 것이다.

천 명의 양복세민(월급쟁이) 중에 전당을 잡혀보지 아니한
사람을 열 명만 가려낸다면 그것은 천하의 기적일 것이다.

서울말에 "바람벽에 빈대피와 전당표시가 없으면
흉갓집이다"라고 하는 말이 있다.

과연 기생과 월급쟁이에게는 전당포같이(더욱이 도시에서)
고마운 것은 없을 것이다.

시골 월급쟁이는 도시 월급쟁이에 비하면 양반이다. 그들은 그
지방의 부자도 교제하고 그래서 땅마지기도 부치고 한다. 시골 면서기나
소학교 교원이나 순사, 금융조합서기 등속은 대개 그러하다.

그러나 도시의 월급쟁이는 받는 것이 월급뿐이다. 그러므로
옹색하면 철 지난 양복, 마누라의 반지, 회중시계, 심하면 마누라의 단
한 벌 있는 비단치마라도 잡혀야 한다.

그렇지 아니하고는 살 수가 없다.

       ×

계급적으로 보아 아무 곳에도 소속되지 아니한 인텔리층—
그것이 직업별로 나타난 것이 월급쟁이—이들의 창백한 인텔리군#은
그 참담한 품이(앞길이 막힌 것으로 보아) 프롤레타리아 이하다.

그들은 다만 시대의 지배계급의 한 수족일 따름이다.

룸펜시대
박로아 《혜성》 1932년 2월호

지식인 룸펜의 습성과 기질을 잘 나타낸 글이다. 무직으로서
할 일을 찾지 못하는 이유가 사회적인 데 있지만 이로 인해

눈칫밥만 늘어가는 지식인들의 자기변명을 읽을 수 있다.
선비 기질이 남아 있는 현학적인 표현에서 지식인적 자존심이
보이지만 타인에게 의존하려는 경향성에서 전형적인
1930년대의 룸펜적 특질을 보여준다.

'룸펜'이란 신어新語가 유행되면서부터 거개의 조선 청년들이
새삼스럽게 룸펜이 되어버린 감이 있다. 촌리에서 한 달이나 두 달씩
배를 깔고 칩복蟄伏해 있다가 갑갑해서 친구를 찾아 서울로 올라갔다.
오래간만에 만난 친구를 붙들고,
"자네 근황이 어떤가" 하고 물으면,
"뭐 룸펜이 별수 있나 여전하지..."
으레 이렇게 대답한다.
또 다른 친구를 보고 "자네 요새 어딨나?" 하면 "아직 거길세
어디 갈 데 있던가" 하고 원족遠族 일갓집을 가리키든지 외상밥 먹는
여관집을 암시하는 것이다. 생활이 극도에 이르고 세태와 인심이
야박해진 오늘날에 '애왕손이진식哀王孫而進食'하는 현량한 부인네도
없을 터이나 그들은 쓰나 다나 할 수 없이 친분을 믿고 봉록을 찾아서
소위 눈칫밥을 먹고 지내가는 형편이니 분류하기 좋게 아주 '눈칫밥
룸펜'이라고나 해버릴까! 이렇게 말하는 나 역시 무슨 생업이 있는 것이
아니요 말이 좋아서 시골이지 가난한 형님댁과 처가에서 객권이 되어
가슴에 피어오르는 애울哀鬱을 혼자 삭이느라고 병든 개처럼 끙끙 앓고
지내는 터이니 그리 큰소리할 염치도 못 된다.
그러나 따져보면 이 '눈칫밥 룸펜'군群은 결코 실업자가 아니라
정작은 무직자인 것이다. 즉 처음부터 직업을 가지지 못했다는 말이다.
그 점에 있어서 실업자와 결과는 마찬가지면서도 그 원인이 다르다.
아직 산업 발달이 되지 못한 우리 조선에는 민간사업이래야
십지十指를 굴屈하지 못할 형편이며 정작 일자리는 다른 사람들이 먼저
차지하고 앉았으니 실로 팔자에 타고난 룸펜이다.
그러나 이 룸펜군은 비록 눈칫밥을 먹고 찬 방에서 배를 깔고
원고료 없는 원고를 쓰고 있을망정 불원한 장래에는 현실성이 충분히
있다고 확신하는 막연한 희망과 거기 따르는 지조만은 가지고 있다는

것이 똥구루마를 끌지 않고 '야끼이모[군고구마]' 장수를 하지 않는
그들의 배고픈 품위와 체면을 간신히 변명해준다. 그뿐 아니라 그들은
울며 겨자 먹기로 먹여주는 일가 아주머니나 여관집 노파들까지도
그들과 함께 그 막연한 희망의 실현성을 또한 막연히 믿고 은근히
바라고 있는 것이다.

그리하여 그들은 밥 지을 것을 죽을 쑤어 나눠 먹으면서 도리어
그 뱃심 좋은 공식空食쟁이를 위안하고 동정해주기로 한다. 이 모양으로
우리 청년 룸펜군을 먹여 살리는 사람은 역시 가난한 조선사람들이다.

돈 많고 세력 있는 사람들이 만주 조난동포遭難同胞에게 천 원 만
원의 구제금을 보내는 것은 여러 가지의 타산하는 일이 숨어 있지마는
송월동 빈민들이 보내는 헌옷 한 벌과 단돈 5전, 10전은 열렬한
동포애와 계급적 연대감의 단적 발로가 아니었던가!...

그런데 그들의 '막연한 희망'이란 그 막연이 공상의 그림자와
같은 막연이 아니고 오직 필연의 과정으로 유전流轉하는 시간이
해결할 수 있는 막연성이라고 그들이 확신하고 있는 것과 같이
개념적이나마 또한 그러리라고 짐작하고 있는 듯한 아주머니들은
시대풍조를 피상적으로나마 감각하는 점에 있어서 그 현명한 품이 결코
진음표모進陰漂母[표모진식漂母進食인 듯]의 비比가 아닌 성싶다.

그러나 명도다천命途多舛한 이 인텔리룸펜들이
궁차익견窮且益堅하여 계급적 지조와 열분熱憤을 상실하지 않음으로써
무위도식, 무기력, 무정견의 정통적 룸펜성을 극복하고 나아간다면
다행한 일이다.

이 점에 '눈칫밥 룸펜'의 특수성이 있어야 할 것이다.

그러나 새해부터는 탕자의 유흥비로 기천만금의 유산을 남기고
영구불멸의 수전노가 되어 지부地府에 가서도 건정乾淨치 못한 귀신이
되지 말고 기분幾分의 재산을 던져 새로운 민간사업을 일으켜서 우선
이들 눈칫밥에 낙엽과 같이 위락萎落해가는 룸펜군을 그 눈칫밥에서
해방시켜주려는 공명심을 가진 기특한 부자가 여기저기서 용감히
튀어나오지 않을까?...

대장부 불능자식不能自食하고 또한 한 일도 없이 일보 일보 삼십
고개가 가까워가니 인간적 계루係累만 실없이 늘 뿐이요, 해마다 내
개인의 부끄러운 역사만을 거듭하는 것 같아 무심할 뿐 아니라 새해를

맞는 게 일변 겁도 나는 성싶다.

1931년 11월 29일 수원에서

어떤 룸펜 인텔리의 편상片想
이헌구 《혜성》 1932년 4월호

> 룸펜의 모습을 적나라하게 표현한 글. 희망을 잃어버린 룸펜
> 군상에 대한 객관적 묘사보다는 글 자체에서 묻어나오는
> 감상적인 표현이 당시의 룸펜적 기질을 더 잘 드러내고 있다.

3월! 도시의 3월 음산하고도 냉락冷落하던 거리거리에 허리
구부리고 지나다니는 행인의 쭈그러진 등살이 한 치 두 치씩 펴지며
구태여 외투 속에다 끼워 박고 다니는 검은 목이 한 분分 두 분씩
정면을 향하고 쳐들기 시작한다.

더군다나 황혼이 되면 부드러운 아지랑이 저녁연기와 함께
자욱하게 서울의 품속을 싸고 또 쌀 때 집집마다 들창을 열어놓고
떠드는 느린 말소리가 웃음과 함께 섞여 나온다.

그 어느 때는 수많은 군중이 이 도시의 거리거리와 골목골목을
광열狂悅과 환호의 소리로 뒤집힐 듯이 떠들어내고 지나간 일도 있었다.
무엇을 동경하는 긴장된 그 젊은 얼굴빛은 나날이 다시 창백해지기
시작하였다. 10년도 넘어 지난 오늘 와서는 그 많은 사람들이 달음쳐
지나가도 그 땅과 그 길과 그 집들은 허물어지고 패어나고 또 새로운
형태로 변하여지고 말았다. 그리하여 서울도 근대 도시의 면영面影의
말석末席을 더럽히려고 한다.

그러나 말도 없이 웃음도 없이 또는 표정도 없이 많은
사람들은 새 길과 새 집 모퉁이를 서로 어깨를 맞부비고 지나간다.
무엇에 성이 났는지 무엇에 쫓기는지 비뚤어진 그 입과 찌푸려진 그

이맛살, 이리하여 3월이 되면 서울의 거리는 다시 새로운 할 일 없는 실업군失業群으로 복잡해지고 만다. 꽃 한 짐 지고 돌아와 다시 닭소리 들린다는 종로 네거리에는 다 떨어진 겨울옷을 그대로 감은 룸펜이 꽃도 없고 향기도 없고 닭조차 자유롭게 울 수 없는 이 거리를 목적 없이 왕래하고 있다.

3월! 식食으로 성性으로 이 모든 것에 주린 그네들이 다시 가죽띠를 졸라매고 눈물에 어린 서로의 얼굴을 쳐다보는 그날이 언제 올 것인가? 모두가 한 채찍 밑에서 신음하는 이들의 3월! 입술을 깨물고 끓어오르는 열정의 피가 한데 엉키는 비장한 침묵의 '라스트 씬'. 종종種種의 얼굴이 무엇을 말하려다가도 그대로 눈을 내리깔고 지나가며 서로 손목을 붙잡고 힘 있게 흔들려 하다가도 그냥 길을 피해서 고개를 숙이고 가는 그네들.

황혼도 지나고 밤이 되어 거리에 사람들의 그림자가 사라질 때 희망을 잃어버린 울분에 펄럭이는 그 손이 다시 맥이 풀려서 마지막 한 개의 '마아코'를 꺼내어 입에 물었을 때 모든 청춘의 아름다운 환상과 공상과 몽상은 자색 연기 속에 풀려져 아롱아롱 눈앞에 가물거리다가 사라지고 만다. 마지막 한 개의 궐련의 마지막 한 모금 연기가 목 안을 핑그르르 돌며 꿀꺽 삼키는 쓴 침과 함께 그 쌍안雙眼에는 굵은 눈물방울이 여윈 두 볼 위로 흘러 떨어진다. 그 소리가 마치 자기 전 생명을 절단하는 듯이 가슴에 울리고 전 신경을 경련시킨다.

미지의 3월의 봄 향기가 젊은 가슴에 피어보지도 못한 정열의 시든 꽃을 어루만지고 지나간다. 어지러운 꿈 만족할 수 없는 새로운 욕망 충동 차디찬 온돌방에 갓(笠)도 없는 전등을 끄고 누우면 푸르고 붉은 잔상이 찾을 수 없는 추억과 같이 눈앞에 명멸한다.

1932. 2. 11. 밤

제3의 행복
안회남 «조광» 1937년 1월호

> 1930년대 말 지식인들의 생활과 품성 그리고 여기에 묻어
> 있는 '객기'를 살펴볼 수 있는 글이다. 술에 얽힌 객담, 주먹을
> 휘둘렀던 무용담, 문학과 사회를 논하는 우쭐거림으로 밤을
> 지새우는 것이 지식인의 '행복'이자 '특권'이었다.

　사람으로서 제일 행복스러운 일은 연애요, 다음으로는 여행,
셋째로 친밀한 동무들끼리 겨울날 화로를 끼고 둘러앉아서 이야기를
주고받고 하는 재미를 들 수 있으리라 믿는다.
　여럿이 모인 좌석에는 으레 음식 장만이 있어 모두 입질들을
해야만 더욱 화기가 돌게 되는 법이며 젊은 사람들에게는 음식
중에서도 술이 아니고는 안 되지마는 화로 가상이에다 손들을 내밀고
옹기종기 몸들을 부비며 이야기에 꽃이 필 때는 과자 한 개 없어도
마음은 무척 기쁘며 행복을 느끼게 되는 것이다.
　겨울날 중에서도 이러한 때 또한 공교히 눈이라도 오시면 그것은
더 말할 나위도 없는 아름다운 정경이다. 일기는 한랭하지마는 물론 방
안은 따뜻하고 평화하여 모두들 얼굴들이 화롯불에 불그레히 상기하여
있는 것이다. 생각하면 그것은 정말 우리가 가장 고운 정서에 도취하여
있는 모양임에 틀림없다. 시간이 지날수록 백설이 땅 위에 자취도 없이
쌓이는 것 같은, 그렇게 깨끗하고 조용한 행복이다.
　친한 동무가 몇 해 더 친밀하게 여겨진다. 그의 능란한
구변口辯이 평상시보다 훨씬 매력 있게 되는 것도 신통한 일이다. 일상
남의 의견에는 반대를 하며 그것을 공격하기에만 급급하는 그리 칭찬할
수 없는 버릇을 가진 사람도 이 노변담화爐邊談話의 자리에 있어서는
어느새 남의 이야기에도 곧잘 귀를 기울이고 또 존경할 줄도 아는
얌전한 인물로 되어진다.
　한 벗의 이야기는 옛날 우리들이 함께 몰려다니며 술 먹던
시절의 회고다.
　"참 잘들 했지"
　이렇게 일제히 스스로 감탄하는 말로써 시작된 것이다. 실마리

풀리듯하여 한동안을 두고 우리를 웃기던 그의 가지가지 이야기를
종합해 보면 다음과 같았다.

　一. 언젠가 하군과 나 두 사람은 나의 여름 양복 저고리를
잡혀가지고 당시 서울 장안에서 술맛 좋기로 유명하던 종로 '부벽루'에
가서 먹다.

　一. 충청도 예산으로 금광을 하러 갔던 김군이 상경하여 그의
덕택으로 카페까지 진출하여 그의 소중히 쓸 금액에서 기십 원을
소비케 하다.

　一. 종로경찰서 옆에 '빙글빙글 주점'이라는 것이 새로 생겨서
셋이 시음차 가다. 그때 호박꼬치가 썩 맛있었다고 지금까지 기억된다.

　一. 언제 보아도 흥정이 없는 가엾은 술집에를 우리 주호의
일행들이 아침부터 들어가서 주인의 두 눈이 휘둥그레지게 팔아주다.

　一. 가까스로 나의 양복 저고리를 찾았었는데 다음에는 김군의
청으로 다시 입질을 하여 서소문 밖 갈빗집엘 가다.

　一. 찹쌀막걸리의 원조 서대문정 '은용루'에서 발전을 하기
시작하여 목로주점 시찰을 뜻하고 그때는 시외였던 아현리 방면으로
전음하다.

　一. 하도 궁해서 송원정 '순대집'에서 점심 겸 한잔하다가
화풀이로 김군의 소유인 '막심 고리키' 전집을 팔아서 철야통음.
마포로까지 원정을 하였다가 밤을 새우고 이튿날 아침 다 쓰러져 가는
'비지집'에서 해장을 한 것은 참 인상 깊은 일이다.

　그 시절에는 하군, 김군, 나 세 사람이 술친구로 짝패였는데
한번은 셋이서 길을 가다가 별안간 소낙비를 만나게 되었다. 우산이
없어서 꼭 탈이 났는데 아까까지도 돈이 없다던 하군이 금시로 걱정
말라고 하면서 바로 부근에 있는 중화요리점으로 끌어서 하여간 그날
밤 2시까지를 계속하여 배갈을 먹었는데 나중에 알아보니 과연 하군은
한 푼 없었고, 그의 말은 일대의 주호酒豪가 그럼 돈 없다고 술 못
먹어서야 될 말이냐는 것이었다.

　술 먹던 추억담에서 어느덧 화제는 싸움패로 돌아다니던 때로
옮았다. 이번에는 떠들던 동무가 잠잠히 듣고 앉았고 고개만 끄덕거리고
있던 친구가 신이 나서 그전 일을 벌여놓았다.

　"나오서겝쇼"

이것은 당시 싸움대장이던 '윤길'이가 악박골 물터에를 가서 어떻게 거기 있는 패를 경을 쳐놓고 왔는지 그 후부터 우리 일행이 나가면 그쪽에서 우리에게 쓰는 존대였다. 그것을 전후하여 '윤길'이의 무용전武勇傳을 열거하면,

ㅡ. 수표교 부근에서 어느 되지못하게 건방진 놈이 걸려서 대장의 즉결속전주의에 대참패. 그 친구 일격에 녹아웃을 당하다.

ㅡ. 어느 여름철 인천 해수욕 갔던 동무들의 지급 전보로 조탕潮湯에까지 출장. 동경서 왔다는 권투선수에게 조선 '사직골택견' 맛을 보여주다.

ㅡ. 한번은 밤이었는데 종로로 내려오려니까 한 체육가적 體育家的 체격에 떡 버틴 자가 나의 어깨를 치고 어깨를 올린 것까지는 되었지만 뒤에서 오던 '윤길'이의 얼굴을 보더니 작자 금방 졸도할 것처럼 창백하여지다.

ㅡ. 영문도 모르는 인력거로 초대를 받아 가서 대장大將 중국인 습격전에 껴서 무훈혁혁. 그 당시 싸움대장의 일거수일투족에도 그야말로 적군 사상死傷 무수였다.

ㅡ. 서대문 통에서 ×중학 유도부원의 버릇을 가르치다.

그 후 싸움대장은 카페와 바 등의 소위 '요짐보[경호원]' 노릇을 한 일도 있었으나 어떻게 생각을 하였는지 유도에 전심전력하여 가지고는 현재 4단 실력자가 되어 있다. 어느 관청에 취직되었다가는 사흘째 되던 날 상관을 메다꽂고는 튀어나왔다.

한참 동안 우리는 멍하니 과거를 되풀이해보기도 한다. 그러면 아주 잊어버리고 말았던 일이 별안간 생각나기도 하고 한때는 다시없이 친숙하게 지내는 동무의 얼굴을 발견하기도 한다. 이렇게 각자 제 생각에 젖었다가는 또다시 화제가 바뀌기도 한다.

"자네들 요새 무슨 책 읽었나?"

술과 싸움과는 손톱만치도 인연이 없는 질문을 한 동무가 하였다.

"앙드레 지드의 『도스토옙스키론』."

"목본고태랑木本高太郎[목목고태랑木木高太郎의 오타인 듯]의 『이중살인』을 봤지."

"발자크의 『외제니 그랑데』."

각인각색이었다. 이로부터 문화에 대한 논의를 비롯하여

다음같이 이야기되었다.

一. 금년도 조선문단의 대표작으로는 박태원 씨의 『천변풍경』을 들 수 있다.

一. 그러나 이것을 가지고 최재서 씨가 리얼리즘의 확대라고까지 한 것은 과찬이다. 방법론의 변혁이 있어야 비로소 심화이니 확대이니 할 수 있지 『천변풍경』은 그저 단순한 붓끝으로만의 성공한 작품이라고 보는 것이 타당하다.

一. 신인으로는 김동리 씨가 유망하다.

一. 올해에 이르기까지 평론에 체계가 없는 것은 한심한 일이다.

一. 에드몬 쟈루가 현대에 있어서는 운문을 쓰지 않는 사람을 시인이라 찬칭讚稱한다고 하였는데 그것은 현대시에 대한 정문일침이다.

一. 우리 문단에서는 희곡이 번화해지질 않으니 무슨 까닭일까?

一. 탐정소설은 아직 싹도 생기지 않았다. 번역은커녕 번안물에 가서도 당최 해방면該方面에는 조금도 안식眼識이 없는 모양이다.

一. 두세 개의 유머소설이 나타났지마는 이것은 유머라고 하는 것보다도 '익살'이라고 지칭하는 것이 옳고, 그것도 작품 전체에서 오는 익살이나 재미가 아니라 단지 문장을 우습게 쓰는 것으로만 일삼는 것은 안된 일이다.

一. 그 외 소위 중간독물中間讀物 같은 것에는 정말 읽을 맛이 있게 쓰는 마땅한 필자가 하나도 없는 것 같다. 김웅초 씨나 나서면 볼 만할 것이다.

나중에는 예술문제의 커다란 시금석인 '예술을 위한 예술'과 '인생을 위한 예술' 이야기까지 나온 것이었다. 그러나 그것은 결국 마찬가지로 전자를 인생을 위한 한 개의 예술지상주의, 후자를 예술을 위한 한 개의 인생지상주의라고 해석하는 것이 옳다고 논의되었던 것이다.

이만치 하면 우리가 지내온 이야기의 수풀은 상당히 그윽하게 된 것으로 우리는 밑도 끝도 잡을 수 없는 노변잡화 그것의 커다란 분위기에 폭 싸이고 마는 것이다. 이제는 피로를 알 만치 우리는 더욱 지껄이고 듣기에 도취하여졌으며 아까보다도 좀 더 얼굴들이 불그레한 것이다. 몇 시간을 두고 화롯불만 헤치며 손을 녹이었으니 손길의 따뜻하고 부드러운 맛이야 일러 소용없게 된 것이다. 머리와 이마를 쓰다듬고 방문을 열어 만일 바깥마당에 폭 쌓인 눈을 목도하게 된다면 그리고 춥고 강한 겨울바람을 연상해본다면 실내의 봄같이 온화함과 거나하여 형용할 수 없는 이야기의 분위기에 여러 동무들과 함께 잠겨져 있는 자신이야 그 얼마나 행복스러운 순간을 경험하고 있는 것이뇨. 사실 연애, 여행으로 다음인 우리 생활에 있어서 그 셋째 되는 제3의 행복이라고 일컬을 수 있을 것이다.

4장

유행과 대중문화의 형성

문화의 씨줄과 날줄이 새롭게 교직되기 시작하면서 과거와는 다른
현상들이 부박한 대중의 성정을 자극하기 시작한다. 부박한 대중이란
세태에 따라 이리저리 쏠리는 무리란 뜻이지만, '피지배층의 무리'를
뜻하는 '백성' 대신 대중이란 용어가 일상적으로 쓰이게 된 것도 현대의
산물이다. 현대의 조건에서 가장 먼저 꼽을 수 있는 것이 대중매체의
확산이다. 불특정 다수를 향하여 전달되는 '문화'를 생산하고 소비하는
신문, 잡지, 영화, 방송 등의 매체를 통해 생각과 의식이 뒤바뀌고
감정과 느낌이 좌우되는 대중이 존재하는 사회가 바로 현대사회다.

   대중문화의 존재는 사회의 지배방식을 뒤바꿔놓는다.
대중매체의 전면적인 확산은 매체를 통한 문화적 지배를 가능하게 한다.
대중에게 잠재된 '욕망의 설득과정'을 거쳐 문화적 지배는 이루어진다.
식민지 시기라고 해서 욕망의 정서와 감정이 분출되는 유행가나
영화들이 민족과 역사와 독립을 외쳤을 것이라는 상상은 당연히 하지
않는 게 좋다. 대중문화는 역사가 묻어 있을 뿐 역사를 말하지는 않기
때문이다. 의지나 신념이 사라진 대중문화 속에서
저항과 반발의 역사는 소멸하는 듯이 보인다.
   이제 식민지라는 역사의 굴레 속에서
대중은 또 하나의 질곡을 더하게 되었다.
대중은 현실에서 직접적으로 요구되는
투쟁에서 점점 멀어지게
되었으며, 그런 세태에 떠밀려
갈 수밖에 없는 존재가 되었다.
현대가 시작되는 식민지
조선에서 대중문화의 본질은
비극적이며 외래 의존적이며
무저항적이며 감각적이며

《조광》 1935년 12월호에 실린 '마이크로폰 앞에
앉은 여아나운서의 모양'.

퇴폐적으로 보일 수 있었다.

　　대중문화를 형성하는 가장 첫 번째 조건은 물질이다. 그것은 단순한 물건이 아니라 이제까지 물건을 통해서 전달될 수 있는 의미를 뛰어넘는 감각적이고 새로운 물건이다. 라디오며 축음기며 영사기 등이 그런 것들이다. 그 물건들은 신문물과 신과학의 상징으로 등장하고 대중의 호기심을 자극한다. 두 번째 조건은 조직이다. 유희에 대한, 오락에 대한, 감각에 대한 대규모의 조직적인 이벤트들이 그것이다. 전람회, 박람회, 운동회, 영화관, 유람단 등등의 '구경거리'는 집단적인 의식과 유행을 만들어내기 시작한다. 식민지 시기

조선극장과 출연자를 소개한 팸플릿. 스타를 중심으로 한 인물 배치의 형식은 1970년대까지의 극장 쇼나 지금의 술집 전단과 다르지 않다.

대규모의 이벤트를 통해 식민지 대중을 새로운 세계로 편입시키려는 전략은 식민지배자들이 가장 즐겨 쓰던 방법이기도 했지만, 대중적

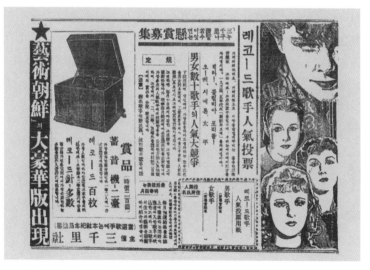

1934년 《삼천리》가 실시한 레코드가수 인기투표. 축음기를 상품으로 내걸고 유행가와 신민요를 부른 남자가수와 여자가수에 대한 인기투표를 했다.

1940년 3월 6일 《조선일보》의 영화란. 〈나폴리의 미풍―'마리오 카메리-니' 감독으로서 주연은 '봇트오데 시-카'와 '앗샤 노-리스', 오는 4일부터 9일까지 시내 명치座明治座에서 봉절

정서를 상업적으로 이용하는 자본주의의 효율적 방편이기도 했다. 세 번째 조건은 대중매체다. 입에서 입으로 퍼지는 구전의 패러다임이 아니라 매체를 통해 한꺼번에(정도의 차이는 있을지라도) 전달되는 미디어의 패러다임이 존재할 때 대중문화도 존재한다. 방송국과 신문사, 잡지사 등은 이제 물질과 조직을 통해 형성된 정보와 의식과 감각을 재조직하여 전면적으로 확산시킨다.

현대 초기에는 물질의 도입에 뒤따른 신문물이 관심의 대상이었지만 이후 새로이 등장한 문화현상이 보편화되면서 1920년대 중후반 이후에는 문화적 현상 자체가 관심의 대상이 되었다. 활동사진이라는 새로운 물건은 영화라는 장르로 정착되고, 귀신 소리가 나오는 라디오는 대중매체로 자리 잡으며, 선교사들에 의해 벌어지던 놀이는 스포츠로 정착되면서 이들 매체문화가 지닌 현대문화의 속성이 그대로 대중의 삶을 지배하게 된 것이다.

대중매체를 통한 대중적 오락(한때 대중문화는 대중오락이라고 불렸다)이 정착되기 전에 스포츠는 가장 낯설고 이질적인 문화적 전환을 가져왔다. 창唱이나 춤과 같은 장르가 음악이나 연극, 영화로

전환되는 과정과 마찬가지로 전통적인 놀이가 스포츠로 전환되는
과정에는 몇 가지의 근본적인 인식의 전환이 필요했다. 어쩌면 음악이나
연극, 영화보다 스포츠가 더 현대적인 대중문화의 산물일 것이다.
스포츠는 그 이전 어떤 유희와도 달라서 이를 받아들이기 위해서는
신체에 대한 인식의 변화뿐 아니라 게임으로서의 유희를 이해하는
과정이 필요했다. 신체에 대한 봉건적 인식과 현대적 시각 사이에
일어난 충돌은 이화학당에서 '처자들'이 운동장에 모여 팔을 흔들고
다리를 벌리며 뜀뛰기를 하는 체조가 장안의 호기심을 불러일으켰다는
사실에서도 알 수 있다.

　　　아무런 목적 없이 신체를 단련하거나 즐기기 위해 운동을
한다는 육체의 패러다임이 존재하지 않았던 조선에서 새롭게 등장한
스포츠는 그 자체로 구경거리였다. 사대부 문인이 취미로 시회詩會를
통해 서화를 즐긴 것처럼 노동이 아닌 운동으로 흘린 땀을 '교양'의
수준으로 간주한다는 사실을 이해한다는 것은 불가능했다. 그러나
현대적 교육기관을 통해 스포츠가 일반화되고 이를 경기라는 방식을
통해 바라보면서 스포츠와 스포츠에 함의된 정서적인 내용은 '현대적인
문명' 중의 하나로 널리 소개되었다.

초기의 야구경기 모습.

1935년 6월 13일 밤 경성그라운드 특설링에서 열린 필리핀 대 조선의 국제권투시합. 5000여 명의
관중이 참석했다 한다. 《사해공론》, 1935년 7월호.

　　대중적인 오락으로 자리 잡기 이전 스포츠에는 분명한
계몽주의적인 의도가 포함되어 있었다. 신교육의 과정에서 집단체조나
운동경기가 보편화된 것은 교양의 실천방법이었기 때문이다. 또한
스포츠가 정착되는 과정은 서구의 문화를 수용하는 과정을 내포하는
동시에 자본주의문화의 성격을 그대로 표상한다는 점에서 주목할
필요가 있다.

　　스포츠의 수용은 개화 초기 계몽주의적 선각자들이 신체단련을
장려하면서 자발적으로 이루어졌지만, 스포츠를 행하고 즐기게 하려는
식민지배자의 정책적인 의도 또한 포함되어 있었다. 스포츠의 생성,
발전은 당시의 제국주의적인 시대분위기와 밀접한 연관이 있다. 서구
부르주아의 철학을 바탕으로 한 스포츠는 남성 중심의 도덕적인
덕목으로 제시되는 '힘의 정당한 사용' '목적을 거세한 승리 자체를
즐기는 의지' '페어플레이로 상징되는 기사도 정신' 그리고 '군사적인
엄격한 규율' 등을 내포하고 있다. 자연히 스포츠는 사회적 규율을
익숙하게 하는 교육의 장으로 활용되었으며, 원칙과 규율을 통해
지배체제를 재생산하는 효과적인 장치로 작용했다. 즉, 흩어져 있는
대중을 일사불란하게 지배할 수 있도록 훈련하는 과정으로 스포츠가

장려된 것이다. 따라서 오늘날 프로야구와 같은 스포츠에 대해 제기되었던 '대중의식의 무기력화를 위한 지배전략으로서의 오락'이라는 의미의 이면에 '스포츠를 통한 국력의 신장'이라는 이데올로기 역시 작용하고 있음을 알 수 있다. '타락한' 스포츠정신을 말하며 건강한 스포츠문화를 육성하자는 오늘날의 상투화된 논리 속에는 스포츠를 통한 건강함이 국가의 지배력을 강화하는 방향으로 작용해야 한다는 초기 현대의 제국주의적 사고가 묻어 있다고도 할 수 있다.

현대적 인간의 품성과 자질을 키우기 위한 스포츠정신은 서구의 부르주아적 남성주의를 근간으로 하고 있었지만, 당시의 개조론에 근거한 지덕체智德體 지정의知情意의 관념주의적 세계관을 형성하기 위한 구체적 방법이기도 했다.

> "분초를 다투는 것은 명민明敏, 준속峻速, 감단敢斷
> 등의 성격을 작作할 것이요. 공격함을 당하야는
> 용진맹습勇進猛襲하야 진취매진進取邁進의 성격을
> 여與하며... 지정의知情意 삼대성격을 구체적으로 함양할
> 수 있을 것이다."
>
> 김원태, 「산아이거든 풋뿔을 차라」, 《개벽》, 1920년 11월호.

스포츠에 대한 이러한 표현은 초기의 스포츠가 문화교양주의, 인격주의와 매우 밀접한 연관이 있음을 보여준다. 약육강식과 우승열패의 논리에 따라 약소민족으로 전락한 식민지 조선을 강성하게 하기 위한 수많은 문명론, 개조론, 실력양성론 등 그 철학적 바탕의 궁극에는 항상 개인적인 인격 수양을 핵심으로 하는 인격주의가 자리 잡고 있었다. 인격주의의 요체는 지성과 덕성, 체력이었으며 따라서 스포츠는 개인의 인격 수양의 훌륭한 방편으로 받아들여졌다. 스포츠경기는 대중화되고 보는 오락으로 자리 잡아가면서도 스포츠정신이란 이름 아래 건전한 사회적

활동으로 인식되었다.

그러나 스포츠가 하나의
문화현상으로 자리 잡으며 대중의
일상적인 관심의 대상이 되자 어느새
스포츠의 상업화에 대한 비난이
쏟아졌다. 스포츠가 자본주의의
상업적 속성을 드러낸 것이다.

《중앙》 1933년 12월호 표지. 스케이팅하는
여학생을 그렸으며 특집 또한 '윈터 스포-
쓰'다.

"'스포츠맨'의 돈
있는 사람에게
노예화―운동경기장이
도박판이 된대서야 좀
거북한 일이다. 홈런,
볼, 볼 한 개에 몇만
원의 도박금이 대롱 매여달리고 번언한 스트라이크볼을
'볼'이라고 선언하는 한 마디에 몇천 원의 입 씻기는
돈이 양복주머니 속으로 들어가게 되어서야, 기관
속에... 구역이 치미러 오른다 (...) 운동경기의
영업주의화―'스포츠맨'의 노예화―상품이다. 고기덩이와
고기덩이와의 부딪힘의 상품화―이 현상에서만 볼 수가
있는 것이다." 승일, 「라듸오, 스폿트, 키네마」, 《별건곤》, 1926년 12월호.

주목할 것은 이미 스포츠가 금전적으로 타락할 정도로
'발달'하였다는 사실이 아니다. 스포츠의 도덕적 근거가 아마추어리즘에
있으며, 이는 곧 스포츠라는 서구 부르주아의 문화적 태도를 정당한
것으로 받아들였다는 의미다. 이런 비판은 오늘날 텔레비전에서도
똑같이 반복되고 있는 것이기도 하다.

1920~1930년대 대중문화의 형성에 결정적인 계기를 마련한 것은
영화일 것이다. 영화는 이제까지 보지 못했던 이미지를 제공함으로써
대중의 미의식을 바꿔놓았다. 영화에 의해 촉발된 문화생활의 변화는
단순히 전통문화의 상실이라거나 서구문화에 대한 맹목적 추종이라는

비판의 잣대를 넘어서고 있었다. 영화 자체가 그러하듯이 일상적인 삶의 토대는 기존의 인식과 태도로는 설명할 수 없을 정도로 빠르게 변화하고 있었다.

영화라는 새로운 대중매체는 전통적인 문화에서 현대적인 문화로 전환하는 과정에서 오는 편차가 상대적으로 그리 크지 않았던 소설의 입지를 빠르게 위협했다. "사실상 영화는 소설을 정복하였다. (...) 소설은 지식적, 사색적이고 영화는 시선 그것만으로도 능히 머리로 생각하는 사색 이상의 작용의 능력을 가진 까닭" 승일, 「라디오, 스폿트, 키네마」, 《별건곤》, 1926년 12월호. 이라는 말을 주저 없이 할 수 있을 만큼, 영화는 대중문화를 지배할 것으로 예견되었다. 실제로 영화는 폭발적인 대중의 관심을 불러일으켰다.[7] 그 당시 표현을 빌리면 영화야말로 가장 "값이 싸고 화려하고 재미있는 오락"이었으며 "세기의 총아" "현대의 패왕"이었다. 하소, 「영화가 백면상」, 《조광》, 1937년 12월호.

나운규羅雲奎. 감독, 배우, 각색 등으로 활동하던 최고의 스타. 전국 영화팬의 인기를 독점하고 있었다. 심훈은 1931년 「조선영화인 언파레드」란 글에서 나운규의 수많은 업적에도 불구하고 그는 "기지종횡奇智縱橫하여 한 작품을 손쉽게 읽어서 꾸그려놓는데 능하고, 장기가 있으나 그 내용인즉 천편일률 소영웅주의로 일관하였다"고 비판한다. 그가 인기를 얻는 이유는 "무슨 시국에 대한 대지大志나 품은 듯한 룸펜의 써-커스적 활약과 오열이불오嗚咽而不嗚하는 곳에 어떠한 사상의 암시가 숨은 듯이 심각 고통을 가장한 일종 흥행가치에 있었던 것이 아닐까?"하는 의심을 하고 있다.

"오십전 혹은 삼사십전으로 세 시간 동안 어여쁜 여배우의 교태와 소름 끼치는 자극刺戟과 노래와 음악과 춤을 실토록 맛보고 게다가 서양원판西洋原版 예술을 풍성하게 감상할 수 있으니까 에서 더 바랄 것이 없다."

하소, 「영화가 백면상」, 《조광》, 1937년 12월호.

영화는 대중오락으로서뿐 아니라 서구문화를 직접 받아들이는 기폭제로 작용하기도 했다. 이런 영화가 처음 활동사진으로 등장했을

《동광》 1931년 7월호 「조선영화인 언파레드」에 소개된 식민지 시기의 대중 스타들
① 신일선申一仙. 미모가 뛰어났던 배우로 <먼동이 틀 때,를 마지막으로 은퇴.
② 이경선李慶善. 그의 연기는 섬세하고 경쾌하며 간드러졌다고 한다.
③ 이규설李奎卨. 노인역을 주로 맡았던 배우. <아리랑, <장한몽> 등에 출연했다.
④ 김일송金一松. <춘희> 등에 출연. 중국에서도 활약.
⑤ 강홍식姜弘植. <먼동이 틀 때, 주연. 당당한 체구와 명랑하고 저력 있는 음성의 배우.
   조선연극사의 무대감독을 지냈다.
⑥ 정기탁鄭起鐸. <개척자> <봉황의 면류관> <춘희> 등에 출연. 상해에서 안중근을 주제로 한
   <애국혼> 등을 감독하고 주연을 맡았던 영화계의 풍운아.
⑦ 이원용李源鎔. <세 동무> <낙화유수> <종소래> 등에서 남성적 연기를 보여준 배우.
⑧ 김연실金蓮實. 신일선이 은퇴한 후 은막의 여왕으로 군림.
⑨ 복혜숙卜惠淑. 토월회 출신으로 <농중조> <낙화유수> <세 동무> 등에 출연.

17. 1938년 극장의 관람객 수는 무려 1250만 명이며, 연극 관람객은 109만
명에 이른다. 「[조선문화 급 산업박람회] 영화편」, «삼천리», 1940년 5월호.

때는 신문물에 대한 호기심 때문에 관심의 대상이 되었다. 1903년 길택상회의 영미연초회사 선전필름 상영부터 1908년 동대문의 전기회사가 있던 자리인 광무대에서 미국인 콜브란이 활동사진을 상영했을 때까지만 해도 사람들은 호적과 장구소리에 끌려 담뱃갑 10장을 들고 가서 '사진이 나와서 노는' 모양을 구경할 수 있었다. 그 뒤 1910년대 말 신극좌, 혁신단, 문예단 등의 극단에서 일본의 신파연쇄극을 모방해 제작하기 시작한 영화는 실상 예술성보다는 활동사진 자체가 주는 마력에 의해 대중의 미의식을 장악해갔다. 1920년대 초반에 활동사진은 사람들의 호기심을 업고 선전용으로 그 위력을 발휘하기 시작했으며, 오락적 기능 외에 이데올로기의 전파수단으로 이용되기 시작했다.

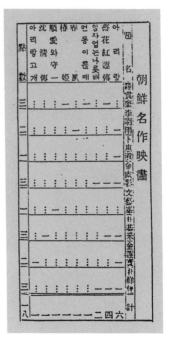

조선 영화 베스트. 나운규, 이명우, 복혜숙, 김유영, 문예봉, 박기채, 김연실, 박상엽 등 감독, 영화배우, 영화평론가 등이 좌담 중에 뽑은 영화들. 점수 합계를 통해 뽑은 조선의 3대 명화는 ‹아리랑›, ‹장화홍련전›, ‹임자 없는 나룻배›다.

> "조선총독부까지도 조선통치 잘한다고 활동사진으로 자랑을 하며 도라다니게까지 세상은 활동사진의 세상이 되고 말았다. '놀이'라고 우습게만 여기든 오락이 대중의 생각을 지배하는 데에 아모것보다도 더 큰 힘을 가진 것을 알게 된 까닭이다."
>
> 파영, 「활동사진 이약이」, 《별건곤》, 1926년 12월호.

본격적인 영화 제작도 영화의 이런 효과를 인식하던 무렵에 시작되어 1920년 취성좌의 김도산 등이 호열자 예방 선전영화, 1923년 윤백남이 저축장려영화 ‹월하의 맹서›를 만들었다.

영화사 경도제京都帝키네마 멤버들. 이창용, 정기탁, 방한준 외. «영화시대», 1931년 6월호.

1922년 연쇄극으로 만들어진 ‹춘향전›에 이어 1923년 본격적인 영화인 ‹춘향전›이 제작되면서 프로덕션, 영화제작소로 불리던 영화회사가 생겨났고 배우와 감독이 되려고 너도나도 뛰어들며, '영화에의 정서가 비상하게 팽창했던 시기'를 맞이하게 되었다.

1926년 나운규가 ‹아리랑›으로 '나운규의 시대'를 열면서 영화는 이제 대중의 단순한 호기심에서 벗어나 대중의 정서와 미의식을 장악하는 가장 강력한 대중문화로 부상했다. 외국영화가 대거 수입되면서 영화는 도시적인 일상의 하나가 되었으며, 특히 서양영화의 상영은 서구화된 육체, 성의 개방에 대한 관심을 포함하여 도시적 삶의 모든 양식을 변모시켰다. 1930년대

«영화시대 » 1931년 6월호에 실린 스타 알아맞히기 현상문제.
정답자에게는 추첨을 통해 만년필과 도서상품권 등을 증정하고 있다. 언론의 끊임없는 환기작업을 통해 대중 스타에 관한 관심이 증폭되는 것은 현재와 동일하다.

1. 이 사진의 주인공은 누구입니까?
2. 그리고 무슨 역을 제일 잘합니까?

'모던 걸'과 '모던 보이'의 등장에 영화만큼 커다란 영향을 미친 것은
없었다.

영화에 대한 대중의 관심은 오늘날 대중 스타에 대한 것과
마찬가지로 "'살리 템플'의 일주일 수입이 얼마니, '케이블'식 구두가
어떤 뽐새니, '존 크로포드'는 몇 번째 결혼하느니" 하는 것들로
채워졌으며, 서양 영화배우에 대한 신상명세를 시시콜콜히 주워섬기는
것이 끽다점이나 바에서 '사교권'을 장악하는 방법이었다. 그런가 하면
영화에 등장하는 배우들을 모방하는 대중의 집단화 현상이 등장한 것도
이 무렵이었다. "그들의 사랑의 모든 수단과 양식은 단성사, 조선극장의
스크린에서 취하는 것은 물론"이려니와 "성에 눈뜬 처녀들이 변사들의
달콤한 해설과 스크린에 빗기우는 사랑의 실연을 보고" 이서구, 「경성의
짜쓰」, «별건곤», 1929년 9월호. 배웠다. 영화가 더 대중적인 장르로 확산되자
"조선의 나이 어린 여성들은 하등의 민족적으로나 계급적 의식이 없이
공상적 푸치뿌르[쁘띠 부르주아] 심리에서 스크린에 나타나는 미모와
고운 목소리에 유혹되어" 김유영, 「영화여우 희망하는 신여성군」, «삼천리», 1932년 10월호.
영화배우로 나서려 했다. 스타를 동경하는 청소년의 연예계에 대한
지대한 관심은 오늘만의 이야기가 아니었다.

영화를 통해 수많은 서양배우들이 지대한 영향을 미치고
일상에 침투했지만, 이와 함께 조선의 배우들이 등장하고 스타시스템이
작동하면서 이들은 대중의 새로운 스타로 부상했다. 당시의 많은
잡지에서 영화배우의 프로필을 소개하는 난이 빈번했던 것은 영화가
지닌 대중적 파급효과를 고려하면 그리 놀라운 일은 아니다.

영화가 영사기라는 새로운 문물의 시각적 충격에 의해 시작되었다면,
유행가는 축음기라는 놀라운 기계와 라디오라는 전파매체를 통해
확산되었다.

> "요새 와서는 유행가를 사람이 선전하는 것이 아니라
> 기계가 선전하도록 변해지고 만 것이다. 다시 말하면
> 진공관으로 진폭된 레코-드의 소리가 사람의 육성
> 대신으로 유행가 보급의 역할을 담당하게 된 것이다."
> 김관, 「유행가의 제문제」, «조광», 1937년 11월호.

《사해공론》 1935년 5월호에 실린 「인기가수알범」. 별색인쇄로 만들어진 인기가수 앨범에는
20여 명에 이르는 가수들의 소속 레코드사, 인기곡, 출신과 주소 등의 프로필이 소개되어 있다.

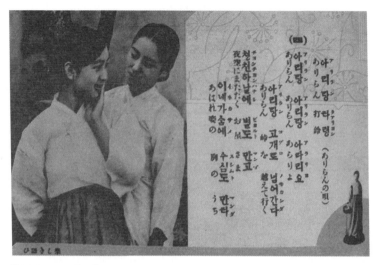

「아리랑타령」 노래집. 『일본식민지사1: 조선』(마이니치신문사, 1978).

　　　그것은 소리를 제공하는 방법의 새로운 전환이었으니 초기에
레코드로 녹음되어 전해진 소리는 민요, 유행가, 넌센스(만담),
영화해설, 극劇 등 다양했다. 특히 과거에 입담으로 이야기가
재현되었듯이 영화 해설이나 극 등이 1920년대까지도 일반에게 널리
유행하기도 했다. 레코드는 곧 유행가로 정착했다. 많은 유행가가
"다달이 새 노래 새 유행가가 일본에서 밀려들어 오면 그것을
그대로 혹은 번안해" 만들어졌으며, "시에론" "빅타" "콜롬비아" 등
레코드사에서는 매달 유행가를 취입·발매했다. 가수는 대부분 극단에
있는 여배우들이었다. 이서구, 「조선의 유행가」, 《삼천리》, 1932년 10월호. 유행가와
함께 영화나 악극의 주제가도 상당수에 달했는데, 새로운 대중문화가
형성되는 과정에서 소비에 걸맞은 생산이 부족해서 오는 현상이었다.
민요와 유행가로 구분되었던 노래는 1930년대에 "유행가도 아니고
민요도 아닌 그 중간식 비빔밥 격인 신민요" 이하윤, 「조선사람 심금을 울니는
노래」, 《삼천리》, 1936년 2월호. 가 만들어져 신구식의 타협을 이루었다.
대중의 취향에 가장 민감했던 유행가는 대개 다방이나 바에서 들을
수 있었지만, 1930년대 중반 음반 발매가 4~5만 장에 이르면서 점차
가정에까지 확산되었다.

　　　어떤 음악이 당대를 풍미할 때 그것은 단순한 유행현상만은

아니다. 1920년대 말 이른바 '재즈적 현상'은 현대적 도시문화 현상을
보여주고 있다. 재즈의 유행은 세계적으로 유행하던 재즈적 분위기에
휩쓸린 결과이기보다는(재즈니 삼바니 하는 노래와 춤의 장르를
유행으로 민감하게 선택할 시기는 아니었다) 동시대적으로 들어오기
시작한 서구유행이 현대적인 대중사회를 형성하던 조선의 시기와
맞아떨어졌기 때문이었다.

　　재즈의 유행은 음악의 유행보다는 경박한 문화의 갑작스러운
유입으로 받아들여졌다. "누구라도 이 재즈 밴드가 울리는 '농탕권' 내에
들어서면 타고난 '멋'기에 마음이 훌적 뒤집혀가지고 기어코 발끝이라도
따라서 놀리게" 되면서, 재즈는 젊은 세대에게 폭발적으로 번져 그들의
말과 행동을 이른바 재즈식으로 바꾸어놓았다. '재즈식'이란 경박하고
스피드 있으며 과감하고 거침없는 행동을 말한다. 예를 들면 옛날의
처녀들은 무릎 아래로 얌전하게 걸었지만 재즈가 유행하던 당시의
"처녀들은 넓적다리에서부터 전진을 한다. 그러함으로 걸음마다 멋진
'타입'이 표현된다"는 것이다. 따라서 재즈를 "고속도 문명의 부산물,
현대인의 병적 향락생활 그것이 곧 쨔스 취미"라고 했다. 이서구, 「경성의 쨔쓰」,
《별건곤》, 1929년 9월호. 이 세기말적인 어깻바람을 바라보는 보수적인 시각은
참담함을 토로했지만, 그것은 현대 대중사회가 몰고 온 어쩔 수 없는
문화현상이었다.

　　대중사회에서 민요건
유행가건 레코드로 제작된 소리는
과거의 소리꾼이 부르던 노래와는
달랐다. 특정한 소수를 위해 부르던
소리꾼과 불특정 다수를 향해 부르는
가수가 다르듯이, 레코드에 박힌
소리는 단순히 노래의 재생이나
동시다발적인 수요의 의미만을 지닌
것은 아니다. 재생된 소리는 현대적
문물의 과학적 현상이기도 하지만
자본주의의 상업적 현상이기도
하다. 대중가요의 유행은 자본의
그물망으로 포획될 수 있는 것으로

인기 영화배우 심영沈影의 사진. 《조광》,
1937년 12월호.

氏霞春咸 兒寵 의界畵映鮮朝

「殤楊小河 一하二자들비우

잡지에 소개된 영화배우들.   조선영화계의 총아 함춘하咸春霞 씨
                          우리들의 스타 하소양河小楊 양

제한되며, 자본은 대중의 보이지 않는 욕망을 유행가로 엮어내는 데 집중한다. 자본에 의한 스타시스템의 작동과정을 통해 사회의 집단적 욕망을 재배치하는 현상은 분명 현대사회의 길목에서부터 시작되었다.

그런 면에서 유행가를 히트시키기 위해 온갖 방법이 다 동원되었던 것은 정도는 다르겠지만 요즘의 가요계와 마찬가지였다. "어떤 유행가가 '힛트'를 갈겼다고 하는 데는 레코-드 제조회사의 자본력과 판매망과 선전이 비례하고 있는 것" 김판, 「유행가의 제문제」, 《조광》, 1937년 11월호. 이라는 지적처럼, 자본은 유행의 시스템을 작동시키는 원동력이었다. 또한 1980년대 컬러텔레비전의 등장과 함께 '오디오형 가수'보다 '비디오형 가수'가 인기를 끌기 시작한 것을 통탄해 마지않는 사람들은 한두 세대 이전에 태어났어도 마찬가지였을 것이다.

> "작금에 와서는 유행가수에 미인 가수를 예찬하는
> 경향(사상)이 대두하고 있고 마치 영화배우의 미모가
> 상품가치를 많이 갖게 하듯이 개인의 미가 유행가의
> 유포에 영향하게 된 것을 보니 때는 바야흐로

에로티시즘의 퇴폐시대다."

김관, 「유행가의 제문제」, «조광», 1937년 11월호.

현대가 형성될 무렵, 이미 대중문화는 일상의 깊숙한 곳까지 도달해 있었던 것이다.

거리를 부유하는 수많은 군상이 스치고 부딪치며 남기는 흔적을 유행으로 묶을 수 있다면, 유행은 가장 현실적인 당대의 모습이기도 하다. 부유하는 대중이 일시적으로 정착하는 스타일인 유행이 반드시 현대적인 부산물일 수는 없다. 그러나 감정의 집단적 전이가 스타일로 집중되는 현상은 현대의 필연적 산물이다. 유행은 대중을 전제한다는 점에서 그리고 자본과 밀접한 연관을 지닌다는 점에서 현대사회의 대중적 행동양식이다.

대중에게 '복제'에 의한 '차별화'를 가능케 하는 도시의 유행은 누구도 비껴가지 못하고 휩쓸리는 수많은 물결을 만들어낸다. 단발이 삶의 의미를 송두리째 앗아 가는 정체성의 위기를 주었던 때부터, 봉건과의 결별을 선언하는 차이화로서 기능하고 새로운 가치를 표상하는 상징으로서 복제되기 시작할 때부터, 유행은 삶의 스타일로 자리 잡았다. 구체적으로 표상되는 유행이 반드시 가치지향점을 지닌 현상으로만 존재하는 것은 아니다. 오히려 유행이 스타일 그 자체로 향유될 때 유행의 메커니즘은 완성된다. 1930년대에 들어서 유행은 '현대적 삶의 풍속'으로 자리 잡기 시작했다.

1920년대 패션. 흰 저고리와 무릎 아래로 내려오는 치마에 하이힐을 신은 여학생과 가정부인의 한복 차림 그리고 양산을 곁들인 양장 부인 외출복이 소개되고 있다. «별건곤», 1928년 5월호.

세태풍조의 새로운 스타일로 처음 언급될 수 있는 것은 '양풍'일

《여성》 1938년 9월호「종로야화」의 삽화. 서양이름을 가진 단발여인들의 모습에서 대중문화 속 서구문화의 유행을 엿볼 수 있다.

것이다. '양풍'은 이미 개화기에 그 모습을 드러내기 시작했다. 양풍은 당대인 대부분에게는 앞서가는 모습 또는 기이한 모습으로 비쳤지만, 조금이라도 비판적인 안목을 지닌 사람들에게는 곱게 비치지는 않았다. 그것은 "얼개화꾼"으로, "전환기가 만들어낸 퇴영적 부산물들"로 보이기까지 한다.[18] 유행을 무지몽매한 대중의 부박한 휩쓸림으로 보는 당대의 시각은 본격적으로 이질적인 문화가 일상으로 퍼지기 시작한 1920년대 무렵에도 보편적이었다. 특히 사회주의이론을 흡수한 식자들은 자본주의적 상술에 의해 등장한 유행에 대해 더 부정적인 시각을 지니고 있었다.

> "대체 유행이라는 것은 그 일홈과 마찬가지로 일종의
> 전염병 가튼 것이니 한번 미균微菌이 발생만 하면 엇더한
> 힘으로도 막을내야 막을 수 업시 일사천리의 세로
> 쭉-퍼지고야 마는 것이다"
>
> 권구현, 「새해에 올 유행중의 한 가지」, 《별건곤》, 1928년 2월호.

그러나 유행은 문화적 특권의식에서부터 시작되었다. 특히 서구문화를 접하는 것만으로도 문화적 계급화를 이룰 수 있었기에 서구문화는 하나의 표정으로서 유행이 되었다. 이러한 현상은 유행을 창출하는 계급이 주로 지식인이었다는 데서도 알 수 있다. 특히 서양

물을 먹은 사람들을 일컫는 '양행꾼'이 유행을 선도했다.

여름밤의 哀想

모델 朴外仙孃

《조광》 1937년 8월호에 실린 패션사진. 모델은 박외선.

유행은 처음 전통적인 사회에 이질적인 문화를 접목하는 과정에서 나타났고, 따라서 어느 정도 일탈적인 행동양식을 가질 수 있는 사람이어야 받아들일 수 있었다. 전통적 존재지만 사회적 규범에서 벗어날 수 있던 기생이나 새로운 사회적 집단을 형성하여 가치판단이 유보된 사람들, 카페 걸이나 다방 마담 그리고 가수나 영화배우들이 바로 그들일 수 있었다. 이들보다 앞서 이질적인 문화를 자신의 새로운 정체성으로 내세울 수 있었던 사람은 신지식인인 인텔리였다. 이들은 서구적인 행동양식과 생활규준 그리고 외양을 통해 자신의 문화적 차별성을 드러내고 싶어 했다.

> "불란서의 어느 화가가 머리 하나 깎을 처지가 되지
> 못하여서 그대로 길러둔 것이 일종의 유행이 되여서
> 화필만 들게 되면 의례히 머리를 길늘 줄 아는 것이
> 화가들 간에 약속이나 한 것처럼 전염되여 있더니
> 이즈막에 와서는 시인 소설가 음악가 주의자主義者할 것

---

18. 고미숙, 「애국계몽기 시운동과 그 근대적 성격」, 『민족문학과 근대성』, 문학과지성사, 1995, 256쪽.

「꼴불견 대회」라는 제목의 풍자 삽화. 현대로 진입하면서 겪게 되는 유행문화와 과도기적 옷차림새가 낳은 혼란을 보여준다. 《별건곤》, 1927년 7월호.

> 업시 새로운 경향만 갓게 되는 사람이면 의례히 머리를
> 길늘 줄 알고 또 길러야만 그러한 경향을 갓게 되는
> 줄로들 알다싶히 하였고"

권구현, 「새해에 올 유행중의 한 가지」, 《별건곤》, 1928년 2월호.

유행을 단순히 목적의식적인 경향이기보다 맹목적이고 천박한 휩쓸림으로 보는 시각은 예나 지금이나 비판적 지식인의 공통된 시각이었지만, 유행현상이 기존의 도덕적인 가치들을 어지럽힌다는 입장에 서면 그 비판은 더욱 혹독하였다. 특히 머리모양의 유행에 관해서는 그 어떤 유행보다 세간의 논란이 그치질 않았다. 1920년대 유행하던 여자의 단발과 남자의 장발에 관한 시각은 비판을 넘어서 자포자기의 심리적인 불안감을 보이기까지 한다.

> "다 덮허 치우고 그저 여성 가튼 인물이 되어라! 그래야
> 신진청년이다. 모던 뽀이가 된다! 여자가 머리치장을
> 하니 남자도 머리를 기르자! 여자가 분을 바르니 남자도

분을 바르자! 여자가 색 허리띠를 차니 남자도 색
허리띠를 띠기로 하자!"

삼각정인, 「기괴천만, 중성남녀의 떼」, 《별건곤》, 1928년 2월호.

유행은 개항 이후부터 밀어닥친 '양물건'에서 시작되어 1920년대 이후
활동이 활발해진 일본 유학생들이 그 토대를 차근차근 쌓아왔지만,
1930년대에 본격적으로 영향력을 넓힐 수 있었던 것은 앞서 말했던
'영화'의 선동 때문이었다. 한두 사람이 아닌 대중을 한꺼번에 '선도'할
수 있는 서양영화들은 삽시간에 로이드 안경, 히틀러 수염(채플린
수염), 맥고모자, '께이리 쿠어퍼어'의 외투, '로오웰 새아만'의 모자,
'로버트 몽고메리'의 넥타이, '윌리암 포웰'의 바지, '클라이브 쁘룩'의
구두를 사람들의 뇌리에 심어놓았다. 이런 유행 그 자체는 사람들에게
'모던'한 것으로 인식되었으니 치마저고리에서 블라우스와 양치마로의
변화, 땋은 머리나 쪽 진 머리에서 파마한 머리로의 변화, 버선발에
고무신에서 스타킹에 하이힐로의 변화는 다만 옷차림새의 변화만이
아니라 그 옷차림새를 지향하는 의식과 생활의 변화 자체를 의미한다.
이 변화는 물론 바지저고리가 양복과 구두로 바뀐 남자들에게도 한
치도 벗어나지 않았다.

　　유행의 시작은 '개성화'였다. 치마저고리 차림에서 벗어나
서구적인 모자와 하이힐로 머리부터 발끝까지, 아니면 부분적인
변화라도 주는 것은 다른 사람과 자신을 차별화하려는 의식의
발로였다. 하나의 유행은 분명 낡은 것과 새것 간의 미묘한 적대감이
극대화되었을 때부터 시작된다.
그것은 "시빗쪼로 한 번 보고
우습다고 한 번 보고 하는 사이에
호기심을 갖게 되고 흉허물 업시
뵈이고 조화 뵈이고 해서 결국은
시비하는 사람이나 흉보든 사람이나
다 가튼 모양이 되어버리는" 윤성상.
「유행에 나타난 현대여성」, 《여성》, 1937년 1월호.
과정이다. 따라서 유행을 형성하기
위해서는 자본주의 상술의 차별화

《삼천리》 1937년 1월호 「장안 신사숙녀
스타일 만평」의 사진.

전략이 개입된다. 그리하여 "어떤 포목점 점원의 말을 들으면, 요다음 광고는 무엇보다도 나다니는 여성에게 입히는 것이 제일 효과가 많다고 합니다. 이유는 역시 좀 색다른 것을 나다니는 모던 여성들이 입으면 으례히 새 유행이거니 하고 곧 몰여온다는 것입니다" 윤성상, 「유행에 나타난 현대여성」, 《여성》, 1937년 1월호. 라고 하였다.

술집이나 바의 웨이트리스들은 '모던 걸'들로 유행의 선두 주자였다. 《사해공론》 1936년 12월호에 실린 풍자 삽화.

여급네들이 격에 맞지 않는 종아리에 하이힐을 신고 엉덩이를 삐뚜정이고 나타납시는 꼴불견.

유행은 '자아'를 강조하는 서구적 사고방식의 산물이다. '구식'과는 다른 것을 착용함으로써 자기 자신이 '구태'에서 벗어난 '신식' 사람임을 스스로 다짐하는 한편, 다른 사람에게 과시하는 하나의 행동방식이었다. 그러한 사고가 저마다 스며들어 실천으로 옮겨졌을 때 그것은 유행이 된다.

그러나 유행이 되면서부터 개성은 사라진다. 유행은 이제 하나의 대중화된 소비패턴이 되어버린다. 그리하여 계층마다 구분되는 일정한 유형이 형성되어 유행 안에 또 하나의 구조를 만들기 시작한다.

《여성》 1936년 11월호 「만추가두풍경」에 실린 삽화.

자동차와 비단양말은 부유층을, 맥고모자와 하이힐, 파마머리, 신체의
굴곡이 강조되는 양장은 신사나 신여성을, 망토와 사각모, 묶은 머리와
서양책은 전문학생과 여학생을, 교태가 나는 화려한 양장이나 땅바닥에
질질 끌리는 비단치마에 인력거는 기생과 '웨츄레스'를 표상하게 된다.
특히 학생들은 1930년대에 유행의 첨병 노릇을 담당했다. 유행을 뒤좇는
젊은 축들을 가리켜 '스트리트 보이'라고 했는데, 사회적 책임에서는
멀어지고 책임보다는 권리만 있는 학생층은 그래서 비판의 대상이
되었다. 이 유행 안에서 표현된 계층분화에서도 서서히 자본주의가
분화시키는 삶의 여러 유형을 볼 수 있게 되었다.

　　유행은 서구에서 일본으로, 일본에서 우리나라로 전이되어왔듯이
나라 안에서는 도시에서 지방으로 퍼져나가, 마침내는 평안북도 정주
정차장 안에서 "평안도식 머리로 소위 꼬도리채"를 한 데다가 "기다랗게
허리에 늘어진" 저고리에 "무릎을 가리울까 말까 한 짤막한 시체時體
치마"와 "하얀 양말 속에 파묻힌 기다란 다리" 아래 신겨진 "검은
고무신"으로 접합된다. 김안서, 「시골 여인의...」, 《별건곤》, 1930년 11월호. 유행은

《별건곤》 1929년 9월호의 「경성가두인물전람」. 가지각색의 패션을 한 인물들을 모아놓았다.

가슴이 아니라 허리에 입는 시체(유행하는) 치마를 입게 했으나 저고리는 양장으로 대체되지 못하고 길이만 길어졌으며, 버선을 벗어 던지고 하얀 양말을 신었지만 굽 높은 구두가 검은 고무신의 자리를 내쫓지는 못한 것이다. 그러나 그렇게라도 맞추지 않을 수 없게 한 것이 바로 유행이며, 지방의 어느 정류장에서 드러난 '키치'의 모습이었다. 이 광경을 목도한 김안서는 거기에서 "1930년대 조선의 얼굴"을 보았다고 했으니, 가장 적나라한 우리 '모더니즘'의 모습이었다 해도 지나치지 않을 것이다. 그것은 유행을 통해 주체를 인식해가는 과정에서 서구적 충격이 갈등과 혼돈을 불러일으킨 한 예였다.

1930년대 신여성은 '지저분친 머리에 뾰족구두를 신고 요염한 화장과 야릇한 몸짓을 하는 소위 모던 걸'들이었지만, 점점 더 세련된 패션을 추구하여 숄과 파라솔 같은 치장물과 햇빛가리개, 양장에 어울리는 모자가 드디어 유행의 신호를 받았고 모양도 '티로리안본형' '테라이본형' 등 형태의 구분이 생길 만큼 다양해졌다.

유행을 흡수하는 데는 재빠른 정보력이 필수적이었다. 주로 영화와 잡지를 통해서였지만, 오늘날 유행의 첨단을 좇는 이들이 그러하듯이 외국 패션잡지를 통한 정보력이 가장 그럴듯했다.

> "조선의 신문, 잡지엔 어째서 유행란이 없는지 몰라.
> 그래서 난 «스타일»이란 외국잡지를 보는데 올겨울
> 유행은..."
> "참 그래. 나도 저것하고 저것하고 사려고 그래! 좋지?"
> "나하곤 취미가 다르군그래! 나는 '허리웃' 스타-들이
> 좋아하는 걸로 할 테야."
> 최영수, 「만추가두풍경」, «여성», 1936년 11월호.

1920년대만 해도 "모던식이면 모양도 색채도 상관업시 덥허놓고 이상하기만 하면 주서 바르고 주서 입는 것이 요사이 신여자" 이승만, 「다시 중절식으로」, «별건곤», 1929년 1월호. 들이었지만, 패션의 언어는 점차 도시화한 삶의 언어로 패턴화되어 "대체로 웃감이 '라푸'한 때에는 구두는 '플레인 토'에 굵은 '스트랩'과 '레이씽'뿐이 좋은 것" 「봄과 유행, 유행과 봄」, «여성», 1936년 4월호. 이라고 말하는 경지까지 나아갔다.

감각의 첨단을 좇아 등장하는 수많은 유행은 식자들과 대중의 질타를
받았다. 그러나 유행이 진보의 상징으로 받아들여지고 반봉건을
표출하는 하나의 수단으로 인식되었을 때, 유행은 개혁적인 몸짓이 되어
퍼져나갔다. 대표적인 경우가 단발이었다. 단발은 단순한 유행이 아니라
사회적 정체성에 대한 문제였다. 따라서 보수적이고 봉건적인 인습과
진보적이고 서구적인 인식 사이의
대립이 극명하게 드러났고 그만큼
찬반논쟁이 빈번했다.

"강향란이라는 기생이
돌연히 머리를 깎고
남복을 개착하고
엄연히 정치강습원에
통학중이라 한다.
빈계가 새벽에 우는
것도 그 집안이
쇠삭衰削해질 장본이라 하였다. 하물며 여자가 남자로
환형한 그것이야 변괴가 아니고 무엇이리오. 이러한
천괴의 물건은 우리 사회에서 일일이라도 조속히
매장해버려야 될 것을 그 강습원에서는 무슨 이유로
입학을 허가하였는지 실로 의문이며 가통할 일이다."

《여성》 1936년 11월호 「만추가두풍경」에
실린 삽화.

부춘생, 「토목언」, 《시사평론》, 1922년 7월호.

　　　처음 단발을 실천한 여성은 기생이었다. 강명화라고도 하고
강향란이라고도 한다.[19] 강명화에 이은 강향란, 박연화 등 기생의 단발은
그들이 새로운 문물을 가장 먼저 받아들일 수 있는 위치에 있었기
때문에 가능했다. 당시 세간에 떠도는 말로는 이들이 정절 때문에
단발을 한 것으로 알려졌다. 그런데도 이들의 단발은 사회적으로

19. 「조선 지식여성은 단발재소동―트레머리 마나님들의 양키-껄 화인가?」
《조광》, 1936년 6월호)에는 강명화, 「각계각면 제일 먼저 한 사람」(《별건곤》,
1928년 12월호)에는 강향란으로 쓰여 있다.

용납되지 않았다. 1920년대 '단발랑斷髮娘'으로 물의를 일으켰던 강향란에 대해 염상섭은 사회적으로 낮은 신분과 지적인 능력의 결핍을 내세워 단발의 의미를 폄하하는 글을 싣기도 했다. 염상섭, 「여자단발문제와 그에 관련하야」, 《신생활》, 1922년 8월호. 그만큼 단발은 유행 이상의 각별한 의미를 지니고 있었다. 대개의 시각은 "저들의 안중에야 예의염치가 어디 있는 줄 아나. 재래의 풍속이니 도덕이니 모두가 부인否認이라네" 복면자, 「경성명물녀 단발랑 미행기」, 《별건곤》, 1926년 12월호. 하고 말하는 범주에서 벗어나지 못했다.

1920년대 여성의 단발은 사회주의의 유행과도 연관이 있었다. 특히 기존의 가치관을 전복시키고 혁명적인 사회를 건설하려 한 "여류사회주의자들의 투사적인 의지에서 비롯되어 전통에 대한 반항으로" 유행하였다. 「조선지식여성은 단발재소동—트레머리 마나님들의 양키 - 껄 화인가?」, 《조광》, 1936년 6월호. 단발한 여자에 대하여 단발미인이니, 신여성이니, 여류사회주의자니 하는 말과 함께 단발은 남녀평등론자의 행위라는 인식이 팽배하였고, 실제로 허정숙許貞淑, 주세죽朱世竹, 심은숙沈恩淑, 강아그니아 등 사회주의 운동을 한 여성들은 그 표상으로 단발을 감행하였다.

단발한 여성은 "신식여자하고도 최신식의 단발미인"이라 하여 세인의 이목을 집중시켰는데 그들이 지나가면 "작난치던 아동배들도 '야 단발미인 간다 이거 봐라!'하고 떠드러대고 가게머리에서 물건 팔던 사람들도 무슨 구경거리나 생긴 듯 멍하니 서서 그들의 가는 양을 유심히 본다" 복면자, 「경성명물녀 단발랑 미행기」, 《별건곤》, 1926년 12월호. 고

《개벽》 1920년 6월호의 삽화. 단발을 둘러싼 실랑이를 그리고 있다.

할 정도로 단발한 여인은 사회의 이질적인 존재였다. 따라서 단발은 전통에 반발하는 것이든 신식을 추종하는 것이든 확고한 의지가 필요한 일이었다.

진보를 자처하거나 새로운 문물에 대해 관대한 인사들은 여성의 단발을 이른바 '모더니즘'의 실현으로 생각했다. 단발이 편리하고

世界流行 싹근 머리

혹은 男子의머리처럼 싹기도하엿스나, 여러가다모양이한결갓치 더아름다워보이는것을보십시요.

«신여성» 1925년 8월호에 실린   혹은 남자의 머리처럼 깎기도 하였으나, 여러 가지 모양이
단발 소개란 「세계유행 깎은 머리」.   한결같이 더 아름다워 보이는 것을 보십시오
단발에 대해 매우 긍정적이다.

위생적이며 경제적일 뿐 아니라 여성해방을 표상한다는 점 때문이었다.
또한 이질적이고 '익조틱'한 감각만을 추종하는 유행의 첨단이 아니라
현대적인 정신을 표현하는 현상으로 이해하기도 했다. 즉, 현대적인
감각은 '단순성'과 '직선'을 중심으로 하고 있으며, 단발은 이러한 감각을
표현하고 있다는 것이다.

"현대를 3S시대(스포-쓰, 스피-드, 쎈쓰)라고 부른 일이 있었지만 나는 차라리 우리들의 세기의 첫 30년은 단발시대라고 부르렵니다. '호리즌탈' '싱글컷트' '뽀이쉬컷' 등 단발의 여러 모양은 또한 단순과 직선을 사랑하는 근대감각의 세련된 표현이기도 합니다. (...) 지금 당신이 단발하였다고 하는 것은 몇천 년 동안 당신이 억매여 잇던 〈하렘〉에서 아주 작별을 고하고 푸른 하늘 아래 나왓다는 표적입니다."

김기림, 「'미쓰 코리아'여 단발하시오」, 《동광》, 1932년 9월호.

여성의 단발이 단순한 유행 이상으로 세간의 관심과 논의의 중심이 되었던 것은 봉건적인 여성관에서의 해방을 상징하고 있었기 때문이다. 단발은 '신체발부 수지부모' '남녀유별'의 봉건적 관념이 합리주의적 정신에서 비롯된 편리성과 현대적인 감각을 추종하는 태도로 전환되는 과정이었다. 단발을 감행한 인텔리 여성 김활란은 "마음대로 머리를 잘라버리지 못하는 것은 재래의 인습의 결과"이며 머리를 자르는 것은 다른 이유가 아니라 오직 편리를 위해서이며 이 '편리성'의 추구야말로 기능을 추구하는 현대성의 큰 척도라고 주장한다. 김활란, 「나는 단발을 이러케 본다」, 《동광》, 1932년 9월호. 단발은 실제로 그런 의미가 있었다. 단발에 관한 찬반 의견에서 한 여성은 "단발은 우선 머리부터 해방"하는 것이라고 했거니와, 단발에는 과거의 기준들을 깨고 새로운 가치관을 세우려는 의도가 분명히 있었다. 그런 의미에서 단발은 모더니티의 진정한 표상이었다.

《여성》 1938년 4월호 「무장한 '가두양'의 표정」의 삽화.

라디오, 스포츠, 키네마
승일 《별건곤》 1926년 12월호

> 1920년대 라디오와 영화 등 갑작스러운 대중매체의
> 확산은 일반인에게 호기심의 대상이었을 뿐 아니라 현대적
> 대중문화가 형성되는 결정적 계기가 되었다. 전파에 의한
> 라디오의 놀라운 이야기, 상업화하기 시작한 스포츠의
> 부조리와 타락, 영화에 대한 희망 등 현대문명의 핵심에 대한
> 논의이다. 이 글을 통해 1920년대의 문화적 상황을 살펴볼 수
> 있다.

라디오

좀 옛날이야기 같지만 영국 런던에서 '맥도널드' 수상이
노동연설을 할 때에 그 앞에 있는 마이크로폰은 그 목소리를
받아가지고 그것을 전파에 실어 파장 1500메톨이나 1600메톨로
보내가지고 러시아 모스크바에서 수만의 민중이 들었다는 것은 벌써
2~3년 전 일이다. 그러나 조선에서는 아직도 그 소식이 새롭다.

'라디오'─현대 과학문명의 극치─잔의 전등['검의 잔등'의 오타인
듯]. 이와 같은 마이크로폰을 통하여 세계의 움직임을 듣는 수수께끼
같은 이야기. '아이 배고프다' 하는 말 한 마디가 그 검[거미]의 잔등이와
같은 마이크로폰 속에만 들어가면─전문가의 설명을 들어 말하면 그
소리가 공간 속에 섞여 있는 전기에 섞여가지고 1초 동안에 이 지구를
7번 반이나 돈다! 지금 우리의 귀에는 세계의 움직임! 지구가
돌아가는 소리─정치가의 '가라구리[からくり 조종, 계략]', 상인의
사기! '부르조아'의 배 불리는 소리! 노동자의 노호怒呼하는, 아우성치는
소리가 들리는 것만은 들을 수 있건만 70원짜리 수화기가 없어서 못
듣고 있다.

타작마당에다가 바지랑대를 세우고 전지를 갖다 놓고 나팔통을 갖다 대면 JOAK가 나온다. 동경에서 기생이 소리하는 것이 들린다. 별안간 오늘은 쌀이 한 되에 56전 하는 것이 57전이 되었습니다 하는 소리가 들린다. 낫을 든 민중은 귀신의 장난이라고 한다. 과학의 신이다. 근대문명의 새로운 신이다.

JODK, '여기는 서울 체신국이올시다'. 뚝 끊겼다가 김추월의 남도 단가올시다. '백구야 훨훨 날지 마라'가 들린다. '엉'하고 입을 딱 벌린다.

ROS, '세계의 노동자여! 우리는 당연하게 8시간만 노동합시다. 도회의 노동자여. 우선 당신네들은 8시간 노동제를 하루바삐 갖도록 하시오. 지방의 농민이여! 당신네들은, 자, 지주는 3할 소작인은 6할, 어떠하시오.' '따바리취 맑스'는 이렇게 하였습니다. '영국의 무산자여... 단결하라고요'. 노어 영어가 섞여 나온다. '건개구리 우는 소리 같다.' 이것은 밭두둑에 섰던 어떤 친구의 말이다. 그 대신 '놀자 젊어서 놀자'를 부르면, '런던'에서는 어느 가정에서든지 어린아이가 듣다가 자기 어머니에게다 수화기를 주면서 '홧?' 할 것이었다. 그와 동시에 상해에서 어느 늙은 청인은 듣다가 '찌지쓈마?' 할 것이었다. 또 동경에서는? 다다미방에서 '오깨미상'이 듣다가 '이게 뭘까요' 할 것이었다.

미국의 어느 신문기자가 북빙양에 탐험을 갔다가 뉴욕에 있는 자기 신문사에다가 라디오 단파장으로 탐험보고를 하기에 성공하였다는 것이 벌써 작년 봄의 소식이다. 사실상 라디오는 신문을 정복하고 있다. 그것은 재언도 소용없는 명확한 사실이다.

그러나 돈 없는 동무여! 당신네들은 80~90전을 내고 신문을 보듯이 그만한 돈을 내고 그 대신 라디오를 들을 수가 있을까요. 낮에는 신문이고 밤에는 유성기인 라디오를 들을 수가 있을까요? 그렇다. 생활과 라디오. 우리에게는, 우리의 생활과는 아직도 멀다. 어느 것이 다 아니 그럴리요마는 문명, 그것도 돈 있는 자의 소용물이다. 문명은 쉼없이 새것을 내어놓는다. 그것은 '부르조아'에게 팔려간다. 그리하여 모처럼 의식 있게 나왔던 것이 그 본의를 잃어버리게 된다.

그리하여 문명이 운다. 문명이 운다. 서러워한다. 라디오가 운다. 우리와는 거리가 멀다.

대감님네 사랑에 라디오가 있어 박녹주의 가야금 병창이 나와가지고 무릎에서 일어나는 장단에 싸여 남초南草의 연기에 사라져버리고 만다. 조선의 음률, 동경의 어느 부잣집 응접실까지 가지고서 다만 이국정조에 읊조리는 한 화제가 되고 만다.

그 어떻게 하여서 우리의 생활과 접근한 소식을 못 듣게 될까?

조선의 라디오! 그것은 우리의 것이 아니다. 그것은 세계의 라디오. 문명, 그것은 정복자의 전유물이다. 지금의 문명이 몰락되는 날은 곧 우리가 새 천지를 발견하는 날이다.

전기와 전기와의 싸움! 지금의 싸움은 과학의 싸움, 전기의 싸움이다. 눈에 보이지도 아니하는 만 척 공간에서 보내는 전기를 오지 못하게 하는 싸움! 전기의 타국 침입, 공격 방어! 이것이 전기의 싸움이다.

있는 사람의 장난거리가 되고 말아버린 문명의 산물! 참으로 우리는 과학에 대해서 면목이 없다.

그러나 나는 어느 무선잡지에서 러시아의 어느 농가의 가정에서 지금 라디오를 듣는 판인데 8시에 모스크바에서 '스탈린'의 농촌에 대한 연설이 있다고 하여서 그 집주인 늙은 영감이 얼굴이 긴장이 되어서 텁석부리의 수염 하나가 까딱이지 아니하고 수화기를 귀에다 대고 앉아 있는데 그 옆에는 그의 아들인 듯한 젊은 친구가 "아버지, 나 좀 들읍시다" 하면서 제 차례가 돌아오기를 기다리고 있는 그림, 이 마음에 맞는 그림을 본 일이 있다.

레닌은 "미래의 나의 바라는 세계는 전기의 세계다"라고 하였다.

스포츠

야구구경 한 번에 대매일원大枚壹圓.

좀 생각할 문제다. 물론 취미성과 경쟁성은 포함된 운동의 경기지만 사람의 몸을 강건하게 한다는 운동조차, 그 속까지 돈주의의 '가라구리'가 들어 있다는 것은 좀 더 생각할 문제다.

'스포츠맨'의 돈 있는 사람에게 노예화, 운동경기장이 도박판이 된대서야 좀 거북한 일이다. 홈런, 볼, 볼 한 개에 몇만 원의 도박금이 대롱 매어 달리고 번연한 스트라이크볼을 '볼'이라고 선언하는 한 마디에 몇천 원의 입 씻기는 돈이 양복주머니 속으로 들어가게 되어서야, 기관 속에... 구역이 치밀어 오른다.

일본서는 야구대문에 씨름이 세월을 일으키고, 따라서 배트한 번만 보기 좋게 갈리게 되면 그는 곧 미희美姬의 환희歡喜를 사게된다. 곧 뒤를 이어 '모던 걸'의 동경하는 과녁이 되고 만다. 조선은아직 가지고 이야기할 거리가 되지 못하지만 우선 일본만 하여도전에 '밀리터리즘'의 횡행시대쯤은 양가의 처녀가 육군 소위 아무개,해군 중위 아무개 하던 것이 지금은 어느 대학팀의 '핏춰캐춰'를 입술위에다 올려놓는다. 참으로 새것, 시대, 문화를 따라가는 사람의 심리란측량하기 어려운 것이다.

미국의 권투선수 '뎀프시'가 일류 활동사진 여배우를 얻은것이며, 일본의 정구선수庭球選手 원전原田이가 모 자작의 영애와 연담이있게 된 것이 밝게 이 사실을 증명하고 있다.

운동코치의 수입이 대학강사의 월급보다 더 많으며, 활동사진배우의 수입이 대통령의 연봉보다 더 많게 되는 것은 그 속에는돈주의의 '가라구리'가 잠재해 있기 때문이다.

보아라, 미국의 권투선수 '뎀프시'와 '터니'의 세계적 선수권쟁패전에는 작년까지 7년 동안 선수권을 보지하였던 '뎀프시' 군이졌어도 그는 한 손에 86만 원이란 대금을 쥐고 나서게 되었다. 그러나한 가지 우스운 일이 있다. 그가 왜 이번에 졌는고 하니 그는 일등 미인여배우와 작년에 결혼하였기 때문이라고 한다. 가장 '와일드'한 성격과기품을 가진 쾌남아를 동경하는 '모던 걸'은 기어코 그 '모던 보이스'의성격, 기품을 영원히 품에다 지니고 살게 되었다.

양키군과 카군의 시합이 열리면 철도성에서 한 밑천을 장만하고그라운드에 떨어지는 돈이 하루에 수십만 원. 참으로 돈 있는 나라사람들의 거룩한 장난이다.

우리네는 그라운드에서도 허덕...하는 것을 볼 수가 있다. 그언제인가 경성 그라운드에서 미국의 어느 팀과 조선군이 어우러졌는데,기름진 고깃덩이와 빵과 달걀을 먹으면서 두툼한 벽돌집 속에서자라난 기운, 목소리 부드러운 그 개구리가 우는 듯한 목소리와 밤낮우거짓국이나 껄끄러운 김치 깍두기만 먹고서 어설픈 기와집이나 얇은초가집 속에서 자라난 기운과 목소리가 어우러지는 것을 나는 보았다.돈의 승리, 참으로 빠근한 것이다.

　　운동경기의 영업주의화, '스포츠맨'의 노예화, 상품이다.
고깃덩이와 고깃덩이와의 부딪힘의 상품화, 이 현상에서만 볼 수가 있는
것이다.

　　많은 스포츠맨들은 쇠사슬에 걸려 자기의 주인, 배후에 있는
자본가를 위하여 명예의 우승기, 은컵을 타다가 바친다. 그리하여
그것으로 인하여 자기들의 목숨은 존재하여간다(혹 학교팀들은 그래도
좀 성질이 다르겠지만).

　　운동시합 한 번이 열리게 되면 신문의 반면은 그 기사로
채우게 되고 어디서든지, 권내에서든지 관청에서든지 사회에서든지
'카페'에서까지라도 화제가 되는, 참으로 운동문화의 현실. 어떻게 되는
생판인지?

　　무엇이 세계 신기록을 지었느니, 무엇이 세계 선수권을 얻었느니
하는 기사가 날마다 이 현실에서 새 문화를 만들어내고 있다.

　　그러나 우리가 자유로이 운동을 하게 될 수가 있고, 하루에
3시간씩 어느 공공한 처소에 가서 가장 유쾌한 마음으로 마음대로 무슨
운동이나 할 수가 있게 되고(값 안 내고), 세계적 선수권 대회 아니라
그보다 더한 것이라도 거저 아무나 구경할 수가 있고 같이 즐기게 될
때가 올 것 같으면 그때 가서는 누구나 다, 옛날의 야구 구경 한 번에
대매일원을 주고 구경한 일이 있다는 것이 꿈같이 생각되리라.

　　운동경기의 상품화. 스포츠맨의 노예화. 이것은 이 현상에서만
볼 수가 있는 것이다. 언제나 이 모든 것이 옛이야기가 될 때가
오려는고?

키네마

사실상 영화는 소설을 정복하였다.

　　왜 그런고 하니 그것은 대체상으로 소설은 지식적, 사색적이고
영화는 시선 그것만으로도 능히 머리로 생각하는 사색 이상의 작용의
능력을 가진 까닭이다.

　　또한 경제상으로도 하룻밤에 30~40전만 내어 던지면 몇 개의
소설(연출)을 직접 사건의 움직임으로 보는 까닭이며, 또한 소위 바쁜
이 세상에서 적은 시간을 가지고서 사건의 전 동작을 볼 수가 있는
것이었다.

　　조선에서 우리의 힘으로(돈은 말고) 되는 영화가 있어온 지
햇수로는 3년도 못 되는데, 벌써 기십 좋은 넘었으리라. 스튜디오도
없이 만들어내는 영화가 벌써 10개를 넘은 지 오래다. 날 흐린 날은
박이지도 못하고 하늘만 쳐다보고 있다가 해나 번쩍 나면 5전짜리
램프가 번쩍인다. 5전짜리 램프가 사람의 몸뚱어리에 가로 빗길 때 "자!
훌륭한 예술이오" "백입시다" 하는 소리가 산모퉁이 집 속, 길가에서
일어난다. 이리하여 돈 천 원이나 잡아먹은 조선의 영화가 단성사,
조선극장에서 봉절이 된다. 사람은 물밀듯이 들어온다.

　　그리하여 연극이 없는 불쌍한 이 우리 사회에서 누구나 연극을
구경하는 셈으로 몰려들어 고개를 치켜들고 앉아 있다. 백의白衣가
영화면에서 펄펄 날린다. 아! 얼마나 가슴이 저리고도 동포애 깊은
동경이냐? 민틋한, 아주 기운을 잃은 듯한 산모퉁이가 나오면서
여기저기 어린 솔이 자라나는 것이 보인다. 그러나 한심한 일이다.
우리는 그 배경 속에서 무엇을 보았느냐? 두세 개의 고대 소설을
각색하여 낸 것 외에는 〈장한몽〉 〈농중조〉를 보았을 따름이었다.

　　그나마 감독이라는 이가 옷 한 벌을 못 얻어 입어 여름옷을
가을철에 입고 있으면서 배우들은 점심 한 끼 똑똑히 못 얻어먹어서
눈이 퀭 들어가는 것을 당하면서 배겨낸 것이다. 참으로 생각하면
필림에서 주룰에 울든 피, 눈물, 탄식이 줄줄 흐른다. 그러나 그나마
자기들의 마음대로 똑똑한 것 하나 백여보지 못하고 그 알뜰한 돈
1000원이나 내어놓는 대자본가의 비위를 맞추느라고 남이 다 구워먹고
남은 찌꺼기를 건져다가 또다시 그어내어 〈장한몽〉 〈농중조〉나 얻어 보는
꼴이라니 참으로 한심하기 짝이 없다.

　　또 보는 이들의 형편은 어떻고? 조선의 팬들의 주머니가
넉넉하기는 꿈에도 없을 일이다. 한참 적에는 그나마 상설관 서너 개가
문을 닫을 지경이라, 하는 수 없이 일금 10전 하니까 전에 못 보던
팬들이 우아! 하고 몰려든다. 내가 어렸을 적에 돈 10전을 내고
구경해본 적이 있지만, 요즈막 와서 상설관에서 10전 받는다는 것은
아마도 이 지구 위에 조선밖에 없을 것이리라. 그러나 어쨌든 잘한
일이다. 다른 것, 모든 예술보다도 가장 민중과 가까운 의미를 가진
영화조차 일반 민중에게서 자꾸 멀어져간다는 것이 좀 섭섭한 일이니까.
10전 받을 제 몰려들어온 새로운 팬! 그들이 정말, 영화의 팬인 것을

짐작해야만 될 것이다.

론차니 씨의 일주일 봉급만(1만 5000원) 가지면 적어도 우리
땅에선 그것 가지고 영화 다섯은 만들 만한, 이러한 하늘과 땅의 차이.
어찌하여 요 모양일까?

그러나 여기에 한 개의 획, 시대적 산물이 있으니 그것은
〈아리랑〉, 〈아리랑〉이 그것이다.

공연히 학교에 다니다가 미쳤다는 주인공을 지금의 현실 속에
부대끼는 우리는 그가 왜 미쳤는가를 다시금 중언부설도 하기 싫다.
그 찌그러져가는 초가집, 가판장인 듯한 바깥 기둥에는 청년회라는
간판이 붙어 있다. 긴 두루마기 자락을 써늘한 바람에 나부끼면서
일하러 다니는 농촌의 인텔리겐차인 박 선생, 서울 가서 공부하다가
귀향한 대학생의 양복에다 고깔을 쓰고 농민들과 같이, '풍년이 왔네,
풍년이 왔다네'를 부르고 춤추는 신. 이것이 조선에서 조선의 모든 것을
배경으로 하고 우러난 영화다. 청년회의 깃발이 날리면서 회원들의
행렬이 보인다. 얼마나 그리운 장면이냐?

화려하고 정묘한 장면이 없는 대신에 침착하고 비통한 오뇌의 못
견딤이 이 장면에 나타난다.

기교로 말하여도 영화의 역사를 수십 년이나 가진 일본영화의
그것보다 못지않다. 나는 일본의 소위 신영화라는 것을 남 못지않게
보았지만 이른바 일본이면 일본의 참된 냄새나는 영화를 일찍이 본
적이 없다. 다만 광선이 없고 세트가 없기 때문에 거기에는 우리가
양보할 수밖에 없다.

나는 단 2년 동안의 조선 영화계에서 이러한 수확이 있는 것을
못내 기뻐한다. 여하간 이 〈아리랑〉이란 영화는 과거의 조선영화를
모조리 불살라버리고 이 돈 없고는 살 수 없고 한숨 많은 이 땅 위에서
슬피 대공大空을 올리어 그 무엇을 광호狂呼하는 한 개의 거상이다.

어쨌든 더욱 조선에 있어서 모든 것을 빨리 실어다가 우리들에게
보여줄 것은 다만 영화밖에는 없다. 5전짜리 '레푸'야, 길이 활동하기를
바란다.

조선의 문화도 차차 영화 속으로 들어가게 된다. 너 나 할 것
없이 영화, 영화한다. 한 개다 한 개, 〈아리랑〉 한 개다. 또 이후에는
우리에게 무엇을 보여주려느냐? 조선의 영화계여.

현대의 문명은 아무리 하여도 라디오, 스포츠, 키네마이다.
언제나 이들의 문명도 우리와 거리가 가까워지려는고?

극장만담漫談
《별건곤》 1927년 3월호

현대문명의 상징이었으며 대중문화의 총아였던 영화는
등장하자마자 폭발적인 관심을 일으켰다. 영화의 상영 자체가
하나의 문화적 현상이었을 뿐 아니라 상영되었던 영화의
대부분을 차지하던 서양영화는 서구문화를 직접적으로
수용할 수 있는 유일한 통로였다. 이 글은 1920년대 영화관
주변의 상황과 당시의 분위기를 느낄 수 있게 하는 글이다.

수년 전에 '리리안 깃슈' 주연인 〈동도東道〉라는 영화가 조선에
수입되자 각 극장은 먼저 개봉하고자 암투리에 다투던 것이 결국 소송
문제까지 일어났었고 연전에 〈더글라스 해적〉으로 인하여 중개업자의
손에 들어오기 전에 일본 동경까지 가서 경쟁하여 결국 '필름' 세금을
많이 지불한 곳에서 승리하고 만 것을 영화팬 제군은 기억할 것이다.
이러한 영업상 투쟁으로 인하여 영화계는 가속도로 진전되는 현상에
있다고 말할 수 있다. 따라서 일반 팬의 영화에 대한 감상안도 여간
향상된 것이 아니어서 이제부터는 그렇게 문제의 초점이 되었던
〈동도〉나 〈더글라스 해적〉 같은 영화는 다시 팬들에게 아무런 자극을
주지 못하리라고 본다. 이러한 고로 이제부터는 일반 팬의 요구대로
수요에 응하려면 극장 경영자의 두통일 것도 사실일 것이다.
물론 아주 풍속이라든지 정조가 다른 서양영화나 조선영화나
우리들에게 감격을 주고 안 주는 것은 동일할 것이나 서양영화에게
나타나는 그들의 환경과 생활방도가 다르기 때문에 우리들의 감정과는
격리된 탓으로 그러한 영화를 볼 때에는 객관적 관념으로 달아나는
것도 불가피의 사실일 것이다. 일반 팬들은 자기들의 생활을 반영한

영화를 욕구한다. 그것은 서양영화에 있어서 지금까지 그들의 심리가
피동적으로 좌우되었던 것을 자각하자 자기들의 영혼의 양식될 만한
것을 찾은 것이다. 지금까지 본 그 영화 중의 희로애락은 그이들의
것이요 우리들만의 희로애락은 아니었다. 그런 까닭에 부화浮華한
미국영화 ‹백장미›와 불란서영화 ‹철도의 장미화›가 서울에서
상영되었지만 결국 후자가 일반 팬들의 환심을 샀으나 그것도 그
영화에 나타난 주인공의 비참한 최후에 일종 동정하는 심정밖에는
더 이상 감격은 없었을 것이다. 여기에 있어서 ‹아리랑›이 2차 상연을
하였으되 관객이 배전의 열광을 한 것도 그러한 이유가 될 것이다.
다만 애석한 것은 요정에 몇만금씩 내던지는 부호는 있어도 장래
유망한 영화계에 투자하는 사람이 없어서 재질 있는 사람들이(배우들)
떠돌아다니는 참상을 보게 하는지... 정말 하자는 말은 아니하고
잔소리만 기다랗게 썼다. 독자는 용서하라.

　　　　근일에는 극장을 가보면 관객의 변천을 볼 수 있다. 그것은
장내가 소란치 않은 것이다. 그리고 유년 관객이 적어진 것이니 그것은
입장료가 고가이고 예전과 다른 정도 높은 영화를 해득하기에 어려운
까닭이라 할지, 가정에서 감독이 심한 까닭인지는 모르나 비판력이
모자라는 그들에게는 다행한 일이라 할 수 있다. 그리고 한 가지 특별히
변한 것은 희소하던 부인석에 남자석 이상으로 매일 만원인 것이다.
노부인, 여염집 부녀, 기생 그리고 여학생들인데 진기한 일은 그중에서
성에 갓 눈튼 여학생이 반수 이상을 참례한 것이다. 그뿐 아니라
경악할 일은 ‘키스’하는 장면—그 순간에는 반드시 질식할 듯한 외마디
소리가 부인석에서 의례히 돌발한다. 그런데 부인석 중에도 머리 틀어
얹은 젊은 여인들 모여 앉은 곳에서—이 말은 거짓말인가. 거짓말이
아닌 것은 극장 출입 잦은 이에게 물어보면 알 것이다. 어쨌든 세상은
변하였다.

　　　‹극장 간판›
　　　이 간판도 수년 전에 비하면 여간 발전된 것이 아니다. 그러나
늘 보면 그 간판에 그림은 그림으로 보아서는 덜 추하나 그 영화 중에
그 영화 전편을 통하여 제일 중요한 ‘신’을 빼놓고 영화 자체에 있어서도
제외해 버려도 실패가 안 될 장면만을 그리는 때가 많은 것이 그 간판.
더욱이 극장 간판의 임무가 어디 있는지 물어보고 싶다. 그러한 극장

간판 중 좀 미안한 말이지만 우미관 간판이 좀 천한 느낌이 있다. 그 간판은 입장료를 5전씩 받던 옛날 그 시절과 현재와 별반 차도가 없는 것이 그 관을 위하여 좀 불안하다는 말이다.

〈극장 내부〉

근일에는 단성사의 영화막(스크린) 상하좌우의 장치가 예전보다는 색채라든지 구성이 좀 아담한 듯하다. 그리고 조선극장은 옛날과 그리 현격한 변화가 없지마는 그저 추하지는 않다. 우미관도 그저 그러하다.

〈10분 휴식〉

10분 휴식에 음악을 연주하는 것은 관객의 피로한 뇌를 쉬게 하는 데는 퍽 유효할 것 같다. 그러나 그때에 변사가 나와서 잔소리하고 서 있는 것이다. 한 마디도 들어서 유리할 데 없는 자기의 회포를 천 명이나 오백 명의 청감을 가진 관객에게 늘어놓아서야 미안치 않은가? 다음번에 갈릴 영화 예고를 한다는 목적이라 하더라도 무대 위에 예고 간판을 세워놓고 '프로그램'지에 적어놓고 또 무슨 필요가 있을까? 물어본다. 그리고 10분 휴식 간에 오케스트라도 있으려니와 무슨 다른 여흥이 있으면 좋겠다. 그것은 경영난인 현금의 극장에 주문하는 것은 무리지만 무도나 독창이나 독주나 있었으면 10분 휴식하는 의의가 있지 않을까 한다.

〈음악〉

어느 극장이나, 오케스트라는 좀 변화가 지체되는 감이 있다. 영화 차환할 때마다 새 곡조로 갈았으면 어떨지. 너무 들어서 도리어 감정을 괴롭게 한다. 그리고 좀 정도를 높였으면 어떨지 물어본다.

〈변사〉

변사 제군에 하나 제안한다. 다른 게 아니라 그 '하였다' '하였었다'가 글 쓰는 데는 모르겠지만 말로 하는 때에 듣는 사람으로서는 어떨지? 처음 극장 가는 노인은 대분개할 것이다. 그 조를 고치고 '하였습니다' '하였었습니다' 하면 어른에게나 어린이에게나 퍽 다정하게 들릴 것이다. 더구나 인정극에리오. 그리고 변사계에 한 가지 유행이 있으니 '마음자리'라는 말이다. '마음자리'라는 말은 무슨 뜻일까? 마음의 돗자리라는 말인지, 마음이 깔고 자는 자리인지 어쨌든 해석할 수 없는 말이다. 그리고 한참 긴장한 장면에 가서 농담(추담醜談)을

탁 터뜨리는 변사가 있다. 그 변사는 원래 희극에는 더 우는 조로
하는 이인데 청승맞은 것은 좋으나, 너무 그 음성이 청승맞아서 너무
천하게 들린다. 그리고 한 가지 우스운 일이 있으니, 어떤 변사는 한참
자기도취로 '자연의 의지와 우주의 이성이 아 슬프다!' 하니 그것이
무슨 의미일까? 그러한 고상한 문자를 안 써도 능히 할 수 있는데
얼토당토않은 문자를 쓰는 것이 도리어 자기폭로에 지나지 않을 줄
안다. 그리고 장면이 벌써 지났는데 지난 장면을 가지고 떠들고 섰으니
그것도 자기 취미지만 관객은 그러한 변사를 원치 않을 것이다. 특히 이
점에 생각 좀 해주었으면 고맙겠다.

　　〈전화〉
　　극장에 온 손님에게 전화가 올 때 그것을 전달하는 사람이
소리를 버럭 질러서 그 사람의 이름을 부를 때 당사자는 (더구나 여자)
퍽 불쾌할 것이다. 여기에는 완전치는 못하나마 조선극장에서 하는
방식이 좋을 것이다. '스크린' 옆 기둥을 뚫고서 유리등을 끼워놓고 그
유리에 부를 사람의 이름을 써놓고 전등으로 신호하는 방식이다.

[신춘에는 어떤 노래가 유행할까]
《삼천리》 1936년 2월호

> 1936년에 유행할 대중가요를 예측하는 기획물. 서양악기의
> 연주를 배경으로 한 민요가 중심을 이루면서 점차 속요가
> 등장하기 시작했음을 보여준다. 레코드의 보급으로 유행가의
> 판도가 유흥장 중심에서 점차 대중의 기호를 따라가고 있다는
> 사실도 확인할 수 있다.

'민요'와 '신민요'의 중간의 것 (빅타—문예부장 이기세)
　　대개 레코드의 종류를 구별해본다면 민요, 신민요, 유행가,
넌센스, 영화해설, 극 등인데 수삼 년 전까지는 '민요'라고 부르는
재래 조선사람들이 누구나 할 것 없이 부르던 소위 노래인데,

이것으로 말하면 조선에 레코드문화가 수입되던 초기에는 그중 많이
일반에게 알려지던 것으로, 그 뒤 차츰차츰 외래의 유행가풍으로 그만
기울어지면서 또 한편 영화해설 같은 것도 한때에는 상당히 일반에게
환영되어 유행되던 때가 있었으나 그 뒤 차츰 그 힘이 미약해지는
현상으로 되고 말았다. 그러나 '유행가'만은 그 뒤 오늘날까지 굉장히
유행되더니만 작년도부터 나타나는 현상을 살펴보면, 또한 다른
방면으로 일반 레코드 팬들의 기호가 흘러져가는 것을 알 수 있다.

최근에 와서는 조선 안에서 오래인 옛적부터 불러 내려오던
노래는 노래이면서도 그렇다고 해서 그냥 조선 고전 내음새가 물컥물컥
나는 그러한 '노래' 그냥 그대로가 아니고 그렇다고 또 외국의 유행가도
아닌, 다시 말하면 조선의 민요에다 양악 반주를 맞춘 그러한 중간층의
비빔밥식 노래가 많이들 유행하게 되었다.

그럼으로 해서 얼마 전까지는 '유행가'가 많이 유행해왔었다.
이 유행가는 얼마간 조선의 내음새가 들어 있으면서, 외국의 곡에다
그냥 맞춰 반주를 해왔었던 고로 일반이 꽤 환영하더니만 그 뒤부터는
차츰차츰 좀 더 조선의 고전 예술을 캐어내기를 즐겨하고 향토색이
흐르는 그러한 종류의 노래를 일반이 더욱 환영하는 현상으로 되어,
다음에는 '신민요'라는 새로운 형식의 노래가 많이 유행하게 되었다.

이 '신민요'는 두말할 것도 없이, '유행가'보다는 조선의 내음새가
들어 있고 우리들의 마음에 반향할 만한 노래이면서 역시 양곡에 맞춰
불러 넣은 것이다.

이것은 유행가보다는 어느 정도까지 우리들의 마음에 맞는
노래라고 해서 최근까지는 이 '신민요'가 굉장히 일반의 환심을 사게
되어 퍽들 많이 유행되어왔다.

그리해서 지난해에 우리 사회에 나타난 바로만 보더라도
상반기에 있어서는 <폐허의 낙조>라는 김복희 양의 유행가와
<달떠온다>라는 역시 김복희 양의 '신민요'가 그중 많이 유행되었음은 그
팔린바 성적으로 보아 알 수 있었다.

그러나 작년 하반기에 들어서면서부터는 일반 레코드 팬 대중이
'신민요'에도 역시 싫증을 가지기 시작하게 되어, 순전한 재래의 '민요'도
아니고, '신민요'도 아닌 그 중간층인 '속요'라고 명칭을 부를 수 있는
그런 종류의 노래로 기울어지는 듯함을 역력히 엿볼 수 있었다.

이 '속요'로 불리워지는 종류의 노래는 입때까지 우리가 캐내지 못하던 민요로서 아직도 일반이 모르는 채 어떤 한 지방에 남아 있는 '노래'를 찾아내어서 될 수 있는 정도에서 조선의 민요로서의 생명이 있게 반주를 맞춰 부르게 되는 노래인데, 이것이 많이 일반에게 환영을 받을 것이며 반드시 유행될 것이다.

그 좋은 예로서는, 작년 말 새로이 나온 〈삼각산 실안개〉라는 김옥진 양이 부른 속요와 〈자진타령〉이란 역시 김옥진 양이 부른 신속요가 가장 많이 팔리게 되어 단연 인기를 모으게 되었던 것으로 보아서도 알 수 있다.

금후도 얼마 동안은 반드시 이러한 종류의 노래가 한동안 반도의 레코드판을 울리게 될 것으로 믿는다.

'민요'와 리얼리틱한 '유행가' (오-케- 문예부장 김능인)

새해에는 어떤 종류의 노래가 레코드판을 통하여 유행될 것인가? 이제부터 앞날에 장차로 어떠한 노래가 유행되어질까 함은 즉 다시 말하면 일반 레코드를 통하여 팬 대중이 과연 그 어떠한 노래를 즐겨할 것인가 하는 문제로도 될 것이외다.

그러면 새해로부터 일반 레코드 팬 대중이 어떠한 종류의 노래를 즐겨 맞아줄 것인가를 예단 지음에는 지난해에 있어서 숫자상으로 나타난 일반 경향을 살펴봄이 그중 가장 영리한 방도일 줄로 아는 바이외다.

가까이 작년 중 우리 레코드 회사에서 레코드판 판매성적으로 나타난 바에 의하여서 일층 그 앞날에 유행되어질 종류의 노래가 명료하여질 줄로 아는 바입니다.

대개로 작년 중에 나타난 현상을 상반기, 하반기 두 가지로 구분할 수 있는데, 상반기에 있어서 나타난 바로 보면, 재래의 '신민요'풍의 노래들이 가장 많이 일반 대중들 앞에 환영되어왔던 그 판매 성적으로 보아 확실한바 〈앞강물 흘러흘러〉(김능인 작시, 문호명 작곡)의 이은파 양의 신민요판과 박부용 씨의 〈노들강변〉(신불출 작사, 문호월 작곡) 등이 그중 많이 팔리는 것으로 보아서도 알 수 있는 사실이외다.

그러나 차츰차츰 그 하반기로 내려오면서 이때까지 시험되지 않던 가장 새로운 방면의 노래가 유행되는 현상을 나타내기 시작되었던 사실을 지적할 수 있을 줄로 압니다. 그것은 어떤 종류의 노래인가 하면, 역시 '민요'풍의 노래는 노래이나, 일찍이 이때까지 일반 조선사람들의 입에서 불리지 않던, 즉 다시 말하면 조선의 어떤 시골의 한 구석에서 많이 독특하게 불리워져 내려오면서도 가장 조선의 정서에 절어져 있는, 향토미, 조선색이 철철 흐르는 그러한 민요를 미개척의 땅에서 캐내어서, 물론 반주는 서양곡보나 악기를 사용한다 하더라도 가장 우리의 향토미를 발휘할 수 있는 곡에다 맞춰서 제작한 것들이 유행되어지는 현상입니다.

그래서 신숙 씨의 〈이야웅 타령〉이나 이난영 양의 〈신계곡산〉 같은 민요판은 위에서 말한 그러한 종류의 것들로서 후반기에 있어서 가장 많이 팔렸던 것이외다.

이러한 작년도에 나타난 것으로 미루어보아, 새해부터는 첫째로 재래의 흔히 조선사람이면 누구나 다 부를 수 있는 그러한 민요에다 양곡을 맞춰 부른 그러한 '신민요'보다는, 가장 참신한 민요가 유행될 것이며, 또 한 가지로는 소위 '유행가'인데, 이 '유행가' 역시 재래에 흔히 불리워지던 가장 낭만적이요 영탄적인, 더구나 너무나 저열한 종류의 '유행가'보다는 조선의 현실을 잘 그려낼 수 있는, 즉 다시 말한다면 리얼리즘에 입각한 내용에다 약간의 낭만과 감상을 가미한 명랑성이 있고 건실한 노래가 유행될 것입니다.

또 그밖에도 넌센스, 극 종류의 레코드판인데, 이것 역시 재래에 흔히 볼 수 있는 어떠한 일정한 범위 안에서 표면으로 나타나는 저열한 웃음거리나, 또는 어떠한 기생과의 정사나 그렇지 않으면 흔히 있는 불행한 경우로 해서 세상을 비관하는 등의 종류들로는 도저히 일반 레코드 팬들에게 환영을 못 받을 것으로, 새해부터는 가장 풍자적인 유머한 넌센스나 극이 아니어서는 안 될 것입니다. 어떠한 사건이나 어떠한 일을 표면으로 똑바로 그려내는 것이 아니고, 측면으로 관찰하고 찌그러지게 바라볼 수 있는, 그러면서도 우리 사회의 일면에서 자주 엿볼 수 있는 일을 유머하라고 골계滑稽하게 그려내는 그러한 종류의 것들이 반드시 유행될 것입니다.

그다음에 또 한 가지 필요한 것은 어떠한 노래판이나 그 작사에 있어서 벌써 한 개의 완전하고 완성된 시라야 한다는 것이외다. 재래에

흔히 볼 수 있는 그러한 시로서의 미완성품에다 그저 말초신경을
자극시킬 만한 곡조를 맞춰서 만들어내는 노래로서는 벌써 일반 대중은
이를 즐겨할 수 없게끔 되었습니다.

　반드시 시로서의 완성된 작사라야 할 것입니다. 그럼으로 해서
시인이나, 그렇지 않으면 시인으로서의 수준에 오른 사람의 작품만이
필요할 것이외다.

　위에 보아온바 사실이 이 해부터, 아니 작년 하반기부터
나타나는바 경향으로서 금년부터는 반드시 이 방면의 노래가 유행될
것이며 또한 레코드 제작자들도 이러한 방면으로 주력할 것이
사실입니다.

　따라서 한 가지 더 말할 것은 과거의 조선 레코드계를
돌이켜보면 그 초기에 있어서는 다만 여흥 오락장 등에서 많이
사용되어왔던 관계로 해서 역시 그 청중을 대상으로 해서 저열한
노래만이 유행되었으나, 최근에 와서는 이 레코드문화도 현대인의
생활에 없지 못할 필요한 물건으로 되어 있어, 그 후 가두에서 다시금
가정으로 들어가는 과정으로 있어 이에서 또한 교육을 위한 교육
레코드나, 아동의 교양과 한 가정의 전 가족들이 한자리에 모여 앉아
즐겨 들을 수 있는 교화 수양을 위한 레코드가 점점 일반 대중이
바라게끔 되었음으로 해서 우리 회사에서는 그 사회적인 여론에
기초하여 가장 새로운 시험인 교육 레코드판을 희생적 각오 밑에서
작년 하반기에 첫 번으로 우리 사회에 내어놓게 되었던 것입니다.

　역시 사회 대중의 기대에 다소나마 맞았던지 발매 수개월에
4~5만 매라는 판매 성적을 내놓게 되었음으로 보아 이 방면으로도 금후
적극적으로 노력할 것이오며, 이에 따라 조선 가정에서도 여하히 레코드
중요성을 인식하게끔 되었는가를 가히 알 것이외다.

　이러한 점으로 보아 금후로의 조선의 레코드는 가정으로 들어갈
것이 명약관화한 사실입니다.

　여기에 또한 레코드계의 수명이 장구할 것을 믿게 되는 동시에
일반 사회에 미치는바 힘이 여전히 중요한가를 짐작하게 될 것이외다.

봄과 유행, 유행과 봄

«여성» 1936년 4월호

1920년대 단발이나 짧은 치마 등의 유행은 사회적으로
큰 논란을 불러일으켰다. 1930년대 후반에 이르면 유행은
개성적인 취향으로 인식되었고 유행을 따르는 것이
보편화된다. 최근 패션이나 화장을 묘사하는 글이 전문적인
글처럼 보이기 위해 외국어를 나열하는 것처럼, 이때 이미
서양말로 범벅을 하여 세련된 표현인 듯 보이게 하는 글들이
등장했다.

모자

밝은 빛깔의 것이 일반으로 적습니다. 그리고 이 봄에는 양복의
빛깔이 다서색茶鼠色 전성이기 때문에 이것과 조화를 취해서 쥐색이
7분, 다색이 3분이라는 유행이 될 것입니다. 그리고 쥐색은 잿빛은 적고
얼마큼 검은빛을 포함한 것, 다색은 얼마큼 밝은 감이 있는 것입니다.

모양은 티로리안본형이 들어가고, 가는 얼마큼 넓어져서 2촌
8분의 1이 일반용의 중심이고 1촌 4분의 3도 상당히 보입니다. 또
테라이본형도 적고 배인 창이 많아진 것입니다.

리본은 얼마큼 좁아져서 1촌 8~7이 유행의 중심이고 1촌 4분의
3도 있습니다. 그리고 통의 높이는 미국산 같은 것은 5촌 8분의 5이나
일본 내지 것은 5촌 반이어서 작년과 별로 다름이 없습니다.

통틀어서 지난 때보다 퍽 점잖아진 것이 새로운 경향이고 쓰는
법도 앞을 누르는 '스냅'이 전성하게 될 것입니다.

값은 작년과 큰 차이가 없이 외국제는 10원 정도가 가장 낮은
편이고 일본 내지제는 6원 정도가 가장 낮은 편이 되어 있습니다.

숄과 파라솔

숄은 밝고 옅은 빛깔이 중심이 되었습니다. 모양은
젊은이들용으로는 화초 모양이 있는 것이 전성하고 평면적이 아닌
입체적인데 두터운 맛이 있는 것이 새로운 경향입니다. 감으로는 거의

전부가 '레이스' 만능의 경향입니다. 이 레이스 숄은 일본 내지산으로도
상당히 우수한 것이 생산됩니다.

'레이스' 황금시대가 나타났다고 생각합니다. 값도 종래의
'죠젯트'와 거의 같은 값으로 '레이스 숄'을 살 수 있게 되었습니다.
그러나 무늬 '죠젯트'는 다름없이 유행되어서 이 봄에도 '레이스'에
떨어지지 않게 환영을 받을 모양입니다. 값으로는 7~8원부터
23~24원까지의 모든 모양을 넣은 옅은 빛의 것과 꺼먼 바탕, 다색
바탕의 것밖에 특종 섬유와 고급 인조견 실, '마링가' 실, '링' 실,
은銀같이 감촉이 좋은 바탕의 것이 '데뷔'하였습니다.

숄과 같이 이 봄에 유행되는 파라솔은 경쾌 명랑한 빛깔의
것입니다. 쿠렙의 은빛에 '레이스' 모양이 드문드문 박힌 것 같은
것입니다. 그러나 또 호박색의 것도 다름없이 유행합니다. 살의 수효는
16개로부터 14개, 손잡이는 가볍고 가늘고, 대는 얼마큼 길어집니다.

그리고 이즈음 부인들 사이에 많이 유행되는 청우晴雨 겸용
양산은 수요가 증대하는 때에 따라 종래의 무지의 것과 줄 간 것이
자리를 넘어서서 여러 가지 모양을 활용하기에 이르렀습니다. 지는
거의 호박지에 한정되었으나 파라솔의 모양을 교묘히 채용하고
있습니다. 그리고 이 겸용 양산의 특장은 가지고 다니기에 편리하도록
손잡이가 굵고 어떤 것은 차곡차곡 접어서 '핸드백' 안에 넣도록 된 것도
있습니다.

구두

빛깔로 본 이즈음의 경향은 여름철의 것을 빼고는 거의 전부가
짙은 빛깔입니다. 그것은 모자는 장갑에 '매치'시키는 결과로 오는
것인데 '리자드'나 비단뱀의 가죽과 같이 자연색으로 아름다운 것은
별문제입니다. 예전에는 '야회' 때밖에 신지 못하던 세무구두도 이
근래에는 낮에도 신게 되어 '로우 힐'의 '워킹'에도 괜찮게 되었습니다.
또 한 걸음 더 새로운 것으로는 검은 스웨이드羅紗革가 야외용의
'러프'한 '쓰웃' 아래 말쑥한 조화를 보이는 것도 좋습니다. 그리고
빛깔로 보아서 그리 좋다고 할 수 없는 것은 제일로 담색과 다색인데
이런 것에 '브라운'을 섞어 조화시킨 것도 있습니다. 이런 것은 거의
젊고 이해력 있는 사람들 사이에서 볼 수 있는 것입니다. 담색의

스포츠구두는 7~8년 전에 없어진 유행으로 지금 다 없어졌다고
해도 좋습니다. 특별한 예외로 엘크스킨의 두터운 가죽으로 만든
스포츠구두는 의연히 유행 밖인데 그것은 스파익[골프용]이나 밖에서
특별한 때에 신으면 몰라도 도회용으로는 너무 '스포티브'합니다.
그리고 일반으로는 '킷'이 사용되나 이런 종류의 가죽의 담색이란 조금
우습습니다.

　　디자인으로 본다면 갑피甲皮가 대단히 깊어진 것은 분명합니다.
특별히 '스포티브'한 것으로는 이것이 깊은 것이 단연 제일 위를
차지하고 있습니다. 구두는 그 구조로 보아서 두 가지로 대별할 수
있는데, 즉 남자들이 보통 신는 것과 같이 밑가죽이 불쑥 나와서 그
위에 인두로 아삭아삭하니 자국을 내고 뒤축에 가죽을 대서 싸 올린
것은 '워킹 슈즈'이고 이 반대로 밑가죽을 엷게 해서 옆으로 창이 나오지
않는 것은 뒤축을 구두등과 같이 가죽으로 싼 것인데 '타운 슈즈'라고
합니다. 이 '워킹 슈즈'라고 하는 것은 본래 야외에서 신게 되었던
것으로 이즈음 옷에 '스포티브'한 것이 많이 유행되는 데 따라 이 구두도
도회의 보도에 많이 나돌게 되었습니다.

　　그리고 최근에는 '스케이트'와 '스키이 힐'이 유행되고 있는 것도
흥미 있습니다. 대체로 옷감이 '러프'한 때는 구두는 '플레인 토'에 굵은
'스트랩'과 '레이싱'뿐이 좋은 것입니다.

영화가 백면상白面相

하소 «조광» 1937년 12월호

　　1, 2편으로 쓰인 글 중 전편이다. 영화의 주변에서 일어나는
　　다양한 이야기들을 미셀러니 형식으로 그리고 있다. 다소
　　산만하고 시시콜콜한 이야기까지 주워섬기고 있지만 그렇기
　　때문에 당시 영화의 상황을 적나라하게 보여주고 있다.
　　영화에 대한 인식과 분위기를 느끼게 해주는 글이다.

영화의 매력

얼마 전에 외국영화가 수입금지를 당하였다. 외국영화가
전시체제의 경제에 크나큰 관계가 있다는 말을 새삼스럽게 꺼내는 것이
오히려 우스운 말이거니와 그보다 일찍이 영화는 이 땅의 인간들에게
이미 그 중독성을 뿌리박은 지 오랜 까닭에 이 영화 수입금지는 실로
많은 백성들을 실망케 하였다. 왜 그러냐 하면 그들은 '영화 없는
세월이란 이 무슨 고적이냐'를 절규하는 사람들인 까닭이다(물론 이들이
영화라는 것은 외국영화가 대부분이요 국산영화는 그리 대단치 않은
모양이다).

그러면 대체 무엇이 영화의 매력이냐. 한마디로 말하면
값이 싸고 화려하고 재미있는 오락은 영화를 제외하고는 달리 없는
까닭이다. 50전 혹은 30~40전으로 3시간 동안 어여쁜 여배우의 교태와
소름 끼치는 자극과 노래와 음악과 춤을 싫도록 맛보고 게다가 서양
원판 예술을 풍성하게 감상할 수 있으니까 예서 더 바랄 것이 없다.
평소엔 가까이도 못하는 외국사람을 그중에도 쏙쏙 뽑은 스타들의
선명한 회화와 동작에 참여할 수 있고 '클로즈 업'된 미인의 얼굴을
뚫어지게 쳐다보아도 욕을 먹거나 취체取締를 당하는 법이 없을 뿐더러
돌이켜 생각하면 그들 배우들이란 결국 관중의 돈으로 생활하는 일종
피보호자인 까닭에 관중의 코가 높아갈 수밖에 없다. 지난날에 '메리이
픽퍼드'가 '세계의 애인'이었던 것도 무리가 아니다. 즉 세계의 영화
관중들은 누구나 '메리이'의 애인될 자격이 있는 셈이 된다. '메리이'뿐이
아니라 '가르보'도 '웨스트'도 '디트리히'도 다 애인이 될 수 있다.
그러기에 결혼한 배우보다 미혼의 배우가 인기를 더 끄는 것도 이
까닭에 틀림없다.

이만한 매력을 가졌으니까 영화가 '세기의 총아'라 '현대의
패왕'이라 하는 칭호를 받는 것은 올림픽의 판정보다도 엄연하다.

누가 이 영화를 발명하였느냐. 인간이다. 그런데 인제는 영화가
인간을 좌우하는 세상이 되었으니 맹랑하다면 맹랑한 세상이 되었다.

영화와 예술

그 방면에 오해를 사기 쉬우니까 변명하지만 나는 영화를 예술로
알지 않는 사람이 아니다. 나야말로 영화의 예술로서 위대함을 잘 아는

사람이다.

　　영화는 '모든 예술의 모방이다' 한다고 성미 급한 예술가들은
분개할지 모르나 잠깐 들어보라. 한 예를 들면 한 세기 전의 예술의
패권을 잡았던 문학이 오늘날 얼마나 무색하게 되었는가. 『부활』은
한 세기 전에도 또 20세기인 오늘날에도 유명하다. 그러나 한 세기
전에는 '톨스토이'의 『부활』이었지만 오늘날에는 '푸레데릭 마아치'의
〈부활〉이다. '위고'의 『오! 무정』이 '마아치'의 〈오! 무정〉이요, 〈안나
카레니나〉의 작자는 '그레타 가르보'다. 아마 이것은 '인생은 짧고 예술은
길다'는 줄만 알았던 '톨스토이'나 '위고'가 지하에서 통곡을 할 일이다
했다고 곧 '그런 말버릇이 어디 있느냐'는 항의가 나올 듯하므로 나는
묻노니 그러면 '톨스토이'나 '위고'를 안다손 치더라도 영화 〈오! 무정〉
〈안나 카레니나〉를 보았으면서 또한 소설 『오! 무정』 『안나 카레니나』를
읽은 사람이 분개하는 제군 중에 몇이나 되느냐 말이다.

　　"영화와 소설의 감상을 혼동시켜서는 안 된다. 영화는 영화로서
감상하는 것이지 결코 소설에서 꾸어 온 것은 아니다"라고 철저한
감상가 제군은 말할 것이다. 옳은 말이다. 그러니까 〈안나 카레니나〉가
'가르보'의 것이든 〈부활〉이 '마아치'의 것이든 상관이 없으면 따라서
좋고 나쁜 것은 '톨스토이'와도 상관이 없다. 오늘날 교양이든 지식이든
반드시 서책에서만 얻는 것이 아니요 영화란 편리한 형식으로 오히려
명세明細한 것을 얻을 수 있다. 소설에서 여러 줄을 들여서 하고도
부족한 표현을 영화는 순간에 표현할 수 있을 뿐더러 무엇보다도
실감적이다. 8포인트로 된 500~600줄의 소설을 머리를 싸매고 읽기에
고생하는 것보다 '프로그램'에 적힌 소위 '스토리'란 것을 2~3분에 읽어
제치고 그다음 80~90분에 완만히 500~600장에 합당한 것을 보는 것은
온종일 먹기 위해 시달려 쉴 시간조차 없는 현대인에게 가장 적당한
혜택이다. 비행기가 날고 지구의 거리가 단축된 세상이다. 예술이라고
조군[가마]만 탈 게 아니라 비행기를 타야만 현대의 예술이다. 이것이
영화가 현대예술의 패왕인 소이所以이다. '셰익스피어'를 모르고 '로맹
롤랑'을 모르는 대신에 '크라클 케이블'을 알고 '로버트 테일러'를
알면 그만이다. 첫째, 셰익스피어니 로맹 롤랑이니 하는 이름부터가
거추장스러울 뿐 아니라 그런 이름을 주워댄대야 끽다점이나 바(여기는
현대인의 사교장이다)에서 통용되지 않는다. '샬리 템플'의 일주일

수입이 얼마니 '케이블'식 구두가 어떤 뽐새니 '존 크로포드'는 몇 번째 결혼을 한다느니 하는 것이 차라리 환영을 받는다. 진실로 현대의 청년신사숙녀 제군은 이 영화배우의 사정을 아주 세밀한 군데까지 알고 이것을 많이 알면 알수록 마치 인두人頭를 모으면 모을수록 권력을 갖게 되는 식인종처럼 사교계의 선수권을 잡게 된다. 그 증거로는 그들의 유일한 사교장 찻집 바는 '모로코'니 '할리우드'니 '미모자'니 '모나리자'(<모나>는 '레오나르도'의 모나리자가 아니요 어디까지 영화 <모나리자>다)니 하는 데가 많다. 미구에 '뻥갈의 창기병'이니 '사막의 화원'이니 하는 찻집이 나올지 모르겠다.

그들은 이 같은 사교장에 모여 그들의 숭배자 '디트리히' '보아이에'에 대하여 논란한다(아아 '칼라일'의 『영웅숭배론』은 20세기의 영웅영화 스타를 논의 못하는 데 비극이 있다). 그래서 그들에게는 '쿠퍼'당 '아스테아'파가 생겼다. 이 당과 파는 공산당과 프롤레타리아파와 달라서 아무리 떠들어도 치안유지법에 걸려 검속되었다는 소식을 못 들었다.

['영화와 중학생' 생략]

영화와 변사

영화에는 일찍이 영화의 아버지가 있었다. 왈 활동사진이란 거다. 어느새 활동사진과 영화가 부자로 나뉘었는지는 몰라도 하여튼 얼마 전까지도 아니 지금이라도 활동사진과 영화는 구별되어 있다. 즉 활동사진에는 변사라는 아저씨가 붙어 있다. 변사 아저씨와 활동사진이 협력하여 출연하는 것을 좋아하는 회고주의자 아저씨들이 지금도 아무관 아무관에 가면 수두룩하다.

전일 '양 키프라'의 노래를 들으려고 시외 어떤 관에 갔더니 '키프라'가 한참 가극 '토스카'를 노래하고 있는데 갑자기 그 중도에서 발성이 적어지며 변사 아저씨가 '맑은 시냇물 소리와도 같은 그의 노래는 사랑하는 사람의…' 하고 나오기 시작함으로 변사의 뱃심에 어처구니가 없어서 얼이 도망갔다. 그랬더니 다음 장면에 음악이 나오면서 주역의 두 사람이 사랑을 속삭이는 '러브신'에 이르러 영화는 바이올린의 시율로 반주되고 들리는 것은 영사실의 기계 도는 소리…라고 하는 판에 벽력같은 소리와 함께 '변사 죽었니, 해설해라!'

하는 고함이 관중 속에서 일어났다. 나는 이런 속에서 구경하는 것이 어쩐지 소름이 끼쳐서 나와버린 일이 있다.

그러나 '토키'라는 원수스러운 물건이 발명되기 전에는 변사 아저씨는 당당한 예술가였다. '사진이 움직인다'는 것이 세인을 놀라게 하던 그때 벙어리 활동사진에 말을 시킨 것은 변사의 공로였다.

"이때에 나타나 보이는 청년은 후레데릿구 백작, 비조와 같이 기차에 봄을 날려 악한의 뒤를 추격!" 하고 일대 기염을 토하면 관중은 사진보다도 변사에 취하고 손뼉을 쳤다. 온 장안의 인기를 실로 한 몸에 집중시켜 전성시대에는 사진보다도 변사가 인기의 초점이 되어 어떤 변사가 어디로 갔다 하면 그리로 관중이 쏠리던 적이 있었다. 하여튼 이 변사는 미언여구美言麗句를 창조하여, "때는 1869년, 불란서의 천지는 암담한 전운에 싸여 전장의 쇠북 소리는 미리벨촌의 적막을 깨뜨렸다" 하는 좀 서투른 통속 소설가는 흉내도 못 낼 표현을 하여 일개의 당당한 예술가로 진출했던 것이다("어쩌면 그렇게도 몰라주나요. 네에 알아달라구요!"가 위대한 예술가의 소작일진대 변사는 여기다 대면 훨씬 윗길 가는 예술가였다).

변사 얘기가 나왔으니 말이지 한번은 이런 뱃심 좋은 변사가 있었다. 워낙 변사가 전성이었던 시절에는 관중도 지금 관중과 달라 좀 횡포한 편이어서 사진이 흐리거나 잘못되면 "이층이다. 똥통이다!" 하고 떠들고 변사가 서투르면 "변사 집어내라!" 소리가 장내를 흔들었다. 한번은 모관에서 사진이 워낙 헐은지라 '스크린'에 비춰도 잘 보이지 않으니까 관중 속에서 하나가 "야아, 사진 떤다!"고 고함을 치니까 변사군 대 왈, "동지가 지났으니 사진도 떱니다" 하였다. 이만하면 어지간한 뱃심이라 안 할 수가 없다.

또 한번은 고속도 촬영(슬로모션)으로 된 장면이 나와서 동작이 심히 느린 것을 성미가 불같은 자 고함을 치며, "좀 빨리 놀려라!" 하니까 변사군의 대답이 걸작이다. "놀리기를 천천히 놀리는 게 아니라 박일 때 천천히 박인 때문입니다."

어느 때는 이러한 변사들이 설명하는 옛날 무성영화를 한번 보았으면 하는 생각도 든다. 변사는 지금은 일류 상설관에는 없어졌지만 작년까지도 단성사에서 '토키'를 변사와 함께 하였다. 변사를 들으려면 라디오 청취자는 그 방송 순서 중 '영화이야기'란 것을 들으면 알 수 있다. 그것이 변사辯士의 변사變事한 것이다.

['영화와 상설관' 생략]

영화와 자본주의

대관절 영화는 오늘날 어떠한 권력을 가졌는가를 생각해보기로
하자.

미국 상무성이 발표한 통계에 의하면 세계에서 영화에 투자된
금액은 27억 불(그중 20억이 미국)이고 20세기폭스사의 작년도
9월까지의 순이익은 445만 불이고 파라마운트사의 부채금이 9000만불...
이 엄청난 숫자가 어떻게 소비되는가 하니 간단히 스타들의 봉급을
조사하면 '메이 웨스트'가 연봉 50만 불로 샐러리로는 세계 제1위요
'샬리 템플'이 일곱째 가는 봉급을 받고 있다. '빙 크로스비'는 〈목장의
리듬〉이란 영화의 출연료가 일금 13만 5000불이다. 물론 이것은 태평양
건너 미국의 이야기고 우리 조선에서는 꿈도 못 꿀 이야기지만 이만한
금액이 뒹구니까 영화계도 당당한 자본주의의 권세를 잡게 되었다.

자본가와 노동자가 있는 곳에는 때때로 소동이 일어난다. 전년
영화의 왕국 '할리우드'에서 영화 종업원들이 스트라이크를 일으켰는데
이들은 상당히 조직적으로 하여 영화로 배를 불린 자본가에게 대타격을
주었다. 그런데 맹랑(맹낭이라고 발음하는 사람이 누구요)한 것은
스타급의 '쿠퍼' '마아치' '칸다아' '걔그니이' '마이샬' 등의 간부들이
각각 1만 불의 기부금을 쟁의단에게 주고 또 '라이오넬 파리모어' '존
파리모어' 형제와 '척 오오키이' 등은 적극적으로 종업원을 응원하였다는
이야기다. 그 바람에 그들의 인기가 폭등하여 다음 그들의 주연 영화는
전에 보지 못하던 성적을 나타냈다는, 미국이 아니면 알기 어려운
지극히 맹랑한 사실이 있었다.

미국영화의 손님은 서반아西班牙[스페인]가 수위요 그다음은
일본이라 하는데 이번 외국영화 수입금지에서 미국영화계에는 적지
않은 영향이 있을 것이다. 그렇지 않아도 〈쎄시리아〉의 귀공자가 평민과
연애한다는 내용이라고 일본 입하금지를 받고 〈뺑갈의 창기병〉은 너무
영국을 돌봤다고 이태리에서 수입 거절을 당하고 〈장군은 새벽에
죽다〉는 지나를 모독했다고 국민정부의 상영금지령을 당한 것으로
이것을 3대 위험망으로 한참 동안 영화 자본가들이 구수회의를 연

일이 있는데 금번 수입금지는 얼마나 그들을 실망케 했을지는 모르겠다.

독일과 이태리, 영국에서도 미국영화의 수입을 제한하고 될 수 있으면 국산영화를 장려하고 있는데 얼마 전에 히틀러 총통은 다음과 같은 명령을 내렸다.

"독일 국민인 자는 아래의 배우가 주연한 영화를 관상함을 불허함."

그 배우라는 것은 '푸렛 아스테아' '푸란시쓰 레데라' '위너 오란드' '메이 웨스트' '조오지 아리스' '진저 로저스' 등이다. 이유를 말하면 "아리안인족으로서 가장 좋지 못한 성격을 스크린에 재현함으로써 특색을 삼는 무리들임으로서이다" 하는 것이다. 딴은 히틀러 총통이 할 만한 변설이지만 독일에서 가장 인기가 높은 그들의 영화를 금지하는 것이 무엇보다도 경제적 이유가 잠재한 것임으로 추측된다. 이것이 영향되어 미국 관중들은 독일영화의 보이콧을 결의하고 최근에는 '메트로'의 독일제의 올림픽 실영화를 거절하는 등 이민문제 교육문제가 생기는 조선서는 상상치 못할 영화전투이다.

조선영화의 발전책

미국에서는 영화가 돈을 만들지만 기실은 돈이 영화를 만드는 것을 잊어서는 안 된다. '로버트 테일러'나 '빙 크로스비'가 현대의 인기를 독점하고 대통령의 몇 곱절의 연봉을 받고 있지만 그들에게 연 수십만 불의 선전비가 없었으면 '로버트 테일러' 같은 사람은 그야말로 어떤 양복점 점원 노릇이나 하였지 별수가 없었을 게다. 이것이 돈이 돈을 낳는 현대 세상의 철칙이나 만일 외국영화 수입이 5년만 계속한다면(비명을 지를 필요는 없다. 만일의 말이다) 조선서도 할 만한 노릇이다. 지금까지의 온돌식 촬영(방바닥에 방석을 깔고 그 위 촬영기를 놓고 방석을 끌면 이것이 이동촬영이 된다. 그래서 이 세계에 조선밖에 없는 방법을 가리켜 온돌식 촬영이라 한다)을 폐지하고 자본을 들여서 바라크나 짓고 그다음엔 문예봉이든 윤봉춘이든 닥치는 대로 선전을 할 것이다. 그러면 적어도 그 선전비의 갑절은 들어올 것은 확실하고 우리 스타들도 당당히 '새부자'나 '명사' 축에 들 수 있다.

'메이드 인 재팬'이 세계상품계에 맹렬히 진출하지만 외국 수출은 '뉴스'영화를 제하고는 '메이드 인 재팬'이 진출했다는 소식을

못 들었으니 이 틈에 조선영화가 세계진출에 선봉이 되는 것도 결코
공상은 아닐 것이다. 다만 명심할 것은 현재의 스타들 가지고는
수만금을 들여 선전하기에는 부족하다.

좀 더 산뜻한 신인들을 구할 것이다. 신인을 구하는 것은 어렵지
않은 것이니 만일 돈이 된다면 아니, 먹고 살 수 있다면 얼마든지
조선에도 '떼이트리히'나 '케이 푸란시쓰'나 '윌리암 포엘'이 나올 것이다.
대학출신, 여전출신, 부호 영양이 얼마든지 들이밀릴 것을 확신한다.

이것은 요즘 라디오나 유행 창가에서 전일 위대한 순수
예술가들이 대중 예술가로 승진(정히 승진)하는 것을 보아도 알 것이다.

그러면 배우는 그렇더라도 각본은 어디서 얻어 오느냐고?
이것은 문제없다. '강이찌' '오미야'가 '이수일'과 '심순애'로 되듯이
조선의 카츄사는 없으며 조선의 장발장은 없겠느냐. 근래 조선사람의
모조술은 위대한 것이다. 잘 되면 '톨스토이'도 '위고'도 기뻐할 것이다.

조선의 유행가—조선아! 너는 한시라도 빨리
천재 있는 유행작곡가를 낳아라!

이서구 «삼천리» 1932년 10월호

> 조선사람에 의해 지어진 유행가를 초기부터 개략적으로
> 소개하면서 대중가요의 전문 작곡가가 생산되기를 바라는
> 글이다.

진정한 의미에서 과연 조선에 유행가가 있느냐? 물으면 나는
한마디로 없다고 대답하겠다. 왜 그러냐 하면 대개가 남의 노래
번역이요 남의 곡조 개작 변작일 뿐이니까. 그러함으로 나는 이 글을
쓰는 첫머리에 이와 같이 부르짖는 것이다.

그래도 창작이 아주 없을 리는 없다. 좁쌀밥 속에 입쌀밥 섞이듯
군데군데 섞여서 쓸쓸한 그리고 외로운 한숨을 쉬고 있다.

푸른 하늘 은하수 하얀 쪽배에
계수나무 한 나무 토끼 한 마리
돛대도 아니 달고 삿대도 없이
가기도 잘도 간다 서쪽 나라로

이것은 나이 젊은 천재 작곡가 윤극영 씨의 걸작이요 가장 많이
유행된 노래다. 어린이를 위해 읊은 것이지만 성인과 화류계에까지
유행된 것이었다.

그다음에 유행된 노래로는 김영환(피아니스트 김과 다른 사람)
군의 작곡 작사로 되어 있는 〈낙화유수落花流水〉라는 영화 주제가다.

강남 달이 밝아서 님이 놀던 곳
구름 속에 그의 얼굴 가리워졌네
물망초 핀 언덕에 외로이 서서
물에 뜬 이 한밤을 홀로 새울까

영화의 주제가도 한둘이 아니었으니 이제 장차 이야기하려고
하는 〈아리랑〉을 빼놓고는 이 〈낙화유수〉만큼 대대적으로 유행된 노래는
없을 것이다.

뒤를 이어 〈세동무〉 〈암로〉 〈풍운아〉 〈젊은이의 노래〉 〈춘희〉 〈옥녀〉
〈혼가昏街〉 〈승방비곡僧房悲曲〉 등등등 여러 가지가 있으나 곡조가 어렵고
말이 외우기 까다로웠던지 마침내 크게 유행되지는 못하고 말았다.

젊은이의 노래는 마음의 하소
흘러가는 꿈길에 청춘을 싣고
나루마다 반기는 사랑을 찾아
속절없는 이별의 노래 부르네

이것은 내가 쓴 〈젊은이의 노래〉의 첫 절이다. 김영환 씨의
감독 작품의 주제가요 작곡은 이광준 씨의 힘을 빌렸으나 곡이 너무
고아한 까닭에 대중에서 '얼른 쉽게' 유행되지 못하고 만 것이다. 영화
주제가 외에 유행된 것으로는 (물론 일본서 먼저 유행되어 조선서 번역,

도곡盜曲한 것은 빼고) 옛날에 유행한,

> 이 풍진 세상을 만났으니 나의 희망이 무엇이냐
> 부귀와 영화를 누렸으니 희망이 족할까
> 푸른 하늘 밝은 달 아래에 곰곰이 앉아서 생각하니
> 나의 한 일이 하도 많아 정신이 아득하다

〈이 풍진 세상〉이라는 노래를 위시하여 뒤를 이어 거리에서 일시 아이들이 부르던 작곡자 작사자 [없는?] 〈아리랑〉은 노래, 영화, 연극, 무용, 댄스곡 무엇에든지 그 세력을 펴게 되었다.

노래는 김연실 양이 조선서 먼저 불렀다.

영화는 나운규 씨가 주연 제작한 것이다.

연극은 박영실 씨가 저작 연출하였다.

무용은 배귀자 여사가 안무 발표하였다.

댄스곡은 시에론 레코드에서 편곡 취입하였다.

〈신아리랑〉은 필자가 작사 이애리스 양이 불렀다.

〈신아리랑〉은 아리랑 타령에 대한 열이 차차 식어갈 때에 이경설, 이애리스 등 무대의 미희들이 유명한, "어으어라 더으어라 걱들남이 걱들남이"라 부르던 동요가 있으며 그리고 나서는 〈장한몽〉 〈시들은 방초〉 〈카츄사〉 〈표박漂泊의 노래〉 〈듸아보도〉 〈아라비아〉 〈베니스의 노래〉 등등 일본서 유행하는 노래의 직역에 정신이 없다가 근년에 이르러서 비로소 유행가답게 조선서 부르기 시작하여 일본에 수출까지 하게 된 〈아리랑〉이 최고봉이 될 것이다. 그런 관계로 목하 극단이 다녀간 지방에서는 대개 유행되어 있다.

> 달도 떴네 별도 떴네 구름 속 항아 아가
> 방긋이 웃네 아리랑 아리랑
> 비낀 달빛 임 오실 문전에 쉬어나 가라

그다음으로는 〈오동나무〉라는 민요일 것이다. 전부터 있었다고 하나 어쨌든 유행되기는 배귀자 여사의 민요 무용이 발표되었을 때일 것이다. 그중의 두 절은 전부터 있던 것이요, "아가 가자 우지를 마라

백두산 허리에 해가 저물어간다"라는 것과 또 일 절은 필자가 배귀자
여사를 위하여 지어놓은 것이다. 좀 고상한 의미로 본 유행가로는
‹그리운 강남›이 있다.

> 정이월 다가고 삼월이라네
> 강남 갔던 제비가 돌아오며는
> 이 땅에도 또다시 봄이 온다네
> 아리랑 아리랑 아라리요
> 아리랑 강남을 어서 가세

김석송 씨 작사 안기영 씨 작곡이다. 이만하면 조선서는 더 좋은
가사 더 좋은 작곡은 구할 데 없겠으나 역시 고상한 탓으로 비속한
대중 취미에는 들어맞지를 않았는가 싶다. 이규송 씨 작사 강윤석 씨
편곡이라는 ‹방랑가›가 있다.

> 피 식은 젊은이 눈물에 젖어
> 낙망과 설움에 병든 몸으로
> 북극한설 오로라도 끝없이 가는
> 애달픈 이내 가슴 누가 알꺼나

이 노래는 누가 모를 사람 없이 가장 많이 유행되었다.
이경설 양이 가장 잘 불렀었다. 이제 벌써 유행선상에서 멀리 떨어진
편이나 한참 동안 무섭게 유행했었다. 조선서 된 노래로 거리에
가는 아이들까지라도 부를 만치 유행된 것은 이 이상 더 있지 못할
것이다. 이만큼 조선의 노래는 양이 적다는 것이다. 다달이 새 노래
새 유행가가 일본서 밀려들어 오면 우리는 그것을 그대로 또는
번역해 부르기에 겨를이 없는 것이다. 극단에서 막간에 부르는 노래는
전부 남의 곡조를 갖다 놓고 이렇게 저렇게 돌려 꾸며서 그럭저럭
만들어놓는 편이 많으니 여기에 훌륭한 작곡가만 생겨났으면 얼마나
생광生光스러울지 모를 것이다. 지금 극단에 관계하는 악사도 편곡답게
해내는 사람이라고는 전수린, 김교성 두 사람이 있을 뿐이다. 시에론,
빅타, 콜롬비아에서 매달 유행가를 취입 발매한다. 그 취입하는

사람이 대개 극단에 있는 여배우들이다. 그러하므로 조선의 유행가는
무엇보다도 레코드를 통해 유행되게 되는 것이다. 어느 때까지나 남의
곳에서 부르던 찌꺼기만 갖다가 입에 침을 말리고 부르는 것은 결코
유쾌한 일은 못 될 것이다. '빅타' '콜롬비아'에서는 배우가 중심이
되어 취입하는 고로 극장에서 부르는 노래가 많다. 그러나 '시에론'
레코드에서는 동경에서 성악 공부를 하는 신인을 중심, 취입하므로
팬들이 잘 듣지 못하던 새 노래가 많다. 김대근 씨, 김안나, 박영신 양
등이 부르는 노래는 우리에게 새 길을 열어주는 맛이 있다. 김안나 양의
〈목하目下의 선유船遊〉와 김대근 씨의 〈저물은 바닷가〉라는 노래는 장차
유행할 가능성이 있다고 생각하고 있다.

레코드 회사에서는 어쨌든 먼저 유행된 노래를 취입하여
판매율의 정확을 기하고 있다. 그러함으로 조선에서 팔리는 레코드에는
일본서 건너온 가짜 유행가가 대부분을 차지하는 터이다. 어느 때에나
우리에게도 작곡 작사에 흥미와 아취가 넘치는 유행가가 나올는지
생각하면 창창하다. 점잖은 체하는 작곡가는 계시나 대중의 마음을
울려주는 유행가에는 임자가 없다. 그러하므로,

조선아! 너는 일시라도 속히 천재 있는 유행 작곡가를 낳아라.

5장
신식여성의 등장

"최근에 이르러 우리 조선사회에서도 녀자해방 문뎨가
혹은 당연으로 혹은 신문잡지의 긔사로 만히 론의되며
혹은 청년남녀의 모여진 좌석에서도 격렬한 론쟁의
재료가 되는 등 문뎨가 자못 일반화하야가는 것은
우리들의 다 가티 깃버할 만한 사실이다. 더욱더욱 만히
론의되야 녀자해방 문뎨를 누구나 다 충분히 이해하게
되고 더 한층 일반화하게 널니 선전되기를 바라는
바이다." 배성용, 「여자의 직업과 그 의의」, 《신여성》, 1925년 4월호.

억압과 미몽에서 벗어나려는 현대화의 역정에서 여성의 변화는
가장 두드러졌다. 여성에 관한 사회적 현상이나 논쟁 그리고 활동을
주목한다면, 어쩌면 현대는 여성들로부터 시작되었다고도 말할 수
있다. 역사상 어느 때보다 이 시기만큼
여성이 사회의 전면에 드러나고
관심의 대상이 되었던 적은 없었을
것이다. 표면적으로는 여성해방이
곧 인류의 해방인 것처럼 보였으며,
여성의 변화야말로 시대의 변화를
예증해주는 것이었다.

　　　평등사상에 기초한 여성해방은
일차적으로 여성의 사회적 지위에
관한 것이었지만, 여성의 변화는
남성의, 가족의, 제도의, 사회의 변화를
이끄는 동인이었다. 전근대적인
속박에서 벗어나 현대성을 성취하기
위해 노력하는 과정에서 필연적으로

1920년 조선여자교육회에서 발행한
《여자시론》.

뒤따른 현대적 사유방식의 핵심이
바로 여성해방의 관점이었다.

　　신여성으로 불렸던 초기의
인텔리계층 여성들이 자신의 목소리를
다듬고 여성해방을 주창할 무렵,
개화를 지향하는 사회에서도 여성에
대한 배려의 소리가 들리기 시작했다.

　　"세상에 불상한 인생은
　　죠션의 녀편네며
　　우리가 오늘날 이
　　불상한 녀편네들을
　　위하야 죠션인민의게
　　고하노라. 녀편네가

개벽사에서 발행했던 《신여성》 1932년 4월호.

사나희보다 조곰도 나젼 인생이 아닌데, 사나희들이
천대하난 거슨 다름이 아니라 사나희들이 문명개화가
못 되어 리치와 인정은 생각치 않고 다만 자기의
팔심만 믿고 압제하려는 것이니, 어찌 야만에서 다름이
있으리오..." 《독립신문》, 1896년 4월 21일 논설.

　　자율적인 현대 여성운동은 여성교육에서
출발했다. 1886년 여성교육기관으로 이화학당이
설립된 이후 정신여학교, 배화학당, 숭의학교,
호수돈학교, 성보여학교, 숙명여학교, 덕성여학교,
신명여학교, 동덕여자의숙 등 선교사나 민간의
교육기관이 설립되면서 이른바 교육받은
여성으로서 신여성이 등장하고 이들에 의해 여성운동이
시작되었다. 1898년에는 여학교 설립을 목적으로 발족한
찬양회讚揚會가 결성되어 1910년까지 활동했으며 그
목표는 당연히 여성의 지위 향상이었다.

《여성》 1938년 1월호에 실린 화가 정현웅의 삽화.

　　신식교육을 받은 여성의 등장은 필연적으로 '낡은 주체'의
봉건적인 가치관과 충돌했다. 여성의 사회적 진출에 대한 불안감은
다른 사회적 현상과 마찬가지로 극도의 문화적 이질감에서 오는 가치의
혼란이었다. '신식'으로 대변되는 서구의 가치관은 분명히 지향해야
할 현대적인 관념이었지만 전환의 속도가 지나치게 빨랐다. 가치관의
전복은 옳고 그름의 문제이기보다는 주체의 위기에 관한 문제였으며,
특히 새로운 서구의 가치관 속에서 자유와 해방의 길을 발견한
여성들의 활발한 활동은 그 자체로 사회에 정체성의 위기를 불러오게
되었다.

　　'여성해방'과 '남녀평등'은 현대화의
역정 속에서 가장 분명한 도덕적 지침이었으며
일상을 재조직할 수 있었던 구호였다. 남녀
간의 애정문제와 결혼제도, 직업의 선택에서
여성은 계몽과 반봉건의 중심에 서게 되었다.
여성의 성적 역할과 사회적 지위의 재편에
관해 가히 폭발적일 만큼 많은 글이 쏟아져
나왔고, 이를 중심으로 사회의 근본적인 개혁을
이루려는 논의가 활발해지는 것은 당연했다.
이광수 같은 이는 1916~1918년에 반봉건성과
계몽의식을 드러내는 논설 「조선 가정의 개혁」
「조혼의 악습」「혼인에 대한 관견」「혼인론」
「숙명론적 인생관에서 자력론적 인생관에」
「자녀 중심론」 등을 발표하기도 했다.[20]

《동광》 1932년 1월호 기사
「혁명은 부엌으로부터」.

　　여성이 현대화과정의 중심에 있었던 것은 남성과는 현격히 다른
문화적 환경 때문이라고 할 수 있다. 이른바 신식교육을 받았던 남성들은
새로운 가치관과 함께 손해 볼 것 없던 봉건적 가치관을 공유했던
반면에, 신식교육을 받은 여성들은 봉건적 가치관과 완벽히 결별하지
않으면 새로운 세계를 수용할 수 없었다. 대부분 신식남성은 가부장적인
제도의 혜택으로 유학과 신문물의 세례를 받았으며, 자신의 새로운

20. 김영민, 「춘원 이광수 문학의 근대성 연구」, 『민족문학과 근대성』,
문학과지성사, 1995, 351쪽.

«여성» 1938년 9월호의 사진. 신구여성의 서로 다른 옷차림이 두 문화가 혼재하는 시대였음을 보여준다.

가치를 사회로 환원하는 과정에서 상충하는 현실적인 제약을 감당해야 했다. 전형적인 남성 유학생들이 구식의 아내와는 별개로 신여성을 첩으로 둔 사례는 봉건적인 가치관과 완벽히 결별하지 못하면서 새로운 가치관과 결합해야 하는 남성들의 입지를 상징한다. 여성들 역시 이와 완전히 다른 상황이었다고는 할 수 없지만, 그들의 선택은 남성들보다 훨씬 더 많은 주목을 받았다. 따라서 자신의 어정쩡한 선택에서 오는 비난을 피하기 위해서라도 자신의 결정에 분명한 가치를 제시할 필요성이 있었다. 새로운 가치를 받아들일 때 여성들은 남성처럼 신구의 양면을 절충하기보다는 어느 한쪽을 분명히 선택함으로써 자신의 입장을 드러내야 하는 '당찬 여성'이 될 수밖에 없었다.

여성해방과 남녀평등에 대한 뚜렷한 입장을 표명한 일군의
여성들은 더 많은 사회적 반발을 겪어야 했다. 봉건적인 가치에서
이러한 여성들을 도외시하는 경우가 아니더라도 여성들의 주장은
'설익은' 소리거나 '어설픈' 몸짓으로 보이기 쉬웠다. 그들은 "문명국의
유행어를 직수입하여 가지고 입으로만 여성해방이나 남녀평등을
주창하는 무자각적無自覺的 여자"로 매도되곤 했다. 신식교육을 받은
여성들에 대한 이런 비난은 때로 그들에게 이질적인 가치를 주입한
서구인에게로 향했다. 여성에 대한 새로운 가치관을 주입한 여학교가
대부분 서양인에 의해 설립되었거나 서구의 가치(기독교를 중심으로
한)를 근간으로 하고 있었기 때문이다. 서양인이 남성을 중심으로 한
학교보다 여성을 교육하는 기관에 더 집중했던 것은 기독교를 중심으로
한 서구 문화전략의 일환이었지만 그 결과는 조선사회에서 주체의
격심한 변동을 초래했다. 가뜩이나 동요하는 정체성으로 가치의 혼란을
겪고 있던 사회에서 서양인의 여성교육에 대한 비난이 없을 수는
없었다.

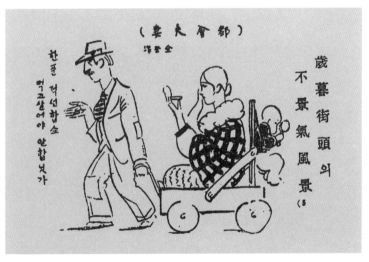

구걸하러 다니는 남편의 뒤에는 곱게 차려입은 아내가 있다. 그녀는 아이를 뒤에 매단 채 화장을
하고 있을 뿐이다. 도회의 신세대 부부의 모습에서 부부의 전도된 삶의 패턴을 그리고 있지만,
그만큼 여성은 과거와는 다른 모습으로 등장한다. 《별건곤》 1930년 12월호 「세모가두의 불경기
풍경」에 김규택이 그린 「도회부처都會夫妻」.

　　이런 시각을 노골적으로 드러낸 글은 이미 1920년에 볼 수 있다.
오천석은 「서양인의 조선여자교육방침을 근본적으로 개혁하라」에서
서양인이 조선여자를 교육하는 것에 대하여 "감사感謝의 염념과
수치羞恥의 염념念"을 동시에 느끼고 있다. 서구인의 교육적 공헌을
인정하지 않을 수는 없지만, 그들의 손에 교육기능을 맡겨야 하는
부끄러움은 열등한 국가의 지식인이 보편적으로 지녔던 자괴감이기도
했다. 이러한 자괴감은 서구인에 의한 여성교육이 주체적(조선적)이지
못하다는 것, 그리고 그 비주체적 교육에서 나오는 여성들의 주장은
자각적 행동이 아니기 때문에 폐해를 준다는 지적으로 표출된다.
그는 여성을 향한 반격에서 사회적 정체성을 둘러싼 심각한 위기감을
표현한다.

　　　　　"서양인이 조선에 드러와 여자교육기관을 각처에
　　　　　설립하고 전심 사계斯界에 종사한 지 수십 년에 그들의
　　　　　적축積蓄한 사업을 일언一言으로 다하자면 조선여자를
　　　　　원료原料 삼아 서양여자의 미숙품未熟品을 만들엇다
　　　　　할 것이다. 따라서 교육기관인 학교는 무슨 학교라는
　　　　　간판보다도 무슨 컴패니―조선분공장朝鮮分工場이라는

여학교의 율동교육. 신학문에 의한 여성의 학교교육은 여성의 지위를 점차 변모시켜갔다. 사진은
중앙보육학교의 율동시간. 『신문화 100년』(신구문화사, 1980).

편이 온당할 것이며, 학교졸업생이라는 것보다도
박래식舶來式 제조품製造品이라는 편이 가합可合할
것이다.” 오천석, 「서양인의 조선여자교육방침을 근본적으로 개혁하라」,
《서울》, 1920년 6월호.

학교는 서구적 가치관을
주입하는 공장이며 여성은 그 원료다.
거기서 생산되는 물건은 서양적
조선인이니 불량품일 수밖에 없고
조선가정과 조선사회에 적합하지
않으니 무용지물이라는 것이다.
　　여성이 사회적 존재로
부각하는 데 서구적인 여성해방관
이나 서구식 교육이 지대한 영향을
미쳤다는 것은 부정할 수 없다.
1920년대 들면서 여성의 사회적
진출이 본격적으로 두드러지는데
조선여자유학생친목회(나혜석,
김정애 중심)가 만들어지고, 잡지
《여자계》가 발간된 것이 1910년대
후반이었다. 1923년에는 직업여성
모임이 결성되어 그해 5월에는
조선간호부협회가 만들어지고
1924년 7월에는 원산여자노우회,
10월에는 인천선미여공조합(정미공장
여공 모임)이 만들어져 조합원이
3000명에 이르렀다.

여성의 새로운 직업을 소개한 《여성》
1938년 3월호의 삽화.

　　여성 교육인력이 늘어나고 여성의 경제 능력이 향상되었음은
여성을 독자로 한 잡지의 출현에서도 볼 수 있다. 이미 개벽사에서
만든 《신여성》 이후 1930년대에는 오늘날과 유사한 형태의 여성지가
만들어져 1936년에는 조선일보사에서 《여성》을 내게 되었다. 이 잡지는
비록 《부녀지광》이나 《부인세계》 같은 일본 여성지를 본떠 여성의 관심

1936년 «조광»에 실린 여자 운전수 김영희.

대상을 의식주와 소소한 일상 잡사에 국한하는 모습을 보이기는 하지만, 여성이 사회의 한 중심이 될 수 있음을 보여주고 있다.

여성의 사회적 진출은 먼저 저임금의 노동력 착취로 시작되었다. 1931년 7월 21일 «매일신보»를 보면 당시 경성부 내 공장의 남녀 노동자 수가 성년 남자 9779명, 여자 3337명으로 여성노동인구가 남성의 3분의 1을 넘었으며, 유년공의 경우 남자 270명, 여자 454명으로 나이가 어릴수록 여성이 더 많았다. 여자들이 많이 다니던 공장은 정미소나 방적공장, 제사공장, 고무공장 등이었다. 이와 함께 1920년대부터 밀려든 새로운 도시문화의 형성은 여성에게 새로운 직업군을 구성하도록 했다. 극장에서 표를 팔던 티켓 걸, 차장인 버스 걸, 엘리베이터 걸, 바 걸뿐 아니라 운전수나 비행사를 직업으로 가진 이들도 생겨났다. 이런 직업여성은 여성으로서의 사회적 진출뿐 아니라 새로운 직업과 세태를 반영했기 때문에 사회적인 관심의 대상이 되었다.

　　　1930년대에 도시문화가 본격적으로 형성되기 시작하자 이른바 '모던 걸'로 불리는 일군의 여성이 등장했다. 이들은 주로 카페나 바, 다방에 근무하던 여성들로 새로운 도시문화를 매개하는 선두주자였다. 그들은 변화된 문화유형을 반영하고 있었으며 기존의 문화와 구별되는

모습을 보였기 때문에, 한편으로 비난의 대상이 되기도 하고 다른
한편으로는 선망의 대상이 되기도 했다. 도시문화의 핵심으로 자리 잡고
있었던 카페나 바 등은 여성의 성적 매력이 서비스 차원에서 제공되는
장소였다. 이곳에서 일하던 여성들은 성적인 관심에 대하여 공개적인
'에로 서비스'로 대응하는 분화된 도시정서를 체득해야 했으며, 따라서
스스로 직업으로서의 삶에 적응해나가야 했던 인물들이었다. 새롭게
등장한 이들 카페의 여급은 주로 기생이나 영화배우 출신이 많았으며
그들의 학력 또한 당시로 보면 낮지 않았다.

　　이들과 함께 초기 여성들의 인식과 가치관의 변화는 이른바
신여성이라는 인텔리겐차에 의해 좌우되었다고 할 수 있다. 여의사로
1900년 미국에서 귀국한 박에스더, 1930년대의 미국 박사 김활란뿐
아니라 1920년대에서 1930년대 초의 비행사 박경원, 권기옥, 이정희
등 이들에 대한 관심은 지대하여 그들의 일거수일투족은 언론과
세간의 관심거리가 되었다. 대중 앞에서 여성이 드러나는 것을 꺼리던
시기인 1920년대에 이월화가 카츄샤, 복혜숙이 춘향 역 등을 맡으며
대중의 스타로 부상되는 등 대중문화에서 여성의 역할도 점점 높아져
1930년대에는 여자배우 또한 많아졌다.

　　신여성의 사회적인 위상이 점점 높아지자 구여성과 신여성

인텔리 직업여성들의 활동은 늘 세인의 주목을 받았다.
① ‹사의 찬미›로 유명했던 소프라노 가수 윤심덕. ② 무용가 최승희.

«여성» 1937년 2월호에 실린 정순애의
「발」에 곁들인 삽화. 이 시에는
여성해방의 시각이 담겨 있다.

「발」

오이씨 같은 발을 사나이들이 좋아했습니다.
지금도 당신들 중에 오이씨 같은 발이 많습니다.
사나이들이 아름답다고 하는 그 오이씨 같은 발에
서푼짜리 고무신이 웬일입니까.
(...)
그러나 지금 당신들은 우선 발부터 해방되었습니다.
여름에도 솜버선을 신던 그 발을 활신 벗고 마루에
서성거려도 부끄럽지 않은 때가 왔습니다.
(...)
구두를 신고 길을 다 나오십시오.
당신들은 너무도 오래 골방 속에 갇혔었습니다.
(...)

간의 갈등은 세대갈등을 넘어 적대적 관계로 치닫기도 했다. 신여성에게는 구여성이 고루하고 세상물정 모르는 암흑세계에 갇혀 있는 것으로 보였고, 구여성에게는 신여성이 천방지축 날뛰기만 하는 속없는 여자들로 보였다. 예를 들면 구여성들은 "활동사진인지 팔동사진인지 구경은 무슨 구경을 그리 하느라고 날마다들 야단이며, 무슨 쥐라나 쥐잡네(主義者입네) 하고 시집을 가래도 안 가고 (...) 집에 오니 개수통에 손꾸락 하나 담글까요 걸레질 한 번 칠까요 (...) 연앤지 빌어먹는 것인지 사람 버리겠습니다. 경찰서에서는 그놈의 연애 좀 업새지 못하는지!" 하고 신여성에 대한 불만을 털어놓으면, 신여성은 "교군 타고 장옷 입고 다니던 자기네 시절만 여기고 남의 흥을 잘 보나? 세월이 가는지 오는지를 모르는 양반들아! 그러나 그것이 당신네의 죄는 아니지만... 밤낮 갇혀만 있지 말고 정신을 차려 야학이라도 다녀서 세상이 어디로 어떻게 돌아가는 것이나 짐작하고 게시오! 인형 노릇만 하지 말고 좀 눈을 번쩍 뜨기 바라오!"라고 대답했다. 김인숙 외, 「각계각급 백지 한 겹 관계자간의 신년 소원」, «별건곤», 1929년 1월호.

이런 세대의 갈등은 봉건적 의식이 현대적 혹은 서구적인 의식으로 탈바꿈한 오늘에 이르기까지 우리 사회의 중층적 모순의

기저를 형성하고 있으며, 세대 간의
단절에 따르는 전통의 상실, 미분화된
자아의식의 원료를 제공하였다.
이미 초기 현대에서 비롯된 갈등은
1920년대부터 본격적으로 현대사회가
형성되면서 더 노골화되었다.

이런 신·구여성의 대립과 함께
가족관의 변화에도 신구의 대립은
극단적이었다. 자본주의에 따른
상공업의 발달이 도시팽창을 촉진하여
인구의 이동이 잦아지고 생활양태가
바뀌면서 농업중심주의의 대가족은
점차 무너지기 시작하여 집안에
예속된 여자의 지위 역시 변화했다.

1931년 «삼천리»에 수록된 앙케트
「신여성들은 남편의 밥과 옷을 지어본
적이 잇는가? 업는가?」. 당시 잡지에는
신여성과 가정의 관계에 대한 설문이
빈번하게 실렸다.

> "최근 사회적으로
> 남자와 안행비견을 하려고 하는 여권론자의 독립, 해방,
> 자유를 위하여 부르짖고 선전하는 동시에 일편으로
> 가정적으로도 남자와 동양의 입지에서 생활하고자
> 하는 주부계급의 독립, 해방, 자유에 관하여도 일층 더
> 부르짖는 터이로다."
>
> 김안기, 「주부와 결혼법을 개조하라」, «신천지», 1921년 10월호.

아내가 남편과 동등권을 행사한다든지 세탁과 요리를
공동으로 함으로써 사회활동을 할 수 있는 여건을 조성한다든지
하는 현상개선부터 부모의 뜻대로 시키는 결혼은 '강간결혼'이라고
하는 판결에 이르기까지, 여성의 결혼관은 변모하고 있었다. 1894년
갑오개혁의 조문에는 '과부의 개가는 귀천에 관계없이 그 자유에
맡김'이라는 항목이 들어 있었다. 비록 당대에는 그 내용이 자유로이
실현되지 않았다 할지라도 적어도 법제적으로 유효한 것이었다. 그러나
1930년대에 오면 과부의 개가 이전에 자율적 이혼도 이루어졌으며
나혜석 같은 신여성은 '이혼고백서'를 잡지에 발표하여 자신의 정당성을

신식과 구식의 대립은 새로운 세대갈등을 불러일으켰다. 《별건곤》 1926년 12월호에 실린 '신식 싀어미와 구식 며누리' '신식 며누리와 구식 싀어미'를 풍자한 삽화.

주장하는 데까지 이르게 되었다. 이혼을 당하게 되는 여자들이 대개
"울면서 어디 가 무슨 짓을 하든지 장가는 열 번 백 번을 다시 들더라도
이혼만은 말아달라" 한○봉, 「딱한 일 큰일 날 문제」, 《별건곤》, 1929년 12월호. 글 중
신식여성을 첩으로 둔 필자 아내의 말. 고 애걸복걸하는 처지였던 것에 비하면 단
10여 년 만에 일어난 놀라운 변화들이었다.

여성해방의 시각을 사회적 부조리에 대한 공격의 수단으로
인식했던 것은 신여성들이 보편적으로 지녔던 사회관이기도 했다.
따라서 신여성의 사회관은 때로 반사회적이고 파괴적일 만큼 대담했다.
특히 1920년대 사회주의사상이 유입되면서 자본주의의 사회적
모순에 대한 인식과 현존하는 사회부조리에 대한 혁명적 전복의식이
팽배해지면서 여성해방의 목소리는 더욱 커졌다. 사회주의적 인식은
여성해방을 바라보는 시각에 좀 더 정치하고 구조적인 접근을 가능케
했지만, 사회주의이론에 따라 모든 것의 원인을 생산조건의 모순과
계급적 대립에 두는 상투적 결론에 머무르곤 했다. 일례로 「[남성의
무정조에 항의장] 영웅호색적 치기를 타기唾棄」 윤성상, 《삼천리》, 1930년
10월호. 라는 거창한 제목의 글을 보면 남성과 여성 사이의 편향적인

정조관의 원인은 "생산조건"에 있으며 "계급적 해결"을 통해서
해소되어야 한다는 막연한 사회주의적 여성관을 피력할 뿐이다. 이
시기의 다른 경우와 마찬가지로 사회주의사상은 기존의 관념주의적
개조론 혹은 모더니즘의 아방가르드사상과 혼재되어 그 자체로
수미일관한 이론적 체계를 지니고 적용되는 경우는 드물었다.

　　　　그러나 아직 봉건적인 인식의 굴레에서 벗어나지 못한 상황에서
여성들은 성의 해방과 평등한 연애관을 추구한다는 사실만으로도
선지자적인 지위를 가질 수 있었다.

사회주의가 팽배해지던 시기 지하
운동을 하던 지식인의 주변에는
소위 '맑스 껄' '엥겔스 레듸'라
불렸던 여성들이 있었다. 사회주의적
연애관을 신봉했던 여성들을
일컫는 것이었지만 맑스 걸, 엥겔스
레이디라는 말이 세인과 차별화된
'특수한 지식계급'으로서의 속물적
특권을 부여했던 것도 사실이다.
어쨌든 이들은 사상운동에 동참하면서
진보적인 의식과 실천으로 세인의
주목을 받았다. 특히 그들은 성에
대한 가치관에서도 진보적인
신여성이었으며, 자유분방하면서
투쟁적인 그들의 동지적 연애는
프롤레타리아 연애라고 불리기도
하였다.

《신동아》 1923년 6월호에 소개된 서양의
흡연문화에 대한 삽화 중 일부. 여성을
중심으로 한 세태의 변화를 보여주는
그림이다.

　　　　1920년대에 이른바 "붉은
연애의 주인공들"이었던 허정숙許貞淑, 남수라, 현계옥玄桂玉,
정학수鄭學秀, 고명자 등은 대개 여성운동가이거나 국내외에서 활동하던
공산당원이었다. 이를테면 《동아일보》 기자였던 허정숙은 "박헌영,
임원근, 조덕진 등 사원 14~15명이 일제히 맹파퇴사盟罷退社할 때" 함께
퇴사하여 사상운동을 전개하면서 임원근 등 "나이 삼십 이전에 애인을
세 번 가졌고 가졌을 적마다 옥동자를 얻었던" 여성이었으며, 고명자는

1차, 2차 공산당 결사의 주역인
김단야金丹冶의 애인으로 그 역시
공산당원이었다는 것이다. 초사, 「붉은
연애의 주인공들」, 《삼천리》, 1931년 7월호.

세인의 관심 대상이 되었던 붉은 연애의
주인공들. 황신덕, 유영준, 최은희.
《삼천리》, 1931년 7월호.

　　이렇듯 과감하고 자유분방한
여성들의 행동이 '혁명과 진보'를
위한 행동양식으로 해석되면서 성에
대한 새로운 가치관은 비난과 조롱의
대상이 아닌 경외와 부러움의 대상이
되었다.

　　이보다 앞서 여성의 성해방이
기존 사회에 대한 공격으로 나타나는
가히 선정적이고 파괴적이라 할
만한 주장도 있었는데, 그 한 예로
「기생생활도 신성하다면 신성합니다」라는 글이 있다. 사회현상 자체를
패러디하려는 명백한 의도로 쓰인 이 글에서 화중선花中仙이라는 예명의
기생은 자신을 완롱계급玩弄階級, 타락녀墮落女, 매소부賣笑婦 등으로
부르지만, 자신의 출신성분이 상류계급이며, 천박한 기생을 직업으로
선택한 것은 분명한 사회적 목적이 있기 때문이라고 말한다. 그는
동적動的 인간인 여성에게 시집이라는 유폐생활을 강요하고 남성에
예속시키는 제도에 대해 반발한다. 특히 그가 강한 거부감을 느끼는
것은 남성중심의 이데올로기를 강요하는 교육제도다.

　　　　"여성의 천진天眞을 여성의 인간성을 제약하야 남성들의
　　　　완구玩具, 씨통으로 만드노라구 현모양처란 미명 아래
　　　　유아유아類我類我의 명령자[양아들]로 주형鑄型에 부을
　　　　용액溶液으로 되게 하노라고 죽을 애를 쓰는구나."
　　　　화중선, 「기생생활도 신성하다면 신성합니다」, 《시사평론》, 1923년 3월호.

　　화중선은 노예적 도덕이 판치는 남성중심사회에 정면으로
배치되는 방면으로 그의 직업을 선택한다. 그가 기생생활의 논리적
근거로 삼는 것은 "행위의 동력이 의식으로 일어남보다도 성性의 본연인

충동으로부터 일어나는 것"임에도 "인간성의 본연인 충동이 자유롭게 발현되지 못하는" 사회에 대한 저항이다. 이에 대한 이론적 배경으로 그는 당시 조선에 로맹 롤랑과 함께 널리 알려졌던 관념론자인 러셀을 인용한다.

　　따라서 이 기생은 이상적인 사회제도를 위하여 주체(개성)의 충동을 강조하는데 "개성의 충동해방을 요구하는 민중본위의 새 문화를" 건설하기 위해 "개성의 충동의 구속을 시인하는 특권계급의 옛 문화보수자"들을 구축해야 한다고 말한다. 그의 공격대상은 사회의 특권계급과 유산자계급이며, 소유적 충동이 주가 되는 자본주의사회 그 자체이며, 이를 지배하는 남성들이다.

　　"육肉을 팔더라도 심心을 파는 신사벌紳士閥보다 훨씬 신사다운 삶을 살고 있다"고 자부하는 이 매음론자가 선택한 기생생활이란 "차라리 역습적逆襲的 행위로 소유적 충동과 추악한 향락적 충동의 만족에 광취狂醉한 그 사람들, 그 사회들로 하여금 저이들 소유적 충동의, 또 향락적 충동의 발사작용發射作用에 저절로 견디지 못하여 나의 신코에 접문接吻[키스]을 하고 나의 발바닥을 핥아가면서 자진하여

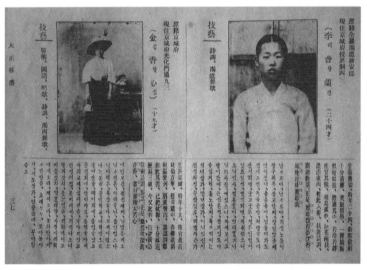

1918년 조선연구회에서 펴낸 『조선미인보감』. 기생들의 신상명세와 장기들이 상세히 수록되어 있다. 발문에는 부정한 풍속을 경계하기 위해 만들어졌다고 쓰여 있지만 실제는 기생에 관한 안내 책자 구실을 했던 것으로 보인다.

기생을 배출하였던 대정권번.

나와 나의 포로물捕虜物이 되게 하여가지고 나의 성적 충동을 발현하는
어떤 의의가 있는 삶을 하려함에서 나온 동기"에 기인한 것이라고
주장한다. 그의 선택은 분명히 "우리 여성의 적인 남성들, 특권계급들을
포로하려는 복수전사復讐戰士의 일원一員"이 되려는 것이었다.

화중선이라는 기생의 과격한 발언이 아니더라도 현대로 진입하는
과정에서 여성의 의식, 생활, 역할의 변화를 살피려면 '기생'을 중심으로
한 문화의 흐름을 주목할 필요가 있다. 특히 현대문화의 형성과정에서
기생의 존재는 여성해방의 측면뿐 아니라 봉건적인 사회적 존재가
어떻게 현대적인 사회적 존재로 자리매김하는지를 보여준다는 점에서
매우 중요하다.
　　　　처음부터 기생이 현대적 여성의 앞자리에 있었던 것은 아니다.
1920년대 이전까지만 해도 그들은 사회의 주변인이었으며 봉건적
문화의 잔류물에 지나지 않았다. 1900년 파리박람회에 조선의
명기名妓를 출품하려 했던 것도 여기서 벗어나지 않았다.

　　　　　"파리박람회에 기생출품—1900년 파리에서 열린
　　　　만국박람회에 조선에서는 반도 특산물 몇 종과

조선미인을 세계에 소개할 작정이엇든지 장안 일등
명기名妓 10명을 골나, 꼿의 파리로 파견키로 하엿다.
그러든 것이 그만 경비經費 관계로 맨 나종날 중지하고
말엇는데 그때 출품?되려든 기생 일홈은 홍옥紅玉,
유색柳色, 연화蓮花, 도색桃色 등이엇다고."

「삼천리기밀실」, «삼천리», 1934년 11월호.

1930년대 카페의 여급. «조광», 1935년
11월호.

기생은 봉건시대부터 일종의 서비스업으로서 독특한 지위를 지녔지만 그 역할이 그랬던 것처럼 생산적이거나 주체적이기보다는 주변적이고 소비적인 존재임은 분명하였다. 여기餘技 문화로 춤과 노래, 시와 그림에 접할 수 있었던 이들은 봉건의 잔류물로서 오락과 유흥을 매개하는 화류인생이었다. 그러나 그들은 이런 문화적 소양 때문이 아니라 새로운 사고와 사상을 비교적 손쉽게 접할 수 있는 살롱문화의 적극적인 향수자로서 새롭고 현대적인 삶의 본질에 근접할 수 있었다. 파리의 살롱이 귀족과 귀족의 후원을 받는 지식인을 매개하는 자리였으며 그 살롱의 주인이 여성이었다면, 조선의 요릿집은 지식인과 부르주아의 거점으로서 살롱이었으며 이들의 들러리인 기생은 새로운 문화에 대해 가장 먼저 익숙해진 사람들이었다.

기생은 차츰 현대적 사고와 의식에 적극적인 동참자로서 자신을 발견하면서 사회적으로 드러나기 시작한다. 그들의 돌출적인 행동은, 이를테면 단발한 기생 강향란이 강습소에 드나드는 것에 대해 논란이 벌어졌던 것처럼, 봉건적인 관습에 매여 있던 세인의 주목을 받았다. 따라서 1920~1930년대 아직 주변이 인습과 관례의 끈에 얽매여 있던

«별건곤» 1932년 11월호 「카페여급 언파레-드」에 소개된 카페 걸들. 오른쪽부터 조경희, 김보신은 배우 출신, 지스꼬(정삼순)는 낙원회관의 여급감독으로 이미 일본 오사카 등에서 카페 걸을 하기도 한 인물, 마리꼬(김명순)는 영화배우 출신, 미네꼬(이덕성)는 기생 출신이었다.

때 기생은 가장 먼저 자기 생각을 실천하면서 억압의 고리를 끊는 존재가 되었다. 주변의 세속적 시선이 곱지 않았음에도 불구하고 오히려 그 덕분에 더 과감해질 수 있었던 그들은 새로운 사상뿐 아니라 생활양식이나 패션을 먼저 실천에 옮길 수 있었다.

　　　이들은 곧이어 유행가 가수와 영화배우가 되고 다방 마담으로 자리를 바꿔 앉으면서 지식인, 문화예술인사와 깊은 교분을 맺었다. 따라서 초기 현대에는 몇몇 지식인 그룹의 서구지향적인 사고가 여성의 지위, 역할, 사상과 의식의 변화를 좌우했지만, 이를 구체적인 삶 속에서 자신의 정체성으로 확인하며 실천했던 인물에는 기생도 포함되어 있었다. 이들 기생이 사회의 구조적 변화, 예를 들면 도시의 발달로 인한 서비스업의 증가에 빠르게 적응하고, 특히 다방이나 바 등 이제까지 존재하지 않았던 일의 중심에 설 수 있었던 것도 직업적 유사성보다는 새로운 현대적 직업에 대한 거부감이 적었기 때문일 것이다.

유곽에 빠진 여성에게 교육의 필요성을 강조한 독자투고 삽화.

몸은 개천에 정신은 광명을 향하야

　　　1930년대 현대사회로 진입하는 과정에서 기생이 윤락녀, 사회의 주변인이 아니라 새로운 문화적 주체로 등장한 것은 매우 주목할 만한 현대사의 흐름이다. 1920~1930년대에 언론에서 새로운 직업군에 대한 소개가 활발했던 것은 이색적인 사건에 대한 세간의 흥미를 자극하기 위한 측면도 있었지만 현대적인 삶의 현상을 적극적으로 유도하려는 측면이 강했다. 새로운 직업군으로서 도시의 서비스업이 부각되고 그들 중 기생 출신이 가장 많았다는 것은 대중문화가 생성되고 증폭되는 과정에서 기생이 지닌 역할이 그만큼 컸다는 것을 말해준다. 새롭게 등장한 대중적 공간과 미디어의 중심에는 항상 기생이 있었으며 그들이 대중문화의 핵심을 장악하고 있었다.

물론 기생에 대한 당시의 시각이 긍정적일 수만은 없었다. "노예 매매제의 유물이며, 가정 파괴자이며, 국민 원력의 소모자"한청산, 「기생철폐론」, 《동광》, 1931년 12월호. 들이며 축첩의 원인 제공자인 매음, 매소자들인 기생을 철폐하자는 주장이 제기되기도 하였다. 실제로 기생은 서울 시내의 "명월관이니 식도원이니 하는 갑종甲種 요리점"에만 출입하도록 되어 있었는데 실제로는 "시내 외의 절간으로, 야릇한 여관집으로, 공원산보로, 극장으로, 카페로, 기생의 서식지棲息地는 점차 그 범위가 확대"되었던 것도 사실이었다.

이러한 시각은 당시의 기생에 대한 흥미위주의 기사들, 예컨대 「기생철폐론」과 같은 해인 1931년 '출세한' 기생들에 관해 쓴 「장안명기영화사」 김화랑, 《삼천리》, 1932년 10월호. 에서 볼 수 있듯이 기생에 대한 호감과 배척이라는 이율배반적인 성격을 지녔다. 한쪽에서 보면 기생은 적어도 봉건적인 유물로서는 배척해야 할 대상이었으나 실제적인 면에서는 현대적인 대중문화의 스타였다.

1920년대 기생이 돌출적인 행동과 발언을 통해서 낡은 사회적 의식을 뚫고

《삼천리》 1932년 10월호 「장안명기영화사長安名妓榮華史」에 게재된 기생사진.

나아갔다면, 1930년대부터는 보다 대중적이고 보편적인 문화현상에
대한 주목과 이에 대한 대응이 사회적으로 두드러졌다. 그중 하나로
1937년 《삼천리》 1월호에 실린 「서울에 딴스홀을 허하라」라는
탄원서 형식의 글을 주목할 수 있다. 대일본 레코드회사 문예부장
이서구를 제외하면 연명의 여성들은 "끽다점 〈비너-스〉 마담 복혜숙,
조선권번기생 오은희, 한성권번 기생 최옥진, 종로권번 기생 박금도,
빠- 〈멕시코〉 여급 김은희, 영화배우 오도실, 동양극장 여우 최선화"
등이다. 이들이 단순히 '딴스'를 허용해줄 것을 총독부에 간청하는
'제도적 자유'의 제스처 속에는 현대화의 과정이 식민지 상황에서 이미
심하게 왜곡되어 있음이 드러난다. 이들은 서구문화를 받아들인 일본에
이미 댄스홀이 53곳이나 되고 "사교딴스홀"이라는 곳 또한 도쿄에만
50여 곳이 있음을 들어 "삼교三橋 경무국장 각하"에게 서울에도
댄스홀을 허락할 것을 탄원하고 있다. 술집과 카페는 허가하면서 건전한
사교오락장인 댄스홀을 불허하는 것은 형평에 맞지 않는다는 것이다.
댄스홀을 허가해달라는 저의가 어디에 있었든 간에, 그 제도적 자유를
향한 논거가 서구의 현대화된 사회 혹은 이를 추종하는 일본사회의
피상적 현상에 기대고 있다는 사실은 식민지적 현대화의 현실적
한계였다.

　　따라서 어쩌면 이 글보다
식민지 조선의 현대화과정을 더
적확하게 표상하고 있는 것은 없을
것이다. 1930년대의 모던을 말한다면
그리고 그것이 우리의 모더니티
형성이라는 것을 받아들인다면, 이
글은 일상적인 것과 사회적인 것이
맞물려 진행되던 현대화과정에 대해
몇 가지 중대한 시사점을 던져준다.
첫째로 기생과 다방 마담 등을 포함한
새로운 인간군이 지녔던 첨예한
현대적 의식과 행동을 알 수 있으며,
둘째로 현대화를 향한 투쟁의 대상이
봉건왕족이나 보수적 권력이 아닌

《삼천리》 1937년 1월호에 실린 「서울에
딴스홀을 허하라」.

식민통치자였다는 비참한 현실을 읽을 수 있으며, 셋째로 현대화의
준거가 분명히 서구(혹은 일본)에 있었다는 점이다.

특히 이 글은 조선사회가 본격적으로 대중사회에 진입하는
계기를 마련하는 데 있어서 변화의 중심에 서 있던 주체가
누구였는지를 알려준다. 그들은 현대적인 사고와 실천이 봉건이라는
거추장스러운 제약을 가장 분명하고 확실하게 풀어주리라고
믿었던 사람들이다. 물론 그 실천은 자유연애로 표상되는 신여성에
의해 이루어지며, 나혜석과 윤심덕 같은 특수한 계층의 여성에게
집약된 듯이 보이기도 했다. 그러나 일상 속에서 현대를 체험하고
현대문화를 형성하던 일군의 여성은 바로 기생과 새로운 대중문화의
생산자들이었다. 탄원서에 이름을 올린 레코드회사 사장, 기생, 마담
등은 바로 연예계의 주인이자 문화계의 주인으로서 발언한 것이다.

그러나 이런 '새로운 직업군' 여성들의 또 다른 이면에는
비극적인 결말 또한 예고되었다. 카페나 바와 같은 일본 스타일의
술집들, 그리고 거기서 종사했던 여성들은 후에 위안부라 불리는 성적
노예로 강제로 내몰리기도 했다. 많은 바 걸들이 1920년대 조선의
노동자들이 가 있었던 삿포로나 홋카이도로 이동했고, 처음 여섯 군데에
불과하던 술집이 조선여인에 대한 성적 취향을 가진 일본인을 상대로
하면서 1930년대 중반에는 일본 곳곳에 100여 군데가 넘었다. 위안부란
말을 처음 사용하기 시작한 때도 1935~1936년경인 이 무렵이었다.[21]
낙후된 경제적 상황 속에서 주권을 상실한 식민지 조선의 여성들은
모던과 함께 열린 새로운 시대를 비극으로 마칠 수밖에 없었다.

21. Miriam Silverberg, "Remembering Pearl Harbor, Forgetting Charlie Chaplin, and the Case of Disappearing Western Woman: A Picture Story," *positions*, vol. 1, iss. 1, 1993, p. 32.

[제 명사의 조선여자해방관]

윤익선 외 «개벽» 1920년 9월호

> 1920년대 초 여성에 대한 시각을 볼 수 있는 글. 시대의
> 흐름에 따라 대체로 여성해방을 긍정적으로 보고 있으나
> 여성해방을 위하여 교육이나 준비기간이 필요하다며
> 유보적인 태도를 보이는 것도 일반적인 시각이었다. 여기에
> 실린 것 외에 「먼저 교육문제를 해결함이 급무」(장응진),
> 「해방은 절대적 급무가 아니라」(유병민), 「상당한 범위 내에서
> 해방하라」(유근) 등이 원문에 실려 있다.

여자해방은 근일에 이르러 한층 무성합니다. 그러나 사실상의
여자해방은 아직껏 그렇게 실현을 보지 못하나이다. 그러면 여자해방에
이의를 다는가? 반드시 그런 것도 아니외다. 말하자면 우리 일반은
아직까지 이 문제에 대하여 철저한 자각이 없는 듯합니다.

우리는 여자를 해방하여야 옳은가? 옳다 하면 그 해방의 범위는
어떠하며 또 그것을 실현함에는 어떠한 계단을 밟아야 할까. 본사는
이제 그에 대한 여러 명사의 의견을 모아 형제자매와 더불어 이 문제의
해결 및 실행을 촉구하고자 하나이다.

여자 구속은 사람이 만든 악습일 뿐
(전 보성전문학교장, 윤익선)

우주의 대주재大主宰 대진리大眞理가 우주의 만유현상을
만들어내고 발현시킬 때에 인류라 하는 일종의 동물도 그중에 발현시킨
것이리라. 그러므로 대주재 대진리가 인류를 발현시킬 때에 같은
영혼과 같은 물질로 억만 개인을 조성하는 중에 인류를 번식케 할 일대
자연법칙으로 남자와 여자의 구별을 하여 그 물질의 구조의 차이를 줄

뿐이요, 그 정신상, 감각상, 운동상, 기타 일절 생활기능상에는 남자와
여자 사이에 전혀 다를 바가 없는 사람이로다.

그러므로 인류세계를 통하여 인간적 생활에 적합한 생활을 하는
자, 즉 대주재가 창조 부여하신 평등의 권리와 대진리가 설정 보호하여
주시는 동등한 자유, 다시 말하면 우주의 자연적 대법칙에 위반하지
않고 항상 그 법칙에 한 걸음 넘치지 않고 한 걸음 못 미치지도 않고
그 법칙에 순응하여 생활하는 인간은 원시시대로부터 남자가 여자를
구속하고 여자가 남자에 복종하는 인조적 악습이 없고 남자의 지위와
여자의 지위는 수평선상에 있음과 같이 한 점 차별이 없음은 우리
시대에 보는 바로다.

그럼에도 불구하고 우리 조선에 있어서는 옛날 옛적의 일은
알지 못하여 말하기 어려우나 고대 이래로 요즈음까지 대주재 대진리가
주신 천혜 즉 평등의 권리와 평등의 자유, 다시 말하면 자연의 대법칙을
무시하고 여자는 자유도 없고 권리도 없이 남자의 명령 아래에서
남자의 종복과 같은 상태로서 수천 년을 생활하여옴은 과연 자연의
대법칙에 위반하여 인도人道의 정의를 무시한 것이다. 오호라, 우리
동방 태초의 대신인大神人 단군의 성덕 아래에서 천리 인도의 무△△한
성훈聖訓을 받아 계계승승하여 오늘에 이른 우리 민족이 어찌 성훈을
버리고 자연법칙에 거스르고 인도의 정의에 등지는 남존여비주의를
채용하였는가 회상하면 대주재의 진노를 일으키며 대진리의 책망을
받은 감이 없지 아니하도다.

그러므로 우리의 조상으로부터 대진리의 대법칙에 불철저한
생활을 하여 오늘에까지 이르름은 후회한들 어찌 미치리오. 이와 같이
남녀불평등의 인류적 생활에 불철저함을 크게 깨닫고도 그 제도를
존속함이 마땅할까, 폐지하고 자연의 법칙에 적합한 신성한 생활을
영위함이 마땅할까. 만일 후자를 정당하다 하면 일분일초라도 지체 없이
이천만 민족에 한 사람이라도 남김없이 천리를 깨닫고 인도를 행하여
천리를 존중히 하여 인도를 무시하지 말고 여자는 남자와 함께 남자는
여자와 함께 같은 지식과 같은 수양을 따라 서로 존중한 대우하에
신성한 생활을 계획하고 꾸리기를 바라노라.

오늘날은 해방준비시대 (한규설)

이 문제는 내 짧은 생각으로 단언할 수 없으나 조선여자도
사회의 발전을 따라 해방함이 적당할 듯하오. 저 영미의 여자는
참정권까지 얻어 국가의 최고기관인 입법부에 참여함은 물론이요
요즈음에는 대통령 후보자까지 되었다는 풍설을 들었소. 그러나 현금
조선사회에 있어서 여자를 해방하겠느냐 하면 이즉 정도 문제요,
구미여자는 교육으로나 식견으로나 기타 제반 실력상으로 남자와 한
치의 차등이 없소. 이러한 사정하에서 여자를 해방함인가 하오. 주위의
사정과 정도의 여하에 참작하지 않고 남이 여자를 해방하니 우리도
여자를 해방한다 하면 좀 오해인 듯하오. 지금의 형편으로는 해방함이
도리어 해방치 않음만 같지 못한 듯하오. 조선여자를 해방하려거든 먼저
그 준비로 여자교육을 진흥하여야 되겠소이다.

우선 여자의 인격을 존중하라 (중앙학교장, 최두선)

하루는 잡지 «개벽» 기자가 나를 방문하여 조선여자 해방에
관하여 의견을 묻는지라, 나는 그 문제에 관하여 아직 충분히 연구한
일도 없고 따라서 철저한 정견도 지니지 못하였으므로 이러하다고
의견답게 말할 것이 없으나 그러나 즉석에서 생각나는 대로 문제에
관한 나의 생각의 일단을 말하고자 하노라.

여자의 해방이나 노예의 해방이나 무슨 해방이나 한마디로
말하면 사람을 '해방'한다 함은 그 인격을 인정하고 또 존중한다 함이니
이 인격의 인정과 존중을 떠나서는 해방의 의미가 없다 하리로다. 이제
여자의 해방을 사고하건대 그 정신과 의미가 여자의 인격을 존중함에
있으니 곧 인격의 해방이라. 전날에 여자의 인격을 멸시하던 것을 고쳐
그 인격을 남자와 다름없이 인정해주고 또 존중함이니라. 그 인격을
존중하지 아니하였으므로 남자와 똑같은 교육을 베풀지 아니하였고
똑같은 대우를 하지 아니하였고 똑같은 자유를 부여하지 아니하였도다.
그러므로 진정한 해방은 그 인격을 존중함에 있고 해방하는 모든
운동은 반드시 이 인격존중에 기본하지 아니하지 못할지니 이
인격존중을 떠나서는 여자해방의 의미가 없는 때문이니라. 원리가 이미
이러한지라, 이를 행하는 실제방법도 또한 이 취지에 의하되 그 인격의
함양을 도달하게 하기 위하여는 남자보다 못하지 아니한 교육을 베풀고

그 인격의 발휘를 돕기 위하여는 남자와 대등한 기회와 대우를 해주지
아니하면 안 될 것이로다. 그러나 한편으로 잊지 못할 것은 여자 자신의
자각과 반성이 필요한 일이다. 아무리 사회의 제도와 시설이 여자의
인격을 존중하여 상당한 교육과 대우를 한다 하더라도 여자 자신의
수양이 충분하지 못하여 상당한 대우를 받을 만한 인격을 지니지
못하면 필경은 상당한 교육과 대우를 받지 아니함과 다름이 없으리니
이것이 곧 사회의 제도와 남자의 태도를 개선하는 동시에 여자 자신이
자기의 지위의 단계를 높게 하도록 수양을 부지런히 하여야 할
까닭이요, 또 이리하면 그로부터 상당한 대우를 받아 피동적 해방을
얻을 것 없이 스스로 상당한 자격을 획득하여 스스로 자신을 해방하는
길이 될지니라.

　　　다만 집안에만 머물러 살던 여자를 문밖으로 끌어내는 것만이
해방이 아니요, 형식적으로 남자와 어깨를 나란히 하여 사교장에
출입하는 것만이 해방이 아니요, 자기의 이행할 직책을 등한히 하고
방자한 생활을 영위함이 해방이 아니요, 처지와 경우를 가리지 않고
의를 등지고 이치를 거스르는 일을 행함이 해방이 아니라, 오직 인격을
완성하여 스스로 성인으로서의 사람이 되고 또 다른 사람으로부터
인격자로서의 대우를 받으면 이것이 곧 해방이니라. 세간에는 여자의
해방을 논하면서 여자의 인격을 존중하지 아니하고 완롱물玩弄物로
여기는 사람이 있는지도 모르고, 해방을 주장하는 여자 중에는
스스로 불의에 타락하여, 타락으로부터 오는 정신적 압박에 고통받은
사람이 없지 아니할지로다. 세상에 여자해방을 절규하는 뜻있는 남자여,
여자를 해방하려 하거든 먼저 여자의 인격을 존중할지며, 해방을 받기를
열망하는 신여자여, 해방을 얻으려거든 먼저 인격의 수양을 게을리
말지어다. 하늘은 스스로 돕는 자를 돕느니라.

주부와 결혼법을 개조하라
김안기 《신천지》 1921년 10월호

　│　독자의 투고로 실린 글이다. 당시에 널리 퍼져 있던 개조론에

근거하여 주부와 결혼의 개조를 주장하고 있지만, 실제로는
보수적인 시각과 진보적인 시각이 혼재되어 있을 뿐 아니라
개조론이 지니고 있던 관념적 성격이 드러나 논지가 매우
추상적임을 알 수 있다.

우리 여자사회는 장구한 세월 동안을 규중에서 문외 출입도
못하고 천지가 넓다 하나 내방 한 곳만 지켰고, 세사가 분망하다
하나 베틀에서만 직조할 뿐이었다. 그러하더니 사회의 진보, 교육의
발달 등 제반 사실은 여자의 각성과 상호 진화하여, 유폐하였던
규문을 열고 사회적 운동에 참가하게 만들었다. 그러나 영미국의
부인운동은 사회운동에서 정치운동으로 추이 중이라 함은 실례를
들지 아니하여도 누구든지 아는 바라. 자기는 최근 사회적으로 남자와
안행비견雁行比肩[어깨를 나란히 함]을 하려고 하는 여권론자의 독립,
해방, 자유를 위하여 부르짖고 선전하는 동시에 일편으로 가정적으로도
남자와 동양의 입지에서 생활하고자 하는 주부계급의 독립, 해방,
자유에 관하여도 일층 더 부르짖는 터이로다.

1. 주부개조론

가. 주부개조. 주부론에도 개혼부와 미혼부, 이 구분으로
나눌 수 있다. 미혼부가 주부되기 전에도 사회적으로나 혹은
가정적으로 맹성분투만 할 것 같으면 즉 주부가 이룬 효과니까 특별히
주부개조이니 무엇이니 하는 문제가 야기되지 아니할지도 모르나, 현금
소위 부인들의 운동에는 자기의 개성과 입지를 남자에게 이해시키고
그리한 후 사회적, 정치적으로 부인도 남자와 동권을 얻을 수가 있다
하는 옹호론에 귀착하는 것같이 생각하노라. 그와는 반대로 나는
지식이 있는 부인이나 없는 부인이나 한 가정의 주부가 된 때에는
일가의 가장인 남편의 입지와 직업성에 대하여 자기가 이해하라
함이로다.

나. 가정생활을 개조. 가정생활 개조도 곧 주부를 개조함에 대한
한 요소라 하겠다. 주부라 함은 벌집의 왕봉과 같이 가정의 여왕이라
하겠다. 주부가 세상 돌아가는 대로 각성할 것 같으면 일가의 경제든지,

질서든지, 새로운 육아법이든지, 꽃다운 사교법이든지, 매사가 다
개조되고 그러한 행복으로 말미암아 일 가정은 향기 있는 낙원이 되고
아름다운 무대가 될 줄로 확신하노라.

　　다. 부부동권. 금일까지의 가정조직에는 부부가 향상욕구(취미,
독서, 사색)를 같은 정도로 이루지 못하였다. 여자는 삼종지도, 즉 출생
후는 아버지를 좇고 출가 후는 남편을 좇고, 늙어서는 자식을 좇는
것이었다. 또 "천무이일天無二日, 국무이왕國無二王, 가무이주家無二主"라
하여 부부동권은 가정에 두 주인이, 국가에 두 왕이, 하늘에 두 해가
있는 것이라 하여 절대로 부인하나, 나는 생각하기를 남존여비는 압제적
시대의 유물이요, 야만국에서 행하는 누습이라. 하늘이 만물을 만듦에
모두 평등이요, 일시동인一視同仁이라. 어떤 것에도 편중됨이 아니다.
만물이 각각 기처에 안도하여 새로 태어나 발육하기를 즐거워하는
것이다. 그러한데 어디까지든지 여자를 굴종시키려함은 하늘의 본지를
위반함이라. 즉 남존여비의 풍속은 하늘의 일시동인의 주지를 어기고
평등의 본위를 파괴함이라고 말하지 아니할 수 없다. 고로 문명국은
이 남존여비의 폐풍을 타파하여 압제적 폭권을 철퇴하고, 가령 여자의
말이라도 옳거든 채용하여 이를 행하고 남자의 말이라도 그르거든
버려서 이를 용치 아니하여서 각각 자기 의견을 발표할 권리를 주고
결코 속박지 아니한다. 그리하여야 하늘의 뜻에 맞는 것이요, 겸하여
평등의 본지에 적합할지로다. 고로 사람사람이 서로 즐거이 격려하여
흔쾌히 기처에 안동함이 매화와 앵두나무의 봄빛처럼 웃는 얼굴로 노을
속에서 향기가 나는 것과 같겠다고 자신하노라. 만일 하등의 이유가
없이 여자가 비천하다 할 것 같으면, 아니 하등의 대상이 없이 남자가
존귀하다 인정할 것 같으면 '남존여존'이 아니면 아니 되겠다. 생활상,
직업상 재래의 구습관, 법률제도 등 일체의 전통적 인습을 타파하여
사회조직과 국가제도를 개조할 것 같으면 여자도 남자와 동등의 능력을
발휘할 수가 있다. 그 개조도 아니하고 여자는 남자보다 열등하다.
여자는 남자의 부속물과 같이 보는 사회든지, 여자관은 대낮의
잠꼬대라고 하겠다.

　　라. 거혼동맹. 일본에서는 신부인협회의 사람들이 '화류병
남자에게는 거혼동맹체결운동'을 일으킨다 한다. 이것은 한
정도문제라고 할 수 있다. 그들의 남자가 전부 화류병 환자라고

예상하면 어떻게 할는지? 아니 그러한 사회가 실현하였다 하면 어떻게
할는지? 그러하여도 거혼동맹에 참가한 부인들이 총히 독신생활을
할까. 나는 화류병은 관계할 것 없이 결혼하게 될 줄로 생각하노라.
여러 가지 예상법을 연구하여서라도 결혼치 아니하면 사회는
파멸되겠다.

　　　마. 주부로 하여금 세탁과 취사를 하게 말라. 작년
《대판신문》에서 본 듯하다. 일본에서 온 미국 '우이스곤신[위스콘신]'
대학의 사회정책학 교수 마이야 박사는 "일본여자가 가정의 주부가
됨에 일방으로 사회적 혹은 산업적에 활약지 못함은 교육이
불충분하니보다도 가정생활습관이 개조되지 못함이라. 즉 일본주부를
일층 더 향상시키고 개조시키려 하거든 주부로 하여금 세탁과 취사를
하게 하지 마라... 그 대신으로 각 촌락에 공동취사소, 공동세탁소를
설치하라..."라고 역설하였다. 참 그러하다 지금까지 지나쳐오던 주부가
그 두 가지에다 집합하였던 정신으로 남편과 같이 생산사업이든지
사회사업에 집중할 수가 있다. 그러면 그 부부는 일층 더 근접하여져서
분리되지 못할 부부일체가 될 것이다.

2. 결혼개조론

　　　결혼의 종류를 거하면 사진결혼, 견합見合결혼, 증여결혼,
중매결혼, 자유결혼 등이 있다. 우리 사회에 현행하는 결혼법은
강간결혼이라고 할 수 있다. 사랑을 본의로 하지 아니하고 당사자의
동의도 얻지 아니하고 자녀가 13~14세가 되면 재산에 욕심을 내거나
소위 문벌에만 마음을 두거나 하여 백년대사를 허락하게 부모 마음대로
정해버리는도다. 결혼이라는 것은 연애와 사람이 결혼되는 것이다.
금전과 사람이 결혼할 것 같으면 그것이 참 장구하고 길할까보냐? 더욱
근자 우리 사회에 조혼의 폐, 혹은 금전을 본위로 한 결혼의 폐가 왕왕
신문지의 재료가 되고 활동사진의 재료가 됨을 깨닫지 못하는가. 보라.
연애 본위로 하는 서양 각국은 1년에 이혼수가 가장 많은 나라라야
3~4인에 과치 아니하는데 우리 사회는 얼마인지? 놀라지 말라! 삼백에
이른다 한다. 내가 생각하는바 이상적 결혼이라람은 자유결혼이다. '연애
없는 결혼은 죄악이라'고 하겠다. 그러나 위에 예거한 비문명적 결혼법을
개조하는 것은 즉석에서는 되지 못하는 고로 현행하는 전통적 인습에

속박되어 성립한 신가정의 주부의 사상 정신을 먼저 개조하여야 하겠다.

기생생활도 신성하다면 신성합니다

화중선 «시사평론» 1923년 3월호

> 양반가문 출신으로 기생이 된 이유가 사회적 제약에 대한
> 저항에 있다고 주장하는 글. 급진적이면서 반사회적인 논의는
> 한편으로는 견강부회하는 점이 없지 않으나 당시의 사회상과
> 여성주의의 일단을 살펴볼 수 있는 글이다. 글 자체는
> 난삽하지만 솔직한 기생의 항변이 들어 있다.

하은何隱 선생님, 선생님을 지면으로만 뵙고 늘 한번 찾아가서
뵙는다는 것이 몸이 완롱계급玩弄階級에 묻히고, 사람이 성적性的
차이가 있게 되었으므로 벼르기는 벌써부터 기어이 한번 찾아뵈오리라
하면서도 이제껏 정식으로 존안을 배승拜承치 못하였습니다. 그러나
선생님을 어디서든지 뵙기는 하였을 것이라고 생각하고 있습니다.
귀사貴社의 모든 선생님들께도 어디서든지 모두 한두 번씩은 뵈온 일이
있는 줄로 믿습니다. 그렇지만 어느 분이 어느 분인지는 잘 기억지
못하여 변변한 인사도 못 여쭈었습니다. 나의 직업이 직업이니까
어디서 한두 번은 뵈었겠습니다만 나야 완롱적 취급을 받느라고
한가롭게 인적 교제를 할 틈이 있어야 누가 누군지 알게 되고, 또
여러분 선생님들도 나에게 우리 동무들보다 특이한 육적肉的 미라든가
예적藝的 특장이라든가 하는 것이 있어야 혹 기억하실 터인데, 미, 예가
모두 없는 나로서, 완롱신사계급에 있는 저로서 어찌 사람 앞에서
행세를 하겠습니까. 언제던가요, 식도원인가 합니다. 중외에 평판이
높으신 조선시국사관을 쓰시는 김 선생님 말씀올시다. 우리를 매음녀니
매춘부니 지명을 하여가지고 죽일 년 살릴 년 하면서 욕이란 온갖 갖은
욕을 무진이 하시던 그 어른밖에는 어슴푸레하게라도 이제껏 기억에
남아 있는 어른이 없습니다.

하은 선생님, 갑작스럽게 화류항花柳巷의 속인, 소위 타락녀의
한 사람인 내가 감히 느낀 바를 말씀하고자 당당한 정치잡지의
귀한 지면을 더럽히려 하는 그 욕망이야 대담스럽지요, 그 생각이야
엉큼하지요 네. 선생님, 선생님의 크나큰 아량과 넓고 넓은 금도襟度로도
그 의외에는 놀라지 아니치 못하리다. 선생, 그렇지만 우리도 사람인
이상, 나도 사람인 이상에 남과 같이 제 이상을 말하지 말라는 법이
어디 있습니까. 그래, 선생님들이 쓰시는 지면을 좀 빌어서 쓰면
어때요, 네 선생님, 선생님, 엄청나시지요. 그렇지만 기고를 환영하시고
공정한 비판을 주관하시는 귀사이시라, 아니꼬운 년의 수작이라 하여
웃어버리고 그 난로 불쏘시개로나 쓰시지 마시고 지면의 한 귀퉁이에
실어주실 것 같으면 그에서 더 큰 영광은 더 없겠다고 생각합니다.

하은 선생님, 신성론 본론으로 들어가기 전에 제 근본부터
여쭈려합니다. 저로 말하면, 원래 어떤 집 명문거족의 무남독녀
외딸로 우리 아버지로 말하면 여러 항렬 중에 변변치 못하셔서
인제麟蹄 원인가 몇 고을 고을살이를 하시고 제가 보통학교에 입학하던
해인 여덟 살 적에 황천객이 되셨습니다. 그래서 우리 어머니께서
제 둘째 종형오라버니를 양자로 데려다가 장자를 삼았습니다.
지금 ○○○사무관으로 계시는 이여요. 그러니까 우리 아버지
소생이라고는 저 일신밖에 없으니까 어머니나 오빠나 일가나 할
것 없이 모두 저를 떠받쳐서, 저는 제 마음대로 제 꾀대로 자라게
되어 남들이 과부 자식이라 지칭하게 된 응석쟁이로 되었습니다. 저
○○여자고등보통학교를 5년 전에 마치고 졸업하던 해 다음다음 해
봄, 열아홉 살 먹던 해 봄부터 대동권번에 입적해가지고 지금은 저
혼자서 관철동에서 영업을 하고 있습니다. 그것은 제가 결코 타락하여
매소부賣笑婦—아니 매소부買笑婦가 된 것이 아니오라 각오한 바가
있어서 그리한 것이올시다. 말하고 보면 제게는 이적異蹟이라 할
만하지요.

제 지체를 말하다가 채 말하지 못한 것이 있어서
부연하겠습니다. 저는 이와 같이 질서가 없이 닥치는 대로 함부로
씁니다. 그것은 선생님께서 용서해주십시오. 참말이지 세상 사람들이
제각기 제 지체, 제 문벌을 자랑하지 않는 이가 없습니다. 저로 말하면
이 위에 말한 것과 같이 남부럽지 않은 양반이올시다. 제 맏종형은

○○은행 이사로 몇만을 가진 큰 실업가이고, 둘째 종형 우리 어머니
상속인인 이는 ○○○사무관으로 계시고 외숙은 ○○도 참여관으로
근근 행정정리 끝에 도지사로 승차가 되신다고 하고, 그다음 일가
양반들 중에 재종, 삼종들 중에는 판검사, 군수, 은행 취체역[주식회사의
이사]들이 그득하여 '왜목낫'으로 수수목 따듯이 그들의 목을 따더라도
한참은 딸 만합니다. 이렇듯이 남부럽지 않은 양반의 집 따님이랍니다.
그러하니 선생님 제가 인습의 포로가 되고, 관례의 표본 노릇을 하여
그들의 말대로 시집이라고 갔더라면 어떤 집 귀부인의 탈을 쓴 산
인형이 되고 말 것이 아니오리까.

하은 선생님, 그렇지 않습니까. 저는 우리들 여성들의
시집살이는 뇌옥牢獄생활 즉 유폐생활이라 합니다. 남녀칠세에
부동석이라는 내훈은 시대적 요구로 완화되어 남녀공학의 학교교육을
받기로 되기는 했습니다만 학교로부터 가정으로만 돌아오면 외출을
어디 자유로 허락합니까? 그것이 여자로 태어난 우리가 주야의 차별,
내외의 차별이 없이 자유행동을 취하는 그들 남자들에게 비하여 제일
유폐생활이고, 더구나 아니꼽게 시집이라고 가면 태어나보지도 못하고
친하지도 못한 소위 시부모의 사환군 즉 노예노릇을 하고, 남편된
자가 신풍조에 젖어 제 깐에 이해하고 잘 사랑한다 해야 1년 동안
지내다가 봄철에 꽃구경 가을철에 단풍구경 간다고 가족원족회라는
명목 아래에 바깥 구경을 한두 번씩 할 따름이올시다. 그리고
언제든지 주부실에 들어 엎드려 있으라고만 합니다. 그것이 여자의
천직이라고 노도예덕奴道隸德[노예의 도덕]의 강화講話가 고막이
터지도록 떠벌여놓습니다. 그것이 동적 인간의 제이 유폐생활이 아니고
무엇입니까.

학창시절의 수신修身시간에 교장 선생님이 "너희는 여자라.
장래에 남의 아내가 되고 남의 어미가 된다. 남의 아내가 되어서는
그 사람의 부모와 그 사람의 명령을 절대로 복종하고 말씀이 마음에
불합한 점이 있더라도 반드시 따라야 한다. 더구나 남의 어미가
되어서는 그 자식의 명령까지 받아야 한다"고 하여 소위 삼종지도를
지켜야 한다고 현모양처의 부덕을 게거품을 흘리며 강연할 때마다 저는
이렇게 생각하였습니다. "놈팽이 영감이 사람깨나 죽였다. 네 손에서
해마다 50명씩만 졸업시킨다 하자. 그리고 네가 20년 동안만 선생

노릇을 하였다 하자. 그러면 1000명이라는 여성은 나날이 교육기계의 희생이 되겠구나. 육군대장의 가슴에서 번쩍거리는 금치훈장이 몇만의 무고민을 죽인 혈정표血精票라더니, 네가 작년에 받은 청람장靑藍章이 내 동무 1000명을 죽인 대상으로 받은 혈정표로구나. 그렇게 여성의 천진天眞을, 여성의 인간성을 제약하여 남성들의 완구, 씨통으로 만드느라고 현모양처라는 미명 아래 제 모습 닮은 양아들처럼 주형에 부을 용액으로 되게 하느라고 죽을 애를 쓰는구나. 산 육체에 깃든 산 정신을 뽑아서 우리로 하여금 일부러 괴뢰를 만들 것이 무엇이냐. 너는 살생자의 선수로 교장이라는 직함을 갖게 되었다. 끔찍도 하다. 수천의 여자를 죽인 살인범이 백주에 횡행하다니" 하고 그 떠드는 소리를 귀담아듣지 아니하였습니다.

선생님, 그러니 그 노예적 도덕의 표적인 조행점操行點 [행실점수]이야 제게는 0점일 것은 당연한 일이 아닙니까. 그렇다고 시집 못 갈 년, 가문 망칠 년 하면서 어머니, 오빠, 외숙 할 것 없이 죽인다 살린다고 들볶아대더이다. 아니 살인범으로서는 정하위正何位 서하등敍何等이라는 고관대우를 받는 바에는 그들의 표점 여하에 미래의 현부賢否, 미래의 처의 양부良否가 결정될 것이 아니겠습니까. 그리하여 주위의 적이 많아질수록 저의 개성은 전연히 그들과 배치되는 방면으로 향하여 갈 뿐이었나이다. 그래서 지금의 직업을 선택하게 된 동기가 이로 비롯하였습니다.

하은 선생님, 왜 나의 지금 생활이 신성하냐? 그 이유는 이러합니다. 사람이 개인으로나 사회로나 그 행위의 동력이 의식으로 일어남보다도 성性의 본연인 충동으로부터 일어난다 하여, 이 자연이 아닌 현 사회의 제약에서 인간성의 본연인 충동이 자유롭게 발현되지 못하는 것을 그 가치를 천명하게 하려고 그 해방을 높이 부르신, 저 '러셀' 선생님의 말씀을 보면, "어떤 사람이든지 그 충동과 욕망은 항상 창조적인 것과 소유적인 것이 있다. 어떤 충동 없는 것을 새로 찾아내는 방면으로 발현하는 충동을 일러 창조적 충동이라 하나니 저 예술가의 충동 따위가 그 대표라 할 것이고, 어떤 충동, 그 있는 것을 지키려고 더 얻으려고 하는 방면으로만 발현하는 충동을 소유적 충동이라 이르나니 사유욕 충동, 그것이 그의 대표라. 이 창조적 충동이 그 대부분을 차지하고 이 소유적 충동이 소부분을 차지하는 살림이라야 진선, 진미의 살림이고 이런 살림을 살림하도록 된 사회제도라야 이상적 제도라"
하지 않았습니까. 선생님 저는 어느 충동을 좋다 하고 어느 충동을
나쁘다 하겠는가 할 것 같으면 물을 필요도 없이 '러셀' 선생님 말씀을
그대로 긍정하는 파이올시다.

　　그래 현 제도가 어떠하냐? 고찰하건대 온갖 사회는 죄다
특수계급의 지배 아래서 자연치 못하고 자유롭지 못한 구속일 뿐이외다.
이렇듯이 자유가 없으니 따라서 책임이 없고, 책임이 없으니 따라서
권리가 빈약하지 아니합니까. 그러므로 우리는 천부한 자유, 완전한
인권을 찾아야 전적 살림, 곧 본연의 충동인 살림을 살림하게 될
것이기 때문에 현 사회의 온갖 제약을 부인하고 혁신하고자 하는 것이
아니오리까. 그리하여 일반은 이 두 가지 충동밖에 또 "이 창조적
충동의 해방을 얻었다는 데서 우리 '누리'가 완미하게 되겠느냐" 하여 이
창조적 충동을 향락화하여야 하겠다는 향락적 충동을 더하여 세 가지
충동으로 나누어 성적 작용을 말하게 되지 않았습니까.

　　그런데 이 창조, 소유 두 가지 충동은 노동의 방면에서 발현하는
성적 작용이고 향락적 충동은 오락의 방면으로부터 발현하는 성적
작용이므로, 그 동작의 방향이 서로 다름에 따라 그 가치까지 서로 따로
감정하게 되어가지고, 이 노동을 유희화하려는 향락주의에 대하여 이
창조적 충동은 어디까지든지 노동으로 그 가치를 적극적으로 평하여
"우리 인간이 물질생활을 떠나서 의식주의 자료를 저절로 얻어지기
전에 또 정신생활상에 종교예술에 대한 충동이 전혀 없어지기 전에는
유희화가 되지 못할 것이다. 향락적 충동을 원만히 발양하려 함은
즉 자유의 향락은 전자의 해방을 따라 국제적 경기라든가 국제적
예술감상이라든가 이러한 것으로써 종족과 종족, 국가와 국가의 장벽을
철거케 하는 낙원화의 동력이라" 하지 아니합니까.

　　폐일언하고 이와 같이 오늘에 개성의 충동의 해방을 요구하는
민중 본위의 새 문화를 찾음은 개성의 충동의 구속을 시인하는
특권계급의 옛 문화보수자 구축에 있다고 할 것이올시다. 하지만
암만해도 현대의 살림살이 형식에 많아야 할 창조 향락은 적고, 적어야
할 소유적 충동이 주되는 이 제도 아래서는 황금만능주의에 형이상의
모든 예술, 문학, 종교까지 정복되어, 학자나 목사나 국무경이나
선생님이나 나나 모두 화폐가치의 계량의 대조물이 되어, 그의 이마에

얼마 간다는 정찰의 각인이 찍혀 있지 않습니까.

　　하은 선생님, 그러니 현재의 제약을 깨뜨리고 새 제약을 세우기 전에는 온갖 계급들이, 더구나 어용학자 어용관원들이, 호가호위로 특권계급의 자본주의 신사에 유유낙낙하면서, 저보다 약한 자를 업신여기고 깔보고 하는 그 엉터리없는 괴뢰무에 구역이 벌컥벌컥 납니다. 제 개성을 저버리고 남의 정신에 죽으라면 죽고 굶으라면 굶고 헐벗으라면 헐벗는 소유욕 충동의 그림자를 따라다니면서도, 제 소유적 충동을 만족게 못하고도 도리어 제 창조적 충동과 향락적 충동을 제어하는 비比를 보아가지고 충이라, 효라, 열이라, 반역이라, 불효라, 음분淫奔이라 하는 포폄褒貶[상과 벌]의 표어에 속아 넘어가지고, 그 모욕의 건더기가 몇십 년 근속 포상을 탔다 상금이 붙었다 하여 비위 좋게 자긍하는 그 꼴, 뻔뻔하게 과시하는 그 짓들은 참말로 구역이 나서 못 보겠습니다. 게다가 누구가 서방님, 영감, 대감하고 종노릇 잘했다는 칭호를 불러주면 입을 벙글벙글하면서 득의해하는 그 상판들은 선생님은 어떻게 보십니까. 상관의 말은 신성하여 가히 범치 못한다는 복무규율에 매달려, 그 앞에서는 제 이상이란 감히 드러내지 못하여 제 성적 충동에 맞든지 아니 맞든지 덮어놓고 '네 - 네 - '하는 매성자賣性者, 매심자賣心者로, 차라리 그보다도 더 적절하게 말하면 무신경한 기계 노릇을 하는 그들로서 젠체하고 껍죽대고 뽐내다가 약한 여자나 가족에게 상관에 대한 분풀이로 소리치는, 그 더럽게 양양한 기세를 보이는 꼬락서니로, 매일 쌀 서너 되 값을 버는 그 노동임금 일자리를 떼일까봐 전전긍긍하고, 혹시 불평도 말하지만 그 원인인 제약을 근본적으로 혁신하여 제 개성의 충동을 만족게 해보려 하지는 못하고, 그런 생각을 꿈에도 내어보지 못하는 무상공자로 매성매심자로 조작된 사회의 공민. 그들을 어떻다 말하면 좋겠습니까. 무어라 욕을 해주면 좋겠습니까. 특수계급의 찌꺼기 빵, 나머지 국물을 얻어먹으면서도 신사노라, 숙녀노라 하는 그들이나, 또 사람의 피를, 사람의 기름을 착취할 대로 착취하여 살찔 대로 살찌고 배부를 대로 배불러 죽는 그네들보다도, 저 붉은 피 흘리며 비지땀을 짜내면서 수레를 끌고 괭이를 둘러멘 그 무산자들이 제 피, 제 땀으로 살림살이하는 그 살림이야 얼마나 신성합니까. 피 팔고 땀 팔고 해서 쌀, 나무를 바꾸는 그들의 살림살이야 얼마나 신성합니까. 그 마음을 팔고, 성을 팔아가지고 양반 행세하는 그들보다...

하온 선생님, 그러니까 제가 매소賣笑함은 아니 매육賣肉함은, 남성들과 같이 완력이 없는 약질로, 저 유산계급들이 저희의 향락적 충동과 소유적 충동을 만족게 하자고 우리 여성을 자동차나 술이나 안주나 집과 같이 취급하는 그 아니꼬운 수작을 받기 싫은 나로서 차라리 역습적 행위로 소유적 충동과 추악한 향락적 만족에 광취한 그 사람들, 그 사회들로 하여금 저이들 소유적 충동의, 또 향락적 충동의 발사작용에 져서 절로 견디지 못하여 나의 '신코'에 입을 맞추고 나의 '발바닥'을 핥아가면서 자진하여 나와 나의 포로물이 되게 하여가지고 나의 성적 충동을 발현하는 어떤 의의가 있는 살림살이를 하려 함에서 나온 동기였나이다. 선생님, 이 동기로 그 살림살이를 해보려고 육을 파는 속인들의 이른바 천부 노릇이 현 제약 아래서 제일 제 생각에는 손쉽게 되리라는 견해로 선택한 바이올시다. 제가 남들이 비죽거려가면서 비웃건만 내 개성을 전적으로 보육게 하고, 저 마음을 팔고 성을 팔아가지고 소유적 충동에서 견마가 되어 헤매이는 그들, 더구나 우리 여성의 적인 남성들, 특권계급들을 포로하려는 복수전사의 일원이 되려함이외다. 벌써부터 그 동물 몇 마리를 포로하였습니다. 착착 성공하여 가는 판이올시다. 선생님, 제가 남부럽지 아니한 부인의 탈을 쓴 시집살이를 마다하고 화류계 살림살이를 하게 된 그 동기가 제게 이적異蹟이라면 이적이 아니겠습니까. 그러니 이런 견제 아래서 개성을 전적으로 살리는 점으로 보아 육을 팔더라도 심을 파는 신사벌보다 제가 훨씬 사람다운 살림을 산다고 생각합니다. 그래서 한번 매음론자로 나선 것이올시다. 선생님, 동의해주시오, 아니 공명해주시오.

하온 선생님, 그만두겠습니다. 원래 글이라고는 써본 적이 없는 나의 솜씨로 쓴 것이니까 무두무미無頭無尾—두루뭉수리올시다. 밥도 아니고 죽도 아닌 뒤범벅이올시다. 깐에는 생각나는 대로 쓴 심산이올시다마는, 선생님 무슨 소리인지 알아보겠습니까. 간단히 말하면 '마음' 파는 신사들보다 '살'을 파는 기생인 내 살림살이가 그들보다 못하지 않다는 말씀이올시다. 눌러보아주시오. 혹 지면에 실어주실 것 같으면 그대로 실어주시오. 선생님, 말로만 찾을 것이 아니오라 꼭 한번 기어이 편집실로 가서 찾아뵈옵겠습니다.

3월 6일.

여자의 지위에 대한 일고찰

임진실 «청년» 1926년 3월호

> 여성에 대한 사회적 차별이 법률과 관습에서 지속하고 있음을
> 지적한 글이다. 1920년대 남녀평등에서 비롯된 여성해방론은
> 일반적으로 여성의 법적 지위문제나 정조관의 차별적 적용과
> 같은 관습의 문제 등을 구체적으로 거론했다.

근대에 자유평등사상이 남녀 양성관계에까지 미쳐서 소위
부인문제를 야기한 것은 세인이 주지하는 사실입니다. 부인문제의
중심은 부인해방 요구에 있습니다. 대개 신사상을 가진 사람들은
부인해방을 옳게 여기되 구사상을 가진 사람들은 그르게 여깁니다.
그러므로 현금 우리 사회에는 이 두 가지 사상이 어디를 가든지
조화되지 못하고 항상 충돌되어서 논쟁이 그치지 않습니다. 여기
부인문제라는 것은 일반적으로 남성에 대한 여성과 유산계급에 대한
무산계급부인이 권리와 자유를 신장하는 것을 의미하는 것입니다.
그러고 보면 전자는 유산부인 해방의 요구요 후자는 무산부인 해방의
요구입니다. 그러나 내가 여기서 말하려는 바는 전자에 대하여입니다.
그런데 소위 부인해방론자와 그 운동자의 언론과 문장에 나타나는
것을 보면 현대의 정치, 법률, 경제, 교육의 각 방면에 대한 남녀 양성의
지위가 극히 불평등한 것을 지적하고 금일의 사회제도는 남성을
표준한 것이기 때문에 여성에게는 불이익하다 합니다. 그러므로 이것을
개조하지 않으면 아니 된다고 주장합니다. 그리고 이때까지 부인해방을
주장한 자는 대개 남성들이었으나 근년에 우리나라 여성들도 지능이
발달한 결과로 여성해방을 부르짖게 되어 젊은 여성들 사이에는
남녀평등의 신념이 점점 강하게 되어갑니다. 여자도 사람이니 사람다운
대우를 하라는 주장이 청년남녀 간에 많이 반복되는 소리입니다.
최근에 와서는 여자기독교청년회 주최로 몇달 전에
중앙기독교청년회관에서 '조선여자의 과거와 현재'라는 문제로 김혜련
양이 강연한 것이 이 소리 가운데의 하나라고 하겠습니다. 양의 강연
중에 여자도 사람이라는 말을 역설한 것이 우리 귀에 지금도 쟁쟁합니다.

'너는 여자니까' '여자인 주제에 건방지게' 운운하면서 다짜고짜로
내려치려는 것이 현금 남성들의 버릇입니다. 어찌하여 여자의 지위가
이렇게도 낮아졌습니까. 한번 생각해볼 문제라고 합니다. 부인해방의
주장이 대체 어디서 발생하였습니까. 우리는 먼저 이 점을 생각하지
않으면 안 될 줄로 생각합니다. 주장이 우리 부인들의 지위가 비천한
데 있음으로써 일어난 줄로 생각합니다. 여성의 하나인 나로서 우리의
지위 비천 운운의 말을 하는 것이 참으로 부끄러운 말입니다. 그러나
사실이니 어찌합니까. 이는 우리의 부족한 것도 한 원인이 되지마는 현금
사회의 제도와 유사 이후의 관습상으로 부인의 지위를 천하게 한 것도 한
원인이라고 하겠습니다.

　　　먼저 법률상으로 우리 여자의 지위라는 것을 생각해봅시다.
얼마나한 권리를 가졌습니까? 법률상으로 우리 여자의 지위를 고찰하면
우리는 아무 권리가 없습니다. 첫째 민법상으로 우리의 지위라는 것을
찾아봅시다. 호주가 사망하면 그 상속인 되는 사람이 누구입니까
그 맏아들, 둘째 아들, 셋째 아들, 적자, 서자, 사생아... 하고 이렇게
얼마를 내려 찾고 가로 찾을 뿐이요 여자에게는 찾을 생각도 없지
아니합니까 또 찾을 길이 없지 아니합니까(언제인가 신문에서 여자도
상속권을 얻을 수 있다는 말을 보기는 하였으나). 또는 공법상으로
보아도 구주에서는 여자의 참정권 문제를 굉장하게 떠드는 모양이요,
아메리카에서는 여지사 몇 사람이 있다는 말을 듣기는 하였습니다만
오늘날 우리 사회는 어떠합니까. 아마도 우리가 이 문제를 주장한다면
세인들은 또 무엇이 옳으니 그르니 하고 말을 할 터이지요. 이렇게
생각하고 보니 법률상으로의 여자의 지위는 공空이라는 대답밖에
없습니다.

　　　그러면 관습상으로는 어떠합니까. 유래로 우리 사회에서 남자가
출생하면 생남하였다고 축하를 하고 떠들었으나 여자가 출생하면
대단히 초라하게 생각한 것이 우리의 관습이라 할 것입니다. 다시
말하면 우리 여자들을 나면서부터 천대와 학대를 하였다는 것이 종래
우리 사회에서 하는 버릇입니다. 이런 악한 관습이 또 어디 있겠습니까.
또 도덕상으로는 어떠합니까. 다른 것은 다 이미 써서 말하지 않으려
합니다. 내가 여기서 한 가지를 말하려 합니다. 즉 정조문제에 관한
것입니다. 어찌하여 여자는 정조를 지켜야 하고 남자는 지키지

아니하여도 무관하다 합니까. 여자가 정조를 지켜야 할 것이면 남자도
지켜야 하지요. 여자가 자기 애인 말고 타인을 사랑하는 것이 죄라 하면
남자가 자기 애인 이외에 타인을 사랑하는 것이 죄라 하여야 마땅할
것이거늘 현금 세상 사람들은 그렇게 생각하지 않고 여자만 정조를
지켜야 한다고 합니다. 이런 불합리한 도덕이 또 어디 있겠습니까.
이상에 말한 몇 가지로써 보면 우리 여자의 지위는 맨 아래로 떨어져서
인간 지위 이하의 영도零度에 있습니다. 이 영도 이하에 있는 여자의
지위를 끌어올리지 아니하고는 이 인간 사회에 참행복이라는 것은 없을
것입니다.

애인과 남편/
아내를 직업부인으로 내보낸 남편의 소감
《삼천리》 1929년 11월호

> '애인과 안해' '애인과 남편' '안해를 직업부인으로 보낸
> 남편의 소감'이 연속물로 실린 기획기사에는 이광수의 「성의
> 비극과 나의 애인과 안해」, 염상섭의 「안해! 애인!」, 현진건의
> 「동거하는 이와 결혼 전 여성」 등의 글이 실려 있으나
> 일상적인 삶에서 나온 글 두 편을 여기에 실었다.

[애인과 남편]
남편 이외에 애인 있으면 좋겠다 (M여학교 교사 김숙희)

　　　　저는 지금 어떤 여학교에서 교편을 잡고 있는 스물네 살 된
여교사로소이다. 집안이 어떻게 엄격하던지 여자고등보통학교를
졸업하고도 결혼문제에 대하여는 아무런 말도 부모님께 못
해드렸습니다. 더구나 그때는 저에게 마음에 맞는 이성도 없었던 관계로
저의 주장이 꿋꿋하지 못하였던 것도 원인이었겠습니다만 어쨌든
부모가 시키는 대로 종로 바닥의 어떤 상가의 며느리로 들어갔습니다.
시집간 지 어언 4년! 그동안에 어린 것까지 얻었습니다.

×

그런데 이렇게 말씀하면 또 신여성치고 항용 하는 소리라 하실는지 모르지만 남편 되는 이와 저와는 연령도 취미도 성격도 도무지 맞지를 않아서 가정에는 기름기라고 아니 돕니다. 더구나 그분은 돈! 돈! 하고 자나 깨나 말씀하는 것이 금전뿐이 되어서 돈 이외에는 별로 눈을 돌리거나 귀를 기울이는 일이라고 없답니다. 저는 돈은 굶어 죽지 않을 상으로 벌어 살자 하지만 그분은 밭도 몇백석지기를 살 생각을 날마다 하고 있답니다. 그러니 이상인들 맞을 리가 있습니까.

그래도 저에게는 이혼할 만한 용기가 없습니다. 학교 동무들도 저의 서러운 사정을 이야기하면 학교에서 월급을 타는 터이니 아이를 가지고 그 가정을 뛰어나오라고 하나 저는 이혼할 용기가 정작 나지 않아서 그냥 있답니다. 여기에는 가장 큰 이유가 있으니 그것은 아이가 귀여운 까닭이외다. 남편의 성미를 잘 알거니와 이혼도 아니하여 주겠지만, 저에게 그 아이를 절대로 아니 내어줄 것이외다. 그러므로 저는 어린아이 때문에 이렇게 차디찬 가정에서라도 그냥 지내어갈 수밖에 없습니다.

×

이미 이렇게 생각을 결정함에 남편 이외에 다른 분이 있었으면! 하는 생각도 불현듯 해보는 때가 있습니다. 야소교耶蘇敎[기독교] 성경에는 죄라고 하였지만 저는 이제 다시 이성의 동무를 가진다 하여도 결단코 성적으로 불순한 곳에 이르기를 피하고 그저 재미있게 이야기나 하고 제가 좋아하는 음악이라도 들어주시고 비평해주실 정도의 남성을 친하고 싶소이다. 이것도 죄일까요. 저와 같은 경우에 놓인 여자로요. 죄라면 너무 심할 줄 아옵니다.

[아내를 직업부인으로 내보낸 남편의 소감]
아내를 여점원으로, 수입은 많으나 불안 (오창규)

나는 내 이름과 아내의 이름을 공개하지 말 것을 절대의 조건으로 하고 이 글을 적습니다. 실로 이러한 글은 나의 아내에게도 보이기 싫은 터이니까요.

저는 스물일곱을 먹은 청년이외다. 교육은 기미년까지 용산에 있는 B상업학교 3년급을 다니다가 나온 뒤 다행히 어떤 친구의 소개로

시내 모 은행지점에 근무하였습니다. 그러다가 실직한 지 1년이
넘었는데 그동안에 몸이라도 건강하였다면 결코 약한 아내의 손등을
스쳐 밥을 먹자 할 리가 있겠습니까. 직업을 잃자 늑막염으로 여러 달
앓게 되매, 다행히 저축하였던 돈도 다 써버리고 아직 병약한 처지에
일도 얻지 못하고 실로 닥쳐오는 호구의 난에 밤낮 가슴을 썩였습니다.
그럴 때에 아내는 하루는 제게 진고개 어떤 상점에 여점원으로
들어가겠노라고 합디다. 저의 아내는 스물한 살로 보통학교밖에 마치지
못하였지만, 제가 말하기 우습습니다만 성질이 퍽 영리하고 또 얼굴이
남에게 뛰어나게 어여뻤습니다. 저는 그때 아내에게는 가라고도, 가지
말라고도 아무 말도 차마 하지 못하였습니다. 제주도가 아닌 바에
아내의 손등을 어떻게 스쳐 먹겠습니까. 그랬더니 그 이튿날부터 아내는
벤또[도시락]를 싸들고 출근을 합디다. 월급은 25원이라 합디다.

　　　　×

　　정작 할 수 없이 그대로 한 달 두 달 지나는 사이에 저에게는
남편으로의 말할 수 없는 고민이 생기더이다. 그 백화점은 주인이나
남자 점원도 많을 터인데 남의 눈에 띄기 쉬운 얼굴을 가진 나의
아내에게 유혹이 닥쳐오지 않을까, 어떤 때는 병상의 환상으로 어떤
남점원이 나의 아내에게 편지를 주는 광경이 보이며, 어떤 때는 물품
사러왔던 손님이 폐점하는 때를 기다려 같이 데리고 찻집에라도
들어가는 모양이 보입디다. 나중에는 손을 만지는 광경, 입을… 그러면
저는 열병환자같이 저의 숨이 막혀지고 눈에는 불이 나는 것 같은
아픔을 느끼나이다. 혹시 늦게 올 때라거나 또 화장이나 옷맵시를
유별나게 하고 나가는 날 아침에는 저는 정말 불쾌한 감정을 막을 길이
없었나이다.

　　그러다가도 죄 없는 듯한 아내의 얼굴을 보면, 저는 속으로
얼마나 두 손을 합장하며 아내에게 사죄하였으리까. 그러나 사람의
감정은 간사한 것이더이다. 아내에게 사죄하면서 아내에게 질투를
하는 생각을 금할 길이 없습니다. 아내를 신용하면서 의심을 막을 길이
없더이다그려. 죽지 않은 바에 왜 아내를 직업에 내세우겠습니까. 저는
딴 분이 그런 이가 있다면 심리상 고통이 무서우니 될 수 있거든 아내를
내보내지 말라고 충고하고 싶습니다.

[신구 가정생활의 장점과 단점]
딱한 일 큰일 날 문제
한○봉 «별건곤» 1929년 12월호

> 소위 처첩을 거느린 사람의 체험기. 구식아내와 신식아내와의
> 가정생활을 통해서 당시 구식여성과 신식여성의 결혼관과
> 생활태도를 엿볼 수 있다. 현대화과정 속에서 필연적인 듯
> 보였던 신구의 갈등 속에서 지식인이 처첩을 거느리게 되는
> 과정과 심리 등이 잘 묘사되어 있다.

내가 첫 번 장가를 가기는 열여섯 살, 중학교 2년급에 다니던 해
늦은 봄이었다.

봄방학에 시골집에 갔을 때에 선을 보러 오느니 어쩌느니
하는 것을 보기는 하였으나 그다지 관심치도 아니하고 도로 서울로
올라왔는데, 5월쯤 하여 집에서 때 아닌 서유書留편지가 왔다. 받아
보니까 그때면 한 달에 겨우 20원씩 학비를 올려다 쓸 때인데 돈을
30원이나 보내면서 혼인날이 아무 날이니 모자와 새 구두를 사가지고
곧 내려오라는 편지였다. 나는 여러 동무들에게 절대로 장가를 가지
아니하고 버티겠다고 호언을 하고 그 돈을 무엇에 썼는지는 모르겠으나
하여간 함부로 막 써버렸다. 그러나 속으로는 장가를 가보고 싶은
호기심이 퍽 굳세게 나를 끌어당겼다. 성혼할 날이 사흘 남은 어느
날이었다. 전보가 올라왔다. 그래도 버티고 있노라니까 그 이튿날
아침에는 집에서 사람이 올라왔다.

아등아등 앙탈하며 붙잡혀 내려가면서도 어린 속에 솔깃한
생각이 없는 것은 결코 아니었다. 첫날밤에는 색시가 무서워서 손도
대어보지 못하고 그 이튿날 밤도 그러하였고 3일 만에 신부를 데리고
집으로 와서 그날 밤에 바로 서울로 와버렸다.

여름방학에 내려갔을 때에는 꽤 대담해졌다. 나하고 나이가
동갑이고 얼굴이 인형같이 곱게 생긴 나의 아내라는 그 색시가
나에게는 퍽 경이의 존재였었다.

새빨간 다홍치마에 노란 저고리를 입고 머리를 곱게 빗고 하얀

버선에 맵시 있는 당혜를 신고, 언제든지 수줍어서 웃지도 못하고 딴 표정도 못하고 있는 그 여인이 나에게 끝없이 사랑스럽고 애처롭게 어여뻤다.

정이 들었다. 방학날이 다 되고 서울로 올라오게 된 때에 나는 떨어지기가 싫어서 같이 데리고 오고 싶었다.

그럭저럭 한 3년 동안 1년에 세 번씩 서로 만나면서 재미스럽게 지냈다.

그러나 가정생활이라고 이름 지을 만한 생활은 맛보아보지 못하였다.

중중대하重重待下에 있고 더구나 외지의 학창에 있어 방학 때만 집에를 돌아가는 학생의 몸으로 가정생활이 있을 턱이 없었다.

그저 우리 두 사람은 우리 조부모나 부모에 대하여 짝을 지어가지고 사이좋게 잘 노는 고운 새의 한 쌍에 지나지 못하였다.

또 나의 아내라는 여인은 나에게 대하여 고운 인형이었고 나역시 그에게 대하여 고운 인형에 지나지 못하였다.

거기에는 친구나 형제의 정 같은 정이 많이 있었지, 이성 사이에 오고 가는 그러한 정은 그다지 농후하지 못하였다. 그렇다고 우리 둘 사이에 성적 생활이 없었던 것은 아니었다. 아들 한 개, 딸 한 개를 둔 것이 그 증거다.

내가 구가정의 결혼생활을 굳이 맛보았다고 하면 그것은 이러한 것이었다. 제일 경제적으로 책임이 없이 윗사람이 사는 집에 한데 뒤섞여 따로 우리의 방 한 개를 정해가지고 밥을 같이 지어 먹고 농 속에 들은 옷감 혹은 윗사람이 끊어오는 옷감으로(나는 대개 학생복으로) 옷을 지어 입으면서 예속적으로 독립한 가정적 기능을 지어보지 못하고 살아왔을 따름이었다.

둘째로는 나의 아내라는 그 여인의 시집살이라는 것을 관망하는 것이었다.

그는 남편이라는 나와의 관계보다도 시부모 더욱이 시어머니에게 속한 사람이었다. 모든 행동과 생활이 시어머니의 명령과 시어머니의 눈치와 시어머니의 비위에 맞도록 하는 것이 유일한 목표였다.

자식이 귀엽되 '시부모의 손자'로서 귀여웠지 스스로 낳은 '나의 자식'으로서 귀여운 것이 아니었다.

만일 일찍부터 우리 둘 사이에 독립한 가정을 책임을 지고
이루어왔다 하면 혹시 그 후의 파탄이 생기지 아니하였을지도 모르는
것이었다.

내가 중학을 마쳤다. 바로 전문학교에 입학하였다. 열아홉, 스물.
이 나이가 되니 어리던 나의 마음도 제법 세상을 향하여 눈을 떠보게
되었다. 제일 먼저 눈에 뜨이는 것은 젊은 이성 즉 여학생이었다.

어여쁘고 얌전하고 말치가 없이 순란하기는 하지만 애초에 서로
만나기를 싱겁게 만났고 그 뒤로는 늘 싱겁게 지내왔고 부모의 감독
밑에서 자극과 긴장이 없이 지내오는 나의 아내라는 여인을 여학생들과
비교해볼 때에 나는 걷잡을 수 없는 호기의 욕망이 머리를 들고
올라왔다.

그러다가 우연히 어느 여학생(현재의 나의 아내)과 연애를 하게
되었다.

연애를 하였으니까 무엇보다도 결혼을 하여야 할 터인데 그것이
큰 문제였었다.

어느 방학에 집에 돌아가서 조부모와 부모에게 이혼 말을 하다가
혼침을 맞았다.

처가에 가서 말을 하다가 도리어 대접만 전보다 한층 더
극진하게 받고 왔다.

아내더러 밤에 조용히 말을 하니까 울면서 '어디 가 무슨 짓을
하든지, 장가는 열 번 백 번을 다시 들더라도 이혼만은 말아달라'고
애걸복걸하였다.

전날 정다히 지내던 탄성으로 나는 그와 한가지로 울며 결코
이혼을 아니하겠다고 그를 안심시켜두었다.

그렇게 하여는 두었지만 서울로 올라와서 그(손쉽게 H)를 만날
때는 모든 것을 잊어버렸다. 맹렬하게 이혼운동을 하였다. 그러나 영영
성공을 하지 못하였다. H와는 피차에 떨어질래야 떨어질 수는 없는
사이가 되고 말았다.

그러하는 동안에 전문학교를 마치고 명색 취직을 하였다.
덮어놓고 H와 동거를 하였다.

이리하여 나는 법률상 또는 남이 보기에는 첩을 얻어 살고 있는

셈이었다.

　소위 전 아내라는 사람은 친가에 가서 있기는 하나 호적대장에 뚜렷하게 나의 아내로 있고 또 나와의 사이에 생긴 자식들을 기르고 있고(그는 그것 두 개를 빼앗기지 아니하고 자기 손으로 기르는 것, 그리고 그것들이 자란 뒤에 일신을 의지하여 노후의 재미를 볼 것을 유일한 낙으로 알고 산다고 한다), 한편으로 여기서 나는 H와 가정을 이루고 있으니 처첩을 얻은 것이 아니고 무엇이냐?

　그러나 우리는 한 가지의 변명이 있다.

　나는 색마로서 여러 계집을 요구하느라고 그리하는 것도 아니요, 소위 본처와 이혼을 할 수가 있는데 아니한 것도 아니요, 겸하여 H가 모든 형식을 거리끼지 아니하고 그대로 만족을 느끼는 데서 우리는 세속의 처첩살이와 다른 의미의 처첩살이를 하는 것이다.

　그러면 H와는 신가정을 이룬 셈이니까 그 취미는 어떠한가?

　물론 구생활보다는 매우 나은 편이 많이 있다.

　우리에게는 무엇보다도 가정이라는 것이 우리의 것이다.

　구가정 때와 달라 H를 한 개의 인격자로서 대접하여야 하겠으니까 나의 인습에 절은 폭군적 성격은 가다가 불쾌를 느끼는 일이 혹간 있으나, 그렇다고 그가 양키식의 자기주장은 하지 아니하니까 별로 관계치 아니한다.

　또 연애시절에 생각하던 달콤한 맛은 현실의 쓴 맛이 담뿍 가미되기 때문에 그다지 달콤한지도 알 수가 없다.

　그러니까 신구가정의 차이라는 것은 결국 부부양인이 다 같이 사회적 관계를 맺는 것인데 반하여 구가정이 단지 부부관계가 가정 내에 그친다, 즉 사회적 관계의 유무에 그칠 뿐이지 부부간의 애정이나 알력은 별로 다른 것이 없다고 생각한다.

　가령 신가정의 아내가 지식이 있어 남편을 이해한다고 없던 정이 갑자기 깊어지며, 구가정의 아내가 무지하여서 있던 정이 갑자기 없어지는 것도 아니다. 그것은 감정과 이지理知를 구별치 못하는 말이다.

　또 신가정을 이루면 부부간에 서로 생활의 방편을 얻어 경제적으로 많은 여유가 있다고 생각하는 사람이 있으나, 그런 사람이야말로 그것만을 목적하고 직업부인을 구하는 사람이니까 말하자면 농군이 암소 한 마리를 사는 것과 같은 의미가 포함되어 있다고 볼 수 있다.

끝으로 현재 내가 절실히 느끼고 있는 것 한 가지가 있다. 그것은 장래에 대한 불안이다. 구가정의 여자는 아무러한 일이 있더라도 자진하여 이혼을 하기는 고사하고 이편에서 등을 밀어내어도 나가지를 아니한다. 딱한 일이요, 큰 문제다.

또 신가정은 그와 아주 반대로 장래의 불안정이다. 걸핏하면 조그마한 이유로라도 한편에서 다른 한편을 버리고 나가버린다. 결혼의 근거가 박약하면 박약할수록 박약한 조건이 이혼의 조건이 된다. 딱한 일이요, 큰 문제다.

[남성의 무정조에 항의장]
영웅호색적 치기를 타기唾棄
윤성상 «삼천리» 1930년 10월호

> 여성의 정조만을 강요하는 남성본위의 사회에 대한 비판을
> 중심으로 여성의 입장을 강하게 피력한 글. 결론 부분에서
> '계급적 해결'을 제시하지만 이에 근거한 논의의 전개에는
> 이르지 못한 글이다. 여성문제에 관한 상투적 결론으로
> 사회주의적 태도를 끌어들이는 것도 한때 주된 흐름이었다.

남자정조 혹은 여자정조라는 말의 구별이 있는 것만 보더라도 이 양성 사이에는 이미 차별적 도덕을 의미하고 있는 것을 가히 알 수 있는 것이다.

그러나 대개(거의 다) 남자정조란 것은 그다지 통용되지 않는 극히 어색한 말이니 그만큼 정조 운운하면 벌써 누구나 여자만이 가지고 있는 또는 여자만이 지키지 않으면 안 되는 성도덕의 의무요 책임으로 생각하게 되는 것이다.

'여자와 정조' '정조를 위한 여성' 이것이 즉 여성의 일생이다.

만약 여성된 자가 모름지기 이 궤도 밖을 단 한 걸음이나마

벗어나게 될 때는 벌써 그는 파계자로서의 쓰라린 파멸을 당하고 마는 것이다. 그것이 설혹 실수였든 불가피의 사정이었든 그것을 불문하고 여성만이 지켜야 하는 이 편향적 정조의 실례는 이루 헤아릴 수 없으리만큼 많으니 열녀불경이부烈女不更二夫라는 과부나 혹은 파경녀의 정조는 차치하고라도, 어떤 괴한에게 불의의 변을 당한 여성에게 그의 남편 혹은 그의 친척 나아가 일반 사회가 그를 향한 태도는 어떠한가? 불문곡직하고 그는 더러워진 계집이란 낙인하에 가정에서, 족척에서, 사회에서 쫓겨나고 말지 않는가. 그러나 이상의 사실은 오히려 일소에 부칠 일이라 친다 해도 팔목 한 번 쥐인 죄로 또는 길가에 무심히 마주친 이성의 시선으로도 넉넉히 부정녀의 첫 조건을 삼지 않는가. 오히려 심한 실례는 약혼 중의 처녀가 그 대상인 남성이 죽게 될 때 그는 이미 그에게 허한 몸이란 조건 아래 소위 '생과부'가 되고 마는 것이다. 그리하여 여자는 설혹 얼굴을 대하는 것만이라도 남편 이외의 이성과의 접근은 성도덕의 범죄자가 되는 동시에 그에게는 그 사실이 다시 없는 치명상까지를 주고 마는 것이다. 말하자면 여자의 정조란 단지 성행위만을 의미하는 것이 아니라 일생을 통한 일거일동이 모두 정조란 이 철칙 밑에서만 비판되고 있는 것이다.

그러나 남성의 정조는 어떠한가? 그것은 절대(?)자유이다. 어떠한 곳에서 어떠한 여성을 대했든 어떠한 비행을 했든 그것은 절대(?)자유다. 법률상으로 제재하는 것(유부녀와의 관계)이 있으나 그것은 결국 남성 자신들의 각각 그 처에게 정조를 강요하는 점으로부터 나온 데 불과한 것이다. 그리하여 모든 남성은 '사내'란 그 특권 아래에서 하룻밤에도 몇 사람의 여성을 농락하며 더 많은 여성을 차지하기에 갖은 추태를 다 연출하지 않는가?

그러나 이것은 남자로서의 할 일 또 해야 할 일, 행셋거리의 하나로 자인한다. '영웅호색'이라는 말도 있거니와 그들은 이 절대권한을 가장 잘 이행할수록 사내답고 영걸스러움을 자랑한다. 아닌 게 아니라 성적 불구자 이외의 남자로서 수많은 여성을 탐내지 않은 자 과연 몇이나 되는가. 그러면서도 그들은 오히려 처녀의 순결만을 엿보고 있지 않는가.

과부의 정렬貞烈, 아내에게는 자신의 사후의 정조까지를 강요하면서 그들은 아내의 시체 곁에서 새 아내의 감정을 골몰하고 있지 않은가. 보다도 병들고 쇠약한 몸을 보고도 그들은 새 아내의 걱정을 하고 있다. 펄펄 뛰는 시퍼런 아내를 두고 여러 명의 축첩, 그 이상의 농락은 그만두고라도.

이 정조에 대한 남성의 우월적 지위는 '정조를 위한 여성'의 그것에 비하면 실로 이 절대권한을 이행하기 위하여서만 사는 듯한 감이 있다.

그러나 두 성 사이의 이 편향적 정조는 결코 오늘날 일반이 인식하고 있는 것과 같은 절대불가침의 성도덕이 아니었다는 것은 적어도 과학적 입장에서 사물을 구명究明하려는 자로서는 다 수긍할 사실일 것이다.

이와 같은 성도덕의 기형적 발달은 실로 원인이 있다. 우리는 무엇보다도 이 원인을 구명하는 동시에 이것을 제거하여야 할 것이다.

길게 말할 것 없이 원인은 바로 생산조건에 있는 것이니 생산조건이야말로 남녀양성 도덕의 격심한 차이를 만든 것이다.

모든 여성은 폭자暴者의 행사를 맘껏 하는 모든 남성에게 반기를 들라. 그러나 다시 한번 생각할 때 우리는 성적 대립으로 이 문제를 해결하려 하여서는 절대 불가능한 일이다. 생산조건은 결코 성구별로 발생된 것도 아니요 또 해결될 것도 아니다. 그것은 오로지 계급적 발생인 동시에 계급적 해결이 아니면 안 되겠기에.

○ 부기: 근자에 여성문제를 논하는 것이 여성의 경제적 자립만을 고조高調하나 이 첨예화한 계급적 대립사회에서 이것을 믿는다는 것은 결국 몽상 이외에 아무것도 아닐 것이다.

[단발과 조선여성]
'미스 코리아'여 단발하시오
김기림 《동광》 1932년 9월호

단발을 현대와 진보의 상징으로 주장하며 이를 받아들일 것을 권장하는 글. 여기서 '미스 코리아'란 조선여인 일반을 말한다.

"어서 단발하시구려" 하고 내가 만약에 어떤 여학생에게 권한다면 그는 아마도 얼굴을 붉히고 그의 위신을 상한 듯이 노할는지도 모릅니다. 아직까지도 단발은 진한 '루쥬' '에로', 곁눈질 등과 함께 '카페'의 '웨이트레스'나 서푼짜리 가극의 '댄스걸'들의 세계에 속한 수많은 천한 풍속들 중의 하나로만 생각되고 있는 조선에서는 그의 분노도 당연합니다. 다음에는 댕기장사와 달비月子장사가 그들 자신의 생활옹호의 입장에서 나의 단발론에 맹렬한 반박을 던질는지 모릅니다.

그렇지만 나는 작년에 상해 양강 농구단이 조선에 원정을 왔을 적에 그 긴 머리채를 휘두르면서 날뛰던 조선여학교의 농구선수들의 흉한 모양을 보고는 더 한층 단발론을 주장하고 싶었습니다.

누군가 현대를 3S시대(스포츠, 스피드, 센스)라고 부른 일이 있었지만 나는 차라리 우리들의 세기의 첫 30년은 단발시대라고 부르렵니다. '보브'(단발)는 '노라'로서 대표되는 여성의 가두진출과 해방의 최고의 상징입니다. '호리즌탈' '싱글 컷' '보이쉬 컷' 등 단발의 여러 모양은 또한 단순과 직선을 사랑하는 근대감각의 세련된 표현이기도 합니다. 지금 당신이 단발하였다고 하는 것은 몇천 년 동안 당신이 얽매여 있던 '하렘'에 아주 작별을 고하고 푸른 하늘 아래 나왔다는 표적입니다.

얌전하게 따서 내린 머리 그것은 얌전한 데는 틀림없지만 거기는 이 시대에 뒤진 봉건시대의 꿈이 흐릅니다.

그렇지만 수천 년 동안 썩고 남은 케케묵은 정신을 그대로 '보브'한 머릿속에 담아가지고 다니는 '모던 걸'이라는 백주의 유령은 아주 싫습니다.

새 시대의 제일선에 용감하게 나서는 '미스 코리아'는 선인장과 같이 건강하고 '튤립'처럼 신선하여야 합니다. 그는 벌써 노예적 미학에서 자유로울 것이며 그의 활동을 구속하는 굽 높은 구두, '크림'빛 비단양말, 긴 머리채는 벗고 끊어 팽개칠 것입니다.

더도 말고 그 몸서리나는 전족纏足의 만풍을 차버리고 '삼종사덕三從四德'의 옛 인습을 긴 머리와 함께 뭉쳐 끊어버린 후 '걸 스카우트'로 '타도○○주의'로 '○선'을 달려 다니는 가까운 나라 중국의 자매들의 강철의 다리를 보세요. 그 머리를 보세요. 지금 당신의 마음속

깊은 곳에는 은근히 학대받고 있는 '보브'의 편을 들고 싶은 생각이 안 나십니까?

6장

도시의 꿈과 도시의 삶

인간을 왜소하게 만드는 건물과 구조물, 하늘을 가로지른 전깃줄,
아스팔트가 포장된 넓은 길, 그 위를 달리는 차들이 내는 굉음. 도시는
사람과 자연을 분리하는 수많은 공간을 담고 있다. 인간적인 척도로는
인식하거나 감지하지 못할 거대한 공간을 우리는 '도시'라고 부른다.
현대성의 본질을 도시성이라고 말해도 옳을 만큼 도시는 현대의
상징이다.

　　　전인구의 8할 이상이 도시에 몰려 사는 현재의 시각에서 보자면
도시는 현대적 삶을 구성하는 조건이자 환경이다. 자료와 통계에 의하면
서울이 본격적인 도시의 모습을 보인 것은 1930~1940년대다. 서울의
인구가 20~30만에 머물던 것이 1935년을 기점으로 40만에 이르고

도시화가 진행 중인 남대문로.

그 후 불과 6~7년 만에 100만에 육박했던 대격변은 이른바 현대로의
진입이 도시화의 물결 속에서 이루어졌다는 것을 말해준다.

　　도시의 집중현상은 삶의 구조를 뒤바꾸고 도시적 인간을
탄생시켰다. 식민지의 그림자를 드리우며 도시는 하층민에게는 궁핍한
삶을, 자본가에게는 엄청난 부를 주었고 더불어 계급갈등, 계층의
반목과 도덕적 타락, 가치의 혼란을 가져왔다. 도시가 서서히 모습을
드러내기 시작했을 때 사람들이 바랐던 꿈은 이와는 달랐다. 처음
도시는 문명의 상징이었으며 진보와 문화의 결정체였기 때문이다.

　　한가롭고 여유 있는 초기 도시의 풍경이 화려하고 복잡한
도시의 풍경으로 바뀌기 전인 구한말, 서양인 비숍이 본 조선의
분위기는 "넓어진 도로, 활달해 보이는 산업, 깨끗하고 질서정연한
진열장"이었으며 이러한 서울은 "한국적인 외양으로 재건되고 있지
절대로 유럽적으로 재건되고 있지는 않"[22]은 곳이었다. 그러나 당시
사람들의 생각은 달랐다. 당대 지식인에게 도시는 새로운 문물의 도입이
가장 먼저 이루어지는 '문명화'의 척도였다. "네 부디 영국의 런던처럼
되어라. 너 서울로 말미암아 조선을 영국처럼 되게 하여라. 그를 문명과

구한말 서울의 모습. 동대문 쪽에서 바라본 풍경이다.

자유와 평화로 뒤덮게 하여라" 추호, 「서울 잡감」, «서울», 1920년 4월호.[23]라는 말이
솔직한 심정이었다. 문명화된 나라 영국, 그 수도인 런던처럼 되어야
할 서울은 고층 양옥집이 생기고 전차와 기차가 다니고 전기로 거리를
밝히고 공장의 굴뚝이 검은 연기를 내뿜는 풍경이어야 했다.

　　도시의 현대적 변모가 대부분의 사람에게는 매우 신기한 것,
편리한 것으로 받아들여졌음은 두말할 나위가 없다. 1887년 건청궁에
전등이 밝혀진 이후 1899년 청량리에서 서대문을 오가는 전차가 도로를
달리기 시작했다. 1900년에 길가의 가로등이 밝혀졌고 1902년 전화선이
가설되어 서울―인천 간 통화가 가능해졌다.

　　도로가 정비되고 자동차가 보급되어 1911년 왕실과 총독부에 각
1대씩의 2대의 리무진 승용차가 들어온 이후 1912년 일본인이 서울에서
택시 임대사업을 시작하자 일반인도 자동차 이용이 가능해졌다.[24] 먼
거리의 직접 이동이나 간접 수단으로 교통의 소통이 원활해지고 정보
소통이 빨라지면서 도시화는 분명 현대화로 비쳤다.

　　도시의 빠른 변화는 미처 뒤좇을 틈도 없이 이루어졌다. 당시의
신문은 전환기 도시풍경을 이렇게 그리고 있다.

> "빚을 다고 전당 다여 인력거를 사셔 놋코 봉두난발
> 　적각赤脚[벗은 다리]으로 풍우한서 무릅쓰고
> 　병문파수屛門把守 하다 십히 불분주소不分晝宵 하오면셔
> 　푼푼히 버러다가 행랑行廊살이 협호挾戶살이 부모처자
> 　살잣더니 전차 비고 기차 나니 인력거가 세월 업소"
> «대한민보», 1908년 3월 26일.

22. 이사벨라 버드 비숍, 『한국과 그 이웃나라들』, 이인화 옮김, 살림, 1994,
500~503쪽. "언문으로 씌여진 신문을 팔에 끼고 거리를 지나가는 신문팔이들,
가게에서 신문을 읽고 있는 사람들의 풍경은 한국에서 1887년에 볼 수 있는
참신함이다."
23. 여기에서 '서울'은 잡지 «서울»을 의미하기도 한다.
24. 자동차의 수효는 1925년경에는 1200대, 1930년대 초반에
4500대, 1935~1940년경에는 8천 내지 1만 대였다. 그 대부분은 포드사의
자동차였는데 통계가 불분명한 것은 자동차를 중요한 군사기밀사항으로
다루었기 때문이라고 한다. 손정목, 『일제강점기 도시사회상 연구』, 일지사,
1996, 335~340쪽 참조.

없는 살림에 빛을 내어 인력거를 사서 밥벌이를 하려 했더니
전차와 기차가 등장하여 인력거가 어느새 구식이 되어버렸음을
한탄하는 시다. 이처럼 봉건적인 한계를 벗어나지 못했지만 자발적인
현대화의 노력이 급격한 사회변화에 여지없이 밀려버리는 무수한
과정을 통해 현대도시는 만들어지기 시작했다.

우리나라의 가장 큰 도시, 서울의 도시화는 그 모든 것들이 거의
한순간에 이루어졌다고 해도 지나치지 않다. 그것은 자라나는 누에가
성장을 위해 자신의 껍질을 벗어내는 자생적인 탈바꿈이기보다는
'대세에 떠밀린' 허물벗기였다.

왕권중심의 봉건적인 사회구조에 걸맞은 서울의 공간배치는
현대화의 이정표가 박히는 곳마다 뒤틀리고 확장되었다. 본래 한양
도성의 공간배치는 동서축을 중심으로 이루어졌으며, 이는 왕실의
권위를 드러내지 않으면서 일반 백성을 효과적으로 통합하고 포섭하기
위한 공간배치였다. 현대화과정에서 과거의 봉건적인 공간은 성곽
허물기와 남북축 간선도로의 확장으로 재편되기 시작했다. 전차와
자동차의 이동통로로서 도로의 확장은 현대화의 필연적인 결과였지만,
광화문에서 남대문까지 이르는 간선도로의 개설은 일제의 침략 논리를
공간적으로 구체화한 것이었다.[35]

1925년 무렵, 도시화가 진행 중인 서울의 모습.

도시의 교통거점으로서 기차역은 새로운 도시공간을 형성하고 도시의 외양을 변모시켰다. 일본의 건축양식과 서구의 양식이 혼합되어 지어진 용산역.

성곽은 도시를 폐쇄적으로 지켜내려는 봉건사회의 흔적이다. 성곽 허물기는 바로 '도성'이라는 봉건 도읍이 '도시'라는 현대로 변모하기 위한 허물벗기였지만 그것은 곧바로 공간이 지녔던 권위를 해체하는 작업이기도 했다. 1898년에 미국인이 대한제국 정부와 합작하여 세운 한미전기회사가 서대문에서 청량리를 오가는 전차를 놓기 위해 동대문 성곽을 헌 것을 시작으로 전찻길이나 찻길을 닦기 위해 서울의 사대문과 주변의 성곽들은 여지없이 헐려버렸다. 그리하여 정미년(1907)에 "양편이 모두 높은 언덕으로 꼭 박히어 동편으로는 지금 야시로사 있는 곳으로 뻗치어 성이 박히었고 서편으로는 지금 화천정으로 남아 있는 옛 성과 연접하고 사람은 꼭 남대문 안으로만 다니게 되었으므로 늘 문어귀가 뿌듯하게 다니었다. (...) 성 밑으로는 초가집이 많이 있고 (...) 그 언덕의 비스듬한 비탈에 배추밭이 여기저기 있었고 그 배추밭 가에는 탕건 쓴 노인들이 긴 장죽에 담배를 피워 물고 한가로이 이야기를 하였었"던 남대문 풍경은 1929년에 오면 "서편으로 길이 나서 전차와 자동차가 다니게 되고 무수한 행인이 운행" 유광렬, 「대경성 회상곡」, 《별건곤》, 1929년 1월호. 하는 모습으로 바뀌어버렸다.

25. 정준호, 「종로의 공간적 진실에 대한 몇 가지 단상」, 《이다》, 문학과지성사, 1996년 창간호.

1930년대 버스정류장. 『발전하는 경성전기』(1935).

도로를 중심으로 한 도시공간의 재편은 도시 안에서 사람들의 속도를 인간적인 것에서 기계적인 것으로 바꾸어버렸다. 1900년에 한강철교가 놓이면서 전차에 이어 기차도 서울과 인천, 도시와 도시를 가로지르게 된다.

도시는 이제 새로운 산업과 상업의 그물망으로 재조직되기 시작했다. 1882년 양화진을 중국 상인에게 개방한 것을 시작으로 용산과 도성 안 지역에 외국 상인 거주 및 통상이 허용되자 외국 자본이 밀려들었고, 자본원료와 시장을 확보하기 위한 외국의 물리적·경제적 힘이 집결하기 시작했다. 양화진 근처 영등포 일대에는 공장 지대가 형성되어 1911년에 건설된 민간 경영 공장 수효만 이미 270개소가 넘었다. 이 가운데 많은 공장은 도시 주변에 새로운 건물군을 이루기 시작했다.

도시는 현대의 모습을 갖추기 시작했지만 그것은 파행적인 식민자본주의화의 모습이었다. 서울은 쪼개지고 갈라져 그 자체로 식민도시의 구조를 형성해갔다.

일본인이 장악한 용산·진고개(명동)·남대문 일대에는 일본 영사관, 경찰서, 우편전신국, 거류민 숙소, 수비대, 제일은행,

삼정물산회사 등 치안, 통신, 상점
시설들이 있었으며 외국 대사관과
영사관, 그리고 선교사들에게 할당된
정동 일대에는 교회나 학교들이
들어서 있어 "거의 한국적인 외양을
볼 수 없는" 곳이 되었다. 또한
"프랑스는 러시아 공사관과 맞먹는
높이의 공사관을 하나 세웠다.
그리고 미국 감리교 선교회는 규모가
큰 빨간 벽돌집을 지어서 이를

1896년에 지어진 프랑스 공사관.

교회로 사용하고 있다. 이 교회는 마치 로마 교황청처럼 커서 서울의
어디에서나 이 건물을 볼 수 있다"[26]고 했다.

　　1887년에 지어진 배재학당 건물이나 1899년에 지어진
이화학당의 2층 건물은 이후 학교 건축에 벽돌건물이 세워지는 모본이
되었다. 배재나 이화를 비롯한 학교들은 신학문을 전파하는 첨단적인
장소였으며 서구양식의 건물에서 느끼는 공간의 체험을 통해 서구적
생활방식을 새로운 삶의 양식으로 받아들이는 공간이었다.

　　속속 들어서는 프랑스 공사관, 영국 공사관, 러시아 공사관 등과
예배당들은 일상을 지배하는 정치권력과 의식을 지배하는 종교권력의
상징이었다. 새로운 권위로 무장한 그 건물들은 봉건적 가치관의 전복과
낡은 의식의 해체를 강요했다. 하늘을 찌르는 첨탑으로 스카이라인을
변화시키며 왕궁보다 높은 경관을 보여주는 명동성당 등 종교건축물은
이전에는 상상할 수도 없었던 절대적 권위에 대한 도전이었다.
임금이 거처하는 궁궐보다 더 높이 지을 수 있었던 그 '양식'이 봉건
이데올로기를 대표하던 낡은 이미지를 여지없이 무너뜨린 것이다.

　　이제 낡은 권위는 새로운 권위와 타협하고 절충해야 했다.
시작은 재빠른 모방으로 채워질 수밖에 없었다. 현대를 상징하는
서양건물이 정부나 민간에 의해 지어지며 한韓 – 양洋 절충의 현대적
건축물도 지어지기 시작했다. 상업 건물의 한 – 양 절충은 새로운
시각·공간 체험을 민간인들도 발 빠르고 적극적으로 받아들였음을

26. 이사벨라 버드 비숍, 같은 책, 500쪽.

보여주는데, 종로와 남대문로에 대개
상가로 쓰인 2층 벽돌 양옥집이
대표적인 예다. 벽돌벽에 한식 기와를
덮고 창은 양옥을 본떴지만 2층은
누각처럼 꾸며 발코니를 두는 식의
여러 요소가 혼합된 이런 집들은
당시 문물 수용방식의 한 단면을
보여준다.

1926년에 경복궁 터를 깎아
내고 지은 총독부 건물은 식민지배의
위엄 그 자체를 상징했다. 3층의
높이와 200m 길이의 육중한 화강암

1926년 경복궁 앞, 총독부 건물의
건축현장. 새로운 권력은 위압적인
건축물을 통해 낡은 권위를 제압하려 했다.

'덩치'는 1920년대의 시대 상황을 드러낸다. 일본의 침략을 상징하는
건축물인 경성부청, 현대적 교통수단을 장악한 경성역, 경제의 중심인
조선은행(한국은행), 의료제도의 중심인 경성제대병원(서울대학병원
옛 건물) 등은 통치를 확고히 다진 1920년대 중반 무렵에 지어진

1920년대 중반에 지어진 한국은행 앞 거리. 도시는 새로운 건축물로 달라진 풍경을 보인다.

의양풍擬洋風 건물들로 독일의 근대 권위주의 건물을 일본화하여 약간의
장식을 곁들인 것이다.

　　　1930년대에 이르면 경성 상공장려관 건물을 비롯하여 근대주의
건축, 이른바 합리주의 건축이라고 부르는 상업 건물들이 총독부
청사보다 더 높게 지어지기도 했다. 이는 식민지배 통치구도를 어느
정도 완결한 일제가 자본주의 지배를 좀 더 확고히 하였음을 뜻한다.
특히 화신상회는 1937년에 종로 네거리에 지하 1층 지상 6층의 백화점
건물을 대대적으로 신축하면서 에스컬레이터를 놓는 등 첨단시설을
설치해 현대적 도시공간을 경험할 수 있는 곳이었다.

　　　1930년 이후는 남대문로 일대를 중심으로 확실한 상업적인
건물들이 자리 잡기 시작했다. 기능적이고 현대적인 건물들은
경성상공장려관, 미쓰코시三越백화점
등 관청과 민간 건물들로 채워진다.
1930년대 중반에 이미 서울은
고층빌딩이 속속 들어서기 시작하여
'강철의 거리'를 형성하기 시작했다.
숨 가쁘게 지어지는 건물들은 신문사
사옥이나 상점, 은행부터 호텔에
이르기까지 '근대식 대건물'을
이루어갔다.

1937년의 화신백화점.

화신상회 야경.

"철근 콩그리-트, 연와煉瓦[벽돌]
등의 고층건물이 날 보아라
자랑하면서 그 위대한 형체를
하로하로 싸하올려, 서울
시내에는 도처에 '강철의 거리'를
이루고 잇는데 이제 조선사람
손으로 건축되는 것만 태평통의
조선일보사 5층 대하大廈가
20만원의 예산으로 착착 공사
진행되야 (...) 종로 이정목
야소교耶蘇敎삘딍 엽헤 잇는

1935년 충무로에 지어진
근대주의 건축물 옥旭빌딍.

민규식 씨의 영보永保삘딍 5층 대건물은 이제는 외형은
벌서 다 되어 (...) 화신백화점 건너편에서는 8만 원을
드려 짓는 한청韓靑삘딍 공사도 지하실 기지基地 닥는
것이 곳 끗날 모양으로 (...) 조선은행 앞 광장에 대금
68만 원을 투投하야 건축 중인 저축은행貯蓄銀行집은 벌서
7층까지 철골이 다 올나 (...) 바로 그 뒤에 4층 철근으로
짓는 중앙전화국中央電話局도 외관은 거지반 되엇스나 (...)
본정本町호텔의 4층 건물은 11월에 준공, 대택大澤이란
시계점의 4층루도 11월에 준공되리라 하며 (...) 이밧게도
내자동에 수백 실을 유有한 대 아파-트도 건축 중이라
하니 서울의 거리거리에는 갑작히 운소雲霄에 솟는
근대식 대건물이 명랑하게 가득 드러설 모양이라고."

「삼천리기밀실」, 《삼천리》, 1934년 11월호.

1935년에 준공된 조선일보 태평로 사옥.

본격적인 도시의
형성은 일본인에 의해 장악된
권역에서부터 시작되었다. 서울의
진고개를 중심으로 일본인의
거대자본이 장악하면서 들어서게
된 삼중정三中井(미나카이)상점,
히라다平田상점, 미쓰코시백화점 등의

호화로운 일본 상점들은 1920년대 말에 "천만 촉의 휘황한 전등불과 아울러 불야성을 이룬 별천지"정수일, 「진고개」, 《별건곤》, 1929년 9월호. 로 미처 도시의 모습을 갖추지 못한 종로와 비견되어 조선인의 성정을 자극했다.

도시화가 진행되면서 현대는 가속도가 붙기 시작했다. 도시화는 이른바 도시적 감수성이라고 부르는 새로운 감성들을 형성하기 시작했다. 도시적 인간, 도시적 지식인이 생겨나고 그들은 도시를 비평과 서술의 대상으로 삼아 도시적 삶의 양태를 받아들였다. 도시는 도시적 삶의 양식보다는 도시의 시공간으로 인해 먼저 자연과 분리된다. 도시인은 농촌과는 확연히 다른 삶의 패턴을 사는 인간군이지만, 그보다 앞서 도시공간의 '도시성'을 체험할 수 있어야 도시인이었다. 도시는 자연과 분리되어 대비를 이룰 뿐 아니라 자연을 바라보는 시각을 변화시킨다. 도시공간에서 바라보는 자연은 도시가 존재하기 이전의 자연이 아니며, 그럴 때 도시화하지 않은 자연조차 도시적 자연으로 변모한다. 도시적 감수성이 '자연스러운' 감수성으로 다가오게 된 것이다.

"초가을 도회都會의 하늘은 더 높다. 피뢰침은 일제히

1920년대 YMCA빌딩.

초기 화신상회의 금은방.

하늘을 흉보느라고 손짓을 하건만 총총한 전선 사이로
올려다보이는 것은 마치 거미줄 사이로 화려한 정원을
바라보는 거와 같다. 멀리 북악北岳이 '스핑그스' 모양으로
뾰족하니 보인다. 그러나 이 자리에서 보는 마음엔
5층 삘딩의 위세를 눌르지 못한다. 자연은 도회를
기피하는가? 도회는 자연을 소박한 망동아妄動兒인가?"
최영수, 「장소가 씨우는 일기」, 《사해공론》, 1936년 11월호.

　사람들은 이제 점점 도시를 당연하게 받아들이며 합리적인
질서를 도시에서 발견하기 시작했다. 1920년의 서울의 모습에서 새롭게
발견한 사실들, "전에 없던 자동차 집이 많아지고 전에 보기 흉하던
간판이 없어지고 약간 미술적 간판이 걸리고 벽돌집 소위 현대식
양옥이 전보다 많아진 것" 추호, 「서울 잡감」, 《서울》, 1920년 4월호. 을 어떤 질서의
느낌, 제도의 자리 잡음으로 받아들였다. 따라서 좀 더 세련된 도시를
꿈꾸는 사람에게 도시화의 과정이 주는 무질서와 어색함은 참아낼 수
없는 것이기도 했다.

　"아직도 초가지붕은 간판 뒤에 숨어 있을지언정 서울에도

무질서한 도시인을 풍자한 삽화. «개벽», 1921년 2월호.

시대는 시대라 제법 세기말의 도시 풍경을 갖추려 하는
것 같다. 그러나 지존至尊이 소위 모걸이니 모보이니
하는 분들로 구두를 끌르고 탕반湯飯집 같은 데를
들어가는 것이나, 벗은 팔둑에 오페라 박스를 '시루꼬'
집 테이블 같은 데 벗어놓는 것은 암만 하여도 초기
번역극을 구경하는 것과 같이 어색한 감이 없지 않은
것이다."이태준, 「끽다와 악수」, «별건곤», 1929년 1월호.

이태준의 말 속에는 봉건적 삶과 도시적 삶의 괴리에서 느끼는
불편함이 녹아 있다. 모든 것이 수미일관한 질서 속에 한꺼번에
이루어지지 못하는 상황은 사회적으로 팽만한 무질서감을 주며 이는
현실과 자아의 불일치를 가져온다. 자연히 현실을 사는 일상적인 모습은
희화되고 늘 비판과 불만의 대상이 되기도 한다.

도시의 외양은 도시 그 자체가 주는 물질적 풍요로 가득 차 있다.
도시에서 발견할 수 있는 것들, "'기차'에서의 기관차의 거대한 메커니즘,
꿈 실은 '화물자동차', 물고기처럼 순결한 '대합실', 튤립처럼 밝은
출발의 희망을 지닌 '아침 비행기'에서 하프와 싸포에 비유되는 비행기,
예술로 이미지화한 '스케이팅', 그 외에 '호텔' '아스팔트' '상공운동회'

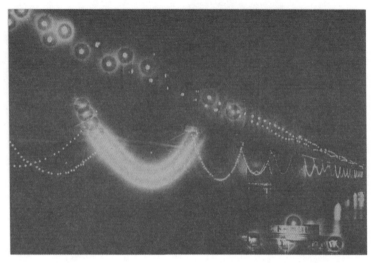

한강 다리 야경. 『발전하는 경성전기』(1935).

등은 도시문명의 새롭고 신선한
감각"²⁷이었다. 전차, 자동차, 수많은
자전거, 높은 집, 간판, 각양각색의
군중이 1930년대의 도시를 그린
문학작품에서 문명과 현대성의
상징으로 예찬되었으며, 뿐만 아니라
잡지사 기자들은 서울의 모습, 종로
한복판을 취재하거나 백화점에

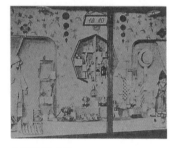

화신백화점 쇼윈도.

들어가본 경험을 쓰는 것이 주요 일거리이기도 했다.

　　도시적인 물질이 주는 신선하고 충격적인 경험은 '근대적'인
모습으로 비쳤고, 그것은 새로운 세계에 대한 호기심으로 이어졌다.
특히 도시를 수놓는 네온사인이 처음 등장했을 때, 갑자기 등장한
호화로운 도시의 불빛에 사람들이 꾀여들었고 거기서 느끼는 문화적
충격 또한 적지 않았다.

　　　　"초하初夏의 거리를 꾸미는 청, 황, 녹, 등橙의 광채를
　　　　방사하는 「네온사인」. 이것은 일홈부터가 현대적인 것과
　　　　가티 「네온사인」은 실로 현대도시를 장식하는 가장

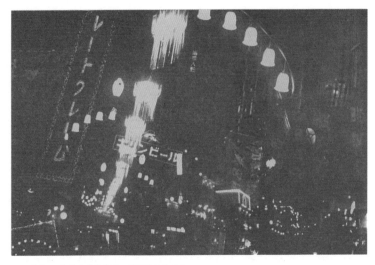

1930년대 도시 야경. 『발전하는 경성전기』(1935).

　　진보적 조명품이다. 얼핏 보면 비상非常히 자극적인
　　듯하나 자세히 보면 볼사록 어데까지 맑고 찬 네온사인은
　　정히 현대인의 신경을 상징한 것이다.”

　　　　　　　　「조명계의 여왕 '네온사인'」, «신민», 1931년 7월호.

　　서울의 밤거리에 이 네온사인이 비치게 된 것은 1920년대
말부터였으며 처음 네온사인이 등장했을 때 사람들이 “일종 근대색이라
할 만하다”고 할 정도로 그 자체가 도시화의 상징이었다. 이런 네온으로
치장한 도시의 상점 진열장은 새로운 유행을 전파하는 공간이 된다.
1930년대 모던의 열풍이 불기 시작하던 곳도 쇼윈도 앞이었으며, “이
진열장 앞을 오기만 하면 이 유행균의 무서운 유혹에 황홀하여 걸음
걷기를 잊고 정신이 몽롱화하며 다 각각 자기의 유행세계를 설계하려
든다” 최영수, 「만추가두풍경」, «여성», 1936년 11월호. 고까지 하였다.
　　도시의 새로운 공간은 물론 상점만이 아니었다. 사람들이 공간을

---

27. 김기림, 「태양의 풍속」(1939)에 등장하는 도시의 이미지.
전혜자, 「한국근대문학에서의 도시와 농촌」, 『한국근대문학의
쟁점』(한국정신문화연구원, 1992) 재인용.

형성하고 장악하는 방식 또한 도시화로부터 시작된다고 할 수 있다. 도시적 공간은 일상의 공간이라기보다는 일상의 이탈적 공간으로 형성된다. 예를 들면 주거를 위한 주택공간의 변화는 매우 느리지만 상점이나 술집의 공간 변화는 매우 빠르다. 새로운 공간이 도시에 들어서면 도시의 일상이 변화하며 일상의 삶 또한 그에 따라 변한다. 곧 도시적 공간은 일상에서의 일탈을 일상화시키는 공간을 형성하며, 도시적 삶은 일상에서의 일탈을 일상으로 받아들이는 생활을 말하는 것이 된다. 물론 그 출발은 유행을 좇는 사람들이 그들만이 모이는 일정한 공간을 형성하는 것에서 시작하며 그 공간의 형성 자체가 하나의 유행으로 자리 잡기 시작했다.

카페, 선술집, 작박계집(추첨을 통해 돈을 주는 일종의 도박집), 우동집, 전당포, 호떡집 등이 새로운 풍광으로 등장한 공간들이다. 그중 1920년대부터 도시공간에서 가장 첨단적인 것은 '카페'였다. '카페'는 외국어로 된 이름부터 전통적인 기생집과 다르다. 싼값으로 먹을 수 없다는 점에서는, 새로이 유행했던 서민들의 술집인 선술집과도 달랐다. 그것은 현대적이기 때문에 일탈적이었으며, 일탈적 공간이기에 현대적 도시를 형성하는 공간이었다.

카페가 늘어나는 모습을 그린 화가 이마동의 삽화. 《신동아》, 1933년 6월호.

대경성—불어가는 전당국(전당포)과 늘어가는 카페!

"전등이 난무하는 서울의 밤거리에는 요정妖精가튼 유혹의
미소가 지상의 성운가티 몰여 흐르며 흔들거리는데
사람들은 호수와 가티 밀녀든다. (...) 무교정, 다옥정,
명치정, 황금정, 영락정, 카페 카페 카페.... 그렇다. 카페가
잇다. 카페야말로 현대인의 변태적變態的 기호성嗜好性을
보담 잘 이해하며 양금체가치 그네들의 성급한 요구에
수응酬應하여 모든 향락을 준비하는 곳이다."

박로아, 「카페의 정조」, 《별건곤》, 1929년 9월호.

　　이국정서로 분위기를 낸
실내 디자인과 '모던'한 차림을 한
여성들이 시중을 드는 것만으로도
카페는 공개화된 '성적 서비스의
공간'[28]이었다. 따라서 현대적인
인간을 자처했던 지식인과 '양행꾼'[29]
그리고 '모던 보이'와 '모던 걸'들은
카페로 몰려들었다.

1920년대 구두상점 광고. 간판에 다양한
구두를 그려놓아 이미지를 적극적으로
활용했다.

　　카페는 당시만 해도 전통적인
양반 동네였던 북촌거리까지
슬금슬금 차지하기 시작했다. "종로를
중심으로 하야 그 근방에만 있는
카페 수효만 하야도 10여 곳이 되며,
웨이트레스의 수효만 하여도 '목단'에
스물하나 '락원'에 쉬흔셋 '평화'에
스물넷 이럿케만 처도 그 수효가 역시 수백 명이나 되니" 녹안경, 「카페여급
언파레 ─ 드」, 《별건곤》, 1932년 11월호. 라고 했듯이 카페를 중심으로 한 문화가

28. 이에 대해서 박로아는 "여기는 모던을 꾸미고 현숙을 분장한 묘령의
꽃 같은 처녀들이 웨이트리스란 서양궁전의 시녀 이름 같은 직명을 가지고
그 일비일소에도 실없는 사나이들의 생명을 좌우할 매서운 기능을 살짝
백설같이 흰 에이프런 뒤에 감추고 기다리지 않느냐?"라고 말한다.
29. 본래 서양을 다녀온 사람이란 뜻이나 흔히 서양 물을 먹은 사람들을
가리키던 용어.

도시의 새로운 문화로 자리 잡았다.

도시 안에 새로운 공간이 늘어가는 동안 점점 도시 자체가 하나의 새로운 공간으로 형성되기 시작한다. 자본주의화한 도시는 도시인의 일상을 그대로 놓아두지 않는다. 사람들이 머무는 곳, 눈길 가는 곳은 그 어디에도 자본의 향기를 발라두며 그것은 곧 도시 전체를 부유하는 이미지로 가득하게 만든다. 오늘날 도시에서 가장 빈번하게 접할 수 있는 것이 광고의 이미지들이듯이 현대가 시작되는 곳 또한 광고가 일상을 지배하였다.

가장 먼저 도시의 이미지를 형성한 것은 신식건물과 함께 거리의 간판이었다. 큰 행사가 있을 때 들어섰던 기념 아치나 구조물과 함께 간판은 가장 먼저 시대의 변화를 예고하는 도시 이미지의 하나였다. 간판은 디자인과 타이포그래피에 대한 관심을 고조시키는 계기가 되었다. 이를테면 백목옥 양품점의 "간판은 원거리에서 특이하게 시선에 들어오는데, 이는 자체의 광협廣狹으로 심오하게 보이게 했기 때문이다" 안석주 외, 「경성각상점 간판품평회」, 《별건곤》, 1927년 1월호. 라고 말하는

1926년 미국 '스탠더드' 석유회사의 광고탑.

데서도 알 수 있듯이 간판은 하나의 시각적 이미지로 해석되었다. 김복진이나 안석주, 권구현 등의 미술인들은 '간판에 관한 품평'을 하기도 했다.[30]

간판과 함께 거리의 곳곳에 광고가 붙기 시작한 것도 현대적 도시의 풍광 중 하나였다. 광고의 이미지들은 도시의 존재가 자본주의의 집적에서 비롯된 것임을 확인시켜주며, 도시인의 시선을 장악해 자본으로 이끄는 '자본주의의 꽃'이다. 그러나 무차별적으로 등장하는 광고에 대한 거부감이 없을 수 없었다.

"전차를 타면 먼저 눈에 띄는 것은 광고판이다. 5도 내지

1930년대 백화점의 내부

6도의 색판을 서화를 곁들여 차 안을 파적破寂하는지라
동석하고도 외면하는 승객 각자의 잠시나마의 안계眼界를
위무慰撫하는 것이다. (...) '보기(bogie)' 차에 20여
광고표를 줄줄이 살피니 서너 너댓 개를 제하고는
모두가 약—기침약, 감기약, 보약, 위장약, 설사약, 안약,
각기약脚氣藥—심지어는 임질약까지 뚜렷이 도안을
곁들여 있고 간간히 성병과 병원의 지도 안내를 곁들인
가장 친절한 색色 광고가 있는 것이어서 좋게 생각하면
고명한 약에 대한 지식을 알아도 해롭지 않으나 심하게
생각하면 광고 보러 5전 내고 타는 셈이 된다. (...) 결국은
광고와 부민府民과의 싸움이다. 한 녀석도 빼지 않고
이 임질약을 주둥아리에 처넣어야 심뽀가 풀리겠다는
광고에 대한, 부민의 확고한 불응자세不應姿勢가 거기에
있다." 일송생, 「전차방담」, 《신시대》, 1942년 4월호.

30. 《별건곤》의 「간판품평회」(1927년 1월호)나 「진열창품평회」(1927년
2월호), 《중앙》의 「종로상가 진열창품평회」(1936년 1월호), 「종로상가
간판품평기」(1936년 2월호) 등.

광고는 도시생활에 틈입하는 가장 강력한 언어다. 광고를 보기
위해 텔레비전을 보는 건지 모르겠다는 요즘의 푸념은 광고를 보기
위해 전차를 타는 셈이라고 말했던 과거와 다르지 않다. 도시의 삶
속에서 광고는 일상의 길목들을 차단하며 선택을 강요한다.

도시적 삶이 질서와 합리적인 사회구조를 향해서 나아가는 것처럼
보였던 순간에도 도시의 내면은 자본주의적 소외를 안고 있었다.
식민지의 어려운 경제사정은 도시의 생활문화 자체를 희화화시키는
요소로 작용하기도 했으며, 도시생활은 외양은 봉건시대보다
풍요로워진 것처럼 보였지만 식민지하의 경제가 녹록할 리 없었다.
수탈이 조직적으로 이루어졌고 소비재를 중심으로 한 빈약한
산업구조는 일상의 삶을 더욱 조여들어 갔다. 그뿐만 아니라 자본의
축적과정에서 편중된 부는 현대사회로 진입하는 과정에서 극심한
소외감을 낳았다.

> "빨간 벽돌집, 파란 세멘집, 노란 석회집—가지각색의
> 이층 양관이 하늘에다 떠올릴 듯이 버려 있다. 그리고
> 한 옆으로는 네 귀를 잠자리 날개같이 반짝 치켜올리고
> '와네쓰[바니시. 흔히 니스로 불림]' 기름을 반들반들

도시에서 운행하던 택시.

멕인 호화의 조선와가朝鮮瓦家가 줄을 지어 버려 있다.
지상낙원地上樂園—소위 현대문화를 향락할 수 있다는
이상의 주택들이다. (...) 클라식하게 지은 파란 이층
양관洋館에 유리창이 반쯤 열리고 보랏빛 카텐이 벌려
있는 곳에서 ‹발비› 청춘소곡을 어느 아씨가 솜씨
좋게 치는 것이다. 그러자 뒤에서 뿡하는 경적 소리가
난다. 놀라 도라보니 37년식 시보레 자동차 한 대가
미끄러지듯이 굴러온다.”「문화주택촌」.

“상왕십리 524번지의 30호에 사시는 지씨池氏
할머니댁이다. 반쯤 쓰러진 초막에 토굴같이 컴컴한 방.
집안 세간이라고는 귀 떨어진 남비 한 개, 깨진 항아리
한 개, 쭉으러진 양철대야 한 개, 석유 상자 하나. 일가의
전 재산을 다 팔아도 50전도 못 될 듯하다... 15세 된
손자 하나를 다리고 초막에서 괴로운 세월을 보내는데
그 손자가 양철 쓰레기통을 주서다가 그럭저럭 실낱같은
목숨을 이어간다고 한다.”「빈민가편」.

「[양춘 명암 2중주]」, «조광», 1937년 4월호.

대비된 두 글이 그리고 있는
것은 현대적 삶에 대한 꿈과 그
꿈에서 소외된 현실이다. 현대인이
꿈꾸는 이상적 삶은 도회의 그림같이
지어진 문화주택들이며 그 꿈을
깨는 것은 또 다른 문명의 상징인
자동차의 경적이다. 문화주택에
미끈한 자동차, 그 모습은 도시인의
일상이지만 그것은 바라보는 자의
일상일 뿐이다. 그리고 도시의 또

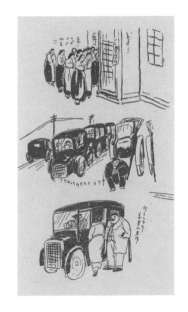

«조선지광» 1929년 1월호의 삽화. 구호품에
의지하는 가난한 일상, 새로운 자동차의
물결에 밀려 직업을 잃어버린 인력거꾼 그리고
부르주아의 사치와 허영을 대비시키고 있다.

다른 현실은 비참하다. 그들은 꿈조차 꾸지 못하는 도시인이다.

현대적 도시는 소유한 자와 소유하지 못한 자가 동등하게 체험할 수 있는 삶의 공간이지만 내적으로 구분된 것처럼, 늘 중층적이다. 그 안에서 사람들은 자연성의 상실, 군중 속의 고독, 소외감과 이방인의식 등을 공유하기도 하고 바라보기도 하며 듣기도 하고 말해주기도 한다. "서울에 있는 자동차는 호의호식하는 귀족이나 패가망신하는 부랑자를 태우고 지옥으로 가는 특별열차요, 허영심만 있고 아무 자각이 없는 여학생을 이끌어 망하게 하는 유혹물에 불과하겠다" 추호, 「서울 잡감」, 《서울》, 1920년 4월호. 는 극단적인 반응조차 도시적 산물이다.

세태는 일자리를 구하러 구직소에서 오들오들 떨고 있는 어린 소년부터, 98원에 구입한 미국제 사진기를 들고 희희낙락 청량리 송림으로 갈까 동물원 꽃밭으로 갈까를 의논하는가 하면 외국영화 주인공처럼 차려입은 아이와 '시보레' 자동차를 타고 백화점을 찾는 부부에 이르기까지 극단적인 생활상을 보여주고 있었다. 돈이 많든 적든, 화려하든 초라하든 삶은 한결같이 '소비적'인 방향으로 향했다. 의식과 감각이 발달한 만큼 경제적인 조건이 뒤따르지 못할 때, 생활은 허영과 가식을 오히려 당연한 방편으로 삼게 된다. 판잣집에서 말끔하게 차려입은 숙녀가 나오는 광경은 실제의 경제적 수준을 미화분식한 허영의 태도일 수 있지만, 사회적으로 요구되는 옷차림의 수준을 경제가 뒷받침하지 못한 데서 오는 현상일 수 있었다.

낙후된 경제사정 속에서 물질에 대한 욕구는 자본주의화한 인간의 분열증적인 자조의 분위기를

허영심을 풍자한 최영수의 삽화. 《신동아》, 1933년 6월호.

허다한 허영!
병 중에도 제일 고약한 병이 허영병—
허영학상(?)으로 보면 그 종류가 대단히 복잡한 모양이다. 그것을 분석진료하기 위하여 허영 X광선을 비춰보는 이런 의술이 생겼으면!

만들어냈다. 수많은 삽화와 만화가
이를 풍자하고 있는데, 예를 들면
《별건곤》 1930년 11월호의
삽화에서는 '여자의 핸드백에
청진기를 댄 의사'가 환자의
증세를 이렇게 말한다. "유행상(狀)
불경기균이 작용하는 황금부족증
히스테리"라고.

　　1930년대의 도시를 활보하던
'모던 보이'와 '모던 걸' 또한 예외일
수 없었다. "봄날 양명한 태양 아래
새 옷을 떨뜨리고 단장을 휘두르며
미인을 차저가는" 청년신사에게
돈의 쓰임새는 자못 심각한 것임을
보여주는 「모뽀모걸의 신춘행락

모던 걸과 모던 보이의 신춘행락을
등장시킨 영신환 광고.

영산홍록映山紅綠 도시 봄이로구나
여행에 산보에 영신환

경제학」 이서구, 《별건곤》, 1932년 5월호. 이란
글이 있다.

　　현대문화의 첨병을 걷고 있는 청춘남녀를 위한 이 글은 "돈이
단지 1원밖에 없을 때"부터 "재수가 터져서 10원 가지고 놀 때"까지로
나누어 조목조목 그 씀씀이를 해학적으로 기술하고 있다. 돈이 단
1원밖에 없을 때는 "빵—20전(네 개), 설탕—5전(가루), 사과—10전(두
개), 빠나나—20전(열 개), 어름사탕—5전(한줌), 돗자리세—10전(한
닙), 라무네두(음료수병)—20전(일인분 한 병씩), 전차삯—10전(귀로에
탈것), 계 1원"을 쓸 수 있으며, 돈이 3원이 있으면 전차삯 25전, 입장권
20전, 사이다 한 병 20전 등등의 예산으로 창경원 벚꽃놀이를 갈 수
있을 뿐 아니라 본정통本町通(지금의 충무로 일대)에 가 "파피스"를
한잔 먹고, 희락관이나 대정관과 같은 활동사진관에서 영화를 구경하고
나서는 25전짜리 양식을 먹을 수 있다고 했다. "구멍 난 양말을
반짝거리는 구두에 감추어 신었던" 것처럼 '모던 행락'을 위해서는
빈곤한 경제도 그럴듯한 경제로 보여주어야 하는 세태였다.

　　그러나 정작 여기서 주목할 것은 식민지하 도시의 모던 보이가
겪어야 하는 어려운 경제적 상황이 아니다. 중요한 것은 현대인인

322

모던 보이가 살아야 하는 일상의 풍경이 시시콜콜하게 몇 원 몇 전의 '화폐'로 치환되고 있다는 사실이다. 도시의 현대적 삶이란 화폐에 의해 매개되고 화폐의 교환가치에 의해 도시의 일상이 재조직되며 비로소 현대적 삶이 객관화된다. 이 글에서 화폐의 가치를 그 사용처에 따라 낱낱이 적시하는 것은 화폐가 주는 교환가치에 종속된 일상이 현대적 삶의 조건임을 보여준다.

1920년대 삿포로 맥주 광고.

　　　모던 보이와 모던 걸이 상징하는 현대적인 도시생활에서 화폐란 적어도 한 세기 전에 생필품의 교환을 매개하던 화폐와는 근본적으로 다르다. 자본주의 경제생활 그리고 도시적 삶 속에서 화폐는 상이한 수많은 사물의 가치가 동일한 기준을 지녔음을 알려주는 매우 중요한 하나의 기호이다. 전차삯 25전, 입장권 20전, 사이다 한 병 20전은 물물교환시대의 그것과는 달리 화폐가 등가의 원칙을 지니며 각각의 교환가치를 전제한 객관적 수단임을 예시한다. 따라서 이 글에서처럼 "돈이 단지 1원밖에 없을 때"부터 "재수가 터져서 10원 가지고 놀 때"까지 화폐는 그 자체로 아무 가치도 지니고 있지 않으면서 단지 일상을 객관화시키는 수단으로 인식되고 있음을 보여준다.

　　　적어도 자본주의의 도시생활에서 화폐는 도달할 수 있는 모든 가능성을 실현하는 매개이자 삶의 조건을 자유롭게 선택할 수 있는 장치가 되기 시작한다. "빠나나 껍질을 묘하게

1897년부터 쓰이기 시작한 일본 화폐.

1930년대 종로에 있던 덕영양품점 건물의 외관.

벗겨서 자, 입을 벌려요 하며 도련님이 작은 아씨의 입에다 너어준들
누가 무엇이라고 하겠습니까?"라고 말할 수 있는 조건은 20전의 화폐가
가져다준 결과이다. 이제는 의식주의 축적과 보장된 일거리가 삶의
조건이 아니라 화폐의 축적 자체가 삶의 조건이 된 것이다.

초기 자본주의 경제에서 화폐를 축적하는 수단으로 가장 주목을 받았던
것이 광산업이었다. 1926년에 허가된 광구 수가 2124개였고 1936년에는
5596개에 이르렀다. 일시에 많은 돈을 거머쥘 수 있는 '노다지'로서
금광채광권에 대한 다툼이 빈번해졌으며, 광산업에 따른 새로운 도시와
산업도 부분적으로 활기를 띠었다. 그러나 1920년대 이후 중공업 부문이
일본인에 의해 완전히 독점된 것에서 알 수 있듯이 광업뿐 아니라
모든 산업의 자본을 일본인이 독점하면서 조선사람이 부를 축적할 수
있는 길은 제한적이었다. 따라서 부를 축적할 수 있는 비교적 수월한
수단으로 상업에 대한 관심이 높았다. 구한말 이전부터 개성상인을

중심으로 형성된 거대한 상업조직은 새로운 문물이 유입되고 공장제
상품이 쏟아져 들어오자 점차 그 힘을 상실하고, 이전의 보부상보다
발전된 새로운 매매수단에 의한 상업적 기술이 도시를 중심으로 초미의
관심거리가 되었다.

「언제든지 의심스런 경품부 대매출 내용 이약이」 일기자, 《별건곤》,
1926년 12월호. 나 「백발백중! 상점대번창! 최신 기발한 판매술」 탈보군, 《별건곤》,
1927년 10월호. 「상점과 써 ─ 비쓰」 한승인, 《조광》, 1937년 2월호. 등 많은 글이
장사하는 방법을 소개하면서 새로운 경제체제를 수용하려는 시도를
보인다. '도시'와 '자본'에 대한 맹목적인 경외의 시선을 추동한 것 중의
하나가 호화찬란한 일본인의 상권이었다. 특히 서울의 진고개에 밀집해
있던 일본인 상점들을 둘러본 조선사람들은 "놀라움과 찬탄이 드디어
부러움과 동경의 표적으로" 변하였고 평생소원이 "진고개에 가서 그
조혼 물건이나 맛조흔 것을 사보앗스면" 하는 것이었다. 따라서 "조선의
살림은 이 진고개 유혹의 희생이 되고야 말" 위험에 처하게 되었다. 정수일,
「진고개」, 《별건곤》, 1929년 9월호.

이렇듯 상권조차 일본의 예속에 놓였지만 사람들은 그 과정에서
자본주의적 경제원리를 조금씩 터득해나가고 있었다. 일본인이
중심인 본정통과 비교했을 때 뒤처져 있는 종로의 상권에 대하여
「종로상가만감」 한승인, 《조광》, 1935년 12월호. 에서는 그 원인을 상점의 설비와

《신동아》 1935년 2월호에 실린 생활난을 풍자한 삽화.

박봉에 시달리는 가장을
풍자한 1932년 김규택의 삽화.

보-너스 희비극
누가 만든 가난?
보-너스 타는 날, 아버지 기다리느라고 아내를 비롯하여
자그마치 십 남매가 총출동!
아버지 힘없이 "애들아 내가 왜 점점 구차해가는지 아니?"
아이들은 영문도 모르고 그저 빙글빙글.
아내 "당신이 만든 가난이지 뭐란 말이오."
"옳지, 네 입에서 그런 말 나올 줄 알았다. 그러나 사람은 너
때문이 아니냐?"

장치 미숙, 상품의
불비, 진열된 상품의
빈약한 규모, 점원의
미숙 등을 열거하면서
"일방一方 대자본의 독점 경영의 침입을 당하고 타방他方 조석朝夕
상봉하던 고객의 탈취를 당하게 되는" 상인들은 "재래식 경영방식을
하로 바삐 버리고 현대적 경영방식을 응용"해야 한다고 역설하고 있다.
또한 상인은 전문적인 지식을 갖춰야 할 뿐 아니라 사회적 임무 즉
"가장 좋은 상품을 가장 싸게 구입하야 가장 싼값으로 소비자들에게
제공하는 사회봉사적 기관"이라는 점을 자각할 것을 강조하고 있다.
이른바 자본주의 정신이라고 할 수 있다.

베버에 의하면 자본주의는 특정한 유형의 종교적 금욕주의의
강제력을 통해 만들어졌다. 어떤 도덕적 힘이 새로운 자본주의적
기업가들을 강제했으며, 이는 종국에 이윤을 낳을 수 있는 기업을
합리적으로 추구하는 이해관계에 기반하여 눈앞의 쾌락과 짧은 희열을
포기하도록 했다는 것이다. 그런 문화형태 중에서 칼뱅주의로 대표되는
현세적인 금욕주의가 현대 자본주의의 '합리적 정신'을 형성하는 모판을

제공했다.

　　상업을 단순히 장사가 아니라 자본주의문화를 형성시키는
모태라고 했을 때 '합리적 정신'이 미처 자리 잡지 못한 상황에서 다가온
새로운 산업구조와 생산방식은 기존의 생산유통과는 근본적으로 다른
변화를 초래했다. 산업구조의 변화는 가치체계의 혼란을 불러왔고 부의
축적과정에서 발생하는 폭리가 경제적 도덕성의 타락으로 비치면서
비난의 대상이 되기도 했다. 예를 들어 새로운 환전장소로 오랫동안
유지되었던 전당포는 서민이 가장 이용하기 쉬운 환전장소였지만
연리가 8할 4푼에 이르는 고리였으니 자연히 "아 얼마나 더럽고도
무서운 일입니까?"라는 탄식이 나올 법하였다. 「지상공개 폭리 대취체」, 《별건곤》,
1930년 10월호.

식민지 도시인 서울이 현대적 도시로 탈바꿈하는 데는 제약이 너무
많았다. 서구적인 유행과 새로운 대중문화 그리고 도시적 공간들이
생겨났지만 식민지의 뒤틀린 도시경제는 도시의 꿈을 좌절시켜버렸을
뿐 아니라 불균형한 도시문화를 양산해냈다. 문화적 욕구에 미치지
못하는 도시경제는 허영과 가식을 일상의 조건으로 삼게 했다.

[대경성 회상곡]
처량한 호적胡笛과 찬란한 등불
유광렬 《별건곤》 1929년 1월호

> 1900년대 서울의 모습을 재현해놓은 글이다. 잉어등과 연등을
> 매달았던 초파일 풍습과 5월 단오의 진고개 풍경, 루즈벨트와
> 이토 히로부미가 그려진 딱지, 처음으로 한강물을 끌어들여
> 매몰한 수도관, 전기 등의 풍물들과 일본인과 중국인의 모습,
> 그리고 식민통치의 위기에 닥친 서민들의 불안한 심리묘사 등
> 구한말의 서울풍경을 실감 나게 그리고 있다.

내가 서울을 처음 와보기는 지금으로부터 21년 전인 정미년
늦은 봄이었다.

질경이 뜯는 촌처녀가 바구니 끼고 한가로이 봄들을 배회하는
향촌에만 있다가 별안간 경성을 오니 모든 것이 신기한 것같이 보였다.

남대문으로 들어와서(지금 있는 서측 길은 없었다) 한참 오다가
한중韓中 절충식으로 지어놓은 이층집으로 들어갔으니 그것이 아마 지금
명치정(당시는 명동) 건너편 일본 사람이 낸 식당들 있는 곳 근처인 것
같다. 그때 동명으로는 공동公洞이더니 지금은 동리 이름도 없어지고
집도 없어졌으니 어디 가서 그 자취를 찾으랴.

◇

그 이층집은 그때 우리 인척으로 어찌 되는 아저씨가 경영하는
포목전이었다. 거기서 생후 처음으로(8~9세) 푸른 단청 칠한 2층
층계를 올라가서 비단휘장 들이고 붉은 바탕에 검은 잎새 그린 천을 간
2층 방을 보았다.

그 집에서 안집으로 들어가는데 엔간히 큰 집으로 대문 안에
중문이 있고 중문 안에 또 중문이 있었다. 새로 지은 기와집에 작은사랑

큰사랑이 있고 벽에는 서화가 붙었었다. 안으로 들어가서 안방에 잘 차리고 앉은 아주머니에게 절을 하니 얼굴이 희고 복성스러우며 나이는 35~36세밖에 안 되어 보이는 아주머니는,

"그래 시골 있다가 서울 와보니 서울구경이 어떠냐?"

◇

밤이 되니 남폿불을 켰다(그때는 전등이 없었다). 하인이 저녁상을 내왔다. 저녁을 먹고 나서 설렁줄을 흔드니 사랑에서 한참 들어가게 되는 안에서 굵은 방울이 요란히 울리며 여하인이 쌍으로 "네―" 소리를 길게 뽑아 긴대답을 한다.

◇

그 집에는 여하인이 3~4인이 있고 바느질하는 침모가 있고 숙수하는 찬모가 있고 또 사내숙수가 있고 또 부리는 아이까지 있었다. 안에 있는 아주머니는 낮에는 여간하여 출입을 아니하시었다. 이따금 밤이면 푸른 장옷을 입고 아이에게 초롱을 들리고 나간다. 그러나 나에게 누님뻘 되는 그의 딸은 장옷을 쓴 채로 어떤 여학교를 다니었었다. 가끔 머리가 치렁치렁한 채 "엣둘엣둘" 하고 팔을 놀리며 체조를 하는 것을 보았다.

◇

낮에 길거리에를 나가면 좁은 골목 음식집에서 국 끓이는 냄새, 안주 굽는 냄새가 코를 찌르고 종이 약봉지 많이 단 약국에서는 갓 쓴 양반들이 한가로이 장기를 둔다. 변소는 모두 길가로 내고, 똥이 길가로 내보이게 만들었는데, 가게 뚫린 좁은 골목 서편으로는 누런 똥이 쪽 널려 있다. 누런 똥에는 간간이 구더기가 움실움실… 지금 생각하니 위생인부 없는 그때에는 거름 장사가 맘대로 와서 똥을 퍼 가던 때라 그렇게 보이게 해놓아야 얼른 눈에 띄어 퍼 가리라고 그렇게 해놓은 것 같다. 하여간 골목길을 걸으려면 코를 싸쥐어야 하겠다.

◇

낮이면 길거리에는 지금 많이 다니는 자동차는 한 대도 얻어볼 수가 없고 간간이 자전차가 다니어도 그리 흔치 못하였다. 짐차도 말보다도 소가 많이 끌었다. 길에서 먼지가 몹시 일었으나 그 대신 길이 지금같이 넓지 아니하였으므로 대단치는 않았다. 전차가 다니어도 지금같이 빈번하게 다니지 아니하고 타는 사람도 별로 없었다.

그때는 일본사람이 전차를 경영하는 것이 아니라 한미전기회사에서
미국사람들이 경영하고 전차 내에는 갓 쓰고 흰 두루마기 입은 사람이
차장 노릇을 하였었다.

◇

밤이 되면 한이 없이 길게 뚫린 좁은 골목은 캄캄하여진다. 가끔
한데로 뚫린 아궁이에 장작 지펴놓고 불 때는 것이 거인의 눈동자같이
뚜렷뚜렷이 보였다. 남폿불을 켜고 방에 앉았으면 어디서 불어오는지
멀리서 부는 호적소리가 장안만호천문長安萬戶天門 근심 있는 사람의
가슴을 두드린다. 뉘 집에서 굿을 하는지 징, 장구 울리는 소리가
들려올 때도 있고 그 소리 저 소리 없으면 먼 집에서 개 짖는 소리가
청승스럽게 들려온다.

◇

내가 있던 뒷집에는 여각이 있어 마구간에 말이 40~50필씩 매여
있었다. 상인의 말이라 한다. 아침에 일찍 일어나서 누웠으려면 각색
장사들의 외치는 소리가 악머구리 끓듯 한다. 그중에 내 기억에 남는
것은 한편에서 굳센 소리로,

　　　"생선—! 조기들 사—."

하고 길게 뽑으면 한편에서는 40~50세 먹은 노파의 간드러진
목소리로,

　　　"고초가루나 깨소곰 사—오."

◇

4월 8일이 차차 닥쳐왔다. 웬만한 집에서는 모두 잉어등을 해
단다. 낮이면 중천에 잉어가 바람을 만나 한가로운 하늘에서 제멋대로
놀고 밤이면 채색등이 길거리에 걸렸었다. 차차 날이 더우니까 대낮에는
불볕이 내리쪼인다. 5월 단오가 가까워오니까 길거리에는 머리 늘인
소년들이 채반에 새빨간 앵도를 담아가지고 다니며,

　　　"앵도 저—이리벗지 드렁 사—." 하고 길게 목청을 뽑는다.

◇

중문이 첩첩한 집안에 한가히 앉았으려면 푸른 옷 입고 내리닫이
모자 쓰고 머리가 발뒤꿈치까지 치렁치렁한 중국인이 그림을 한
뭉텅이씩 가지고 들어와서 "그림이 사—, 그림이 사—." 하였다. 알록 옷
입은 일본인과 일녀가 오면 우리는 몹시 진객으로 대접하였다. 일본인

하나와 일녀들이 놀러왔는데 머리 뒤로 쪽진 것만 보다가 머리를 위로
쪽진 것이 진기하고 그중의 늙은 일녀는 이에 옻칠을 까맣게 하였다.
웃을 때마다 새까만 이가 보이는 것이 우스웠다.

◇

우리들은 골목길에서 딱지치기를 하면서 놀았었다. 그 딱지에는
당시 위인으로 청국의 광서황제, 이홍장, 미국 대통령 루즈벨트, 일본의
이등박문 같은 것이 그려져 있었다. 앵도 장사의 소리가 하도 사람을
끌고 빨간 앵도가 너무 어여뻐서 큰 길거리까지 나갔더니 붉은 테 모자,
검은 양복의 총 멘 병정이 군악에 맞추어 지나간다. 나는 얼른 상점
안으로 들어가며 일본 병정이 많이 지나간다고 하였더니 하인들은 "왜
일본 병정은, 대한 병정이지" 하며 웃는다. 그러나 이 병정도 그 수명이
길지 못하였다.

◇

큰길에를 나가면 일본인이나 기타 외국인은 흔히 볼 수가
없었다. 다만 갓 쓰고 흰 두루마기 입은 사람, 노란 초립 쓰고
분홍 두루마기 입은 사람, 머리 늘이고 분홍 두루마기 입은 총각이
길이 메이게 다니고, 조선사람으로도 모자 쓴 사람은 별로 없었다.
공동변소가 처음 생기고 순검들이 길가에서 대소변하는 것을 금하였다.
그때 순검은 경무청에 매인 것으로 거리거리에 순포막巡捕幕이 있었다.
흰구름 같은 흰 양복에 칼을 차고 모자 쓰고 거리에 우뚝 섰는 것이
엔간히 지나가는 사람의 호기심을 끌었다.

◇

그해에 수도를 처음 놓는다고 수통을 묻는 것을 보았다. 조선
가정에서는 모두 이상하게 알았다. 그 먼 한강물을 시내로 끌어들인다는
것이 곧이들리지 아니하였다. 그래서 나는 일기책에
　　"실오백년래초견지사야實五百年來初見之事也"
라고 부친이 부르는 대로 써두었다.

◇

신문으로는 《대한매일신보》 《황성신문》 기타 여러 가지 신문이
있었으나 제일 환영을 받기는 영국인 배설裵說[어니스트 베델의
한국 이름]이가 경영하는 《대한매일신보》였다. 당시 정부의 잘못과
시국변동을 여지없이 폭로하였다. 관 쓴 노인도 사랑방에 앉아서 신문을

보면서 혀를 툭툭 차고 각 학교 학생들은 주먹을 치며 통론痛論하였다.

◇

　　5월 단오가 되었다. 용산 구경과 진고개(현 본정) 구경을 갔었다.
용산에 일본인 행인이 많았다는 것과 진고개에 인형을 많이 늘어놓았던
것밖에 생각이 안 난다. 남대문에를 올라갔다. 지금의 남대문은
서편으로 길이 나서 전차와 자동차가 다니게 되고 무수한 행인이
운행하나 그때 남대문에는 양편이 모두 높은 언덕으로 꼭 박히어
동편으로는 지금 야시로사 있는 곳으로 뻗치어 성이 싸였고 서편으로는
지금 화천정和泉町으로 남아 있는 옛 성과 연접하고 사람은 꼭 남대문
안으로만 다니게 되었으므로 늘 문어귀가 뿌듯하게 다니었다. 문루 옆
성 밑으로는 초가집이 많이 있고 지금 '아스팔트' 깔린 길 위에는 높은
언덕이 꼭 붙어 있고 그 언덕의 비스듬한 비탈에 배추밭이 여기저기
있었고 그 배추밭가에는 탕건 쓴 노인들이 긴 장죽에 담배를 피워 물고
한가로이 이야기를 하였었다.

◇

　　문루에를 올라가려니까 문루 들어가는 조그만 문에
'금잡인禁雜人'이라고 써 붙였다. 그러나 사람들은 역시 많이 들어가
있기로 나도 들어갔었다. 여전히 갓 쓴 어른이 많아서 장안을
내려다보며 무슨 이야기를 한다. 장안에서 명절놀이, 피리소리,
호적소리가 들려온다. 무색옷 입은 아동이 이리저리 몰려다닌다. 세상은
떠들어도 역시 이 백성들만 태평 세상으로 피한 것 같았다. 붉은 테
모자에 붉은 줄이 난 양복을 입은 병정이 몇 명 있었다. 머리꼬리 늘인
아이가 모판에다 지금 '빵'을 담아가지고 "면보떡 사려, 모찌떡 사려!"
하고 떠든다. 문루 있는 데까지 닿았던 언덕을 파내고 언덕에 있던
배추밭이 흔적조차 없어지고 한가로이 담배 먹던 노인은 저 세상에 간
지가 오래였을 것이다. 문루에 모였던 어른과 병정도 대개는 죽었을
것이요. 머리 늘이고 분홍 저고리 입고 면보떡 사라고 외치던 소년도
지금은 40세 가까운 중년이 되어 어디서 역시 '조선사람'이란 이름을
가지고 살아갈 것이다.

◇

　　날은 점점 더워오는 6월의 어떤 날 어둠침침한 밤이었다. 나보다
나이 좀 더 먹은 15~16세의 소년이 수근수근 이야기를 한다.

"민국공관에 조선사람이 가서 말을 하였는데 들어주지를
아니하여 이준이라는 사람은 배를 가르고 창자를 꺼내어 그 자리에
내던지고 피를 뿜으며 죽었대!"

"인제 난리는 나고 만다."

하고 지껄였다. 그 이튿날 아침에 일찍 깨니까 우리 7촌
재당질로 나이는 나보다 15세나 위인 청년이 와서 어른들과
이야기하는데 해아[헤이그]사건으로 하룻밤 동안에 각부대신이 모두
갈리었다고 한다. 낮에 거리를 나가보니 전방은 모두 문을 닫았다.
다만 길에는 총 멘 일병日兵이 위엄을 보이고 지나가며 길에 가는
행인도 급한 걸음을 쳤다. 전차가 불안한 듯이 사람 몇씩을 싣고
지나갔다. 밤에는 대한문 앞에서 연설을 한다고 사람이 모여 서면
순사가 헤치고 또 모여 서면 헤치고 하였다. 밤이 새도록 시내
각처에서는 노방 연설을 하고 온 성중城中은 물 끓듯하였다. 갓 쓴
사람들이 길에 가다가 한 사람이 손을 들며 거기 앉아라 하면 모두 땅에
가서 꿇어앉는다. 그러면 비분한 연설을 한다. 새벽이 되더니 양위조가
내리고 «대한매일신보» 호외가 돌았다. 그날 저녁 때 총소리가 콩
볶듯하였으니 이날이 신황제 즉위하시고 군대 해산한 날이었다.

이 중에 나는 시골로 돌아갔다. 즐비하던 기와집이 차차
없어지고 양관이 들어서며 그 전에 있던 모든 경성의 모습은 사라졌다.
다만 남대문 밖이 옛 모습대로 남아 있어 아침저녁으로 기적소리를
들으며 인마가 끊이지 않던 문은 적적하여지고 바람 불고 눈 오는 추운
날이면 날개를 펴서 품어주듯이 그때 대문 뒤에 남루를 입은 조선
소년을 안아줄 뿐이다.

[MODERN COLLEGE] 도회생활 오계명
강사 모던 모세 «별건곤» 1930년 6월호

> 도시의 삶은 이제까지의 삶과는 다른 가치관과 행동양식을
> 요구했다. 도시가 형성되자 도시인이 등장했고 그들은
> 도시적인 생활양식을 습득해야 했다. 이 글은 도시적
> 삶의 새로운 가치를 다섯 가지 계명으로 그려내고 있다.

특히 빈곤한 경제적 조건 속에서 도시적인 혜택을 누리는
'코스모폴리탄'이 되기 위해 허위와 가식적 삶조차 도시적
인간의 덕목으로 그려놓기도 한다. 동시에 허영과 위선에
뒤틀린 도시인을 풍자한 글이기도 하다.

동양에서는 "입기향수기속入其鄕隨其俗[다른 지방에 가면 그
지방의 풍속을 따른다]"이란 말이 있고 서양에서는 "로마에 가서는
로마의 풍속을 따르라!"는 말이 있다. 마찬가지 말이다. 환경에
순응하라는 의미다.

"그러면 진보도 없고 개혁도 없게? 다 썩은 개소리 치지 말아!"
이렇게 포효발악을 할 열혈의분 남아가 있을는지는 모르나, 그게
그렇지가 않다. 적진을 때려 부수려면 먼저 그 진형을 알아야 하며
허실을 살펴야 하고 남을 공격 혹은 비평하려면 무엇보다 그 약점
단처를 손에 쥐어야 하는 것과 같이 어느 시기까지는 그 기성체계 속에
자기 몸을 던져놓고 보는 게다. 이것이 즉 순응이란 말이다. 그리한
다음에는 차차 잠식적 수단으로 꾀를 피우는 게다.

우선 당장 제군들 가운데(혹 주의자가 있어서 그런 용감한
청년이 있을 리야 만무하지만) 선전을 하는데 빨간 넥타이를 달고
머리는 봉두난발을 해가지고 농촌에 뛰어가서 면장님 말씀을 군주의
말과 같이 믿고 있는 농민들에게 "여러분! 공산주의란 이렇고 저렇고 한
것인데 소수 '부르조아'들의 향락적 소비생활을 보장하기 위하여 우리
'프로레타리아'들은 노예와 같이 피와 땀을 흘리고 있어도… 그러므로
나중에는… 다 같이 잘 살… 자본가 사회… 봉건적 심리… 극복 운운"
해보아라.

밭둑에서 괭이를 짚고 어이없이 듣고 섰다가 농부들은 "저놈이
미쳤나 밥을 굶었나. 어쩐 헛소린고?" 하고 슬금슬금 귀거래歸去來를
할 것이니… 모든 것은 절차가 있고 순서가 있다. 그러고 보니 적어도
시대정신에 민감한 우리는 그 환경에 순응하여 그 환경을 이용하며
교활한 토끼와 같이 난처를 빠져나가는 준비가 필요하다.

그렇지만 도회생활은 어떻게 할까. 아무리 돈이 없더라도 발끝
이르는 곳마다 전기불빛이 휘황한 대처에서 기름 초롱불을 켜놓고

살 수는 없는 형편인즉 모든 문화시설을 마음껏 이용하며 때로는 유행계까지 지배해볼 만한 의기를 가져야 할 테니. 봄철이 되면 실크보라 춘추복이라도 갈아입어야겠고 겨울이면 낙타털 외투까지는 못 갈지라도 스콧치 외투 하나만은 껴입어야 할 게 아니냐. 그리고 간간이는 택시깨나 타야겠고 더러는 카페출입도 해야 할 게 아니냐. 모─던 친구를 만나면 체면으로나마 ××구락부에 뛰어 들어가서 옥돌이라도 한 50개 치는 척해야지...

그러니 말이다. 돈은 없고 돈 쓸 데는 당장 많은데 천하무직 코스모폴리탄들인 군들인 바에야 한 푼 나올 데가 없지 않은가. 그러면서 모양은 일향만안으로 내고만 싶은 딱한 처지가 아닌가. 내 또한 호협사豪俠士라 돈은 없는 것이 보통이요 또 돈이 많아 풍덩풍덩 쓸 바에야 이런 거북스러운 오계명을 벌써 파기하고 파문을 당했을 게다.

그러나 제군은 아직 돈 없는 탓으로 이 내가 말하는 오계명을 지키고 그 구속을 받아야 한다. 그리고 구속이란 현대유행이 완전히 야만의 풍도로 귀순하기 전에는 없지 못할 문명의 선물이다. 비근한 예를 든다면 제군의 목을 떠받고 있는 칼라며 넥타이부터 탱탱한 바지며 볼 좁은 구두가 다 제군을 구속하는 문명의 고마우면서 거북한 도구가 아니냐 말이다.

자─ 그러면 한담은 그만두고 모세의 십계명쯤은 어림도 없는 도회생활 오계명을 해설해보겠다.

제1조
이발사와 목욕탕 주인을 친하라.

제군이 도회에서 살려면 첫째 이발사와 목욕탕 주인을 먼저 친해두어야 한다.

돈 6전이 없어 몸에서 악취가 물쿵물쿵 나고 불과 30~40전 이발료가 없어서 얼굴이 털투성이가 되고 장발이 되고 보면 혹 별종 색맹객이 있어 사상가나 철인으로 보아준다면 천행이지만 날카로운 시대처녀들의 눈이 잔나비 상판을 연상할 우려가 매우 많으니 연애하기는 벌써 빗나간 일이다. 그러니 돈 없을 때라도 마음 놓고 자가용처럼 쓸 이발관, 목욕탕이 있어야 한다.

친하는 방법은 여러 가지겠지만 우선 요결을 들어보건대, 이발관에서는 먼저 주인과 인사를 한 다음에 한 두어 달 단골로 연달아 다니되 이발할 때는 잡아다 놓은 벙어리처럼 입을 다물고 점잔을 뺄 것이 아니라 온갖 세상 이야기며 영업에 대한 고통이며 이야기를 하면서 주인과 한편이 되어가지고, 거만하고 불공한 손님들의 비평도 하고 보면 친하지 않으려도 자연히 친해지는 법이다. 요컨대 식자나 있고 똑똑해 보이는 사람이 자기 레벨을 낮춰서 비교적 무식하고 천한 직업(?)에 종사하고 있는 사람을 친절히 대할 때 그 친밀은 급속도적으로 두터워지는 법이다. 이 요점만 잡고 있으면 목욕탕 주인을 친하는 것도 문제가 아니다. 목욕하러 들어갈 때 한 10분 나올 때 한 15분 농을 섞어 친밀한 듯한 이야기를 하고 나온다. 그러면 돈이 다 뭐냐.

"그 뭐 성가시게 하실 때마다 내십니까. 나중에 한 몫에 내시오, 관두세요!"

이리하여 이발 목욕은 우선 패스다.

전차 같은 것도 이 방법으로 버젓이 패스가 될 수 있지만 그러는 데는 좀 힘이 든다.

적어도 맑스주의에 대한 팜플렛권이나 부득이 읽어야 하고 승차원 조합 같은 데 종종 출입하여 노사관계며, 계급대립이며를 무시로 입에 올리며 부르주아를 공격하는 태도를 가지고 그들과 의기투합하여 인기를 사고 두목이 못 되거든 고문 격이라도 여기게 되면, 그때는 어느 전차도 자가용이다. 형사 순사 이상의 당당한 승차권을 가진 인격자가 된다.

제2조

여관에서는 안주인과 하인을 친할지니라. 첫째 여관 선택을 잘해야 한다. 십수년 여관을 해먹어서 사람을 한 번만 슬쩍 훑어보면 대번에 내장까지 다 들여다보는 밴들밴들한 전형적 여관업자를 만났다가는 나중에 천추에 유한을 남기고 쫓겨날 테니 아예 생각도 말아라. 제일 좋기는 중년 과부로서 이익을 바라지 않고 오직 적막한 금욕생활에 다소라도 위무를 받을까 하여 건넌방을 치우고 얌전한 사람을 하나 쳐보겠다는 자리에 더 덮을 것이 없지만 그건 대단히 어려운 일이요 상당한 책동이 있어야 한다. 이 방면에 뚜쟁이부터 친해야 하니까... 같은 여관이라도 주인이 시골서 올라온 사람이요 생활이 좀 유족하고 인심이 후한 집을 택하는데(손님들한테 밥값을 못 받으면 끼니를 못 끓이는 여관은 절대 금물이다) 요결은 두 가지가 있다.

하나는 안주인을 친하는 것이고, 둘째는 하인을 잘 사귀어두는 것이다. 주인집 어린아이들에게 장난감이나 왜콩 부스러기를 푼돈이 허하는 대로 사다 주고 잘 사귀어놓고 보면 안주인쯤이야 저절로 따라온다. 하인들은 어디까지든지 친절히 부리고(말만으로도 얼마든지 그들의 마음을 조종할 수가 있다) 명절 때나 또는 그들이 옹색한 눈치가 보일 때는 다른 친구들한테 구걸을 하더라도 1~2원 돈을 변통해가지고 넌지시 "어멈 푼돈에나 보태어 쓰게 적은 걸세만..." 하든지 "아범 이거 쓰다 남은 돈이니 담배라도 사먹게..." 하고 희사를 해보려무나. 그날 저녁 밥상에는 주인 모르는 반찬 접시가 한두 개는 더 오를 것이다. 그뿐 아니라 여러 가지 편익이 있다. 그것은 제군이 한번 시험을 해보면 알 것이니 해설을 생략한다. 그리하여 위로 주인, 아래로 하인을 잘 사귄 다음에는 한두 달 식대 밀리는 것쯤은 문제도 아니요 나중엔 넘고 처져서 한집안 식구가 되고 만다. 그러나 체면상 한 가지 술책을 써서 주인에게 다소의 기대와 안심을 주는 게 좋다. 즉 시골에 있는 동무들에게 편지로 언약을 한 다음에 일주일에 한 번씩은 전보거래를 하는 게다.

전문에 왈 "10일 이내 2만원을 보내지 않으면 곤란함" 하면 저편에서는 "사정이 좋지 않아 조금 나중에 보냄"

이런 류의 전보를 주고받고 하면서 여러 만 원의 큰 계획이 있어 당장 될 듯 될 듯하면서 안 되는 듯이 하여 주인의 허망한 신뢰심을 끌고 나가란 말이다. 그리고 친구들에게 돈푼씩이나 가지고 오래서 약주를 받아오너라 스끼야끼를 해오너라 하여 잔뜩 기대를 하는 척하면서 은근히 그 사람들이 그 전보사업과 밀접한 관계가 있는 듯이 보이는 것이다. 이것은 제군의 동무들이 벗을 돕는다는 조그마한 호의만 있으면 선술집에 갈 돈으로 넉넉히 실행할 수가 있을 것이요 효과는 현저히 드러날 것이다.

제3조
　동거자나 친구들 앞에서는 자기 소지품을 천대하여야 하느니라.
　마상살림[떠돌이살림]과 같은 제군들의 생활에 별반 값나가는
소지품이 있을 리가 없다. 입은 양복은 단벌이요, 구두가 한 켤레,
와이샤쓰 하나, 넥타이 하나 이렇게 모두가 단수품뿐이 아니냐.
　잃어버려야 아까울 것도 조금도 없는 대수롭지 않은 물건인
바에야 자잘군게 아끼면 또 뭘 하느냐 말이야. 그러므로 여관방
동거자나 친구들 앞에서는 도무지 소유물에 등한하며 무관심한
태도를 보여서 점차로 그들의 소유심을 해이시켜서 나중에는 소지품
공산심리에까지 끌고 가는 것이다. 어떠냐...?
　그러함에는 다소 노력이 있어야 한다. 먼저 동거인이 일상
필수품 중에 가지지 않은 것을 발견한 다음에 여러 가지로 주선하여
그중 값싼 것 몇 가지를 사다놓고 그가 빌리기를 청할 때마다 흔연히
제공하는 것이다.
　가령 그가 양복솔이 없을 때, 담배 잘 먹는 그가 성냥이 없을 때,
면도칼이 없을 때, 구두약이 없을 때 등등... 이러한 것이 소지품 공산의
첫 훈련이요, 준비행동이다.
　여기 성공만 하고 보면, 제군은 향수 뿌린 그의 하이카라
양복을 빌려 입고 애인을 찾아갈 수도 있고 넥타이를 바꿔 맬 수도
있고 공추름에 극장출입도 할 수가 있으며 간간이는 일등 요정에서
기녀의 얼굴도 어루만질 수 있는 팔자가 된다. 단 동거인이나 주위의
친구가 제군과 같은 가난뱅이일 때는 만사휴의다. 은행, 회사의 중고
샐러리맨이라야 한다. 그리고 그들에게는 그 이외에 더 취할 점이
없느니라... 그런데 또 한 가지 주의할 것은 아무리 궁하더라도 노상
늠름한 태도로 대하고 행할지니 몽매간에라도 자기인격을 굽히거나
가유[아침]의 태도를 보여서는 안 된다. 오직 자기의 고결청렴한 인격의
원심력에 그들이 끌려서 떠나지 못하고 옹호하게 되는 것처럼 만들어야
그러한 공산관계가 오래 계속할 수 있다는 것이다.

제4조
　연애의 승리는 먼저 여자를 육체적으로 점령하는 데 있느니라.
사랑이란 정신적으로부터 시작되어 육체적으로 들어가는 수도 있고

육체적으로 시작되어 다시 정신적으로 되는 수도 있다. 그러나 결과에 있어서 마찬가지라. 오직 연애의 신성이란 정신적임에 있는 것이 아니라 사랑하는 두 사람의 애정과 인격에 있는 것이다. 육체적 관계가 속히 시작되었다고 결코 신성치 못한 이유는 안 된다. 피차 사랑이 있고 인격상 이해가 있은 다음에는 일개 정조쯤이야 활활 타오르는 사랑의 불길에 타버릴 마른 풀과도 같다. 그리고 한 사람 앞에 해방하는 정조는 조금도 그 정조를 손상함이 아니다. 신구도덕을 물론하고... 정조시비는 그 해방이 두 사람 이상에 미칠 때 생기는 주제넘고 싱거운 문제일 때 말이다. 더구나 정신적 사랑이란 아지랑이를 붙잡는 듯하여 소년소녀기의 동화적 막연한 애련이요 우수다.

현대인은 그러한 병적 자극으로는 견뎌나지 못한다. 발육할 대로 다 발육한 어글어글한 육체를 가진 현대의 청년남녀들이 어찌 그러한 추상적 사랑에 만족하랴. 여기서 플라토닉한 사랑관을 파악하고 어느 때까지 자기 무릎에서 몸을 부비는 처녀의 거룩한 욕구와 육향肉香을 헤아리지 못하는 천치의 눈에는 몇 날을 못 가서 실연의 눈물이 염소똥같이 방울방울 떨어질 게다. 먼저 육체적으로 점령하라. 언제든지 사랑하는 사람에게 바칠 몸이 아니냐. 그러면 제군은 실연의 쓰라린 경험을 모르고 살 수가 있다. 사회 도덕아치가 눈살을 찌푸리면서도 (아직까지는) 할 수 없이 제군과 한편이 되어 그 애인을 제군의 생활권 내에서 달아나지 못하게 붙들어준다. 이것은 여자 편에 해로운 말은 아니다. 여자들도 마찬가지 소득이 있다(다소 불리한 점은 있으나 남녀는 동등이니까).

그리고 우연한 기회에 여자를 친하게 되었대도 결코 처음 만나는 여자를 당장 애인을 삼으려 들어서는 안 된다. 아무리 궁한 판이라도 그것만은 자중할 필요가 있다는 것은 덜컥 연애관계가 생겼다가 선택의 기간이 짧았던 만치 환멸을 느끼게 된다면 뒷문제가 복잡해질 염려가 있으니 말이다. 그러나 처음 친하는 여자는 될 수 있는 대로 미인을 택하는 게 좋다. 못생긴 여자를 친하고 보면 유유상종으로 그하고 같이 놀러오는 그 동무들이 판에 박은 듯이 모두 못생긴 여자들뿐일 터이니 그런 비극이 어디 있겠나!(여자란 귀여운 질투심이 있어서 자기보다 잘생긴 여자하고는 동무하지 않을 뿐 아니라 같이 짝하여 자기 친한 남자를 찾아가는 일은 절대 없다!) 그러면 연애법을 가르쳐달란 말이지?

그야 청춘기를 넘어선 내가 주제넘게 늘어놓지 않더라도 제군이
맑스주의보다 더 열심히 연구하고 있는 바이니까 내 따위가 나설
차례는 못될 줄 아나 한 마디 선배연한 기초지식을 가르쳐줄 호의만은
가졌다.

        그것은 첫째 연애하고자 하는 여자의 성격과 기호와 취미를
먼저 간파하여야 한다는 것이다. 그리하여 거기 조화를 맞춰나가란
말이다. 즉 순응하라는 말이다. 그러자면 부득이 나도 그의 성격과
취미에 조화되며 합치되는 성격을 가작假作하여야 하며 취미를
급성急成하여야 된다. 그가 음악을 좋아한다면 나도 음악가연 또는
음악통인 체하여 그가 숭배하는 음악가와는 평소에 친교가 있는 듯이
보여야 하고(불행히도 그 방면의 기초지식이 없었다면 급성지식을
만들어두어야 한다), 그가 시를 좋아하면 나는 시인인 체 미술을
좋아하면 화가인 체… 인 체… 천만 가지 일에 거룩한 '인체이즘'을 써라.
그리고 그가 바나나를 좋아하거든 그것을 상비해두었다가 올 때마다
생색을 내고 다람쥐처럼 밤을 즐기거든 아주 밤 전문 구멍가게를
하나 내두고 대접 전용을 해도 좋다. 그리고 그의 성질이 침착하면
나도 침착한 듯이 보이면서 간간이는 그와 반대로 퍽 과단성이 있고
시원스럽고 활발한 기상을 보여주는 것도 좋다. 이 반대기질의 표시는
확실히 그의 호기심을 이끄는 데 효과가 있다. 이 묘리만 잘 알고
교묘하게 조종하고 보면 연애는 성공이다. 그리고 같이 놀러갈 때
전차비나 10전 내외의 잔돈푼은 여자에게 쓰게 하는 것이 때로는
어린아이와 같이 그들을 기쁘게 하는 수가 있다. 결코 여자 앞에서 돈
많이 쓴다고 호감을 사는 것이 아니다(그가 기생이 아닌 다음에야…).

제5조
        긴밀하지 않은 친구에게 주소를 알리지 말지니라. 제군은 심심해
못 견딜 때나 혹은 용무가 있어 남을 방문할지언정 폐스럽고 친하지
않은 친구의 방문은 될 수 있는 대로 피해야 한다. 우선 담배 한 개라도
손해가 났으면 났지 이로울 게 없다. 그리고 시간에 대한 관념이 없는
사람이어서 남이야 무슨 급한 일이 있건 말건 보기에 납처란을 단 듯이
한번 앉으면 일어날 줄을 모르니 견뎌낼 장사가 없다. 더구나 제군에게
'스위트 하ー트[애인]'나 있어 약속한 시간은 임박해오고 밉살맞은

친구는 갈 생각도 아니할 때 그 초조한 마음을 어찌 다 말하랴. 그건 또 그렇다 하더라도 "여보게 급한 일이 있으니 돈 얼마만 꾸어주게나. 이삼일 후에는 틀림없이 돌려보내겠네"라든가 "책 좀 빌려주게" "자네 외투 좀 빌리게" "오래간만에 찾아왔는데 술이나 한턱내게" 이런 건 정말 질색이다. 그저 "자네 요새 어디 있나?" 하거든 "응 있긴 아무 데 있네만 오늘 내일 옮길 작정일세. 옮기거든 한번 놀러오게!" 해버린다. 그래도 긴하지 않은 그 친구가 긴한 듯이 다시 "그럼 어데로 옮기노?" 하거든 "글쎄 두세 군데 있는데 아직 작정은 못했네... 자! 그럼 또 만나세."

경성 앞뒤골 풍경
웅초 김규택 «혜성» 1931년 11월호

> 1930년대 등장한 도시공간을 그린 글이다. 요릿집에다
> 기생집을 첨단화시켰다고 하는 일본식 카페의 등장과 그
> 안에서 벌어지는 '에로 서비스', 가난한 도시인들을 노리는
> 작박계, 서민들의 사랑을 받았던 선술집, 점차 사라져가는
> 호떡집과 우동집, 전당포 등 1930년대의 도시의 현장을
> 생생하게 묘사하고 있다.

CAFE
"남촌의 카페 북촌의 빙수집"이라더니 요즘에는 북촌에도 어느 틈엔지 카페가 늘어간다. 불경기니 뭐니 하여도 카페만은 풍성한 폼이 딴 세상이다.

여기는 새로 개업한 ××이다.

"노부꼬상―O! 삼방."

여급 감독인 듯한 모뽀(모던 보이)가 도―듬 보리식으로 외친다. 콜롬비아의 29년도 유행가에 젊은 양복쟁이들이 푼수 없이 뒤떠드는 광경―독주에 취하여 흐느적거리며 노래를 고함치는 신사 그리고 학생.

이 구석 저 구석에는 에로신이 점점이 전개된다.

예쁜 듯하고도 못난 에로걸이 한 신사에게 이틀을 보이며 대어든다. 방긋이 웃는 입에 황금이빨이여!

"무엇을 잡수시겠어요?" 애정, 공손 그리고 애교의 10할을 다한 말솜씨다.

"고히—" 소리가 나오지 않을까 하고 가슴을 졸이는 그 여자 확실히 머릿속으로 팁 수입을 수판질할 것이다.

"당신이 노부꼬요?"

"네 제가 노부꼬에요."

"허, 조선색시가 일본이름은."

"호호호호 여기서는 그렇게 부른답니다."

그런 말 아니해도 모를 그가 아니건만 그 여자의 변명이다.

"정종 가지고 오오."

한마디에 노부꼬는 고개를 까딱하며 참새 걸음으로 뛰어간다.

술잔이 오고 간다. 창자로 들어간 술이 온몸을 거의 적신 모양이다. 된 소리 안 된 소리가 나오기 시작한다. 신사의 손은 용감하게도 초대면 여자를 끌어당기기 시작한다. 술이라는 간단한 수속으로...

"아까는 '빠가미루' 했어요. 손님이 술을 먹고는 살짝 달아났답니다..."

"달아나거나 말거나 무슨 걱정이야."

"아이 참 우리가 물어내니까 그렇지요."

"허허허 그렇게 가엾어."

신사양반은 노부꼬의 볼기짝을 툭툭 치는지 어루만지는지 한다.

"아이 이이가!"

이 '델리케이트'한 비명이 좀 더 농후한 에로 교섭에 대하여 NO가 될지 YES가 될지? 이것이 연애시장의 일절이다. 다음 2절 3절은? (모른다)

카페는 진짜 연애는 아닐지라도 그와 비슷한 연애를 파는 시장이다. 여급이 연애형식 이상의 그 무엇을 파는 수가 더러 있을지는 모르나 연애만은 공공연하게 팔 수 있다. 카페는 단지 연애의 수속비로 술을 팔 뿐이요, '팁'이라는 희사가 연애의 가격이 된다.

공황! 불경기! 하면서도 세월 좋은 이 시장을 보라... 30~40원의 가엾은 월급쟁이 포켓에서 감투 쓴 할아범을 그린 퍼런 종이딱지가 풀풀 뛰어나오지 않는가. 이것이 무엇인 줄 아나? 모르거든 차디찬 구들장 위에서 발발 떨며 웅성거리고 앉은 에미애비나 마누라 자식에게 갖다주어보게. 얼마나 그들이 감사를 표할 것인가. 그러나 그런 줄을 알면서도 이 시장으로 모여드는 흥정꾼들을 보게. 밥보다도 먼저 그리고 밥보다도 더 비싼 연애를 사러 다니기에 청년, 신사, 학생은 골몰하고 있다.

이 위대한 시장 요릿집에다 기생집을 좀 더 첨단화시킨 이 시장이 유행에 뒤지지 않으려는 모뽀의 선도先導로 쓸쓸한 북촌거리 여기저기에 몰려오고 있다.

작박계

아무리 살아보려 하여도 살 도리가 안 생긴다. 돈벌이를 하려 해도 벌이가 안 된다. 그리고 아무리 애를 태워도 일거리가 없다. 이러하다가는 굶어 죽지는 않더라도 꼼짝 없이 말라비틀어져서 제 명대로 못 살고 죽을 것이다.

"예—기. 경칠 것 한번 해봐야겠다."

하고 덤벼드는 곳이 미두장 그렇지 않으면 노름판이다. 그러나 이 두 가지는 쥐꼬리만 한 그 방면의 지식과 기술(?)이라도 있어야만 엄두를 낼 수 있다. 이것이 없고 밑천까지 없는 사람들이 만만히 달러드는 것이 작박계다.

서대문 안 청계천 건너 입정정笠井町에는 몇 개의 계도가 있다. 곗날이 되면 갓 탕건을 쓴 영감태기들이 팔짱을 끼고 서서 길 지나는 사람을 볼 적마다,

"이 양반 계 안 드실려?"하고 묻는다. 그러다가,

"글쎄요."

한마디 소리가 떨어지기가 무섭게 곗집으로 모셔 들이곤 한다.

"간밤에 설사한 꿈을 꾸었으니까 계가 빠질려는지."

하고 여편네 속곳, 밥사발 할 것 없이 모조리 끌어다 전당포에 넣고 일금 50전을 간신히 얻어가지고 뛰어가는 곳이 곗집이다. 꿈땜만 잘하면 300원! 이런 누워 떡 먹는 재수가 어디 있을까.

11통 84호라는 번호를 사가지고 '물찌똥 후다닥출'이라는
아름답지 못한 이름을 붙였다(흔히 이런 이름이 잘 뽑히니까).

표는 잃어버릴까 두려워서 조끼 안 호주머니에 깊숙이 넣어두고
수통 흔들 시간만 기다린다. 소상인, 행상인, 인력거꾼, 배달부 등등의
무리와 구차한 집 아낙네들이 뜰 안에 꽉 들어찼다. 이 수백 명 되는
사람이 다 각기 좋은 꿈 하나씩은 꾸어가지고 있을 것이다.

수통 흔드는 사람이 모기장같이 가늘게 짠 철망 속에서 거대한
폭탄과 같은 둥근 통 속에 1000개가 넘는 계알을 넣고 뒤흔들기
시작한다. 마지막 판에 통꼭지 구멍에서 톡 튀어나오는 놈이면 그 알의
소유자는 큰 횡재다.

긴장, 대긴장! 통수가 꼭지마개를 빼고 한 번 뿌리쳤다. 은행
같은 하얀 알 하나가 처놓은 포장 위로 톡 튀어나왔다. 누구의 것일까?
수백 명 모인 사람은 몰라도 '11통 84호 물찌똥 후다닥출'의 소유자는
한 번 깊이 들이마신 숨을 내쉬지도 못하고 주먹에는 땀을 꼭 쥐고
있다.

흔들던 사람 옆에는 산 사람이 파리채 같은 것으로 알을 살며시
떠가지고 두 손가락으로 집어서 알에 쓰여 있는 통호와 이름을 부른다.

"십일통"을 길게 한마디 빼고 그다음에는 호수를 부를 참인데
'물찌똥 후다닥출'의 소유자는 긴장하다 못하여 얼굴이 벌써 사색이다.
그다음은?

"팔십."

그 소유자는 쓰러질 지경이다.

"이호의 신통줄!"

가슴에 꽉 찼던 숨이 코로 입으로 확 빌려 나오느라고 헹!
소리가 절로 난다. 벌써 원등 300원은 절망이다. 얼떨떨한 정신을
가다듬고,

"혹시 건등?" 하고 다시 긴장한다. 그러나 다음에 나오는 건등
10원의 세 개 축에도 못 들고 힘없이 집으로 돌아간다. "이럴 줄
알았으면 차라리 술이나 사 먹을 걸" 하는 어리석고 못난 후회가 끝없이
몸을 괴롭게 군다.

이와 같이 만사가 뜻대로 안 되는 가엾은 사람의 사행심을
이용하여 엉터리없이 착취하는 계는 박멸해야 될 것이 아닌가. 계에서

해 입는 사람이 몇만 명이며 그 돈이 또한 몇십만 원이랴. 이 돈은
송두리째 계장의 뱃속으로 소리도 없이 들어간다.

계알의 정수가 1000여 개에 계원의 것은 200~300에 지나지
못하고 나머지 700~800개는 계장의 것이다. 여기에서 10의 8은 원등이
계장의 것이 될 것은 사리가 뻔한 일이 아닌가.

선술집

언제 보든지 풍성풍성한 곳은 선술집이다. 술맛이 좋지는
못하다 할지라도 별 탈 없는 그 술 한잔에 안주 한 개, 이래서 일금 5전.
안주만은 가지각색 것 중에서 마음대로 골라 먹을 수 있는 특전 그리고
그 안주가 세상없는 영양학자를 다 불러대더라도 자식물滋食物에 속하지
않는 것이라고는 못할 육류, 어류, 채소 등이다.

일금 20전만 던지면 양요릿집의 1원어치 폭은 되는 영양과
취흥을 얻을 수 있는 것이다. 이 점이 없는 사람들을 위하여 확실히
고마운 일이다.

술이라는 것을 근본적으로 없애버린다면 몰라도 양요릿집 카페,
기타 요릿집이 엄연히 존재해 있는 한에는 선술집이라는 것은 확실히
없지 못할 고마운 존재라고 할 수 있다.

없는 사람들 층의 유일한 연회장 사교장은 선술집이다. 있는
놈들이 요릿집에서 100원 쓰는 동안에 없는 사람들은 선술집에서
같은 기분과 취흥을 50전, 1원에 살 수가 있다. 선술집이 더럽다던
신사 나으리도 머리가 영리해졌는지 어정어정 제 발로 걸어들어온다.
그뿐이냐 은행, 회사, 대감까지 깊숙한 골목 선술집에서 안주 받은
호콩을 까먹고 있지 않느냐. 세상은 이와 같이 개명해간다.

우동집

5전 균일의 우동집이 도처에 보이게 되었다. 전에는 구루마에다
끌고 다니더니 요즘에는 제법 상당한 거리에 깨끗한 장치를 한 집들이
구수한 내음새를 피우며 허출한 사람의 식욕을 자극하고 있다. 5전이란
싼 맛에 그리고 조용한 맛에 학생 신사 할 것 없이 많이들 들어간다.

맛이 별미요, 값싸다는 것이 가정부녀들에게까지 선전이
되었는지 군것질감이 되어 찌개값까지 들어 쓰게 되는 모양이다.

전당포

술집이 늘고 카페가 느는 한편에 전당포 발전이 또한 그 이상 놀랍다. 북촌에는 전에 없던 일본인 질옥[전당포]이 여기저기서 굉장히 큰 건물을 가지고 서 있다. 버젓한 2층 벽돌 양옥은 진고개 바닥에도 볼 수 없는 것들뿐이다.

도대체 무엇을 빨아먹으려는 것인가? 구차한 월급쟁이들의 철 늦은 양복을 보관하는 곳인가? 시계를 잡고서 분수없는 젊은 사람들의 카페에 갈 자금을 융통하는가 부녀들의 비녀 가락지를 잡고 남편의 마작유흥을 도와주는가. 대부분은 이것으로 큰 이익을 보고 발전하는 것일 것이다.

호떡집

턱을 고이고 앉아서 손님 오기만 기다리는 호떡집 중국인들 들은 체도 아니하고 무엇을 생각하는 모양이다.

"요새 호떡 잘 팔려?"하고 물으면

"울리 이거 안 팔려서 야단."

"왜 안 팔려?"

"울리 몰라지, 우리 대국 갈 테야."

한때 학생들에게 큰 환영을 받던 호떡이 요즘은 안 팔리는 모양이다. 한 개 5전이란 턱없이 비싼 관계도 있지만 만보산 사건이 끼친 영향이 큰 원인인 모양이다.

중국요릿집에서는 그 후로도 조선사람에게 외상을 아니주는 모양이다. 그래도 팔리기는 하는 모양인데 호떡집은 까딱하다가는 경성 시내에서 그림자조차 없어질 것 같다.

대경성의 점경
유광렬 «사해공론» 1935년 10월호

앞서 「대경성 회상곡」에서 그려진 1900년대의 서울 풍경은 1930년대 자본주의 도시로 변모해간다. 국권침탈 20년이

지난 후에 일본인 중심의 상권이 도시를 장악해 경성의
도시빈민으로 전락한 조선인의 삶, 새로운 도시공간의 변화
그리고 이에 따른 계층의 분화와 가치관의 변화 그리고
도시문제가 그려진다.

최근의 경성은 한마디로 하면 자본주의 도시인 경성으로
변해가는 것이다. 모든 봉건 유물은 쫓기고 자본주의의 제요소가
번화스럽게 등장한다. 고아한 조선식 건물은 하나씩 둘씩 헐리고 2~3층
4~5층의 벽돌집, 돌집이 서게 된다. 서울의 거리에는 날마다 건축하는
빛이요, 아스팔트 깐 길이 나날이 늘어가고, 이 길 위에는 자동차,
자전차, 오토바이 등이 현대도시의 소음을 지르며 지나간다. 이 반면에
자본주의 그것이 낳아놓은 대량의 빈민도 늘어간다. 이 빈민들은 경성의
한복판에서 생존경쟁에 밀려 문밖이나 현저동 돌사닥다리 산언덕에
3~4간의 구식집을 수천 호씩이나 짓고 모여 산다. 기왕에 주택지로는
거의 돌아보지도 않던 산언덕이 어디든지 수천 호의 집이 새로 생긴다.
예를 들면 현저동이나 모화관 일대는 옛날에는 외국 사신이나
영송하였고 시골서 올라오는 나무바리나 쌀바리의 소를 끄는 향촌인이
지나갈 뿐인 황막한 초가집이 지금은 현저동 산 일대에 수천 호의
빈민가옥이 생기는 동시에 모화관 일대는 새로운 길이 단장을 하고
고루거각이 즐비하게 서게 되었다.
이리하여 옛 경성과 지금 경성을 견주어보면 그것은 누구의
눈에든지 세상이 바다가 뽕나무밭으로 변하듯이 바뀌는 것을 속속들이
느끼게 한다. 지금 서울서 흔히 말하기를 정성에는 남촌이 우수하다 하고
또는 경성부회나 조선사람이 많이 보는 각 신문 지상에는 도시의 시설을
남촌에 편중치 말고 북촌에도 기회가 상등하게 되도록 하라는 언론이
많이 난다. 이것은 남촌의 세력이 우수하다는 것을 증명하는 말이다.
남촌이라 하면 경성의 욱정, 본정 1정목부터 5정목까지를
가리킨 말이니 조선사람들이 통칭 '진고개'라고 부른다. 이 '진고개'는
이전의 명동, 대룡동, 낙동, 장동, 회동, 필동 등지이며 비가 오면 길이
진흙수렁이 되어 속칭 '진고개泥峴'라는 말이 나게 된 것이다. 서울의
빈민 중에도 최극빈자가 모여 살았고 옛날의 남산골 샌님이라 하면

거의 극빈자의 대표적 이름같이 여기던 것인데 그것이 한번 한국시대에
통감부가 생기고 그를 중심으로 일본 내지인의 상민가가 형성한 이래
30여 년 동안에 드디어 금일의 융성을 보게 된 것이다.

그러면 그들이 서울의 패권을 잡게 된 것이 무슨 까닭이냐.
사람이 잘나서 그랬더냐 또는 장사를 많이 하던 사람이기
때문이었더냐? 그들은 모두 구주九州[규슈]의 복강福岡[후쿠오카]이나
장기長崎[나가사키]사람이 아니면 본주本州[혼슈]의 광도廣島[히로시마],
산구山口[야마구치] 등 시골사람이다. 그들이 그런 외딴 벽지에서
하루아침에 조선으로 뛰어나와서 조선 수도의 패권을 잡게 된 것은
배후에 정치적 세력 등의 여러 가지 원인이 있겠지만 일언이폐지하면
그들은 현대 자본주의의 공산품을 자본주의적 상술로 장사를 하였기
때문이요, 조선사람은 그렇지 못하였기 때문이다.

초보다 더 신 건 큰애기 ○○
꿀보다 더 단 건 진고개 사랑

이란 속요는 야비 그대로 남촌 상민이 무엇을 들고 등장하였던
것을 단적으로 표시한 말이다.

봉건식 재래의 상략商略으로 진보한 자본주의식 상략 앞에 나설
때에 햇빛을 만난 목내이木乃伊[미라]같이 소멸할 것은 정한 이치다.

최신에는 지지하나마 조선 상민들도 각성하야 일본 내지의
제조 본처에서 상품을 직수입도 하고 검사에 불합격한 을등품을
내다가 큰 이익을 본 사람도 있다. 불야성을 이룬 전등불 밑에는
인육시장[매음부들이 몸을 파는 곳]이 공개 또는 비공개로 열리는
것도 현대 경성의 한 장면이다. 신정이니 병목정이니 하는 공개의
인육시장보다 카페니 음식점을 중심으로 비공개의 인육시장도 수없이
산재하였다. 홍등녹주紅燈綠酒의 환락과 패가망신의 화류병독은
변주곡을 아뢰이게 된다.

경성을 말할 때에 무엇보다도 경성인의 유흥만은 각양각색인
것을 볼 수 있다. 은사 같은 백발을 휘날리는 노인들이 노기 몇 명을
앞에 놓고 유장하고 클래식한 옛 노래와 거문고를 듣고 앉았는 것이
간혹 있으나 이것은 차라리 사라져가는 옛 자태요, 붉은 불, 푸른 불빛
아래 재즈의 소음이 울리고 거기에 발을 맞추어 청년 남녀들이 무도를
한다고 덜 익은 발씨로 엉덩이를 흔드는 것이 더 많이 유행한다.

그러나 전자는 옛것이기 때문에 사라지려 하고 후자는 새것이기 때문에
왕성하려 한다. 해가 지기 때문에 별이 난다고 별이 반드시 해보다 나은
것은 아니다. 새벽별이 실례하자 해가 뜬다고 해가 반드시 나은 것도
아니다. 그저 가게 되니까 가고, 오게 되니까 오는 데 불과하다.

이전에 경성의 부호가 많이 살기로 유명하던 다방골도 지금은
셋집이 도회처가 되고 기생촌이 되었다. 북촌에 게딱지같이 낮은
초가집! 주룩주룩 비가 새던 계동, 가회동 일대는 최근 30년래로
시골의 지주나 상인이 와서 옛집을 헐어 제치고 선양절충鮮洋折衷의
화려한 신주택을 지어 면목이 일신하였다. 어느 동 대감이니 어느 동
판서댁이니 하는 것이 서울사람의 화제에 오르는 것이 아니라 아무
이름 없던 시골 지주의 아들이나 일확천금의 부자들이 올라와서 조선인
서울의 패권을 쥐었다는 것이 젊은이의 동경의 대상이 되었다. 지금은
서울이나 시골이 다 그렇지만 서울의 젊은 청년들도 앉으면 돈 모을
이야기만 하여 완연 황금만능을 구가한다. 이상이니 무엇이니 하는 말은
마이동풍의 격이 되었다. 대감이나 판서의 경성이 지주나 부르주아의
경성이 되었다 하여 이 역시 아무 개탄할 것도 없고 비감할 것도 없는
것이다. 차라리 이 경로를 지나서 일단의 보다 높은 문화를 창조하려는
데 희망을 붙일 것이다.

그러나 고루거각, 미기美妓, 자동차, 홍등녹주, 화류병 등의
세기말적 난무와 소음을 뒤로 두고 경성에는 확실히 저 컴컴한 깊은
갱내에서 새 세기를 빚어내려고 괭이를 들고 지하의 한 층 한 층을
파 들어가는 광부들이 있다고 본다. 그들은 묵묵히 그러나 비장히
자기네의 할 일들을 한다. 그것은 자연과학에서나 사회과학에서 찬
구들 위에 옷깃을 바로잡고 기아를 참으며 나아가는 학도들이다.
그것은 노년에게도 있고 중년에게도 있고 청년에게도 있고 직업별로
보아 학생이나 노동자나 학자에게나 다 찾을 수 있다. 그들의 연구하는
방면도 다르고 또는 견해도 다르다. 그러나 합창하듯이 일치하는 말이
있으니 그것은 인류 다수를 행복하게 하기를 위하여!

말은 곁가지로 나갔다. 경성은 집집의 쓰레기나 변소에서 매월
수천 차의 똥오줌과 쓰레기를 산출한다. 그러나 이 똥오줌이나 쓰레기에
못지않게 더러운 화류병자, 커피중독자, 타락자, 정신병자도 산출하고
남이 보면 얼굴을 찡그리는 걸인도 산출한다. 청계천변, 광희문 밖,

애오개 산지 일대, 남대문 밖, 노동자거리, 지하실에는 수천의 걸인이
있다. 이 걸인은 모든 것을 조소하며 모든 것을 저주한다. 화려한 도시의
부스럼腫物이요 사회 진보의 찌꺼기다.

　　룸펜! 이것이 그들의 대명사이다.

　　최근의 경성은 동대문 밖과 영등포를 향하여 약진 발전을 하려
한다. 그것은 영등포의 공장 지대를 중심으로 경성이 공장 도시화하려는
것이다. 이리하여 이들 공장을 중심으로 근대적 노동자가 수만 명이
산출된다면 경성의 점경도 새로운 각도로 볼 것이 많이 생길 것이다.
부호와 걸인, 환락과 비참, 구와 신. 이 모든 불균형을 40만 시민 위에
'씩씩'하게 배열하며 경성은 자라간다.

[양춘 명암 2중주] 백화점 풍경
《조광》 1937년 4월호

> 1930년대 상류층 도시인의 삶의 단면을 백화점을 통해서 본
> 르포다. 백화점을 드나들 수 있는 계층은 주로 상류층으로
> 그들은 도시빈민이 가득했던 식민지 서울에서 새로운
> 도시문명의 혜택을 받았던 사람들이다. 부르주아들의
> 풍요로운 일상생활양식과 여기에 스며 있는 서구적 취향의
> 의식구조들이 적나라하게 묘사되어 있다.

　　이곳은 W백화점 입구다. 유선형 '시보레' 차 한 대가 동대문
방면에서 쏜살같이 달려와 스르르 스톱을 한다. 곧 문을 열고 나오는
주인공은 '샤리 템플'같이 귀여운 소녀 두 명과 젊은 부부 두 사람이다.
그들은 모두 가슴에 진달래를 꽂았다. 아마 정릉이나 성북동에서
꽃구경을 하고 오는 모양이다. 젊은 부부는 각각 어린애를 하나씩 손에
잡고 백화점으로 들어간다. 기자는 이 아름다운 풍경에 흥미를 느끼며
그들의 뒤를 따라섰다. 그들은 엘리베이터 옆에 가서 잠깐 발을 멈추며
남자는 시원한 이마에 미소를 띠고 부인을 향하여,

"꽃구경도 잘 했으니 저녁이나 먹고 가지..."

부인이 대답을 하기 전에 꾀꼬리 같은 목소리로,

"아버지 난 양요리가 좋아..."

이렇게 말을 가로채는 분은 큰 따님이다.

"아녜요. 난 닭고기 탕반이 좋아요..."

이것은 작은 따님의 말이다.

"그러면 안 돼... 뭐든지 아버지 사주는 대로 먹어야지..."

삼십이 겨우 넘은 듯한 부인의 점잖은 말씨다. 남자는 웃음을 띠고,

"그러면 '짱께미뽀'를 해야겠네..."

네 사람은 일제히 히히하고 극히 만족한 웃음을 웃으며 엘리베이터를 타고 위층으로 올라간다. 기자도 그중에 한 사람이 되어 그들의 뒤를 따랐다. 5층 식당에 올라가니 입구에는 진달래와 사쿠라가 어거맺겨 홍여를 틀고 저쪽에서는 재즈가 요란한 음조를 날리고 있다. 그리고 돈 있는 사람은 누구나 먹으라는 듯이 잠깐 보아도 비위가 동하는 온갖 산해진찬이 보기 좋게 벌려 있다. 양식, 중국식, 조선식 그리고 한 번 마시면 가슴이 시원할 듯한 온갖 음료수... 기자는 겨우 비빔밥 한 그릇을 시켜가지고 식당으로 들어갔다.

식당은 그야말로 초만원이다. 그리고 손님 중의 대부분은 모두 손에 꽃을 한 송이씩이라도 가졌다. 오늘이 일요일이라 그들은 교외에서 한바탕 놀고 들어온 손님인 듯하다. 봄기운은 식당에도 가득히 찼다. 기자는 비빔밥으로 얼른 주린 배를 채우고 그곳을 떠나 4층 음악실로 내려갔다. 레코드가 울고 그랜드피아노가 흑요석같이 빛나고 있다. 얼른 보니 저쪽에는 젊은 남녀가 서서 레코드를 고르고 있지 않은가? 잠깐 기자의 고막을 울리는 아름다운 회화...

"여보 이것은 슈베르트의 소야곡이구려. 꼭 한 장 사야 해요?"

이것은 여자의 방울 같은 고운 소리다.

"참 좋은 것 있네. 암 사야지요."

"사다가 한번 실컷 틀어봐야겠네."

"당신이 또 좋아하는 꼴을 어떻게 봐..."

"우리 실컷 좀 걸어봐요. 내, 춤도 줄게..."

아양하는 여자의 소리다. 기자는 눈꼴이 틀려서 북쪽 사진기실로

발을 옮겼다. 그러나 여기도 미국제 사진기 한 대를 사며 웃고 있는
남녀가 있다.

　　"내일은 청량리에 가서 송림을 배경으로 하고 한번 박아요. 내
'일리안 키쉬'같이 웃는 얼굴을 할게..."

　　이것은 여자의 아양하는 소리다.

　　"청량리는 왜. 지금이 한창 꽃필 땐데. 동물원으로 갑시다.
그리고 난 '일리안 키쉬'는 싫어... '그레타 가르보' 같은 명상적 얼굴이
좋지..."

　　"그러면 이렇게 슬픈 얼굴을 할까?"

　　하고 여자는 노상 명랑하게 얼굴을 찡그리며 흉내를 낸다.
그들은 마침내 일금 98원을 내어 그 사진기를 사서 손에 든 후 기쁜
듯이 아래층으로 내려간다. 여기는 포목주단실이다. 울긋불긋한 온갖
비단이 산같이 쌓여 있다. 진열대 위에 펴놓은 것만 하여도 꽃모양,
나뭇잎모양, 새모양 가지각색의 비단이 즐거운 봄은 여기 있다는 듯이
여러 손님을 부르고 있다. 여러 남녀가 서서 자기의 건강과 청춘을 빛낼
여러 가지 옷감을 고르고 있다. 그중에 40여 세쯤 되어 보이는 남자 한
분은 소녀 두 명을 데리고 색이 찬란한 여러 가지 비단을 이리 만지고
저리 만지고 있다.

　　"아부지, 난 이 목련꽃 무늬를 놓은 치마가 좋아요. 꽃구경 갈 때
입으면 좋겠어요."

　　소녀의 응석부리는 말소리다.

　　"그래라 그래. 네 맘에 좋은 것을 사야지..."

　　"아부지, 난 저 장미를 수놓은 하부다이 저고리가 좋아... 나도
해주어야지..."

　　이것은 작은 소녀의 좀 아양하는 말소리.

　　"안 돼. 네겐 너무 과하다. 그것은 기생이나 입는 게다. 못써..."

　　"싫어요. 난 그게 좋아..."

　　소녀는 좀 입이 실쭉하며 얼굴을 찡그린다. 기자는 이 재미있는
풍경을 바라보며 봄날은 즐거운 때라고 생각하고 그곳을 떠났다.

7장

현대적 인간의 탄생

"지금 우리 사회는 점점 연애화戀愛化가 되랴 한다.
연애 중에도 속연애俗戀愛이다. 이 속연애화하랴는
우리 사회의 상태는 참 가구可懼한 현상이다. (...) 이
연애는 서양으로붓허 일본에 입入하얏고 일본으로붓허
아토我土에 입入하얏다." 임치정, 「속연애는 반대」, 《서울》, 1920년 4월호.

현대는 육체의 변화로부터 시작되었을지 모른다. 한 시기의 사회적
변화를 가장 민감하게 체득하는 것은 육체이며, 육체의 변화는 곧 삶의
변화를 의미한다. 성性과 육체에 대한 관심을 개인주의의 발달과 곧바로
연결하는 것은 아직은 성급한 판단처럼 보인다. 성적 문란과 퇴폐적
징후가 현대의 시작에서 두드러져 보이는 것은 이질적인 문화에 의한
가치관의 충돌이 육체를 둘러싼 담론에서 가장 첨예하게 드러나기
때문이다. 사회의 가치를 담보하는 도덕관이 무너져 내릴 때 그 파괴의
중심에는 항상 성과 육체가 자리 잡고 있다.

　　　그러나 문명 혹은 진보의 패러다임이었던
서구화가 진행되는 과정에서도, 이를테면
'자유연애'와 같은 성을 둘러싼 담론들은
급격한 변화의 충격을 완화시키기 위해
선택적으로 받아들여졌다. "연애는
찬성하지만 속연애는 반대"한다는
말 속에는 연애라는 '진보적인
(서구화된)' 가치는 받아들이지만

《영화시대》 1931년 6월호의 표지그림 중
일부. 서구적 이미지들은 성과 육체에 대한
인식변화에 큰 영향을 끼쳤다.

그로 인한 '혼란스러운' 상태는
받아들일 수 없다는 이율배반적인
의식이 잠재해 있다. 현대화에 대한
강박으로 서구적 가치관을 인정할
수밖에 없지만 서구화의 과정에서
겪게 되는 가치관의 급격한 상실은
두려웠던 것이다.

《개벽》 1922년 8월호에 실린 안석주의
삽화.

　　　이 수용과정에서 수많은
오해가 등장한다. 급격한 가치관의
혼란은 서구의 가치관 자체가
혼란스럽거나 이를 잘못 받아들여서
생긴 문제가 아니라 가치관의 충돌 그
자체의 문제였다. 그 충돌을 해소할
수 없을 때 흔히 '서구문화의 오도된
현상'으로 표현되는 논리가 등장한다. 이를테면 서구문화의 본질을
망각하고 현상적인 것만 수입했다는 식의(지금까지 유효한) 논리이다.
도덕적 잣대의 기준이 되는 남녀의 문제 또한 여기서 벗어나지 않는다.
서구의 개방된 성문화를 도입하면서 오는 혼란은 서구문화 자체의
문제이기보다 서구문화에 대한 피상적 이해 때문이라는 생각이 강했다.
그중엔 이런 오해도 섞여 있었다.

> "서양에서는 남녀의 사교社交는 원만하나 그러나 부부
> 이외의 남녀연애는 금물禁物이다. 저들은 부夫가 처妻의
> 애인. 처가 부의 애인이다. 이외에 타남녀他男女와
> 연애하면 차此는 사회상社會相 대죄악으로 인認한다."
>
> 임치정, 「속연애는 반대」, 《서울》, 1920년 4월호.

　　　자유연애사상이 만연하고 서구화된 인간관계가 나타나면서
가치관의 갈등은 극심해졌지만 그것은 현대화과정에서 서구화된 육체와
자본주의적 성이 정착하는 자연스러운 단계였다. 물론 식민지 상황에서
이질적인 성적性的 문화의 강제적 도입이 없지 않았다. 1920년대에
들면서 매춘업이 일반화되고 사창이 확산하였는데, 이는 식민지문화를

«개벽»에 실린 부패 관료와 유녀들의 관계를 풍자한 삽화 「엽관배獵官輩와 엽전노獵錢奴」. 거리의
카페에서 매소부賣笑婦들과 엽관獵官들이 수작을 걸고 있다.

정착시키는 과정에서 나타난 제도와 정책의 결과였다. 일본은 이미
1890년대 중반부터 매춘업을 도입하였고 1920년대의 문화정치는
타락한 일본적 생활양식의 도입도 포함하고 있었기 때문에 호색적인
일본의 풍속, 자유방임적·데카당적 사조의 유입 등으로 성해방,
성생활의 자유화가 급속히 만연되었다.[31]

　　도덕적 가치의 변화는 서구적 '자유연애'와 일본식 '성문화'의
확산과 함께 자본주의적 생활양식에도 스며들고 있었다. 성과 육체에
대한 상업적 관심은 당시 이미 폭넓게 자리 잡고 있었다. 자본주의적
경제의 변화가 가장 빠르게 나타나는 것은 소비 중심의 일상적
공간이다. 소비사회는 의식의 재빠른 변화를 요구하며 욕망으로 일상을
장악한다. 생산과 소비를 매개하면서 일상의 욕구를 재조직하는 광고가
가장 먼저 일상에 끼어들고, 인간의 욕망을 상품화하는 행위들이 점차
늘어간다.

　　성의 상품화는 필연적으로 상품의 대량생산과 맞물려 등장한다.
조선이 식민 본국의 소비지로 작동하기 시작할 무렵, 놀랍게도 1922년에

---

31. 식민시기의 매음업에 대한 통계와 자료는 손정목, 『일제강점기
도시사회상연구』(일지사, 1996), 442~519쪽 참조.

이미 여성의 상품화를 비판하는
글이 소개되었다. 「여성 광고
유행병」이라는 짧은 글은 "계몽기,
기업기企業期에 낙오한 이 조선에
물질문명은 무엇보담도 여자의
장식품을 만히 제공하는 듯한 감感이
불무不無하다"라는 서두로 시작된다.
물질문명이 시작되는 곳은 일상이며
그 일상의 중심에 소비하는 여성이
존재한다는 사실을 간파하면서,
소비재 중심의 산업과 이에 따른
수입과 생산의 취약한 구조에 대해
설파한다. 그 과정에서 "여자는
더욱 화장한 유두분면油頭粉面의

1920년대 일본제품 판매를 위한 광고.
여인의 누드가 광고의 소재로 사용되고
있다.

미태美態로서 남자에게 그 여성의 가격을 더 만히 취득한다"고 하여
여성을 상품화하는 경향을 비판하고 있다. 이런 여성의 상품화는 결국
"여인형女人形에 대한 남자의 재롱才弄!" 노국백작, 「여성 광고 유행병」, 《신생활》,
1922년 8월호. 이라는 핵심에 도달한다. 자본주의화하는 사회에서 여성을
욕망의 매개로 삼는 성상품화가 극심해질 것에 대한 우려가 벌써
시작된 것이다.

　여성과 성을 상품화하려는 경향에 대한 우려는 1927년 서울거리
모든 간판 그림의 70~80%가 꽃 아니면 여자 최둔, 「여자와 간판」, 《현대평론》,
1927년 7월호. 라는 현실로 나타났다. 여성은 이미 자본을 매개하는
이미지로서 광고의 핵심을 차지했다. 이러한 현상에 대해 당시 지식인은
'자본주의의 사회적 요건은 공급자가 일반에게 수요 이상의 수요를
강요하기 때문에 여성의 상업적 이용이 여성폄하의 인식을 강요하게
된다'라는 날카로운 비판을 가하고 있다.

　　　"어떤 말쑥한 '세비로' 신사가 방실거리는 여자를
　　　끼고, 단장을 지고, 산뜻한 맥고모자를 가장 보기
　　　좋게 향락적으로 비스듬히 쓰고 푸른 그늘 꽃밭으로
　　　흐느적거리면서 들어간다. 이것을 여자 된 이들은 어떻게

보는지 모르겠으나 남자들은 그 그림을 보는 때 다는
아니지만 9할 이상은 여자라는 것은 모자나 꽃과 같이
남자의 장식물이거나 향락물의 필요소必要素로 느낄
것이다."최돌, 「여자와 간판」, 《현대평론》, 1927년 7월호.

성상품화에 대한 오늘날의 시각에서 보자면 당연한 비판이지만,
당시에는 여성에 대한 이러한 상업적 풍조가 서구문화에 대한
몰이해에서 비롯됐다는 것도 비판의
대상이었다. 즉 '서양화에서 벗은
나체를 통해 진리의 미를 추구한다고
하면 술집이나 구둣방에서 여자를
등장시키는 것은 너무 싼 진리관이
아닌가' 하는 비판이 그것이다.

현대화과정에서 수용하게 된
서구문화 특히 미술을 중심으로 한
시각문화에 나체여인상이 등장하는
것은 당시 조선사람들에게 매우
충격적이었다. 그러나 여성의 나체에
대한 묘사가 하나의 미적 진리에
도달하려는 것이라는 그럴싸한
논의들이 빈번하게(특히 서양화를
중심으로) 등장했던 그즈음에는

1933년 여성지 뒷면의 백분 광고.

대개 알 만한 식자들은 나체화를
예술 추구의 한 수단으로 받아들이고

육체에 대한 관심의 증대는 자본주의의 산물이다.
그중에서 욕망을 매개하는 광고는 육체를 언어로
전환하는 데 가장 민첩하다. 1930년 이후 급격히
늘어난 광고, 특히 화장품 광고의 언어들은 육체를
이미지화하는 데 이미 정형화되어 있다. 일본제
화장품 '당고도랑'의 광고를 보면 "쥐면 터질 듯한
당신의 건강미" "미와 매력의 근대화장료" "화장에
다시없는 신선미" 등의 언어로 채워져 육체에
대한 관심을 상품화하는 전형을 보여준다. 《조광》,
1941년 6월호.

있었다. 그런데 서양화도 아닌 술집이나 구둣방에 여자를 등장시키는 것은 도저히 용납할 수 없었다.

이런 태도는 신문 등 언론에서 '일반에게 요염한 웃음을 보이는' 여성을 빈번히 등장시키는 것에 대한 비판으로까지 나아갔다. 가치관의 충돌이었건 서구문화에 대한 피상적 수용이었건 자본주의적 사회 속에서 성적 대상으로서의 여성에 대한 관심은 점점 높아졌고 더불어 여성의 육체에 대한 시각 또한 서구적인 미의식으로 변화되기 시작했다.

서구적인 삶의 양식이 조선사회에 틈입하는 순간부터 성과 육체에 대한 상이한 패러다임의 충돌은 예상할 수 있는 것이었다. 1920~1930년대 전통적인 육체관과 서구적인 육체관이 서로 대척하고 있을 때, 당연하게 이런 상황은 '과도기'라고 불렸다. '과도기적 조선 현실의 혼란한 성적 난무'라는 표현은 당시의 글에서 흔히 볼 수 있는 표현이며, 그것은 아마 1990년대까지도 가장 많이 보인 상투적인 문구일 것이다.

항상 '중용의 선택'을 요구하는 과도기에는 극단을 배척하고 장단점을 따져 취사선택하는 신중함이 삶의 가치관으로 자리 잡는다. 필연적으로 등장하는 양비론과 양시론에서도 성에 관한 의식은 봉건과 현대의 극단적인 갈등으로 묘사된다.

예를 들면 "봉건적 사상 감정을 가진 구습 남녀는 색안경을 끼고 성문제를 입에도 대지 않는 한편에 여자들에게는 삼종의 굴레를 씌워서 노예를 만들고 축첩의 비도덕적 행위를 도덕시하고" 있다는 표현이 성에 관한 극도의 무관심 혹은 무지한 봉건적인 태도를 비난하는 것이라면, "목마른 때에 물 마시듯이 성욕을 만족시키고 돌아서면 그만인 듯이 생각하는 '첨단적尖端的 찰나주의군刹那主義群'이 이른바 '성적 위기!'를 주는 것이다" 유철수, 「성애해방론」, 《동광》, 1931년 8월호. 라는 표현은 개방된

잡지의 속지에 실린 최승희의 사진. 무용가로서의 최승희를 소개한다기보다는 그녀의 에로틱한 포즈에 초점을 맞추고 있다.

김영수 연재소설 「새벽바람」의 삽화. 최목랑 그림. «조선일보», 1940년 2월 16일.

성풍조를 과격하게 비난하는 일반적인 시각이었다.

　　이처럼 1920~1930년대를 전후한 초기 현대에서 성에 관한 문제는 그야말로 사회적 가치관을 근본적으로 뒤흔들었지만 이에 대한 분명한 대안은 존재하지 않았다. 극단적인 봉건적 사고나 자유분방함 모두 지양해야 했지만 구체적인 방법론이나 적절한 타협점을 찾을 수는 없었다. 성 혹은 연애론에 관한 수많은 글이 쏟아져 나오고 있었지만 대개는 예상할 수 있듯이 극단적인 것만은 피하자는 시각이었다. 그중에서 서구문화의 유입과 함께 성적 혼란을 잠재우기 위해 새로운 가치로 받아들였던 것이 사회주의적인 시각에서의 성이었다. 1920년대 후반에 등장한 프롤레타리아 연애관은 새롭고 혁명적인 시각이었으며 그 모델은 엥겔스의 성애론이었다.

> "근래에 연애지상주의戀愛至上主義의 사랑은 봉건적 억압에 대한 자유의 절규, 무리한 성의 강제 결합에 대한 사랑의 해방이라는 점에 있어서는 일대진보一大進步... 연애지상주의의 자유연애는 뿔조아[부르주아] 개인주의 사상에 근거한 것이지마는 성애性愛는 현실에 입각한 이해성 잇는 사랑이다. 그러나 특히 성애를 푸로레타리아트의 남녀애라고 하는 이유는 서로 평등한

지위에서 사랑하는 사랑인 까닭이다.”

유철수, 「성애해방론」, «동광», 1931년 8월호.

성의 해방은 성의 평등을 전제로 해야 한다는 것, 그것이
곧 프롤레타리아트의 연애관이었다. 혁명적 연애관은 봉건적인
성의식을 타파하고 부르주아적인 퇴폐적 성의식을 견제하는 역할로
자리 잡았지만, 이러한 사회주의적 연애관에 대한 이해조차 실상은
자유주의적 연애관의 범주에서 벗어나지는 않았다.

당시에 이러한 성의식을 반영하는 책들이 식자들에게 널리
읽히기도 했는데, 알렉산드라 콜론타이의 『빨간연애』나 『프롤레타리아
연애관』 같은 책들이 심심찮게 나돌면서 하나의 역할모델을 제시하기도
했다.

“위대한 요란자擾亂者—숭엄한 혁명 앞에는 우아한
날개를 가진 큐피트, 연애의 신神—는 놀라서 생활의

웅초熊超 김규택의 세태풍자화.
아들의 서가는 “성욕과 연애” “이성을 끄는 법” “생식기
도해” “성욕학” “나체미” “성교의 신연구” “LOVE LETTER”
“처녀의 성적 생활” 등의 책으로 가득하고, 그가 보는 책
역시 «장한長恨»이라는, 기생들이 발간한 잡지다.

아들: 아이구 머리 아퍼.
어머니: 밤낮 공부만 그렇게
하니까 그렇지.

표면에서 숨어버리지 않을 수 없었다. 연애의 '열락과 고뇌'를 위하야는 시간과 정력도 없었다. (그래서 남녀의) 일시적 정열의 지배자가 된 것은 복잡하지 않은 자연의 소리, 미래의 소리, 생물학적 재생산의 본능, 양성 간의 유인誘引이었다. 남성과 여성은 쉽게, 이전보다 훨씬 쉽게, 또 훨씬 간단하게 이합離合하얏다. 큰 정신적 감동도 없이 서로 합하고 눈물도 고통도 없이 서로 해것다." 알렉산드라

콜론타이, 『빨간연애』, 1923. 유철수, 「성애해방론」, 《동광》, 1931년 8월호 재인용.

　　사회적 변혁을 위한 활동 속에서 성행동은 생물학적인 성적 욕구가 충동하는 건조하고 단순한 행위일 뿐이다. '연애감정'에 의한 사랑이란 부르주아의 사치일 뿐이라는 극단적 표현에 표면적으로는 찬동하지 않을지라도, 성해방의 한 방향을 열어준 이런 가치관은 사회주의가 진보적인 지식인들에게 전유되었던 것과 함께 '찰나적 성관계'에 일종의 도덕적 정당성을 제공해주는 것이기도 했다. 그 반대도 얼마든지 가능했다. 사회주의이론으로 무장하는 것이 지식인의 조건이었듯이 성적 해방을 부르짖는 사람은 은연중 자신이 사회주의적 삶의 태도를 지녔음을 증명해 보여야 했다.

　　성에 관한 보편적인 관심은 1930년대에 표면화되어 성교육과 성지식, 동성애에 관한 일반적인 앙케트와 의견들이 빈번하게 대중지의 주제가 되었다. 실제 그 내용에는 "성교육은 불필요하고 성에 관한 위험을 경고할 필요가 있다"거나 "남녀 대립거리는 일간 이상이 필요"하다는 보수적 내용부터 "성교육을 과학적으로 하자" 《동광》, 1931년 12월호, 성에 관한 앙케트. 는 진보적 내용에 이르기까지 큰 편차가 있었다. 대개는 성에 대한 금기를 중심으로 한 것이지만 논의 자체는 점차 표면화되었다.

　　성문제를 사회적 관점에서 해석하려는 시각도 많아졌는데, 주요한은 「성에 관한 제문제」에서 현대의 성도덕을 남성중심적, 자본주의적, 가식적이라는 세 가지 특징으로 설명했다. "결혼, 이혼, 재산권, 축첩, 아동소유권 등은 남성 본위의 특징"을 보여주고 있으며, "공창, 사창, 예기 등의 제도는 그 기업 본위의 표징"이며 "편무적片務的 일부일처제, 정조의 순결성 고조, 성교육의 제한, 성에 관한 신비성,

《별건곤》 1927년 7월호
미전소견.

"엄마 저것 보아요. 엄마는 집에서도 발가벗고 드러눕지 않는데
저거는 왜 막 발가벗고 누웠소?! 정말 저런 이도 있나."
"그런 소리 하면 어른들이 욕한다. 얼른 다른 데로 가자. 망측스럽다."
'도쓰가빈' 회사에서 광고용으로 매약買約을 했는지는 모르나
연애편지문학과 함께 꼭 잘 팔릴 그림.

종교적 제한 등은 그 가식성"을 나타낸다고 하여 주요한, 「성에 관한 제문제」,
《동광》, 1931년 12월호. 전환기의 성에 대한 특성을 설파하고 있다.

　　여성의 정조관 변화와 성해방이 사회의 주요 쟁점이 되면서
그 변화를 계급적 관점에서 주목해보는 경향은 1920년대를 거치면서
매우 자연스러운 현상으로 자리 잡았다. 1932년 대중여성지라고 할 수
있는 《삼천리》는 매우 주목할 만한 조사를 했다. 서울의 어느 여학교
학생을 부르주아와 프롤레타리아로 구분해 「푸로와 뿌르 여학생의
정조와 연애관」을 조사한 것이다. A군인 '뿌르' 여학생은 중역, 지주,
거상, 귀족의 따님으로, B군인 '푸로' 여학생은 졸업 후에 부모와 형제를
부조해야 하는 중산계급 이하 가정의 따님으로 각각 100명에게 실시한
이 조사의 결과는 365쪽의 [표]와 같다.

　　연애를 통해 결혼에 들고 싶다는 인식은 '뿌르' 여학생이 훨씬 더
많으며, 처녀로 있고 싶지만 현실적으로는 불가능하다는 인식은 '뿌르'나
'푸로'에 관계없이 반수 가까이 지니고 있었다. 그만큼 정조관은 이미
크게 바뀌어 있었다. 자유연애가 이미 널리 퍼져 있음을 반영하는 듯
'뿌르'와 '푸로'의 많은 여학생이 연애결혼을 희망하고 있다.

[표] 《삼천리》 1932년 12월호에서 실시한 앙케트 「푸로와 뿌르 여학생의 정조와 연애관」

대상: 서울 어떤 여학교 학생들.
뿌르: 부르주아 여학생-중역, 지주, 거상, 귀족의 자녀 100명.
푸로: 프롤레타리아 여학생-졸업 후에 부모와 형제를 부조하여야 되는
　　　 중산 계급 이하 가정의 자녀 100명.

뿌르　푸로

결혼과 여학생의 정조관

78명　85명
1. 결혼하기까지 처녀대로
　 있고 싶노라.

44명　63명
2. 결혼은 한 개의 모험이므로
　 처녀대로 있고 싶지만
　 사실 그것은 불가능하므로
　 정조에 구애하지 않노라.

23명　16명
3. 결혼 전에 어느 정도로
　 향락하고 싶노라.

남성 동정을 어떻게 보나

13명　21명
1. 상대남자의 동정을
　 절대 필요로 안다.

73명　69명
2. 동정이면 그야 좋겠지요.

14명　10명
3. 동정여부는 문제가
　 아니다.

한 평생 남편께 수절할까

75명　83명
1. 한평생 정조를 지키겠노라.

25명　17명
2. 그것은 맹세할 수 없노라.

결혼을 함에는?

98명　67명
1. 연애로부터 결혼에
　 들고 싶노라.

2명　32명
2. 연애는 없이 그저
　 결혼하겠노라.

0명　33명
3. 부모의 매개로써 결혼하고
　 싶노라.

기타

33명　6명
1. 양친의 반대를 무릅
　 쓰고라도 결혼하겠노라.

79명　37명
2. (아이를) 낳지 않을 방법을
　 알고 있노라.

7명　73명
3. 결혼 후에도 직업을
　 가지겠노라.

성에 대한 인식의 변화뿐 아니라 육체에 대한 시각이 서구화되기
시작한 것은 현대화의 과정에서 매우 중요한 의미를 지닌다. 물론
육체의 서구화는 사회의 저변에 깔린 모던의 풍조로부터 비롯되었다.
스포츠, 영화, 연극, 유행가 그리고 수많은 구경거리와 대중매체를
통해서 모던에 대한 의식은 빠르게 확산하였고 불만족스러운 현실에
대한 대안으로서 서구화는 현대화의 중요한 이정표가 되었다. 가장
먼저 모던과 서구화를 일상으로 불러들인 것은 물론 자본주의사회답게
상품과 광고였다. 대부분 일본상품이었던 광고에서 서구화의 이미지는
가장 빈번하고 유용한 전략이었지만, 1930년대 이전까지는 광고에
등장하는 서구적 이미지가 그리 많지 않았다.

　　1926년의 《동아일보》에는 일본의 피부미용치료제 '하루나'
광고가 실렸는데 "흑인이 변하여 미인이 된다"는 문구를 내걸고
있는, 백인을 미인으로 흑인을 추녀로 인식하는 서구중심적 태도가
노골적으로 드러나 있는 광고였다. 이보다 조금 앞서 1920년대 초에
박가분 광고가 "조선사람은 조선 것을 아무쪼록 많이 씁시다"라는
문구와 한복 입은 조선여인의 이미지를 내세운 것과 확실히
구분되는 것으로, 대개 일본 제품 광고에서 서구적 이미지를 더
많이 활용하는 양상을 보였다.
오늘날 '백색미인'이라는 화장품
광고의 상투형은 이 시기에 이미
형성되었다고 할 수 있다.

　　1930년대를 전후한 신문·잡지
광고의 사진·삽화에는 이전에 보이던
동양적인 여성 대신 서구적인 체형을
갖춘 여성들이 훨씬 더 많이 등장한다.
육체의 서구화과정은 사물과 세계관에
대한 의식의 변화를 총체적으로
상징할 뿐 아니라 이후 의식주와 산업
등 물질의 서구화에 대한 태도까지
결정지었다는 점에서 주목할 만하다.
그중에서도 일부 지식인의 서구인에
대한 동경과 흠모는 대단한 것이었다.

1929년 《동아일보》에 실린 화장크림 광고
"한번 바르면 몰라볼 만치 예뻐진다"는
'당고도랑'.

1926년 «동아일보»에 실린 피부미용치료제 '하루나' 광고. "흑인이 변하여 미인이 된다"라는 표제가 붙어 있다.

"구미여자는 대체에 있어서 동양여자에 비하여 색이 희고 키가 크고 코가 높고 눈이 깊으며 그 행동은 분명하고 진취성이 많으며 행동이 많고 상식이 풍부하며 매사에 총명하다. (...) 동양남성은 딱딱하고 거칠은 반대로 서양남성은 부드럽고 친절하다. 동양여성은 의지가 박약한 반대로 서양여성은 의지가 강하다. 동양남성이나 여성은 몰상식한 반대로 서양남성이나 여성은 상식이 풍부하다."

나혜석, 「조선여성에게─구미여성을 보고 반도여성에게」, «삼천리», 1935년 6월.

《여성》 1939년 5월호 정현웅의 「연애색채학」에 실린 삽화. 1930년대부터 늘씬한 서구적 체형의 여인이 삽화로 자주 등장했다.

나혜석의 이러한 글이 아니더라도 서구인과 조선인을 노골적으로 비교하는 표현들은 매우 많았다. 서구문물을 직접 받아들였던 '양풍쟁이'들은 의식뿐 아니라 자신의 육체도 서구화함으로써 서구에 대한 콤플렉스를 상쇄하려 했다.

육체의 서구화는 곧 미적인 태도, 시지각의 서구화에 근거한다. 이는 대중을 중심으로 한 사회문화적인 변화와 밀접한 연관을 지니는데, 영화가 폭발적으로 증가하고 대중잡지가 확산하면서 서구의 이미지들은

《중앙》 1934년 7월호의 신영화 소개. 서구영화의 이미지들은 육체관의 변모에 큰 영향을 미쳤다.

일상의 삶에 커다란 영향을 미치게 되었다.

특히 영화에 대한 대중적 관심은 매우 높았다. 잡지마다 영화의 한 컷을 소개하는 것은 물론 주요 배우의 얼굴이 등장하기도 했고 극장에서는 배우의 얼굴을 박은 전단을 만들어서 뿌렸다. 그리하여 "활동사진배우의 얼골이 어느 젊은 애 숙사宿舍치고 아니 부튼 집이 없을" 이서구, 「경성의 짜쓰」, 《별건곤》, 1929년 9월호. 정도였다. 두말할 필요 없이 서양영화는 육체에 대한 새로운 관심을 불러일으켰을 뿐 아니라 육체의 기준을 변모시킨 결정적 계기가 되었다.

1930년대에 이르면 유행을 설명하면서 서양배우의 모습을 예로 드는 경우가 많았다. 육체의 비교 대상이 분명해지면서 육체에

대한 미의식의 기준도 달라졌다. 예를 들면 "발렌치노" 같은 눈, "쫀
바리모아"식 머리모양, "삘리떠부"와 같은 눈초리, "코 – 린무아" 같은
모습 등의 표현이 자연스럽게 등장했다. 남자도 다르지 않아 미남이
되려면 "'게이리 쿠퍼'의 신장身長, '슈발리에'의 머리와 '터이런 바아'의
눈과 '제임스 스튜아트'의 코와 '로버트 테일러'의 입에다 '클라크
께이블'의 다리" 하소, 「속 영화가 백면상」, 《조광》, 1938년 3월호. 가 있어야 했다.
그리하여 잡지의 한 귀퉁이를 들춰보면 이런 표현이 자연스럽게
등장하는 것을 볼 수 있었다.

> "아가씨 여러분들은 활동사진에 나오는 꽃 같은 서양
> 여배우의 날씬한 몸맵시와 그 미끈한 다리를 탐내실
> 줄 압니다.... 저 서양영화에 나오는 〈거리의 천사〉의
> 되 – 트리히를 보십시오... 검정 양말을 넓적다리까지
> 치켜올린 데는 무엇이라고 말할 수 없는 매력이 있지
> 않습니까?" 「어엽분 아가씨네들 양말 신는 법 연구」, 《예술》, 1935년 1월호.

서구화된 육체를 지향하는 대중매체의 이미지와 표현들이
일상에서 그대로 적용되었음은 충분히 예상할 수 있다. 어느 백화점에서

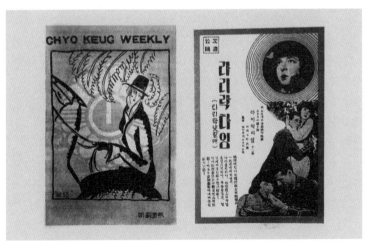

1928년 무렵의 영화 전단. 서구영화가 빈번히 상영되면서 서구의 이미지들이 점점 익숙하게
일상을 지배했다.

물건을 고르는 남녀의 대화를 들어보면 서구의 영화배우들이 조선인의
육체뿐 아니라 정서에까지 영향을 미치고 있었음을 알 수 있다.

"미국제 사진기 한
대를 사며 웃고
있는 남녀가 있다.
'내일은 청량리에 가서
송림을 배경으로 한번 박아요.
내 〈일리안 키쉬〉같이 웃는 얼굴을 할게...'
이것은 여자의 아양하는 소리다.
'청량리는 왜. 지금이 한창 꽃필 땐데.
동물원으로 갑시다. 그리고 난 일리안
키쉬는 싫여... 〈꾸레타 갈보〉 같은 명상적
얼굴이 좋지...'
'그러면 이렇게 슬픈 얼굴을 할까?'하고
여자는 노상 명랑하게 얼굴을 찡그리며
흉내를 낸다. 그들은 마침내 일금 98원을
내여 그 사진기를 사서 손에 든 후 기쁜
듯이 아래층으로 내려간다."

「백화점 풍경」, 《조광》, 1937년 4월호.

1930년대 대중 잡지에는 누드를
그리는 화가와 모델의 관계를
호기심으로 바라보는 기사가 많이
등장한다. 《조광》 1939년 3월호
「화가의 모델로맨스」의 삽화.

육체의 서구화는 일상뿐 아니라
문화와 예술에서도 두드러진다. 특히
서구미술의 아카데미즘화한 양식은 육체를 바라보는 시각에 절대적인
영향을 미쳤다. 정물, 풍경, 인물로 양식화한 아카데미즘에서 인물,
특히 누드는 주요한 회화 대상이었고 화가들은 '벗은 여자를 볼 수
있는 특권'을 가지고 있었다. 서구적인 인물화를 습득한 화가들은
자연히 서구적인 체형의 여인을 미적 기준으로 삼았으며 조선여자를
그리면서도 몸매를 늘려 서구인의 모습으로 바꿔놓기도 했다.
화가들은 나체를 그린다는 사실 하나만으로도 대중적인
호기심의 대상이 되기도 했다. 잡지마다 화가들이 좋아하는 미인형,
화가의 나체모델 이야기, 심지어는 나체모델에 대한 좌담까지 열면서

잡지 표지에 등장하는 여성의 모습이 점차 서구화되는 걸 알 수 있다.
① 1929년 «삼천리» 창간호 표지. ② 1930년대 «삼천리» 표지. ③ 1930년대 후반 «여성» 표지.

관심을 표현했으며, 화가들은 그런 자리에서 소위 '이상적인 미적
기준'을 가진 육체를 언급하곤 했다. 화가들이 말하는 좋은 모델,
'풍만하지만 늘씬한 육체'는 대중에게 육체에 대한 미의식의 기준을
제시하는 것으로 비쳤다.

특히 1920~1930년대 언론이나 대중잡지의 삽화나 만화 그리고
표지그림을 담당했던 화가들의 시각은 곧바로 대중의 미적 체험을
결정짓는 요소였다. 그들이 그렸던 서구적인 육체의 이미지는 당연히
대중들에게 영향을 미쳤다.

초기의 안중식이 감수한 『유년필독』(1907년)의 삽화를 보면
새로운 문물에 시각적인 충격을 받았음에도 불구하고 전통적인
이미지와 작법을 고수하고 있었다. 그로부터 불과 20~30년이 흐른
뒤에 나타난 이미지들은 격세지감을 느끼게 한다. 대중적인 여성지였던
«삼천리»(1929년 창간)의 표지에 그려졌던 한복을 입은 동양적
여성의 모습은 1930년대에 들어오면서 점차 몸매가 길어지고 얼굴이
갸름해지면서 급기야는 서양인의 체형으로 바뀌게 된다. 불특정 다수를
대상으로 한 대중매체의 속성 때문이기도 하지만, 양장한 여인이나
모자를 쓴 '모던 걸'의 모습에서 그 차림과 이목구비가 점점 서구의
인물과 흡사하게 변하고 있음을 알 수 있다.

1930년대에 발간된 여성지 표지의 인물을 그린 작가들은 그림뿐
아니라 평론과 삽화까지 다양하게 활동했던 안석주, 정현웅 등이다.
화가이자 한때는 무정부주의자였던 평론가 김용준의 글은 육체의

서구화가 어떻게 이루어질 수 있는지를 확연하게 보여준다.

> "우리들이 규정하는 여성미란 상식적으로 알다시피
> 어깨가 좁을 것, 허리춤이 날씬하야 벌의 허리처럼 될
> 것, 둔부臀部가 넓어야 할 것, 대퇴大腿는 굵되 발끝으로
> 옮아오면서 뽑은 듯 솔직해야 될 것 등일 것이다.
> 서양여성은 이러한 조건이 비교적 구비되었으나 우리
> 동양여성은 그렇지 못하다.... 조선 여성을 세워놓고는
> 진정 그림 그릴 맛이 없다. 그러나 조선 여성도
> 시대가 옛날과 다르고 의복이 또한 옛날과 다르니만큼
> 가정의 어머니들의 힘으로 자라나는 따님들의 체구를
> 의상과 운동과 지식 등으로서 잘 고려하야 이상적
> 타입을 만들기에 노력할 것 같으면 멀지 않은 장래에
> 아름다운 육체의 여성들을 많이 발견할 수 있을 것이라
> 믿는다." 김용준, 「모델과 여성의 미」, 《여성》, 1936년 9월호.

　　조선여성을 보면 그림을 그리고 싶지 않다는 화가의 표현은
황당하지만 서구적인 체형으로 바뀐 요즘 청소년들의 모습에서 그들의
바람이 "멀지 않은 장래에" 실현되었다는 것을 실감할 수 있다.
　　육체를 바라보는 시각의 서구화가 아니더라도 성에 대한 사회적
관심과 육체에 대한 주목은 현대화과정의 자연스러운 귀결이었다. 성과
육체에 대한 태도는 곧 인간에 대한 태도다. 성과 육체는 현대적 주체가
가장 먼저 인식해야 할 대상이었으며 이를 통해서 의식과 사고의
변화가 촉발되었다고 할 수 있기 때문이다.

1920년대 말 서울거리에는 갑자기 낯선 인간들이 등장하기 시작한다.
양복에 양장하고 여자는 단발했으며 반짝이는 백구두나 뾰족구두를
신고 다니는 이들을 길 가는 사람들은 '모던 뽀이' '모던 껄'이라고
불렀다.
　　현대가 일상을 재조직하기 시작하면, 사람들은 자신의 정체성을
새롭게 인식하기 시작한다. 삶의 조건이 달라지면 기존의 인습과
습관에서 벗어난 자신의 변화된 모습을 보여야 하지만 현실 속에서는

«별건곤» 1927년 7월호에 실린 모던 보이와 모던 걸에 대한 풍자화.

'자칭 발렌티노'와 '폴라네그리'라고 하는 모던 걸과 모던 보이
"이러고 다녀야 배우인 줄 알아주니 배우 노릇 하기도 한 벌
고생이 아니야..."
"아이고 사이상보다도 내가 더 고생이지요. 작은 구두 신고
궁둥이짓을 하노라니 발목이 견디어나야지."

용기가 필요하다. 어디에도 존재하지 않았던 새로운 인간의 전형을 찾는 과정은 정체성을 형성하는 현대화의 또 다른 과정이었음이 틀림없었다.

지금은 양복과 구두, 치마와 퍼머넌트웨이브의 머리모양이 당연하게 받아들여지고, 한복을 차려입거나 갓을 쓰는 게 낯선 정체성으로 다가오지만, 초기 현대의 그야말로 '현대적 인간형'은 낯설고 서툴고 때로는 혐오감을 일으키는 존재였다. 1995년 삐삐밴드의 제스처와 머리모양새 그리고 의상을 접한 많은 사람이 자연스럽고 편안하다고 느끼지 못한 것처럼, 모던 보이와 모던 걸들의 모습은 파격으로 비쳤다. 모던 보이와 모던 걸은 현대적 인간의 정체성 찾기가 낳은 당연하지만 이질적인 존재들이었다.

이들의 모습은 천차만별이었지만 공통된 것은 패션과 스타일에서 다른 사람과 다르며 유행에 민감하고, 타인의 시선에 연연하지 않는다는 것이다. 여성들은 러시아산 '루바시카'를 입고 머리를 승려처럼 깎기도 하는 등 '청춘의 붉은 피가 입술에서

출렁거리는' 모습을 한 '해방된 현대적 색시'였으며, 남자들은 '랍바소데ラッパそで(나팔소매)'를 하고 몸은 남자 같으면서 얼굴은 여자같이 뽀얀 피부에 안경을 걸치고 양복을 차려입은 모습이었다.

모던 보이와 모던 걸의 모습을 바라보는 시각은 표면적으로는 매우 비판적이었지만 그 비판의 행간을 살펴보면 그들의 선정적이고 자극적인 아름다움에 대해 숨길 수 없는 찬탄의 분위기를 읽어낼 수 있다.

«개벽» 1925년 4월호 「형형색색의 경성 학생상」에 실린 삽화. 새로운 유형의 인간상은 현대적 교육을 받은 학생들의 개성적인 행동에서 발견되기 시작했다.

> "혈색 좋은 설부[눈처럼 흰 피부]가 드러날 만큼 반짝거리는 엷은 양말에 금방 발목이나 삐지 않을까 보기에도 아심아심한 구두 뒤로 몸을 고이고, 스카트 자락이 비칠 듯 말 듯한 정갱이를 지나는 외투에 단발 혹은 미미가꾸시[귀를 덮어 감추는 머리모양]에다가 모자를 푹 눌러쓴 모양 (...) 분길 같은 손에 경복궁 기둥 같은 단장을 휘두르면서 두툼한 각테 안경, 펑퍼짐한 모자, 코 높은 구두를 신고..."
>
> 최학송, 「데카단의 상징」, «별건곤», 1927년 12월호.

> "양장이라도 몹시 화려하고 경쾌하여 노老따리아빗 같은 고혹적蠱惑的 색깔의 옷과 길고 긴 '씰크 스타킹'이 수직적으로 올라갔다가, 올라갈 수 없는 한계에서 그만둔 그 경계선을 경비하기 위함인지 '유래스'의 끝이 그 주위를 싸고돌았으며, 머리는 옛날 예술가들 모양으로 '컷트'를 하였다."
>
> 박영희, 「유산자사회의 소위 '근대녀' '근대남'의 특징」, «별건곤», 1927년 12월호.

> "나팔 통바지, 폭넓은 넥타이, 길다란 발모髮毛,

화가 안석주가 풍자한 모던 보이와 모던 걸. 「모던 보이 제군!」과 「모던 걸의 장신운동」,
《신문춘추》, 1927년 6월호.

> 송낭식松衲式 두발의 모 - 던 뽀이... 원숭이 궁둥짝 같은
> 홍안, 핏빛 같은 구홍口紅, 제비꼬리 같은 눈썹, 송곳 같은
> 구두 뒤축의 모 - 던 껄" 적라산인, 「모던 수제」, 《신민》, 1930년 7월호.

　　새롭게 등장한 현대적 인간군은 자신의 모습을 서구인의
외양으로 채워가면서 자신의 정체성을 확보하기 시작한다. 서구사회는
그들의 역할모델이었다. 서구의 유행과 삶의 양식을 표출하면서 그들은
사고방식과 생활양식까지 바꿔야 했다. 그들은
"의복, 언어, 동작은 물론이요 그들의
사고방식까지도 근대화하지 못한 사람들의

《신동아》 1933년 7월호 「일인일미 미혼남녀 레뷰-」에서는
최영수의 삽화를 통해 16명의 신세대 남녀군을 설명하고 있다.

"난 결혼생활이란 전적으로 부인한다. 연애라면
좋지만-."
초超모던 여성. 남 보기에는 말괄량이 같으나 굳센
여성영화에 취미를 두었고 학생시대에는 학생극에
출연한 일도 있다. 방년 이십삼.

그것과는 몹시 거리가 멀었다." 박팔양.
「모 – 던뽀이 촌감」, «별건곤», 1927년 12월호.

따라서 1920년대 말의
이른바 신세대는 기존의 세대가
지닌 세계관으로는 이해할 수 없는
새로운 인간으로 등장했다. 더구나
초기 현대의 문명화에 대한 의식이나
계몽적인 분위기가 아직 강하게 남아
있던 시기에 서구 혹은 현대를 앞세운
이들의 삶과 외양은 현대화 자체에
대한 회의를 몰고 오기도 했다. 서구화
혹은 현대화는 막연하게 추종되어야
할 문명의 세계가 아니라 온갖 잡음과
갈등을 요구하는 세계였다.

유행으로 몰려온 모던 바람은
모던 보이와 모던 걸로 하여금 시대의
첨단에 서도록 했지만 단순히 거리의
패션을 뒤바꾼 것만은 아니었다. 모던
보이와 모던 걸의 등장은 퇴폐적인

「일인일미 미혼남녀 레뷰-」.

"난 활동사진 구경시켜주어요! 그리고
가는 길에 화신(백화점)에 가서 보석반지
하나만 사주어요!"
연인도 아닌 이성의 요구에도
손쉽게 응하는 호남아. 백만장자의
장자(맏아들)이며 첨단적인 스타일의
소유자. 그러나 경솔한 편이 많은 청년. 모
전문학교를 중도에 퇴학하였으니 나이는
이십오.

문화로 불리는 감각적인 요소를 일상 속에 틈입시켰다. 이른바 '에로
그로'의 유행이다. 성적이고 괴기하다는 의미에서
에로티시즘과 그로테스크를 줄여 만든 이 말에는
민감하게 변화하는 현대적 생활의 지침이 함축되어
있다. 그것은 바로 육체에 대한 발견이었다. 모던 보이와
모던 걸에 대해 언급하던 지식인 대부분은 그들의 모습을
외면하거나 "구역질 난다"고 표현했지만, 그들 자신도
육체에 대한 관심에서 예외일 수 없었다. 1930년
'가을거리의 남녀풍경'을 바라보는 그들 또한 '에로
그로'의 모습을 글에 담기에 바빴다.

"무릎을 가리울가 말가한 시체時體치마와 하이안 양말
속에 파무친 기다란 다리의 굽으러진 양은 검은

고무신과는 눈부시게 별다른..."김안서, 「시골 여인의...」.

"여자의 스타킹이 터질드시 미여질드시 알는알는한
　굴거진 다리들을 구경할 뿐"이태준, 「천고여비」.

"육색肉色 놉흔 구두. 삐스코스 실크 스타킹. 두 줄로 따어
　느린 짧막한 뒷머리. 뒤통수에 밧작 오려 딴 흑공단 리본.
　암사슴같이 깡충한 두 종아리. 젓가슴에 안은 핸드백"
　　　로아, 「새로운 경향의 여인점경」.

"풍더분한 육체에 폭 덥히는 외투를 입고 압흘 서서 가는
　윤곽, 더구나 부절히 동요되는 중반신은 유혹적이요
　에로다."백능, 「자정 뒤의 괴여자」.

"엄청나게도 짧은 치마에 온몸을 화장 이상의 화장을
　하고 경중경중 으쓱으쓱하며 걸어가는 것은 꼭 땐스식
　거름거리"방춘해, 「복색에 가지가지」.
　　「[가을거리의 남녀풍경]」, 《별건곤》, 1930년 11월호.

《개벽》 1920년 9월호의 삽화.

　　에로틱하거나 그로테스크한 것을
발산하고 즐기는 그들에게 재즈홀,
카페는 생활공간이었다. 그들은 현란한
네온사인의 댄스홀(실제로는 카페)을
들락거리며, 기차와 자동차의 '스피-
드'를 즐긴다.
　　모던 보이와 모던 걸에게 "카페는
진정 연애는 아닐지라도 그 외 여실한
연애를 파는 시장"웅초, 「경성 압뒤골 풍경」, 《혜성》, 1931년 11월호. 이었다. 수십
년이 지난 후 강남땅에 룸살롱과 카페들이 즐비했던 것처럼 1930년대
들어 카페는 급격히 늘기 시작하여 "남촌의 카페 북촌의 빙수집"이란
말이 유행했고 급기야 북촌까지 점령해 들어가 불경기를 모르고
번창했다. 자연히 카페에 대한 예찬이 없을 수 없었다.

　　"50전만 가져도 하루 저녁의 위안을 얻을 수 있는
　　극장과 10전짜리 백동전 한 푼만 있어도 '뿌라질'에서
　　온 '커피'에 겸하야 미인 '웨이트레스'까지를 볼 수

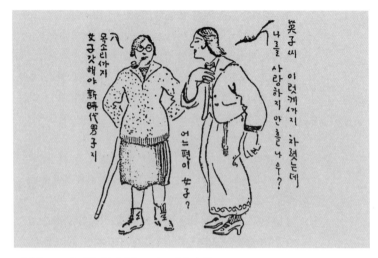

《별건곤》 1928년 2월호 「기괴천만, 어느 편이 여자?
중성남녀의 떼」의 삽화.   "영자 씨 이렇게까지 차렸는데 나를 사랑하지 않을라우?"
                                      "목소리까지 여자 같아야 신시대 남자지."

> 있는 '카페-'조차 없다면 서울의 젊은이들은 갓득이나
> 고색固色하고 건조무미한 생활에 얼마나 더 적막을 늣길
> 것인가?"김을한, 「경성야화」, 《별건곤》, 1930년 7월호.

카페에는 음악과 율동이 있었으며 성적 매력을 발산하는 육체가
있었다. 모던 보이와 모던 걸이 머물렀던 어느 한 카페를 들어가보면,
현대가 시작할 무렵의 풍경이 한눈에 들어온다.

> "카페 '바른'의 하룻밤. 축음기에서 째즈가 황소 소리같이
> 흘러나온다. 웨트레스들의 어깨가 실룩실룩, 엉덩이가
> 꿈틀, 꿈틀. 전기 장치해놓은 인형과 같이 보기 싫은
> 육혼肉魂의 율동이 이곳저곳에서 벌어진다."
> 「모-던 복덕방」, 《별건곤》, 1930년 1월호.

카페나 다방에 들락거리던 사람들은 "반은 정신 잃은 사람,
반은 지옥으로 들어가려고 하는 사람들"서광제, 「도회의 일일」, 《조광》, 1937년
9월호. 이거나 "십오 전짜리 차 한 잔 시켜놓고 쎈치한 레코-딩에

카페에 간 청년이 여급들에게 둘러싸여 있는 모습을 그린 김규택의 「세모풍경」 삽화 중 한 컷.
《혜성》, 1932년 12월호.

취하여 멀거니 앉아 있는 놈들"최영수, 「장소가 씨우는 일기」, 《사해공론》, 1936년
11월호. 이었지만 이들은 도시의 새로운 공간을 점유하고 있었으며
'현대적'이라고 불렸던 첨단적인 풍조에 몸을 담았던 사람들이었다. 특히
'모던'이 시대의 첨단이란 의미로 쓰이고 있을 때, 그들은 물질문명에
도취하여 퇴폐적인 성의식과 자유분방한 행동을 보였던 무분별한
젊은이들이었다.

> "모더니즘의 구성원은 모보 모거요, 그것의 양식은
> 쨔스, 땐스, 스피―드, 스포―츠이요 그것의 표현은
> 애로, 그로, 넌센스, 잇트[위트]이다. 모보모거의
> 근거지는 유한계급의 지역이다. 그들의 출산자出産者는
> 현대자본벌現代資本閥이다. 모보모거의 생활환경은
> 기계문명이다. 모보모거의 지도원리는 '나리긴成金'
> 근성, 속악적 취미, 제일주의로써 도장塗裝한바
> 아메리카니즘이다." 오석천, 「모더니즘 희론」, 《신민》, 1931년 6월호.

모던생활을 영위하던 현대적 인간형에 대한 배타적 시선, 경멸의
시선은 그들을 사회적 모순과 퇴폐의 온상으로 삼았다. '스트리트

보이' '스트리트 걸' '스틱 보이' '스틱 걸'로 불리기도 했던 모던 보이, 모던 걸은 말 그대로 '근대남' '근대녀'로 해석되기도 했지만 불량소년, 불량소녀를 일컫는 의미로 '못된 보이' '못된 걸'로 불리며 성적으로 문란한 남녀를 가리키기도 했다.

모더니스트의 문화는 특히 당시 유행했던 마르크스주의이론을 흡수한 지식인에게는 부르주아문화의 표상으로 보였다. 1920년대 새로운 사회적 구성체의 가능성을 마르크시즘에서 찾았던 지식인들이 노동계급의 삶과 지향점과는 거리가 먼 이들의 모습에 적대적인 시선을 보냈던 것은 당연했다. 물론 쏜살같이 달려가는 현대의 모습이 세기말적인 풍경으로 비쳤을 봉건적 생활자에게도 그들은 비난의 대상이었다. 마치 1990년대 압구정동의 오렌지족이 나타났을 때 보수주의자와 좌파가 한꺼번에 이들을 매도했던 것과 똑같이 모던생활자들은 공격을 받았다. "그 향락자들은 대체로 신경병자이며 변태성욕자인 문명병자들"임인생, 「모던이씀」, 《별건곤》, 1930년 1월호. 이었다. 특히 좌파이론가였던 박영희는 그들의 특징은 유탕遊蕩, 낭비, 퇴폐에 있고, 여자들은 "대개 유녀遊女, 매음생활자가 많으며, 남자로서는 자본가의 아들, 뿌르조아의 후예들"이라고 하면서, 모던 보이와 모던 걸은 "유산자사회를 표상하는 유산자사회의 근대적 퇴폐군"박영희, 「유산자사회의 소위 '근대녀' '근대남'의 특징」, 《별건곤》, 1927년 12월호. 이라고 말한다. 이들의 현대적 생활양식은 유한계급의 것이라는 점에서 비난을 받았지만, 그 이면에 몰락한 자본주의사회의 유산인 "속악적 취미, 제일주의로 도장한 아메리카니즘"오석천, 「모더니즘 회론」, 《신민》, 1931년 6월호. 이 자리 잡고 있다는 점에서도 비판을 받았다. 서구에서 자본주의의 대량생산체제에 의해 대중문화가 등장하고 고급문화의 저급화 현상으로 키치문화가 논란이 되었던 시기에 지구 반대편 식민지국의 대중문화는 다른 의미에서 선진 자본주의문화의 키치였던 것이다.

《별건곤》 1927년 8월호의 삽화. 카페에서 무위도식하는 인간군을 밖에서 일하는 사람들과 대조하여 그리고 있다.

「최신유행 의복풍경」, 《동광》, 1932년 11월호. 송곳 같은 하이힐과 커다란 '스포츠맨 슈즈'를 신은 모던 여학생, 급속도로 올라가는 치마를 입은 여성, 댄스·마작·카페를 노동으로 삼는 자칭 프롤레타리아 도련님 등 모던 보이와 모던 걸들의 옷차림 풍속을 보여준다.

모던 보이와 모던 걸은 자본주의적인
병폐로 치부되었지만, 이들이 기존의 가치와 권위에
대한 해체를 시도했다는 점에서 더 심한 반감을
불러일으켰다. 따라서 외양과 태도뿐 아니라
그들에게 보이는 반사회적인 행동양식까지 비난을
받았다.

《사해공론》 1936년 12월호
삽화.

> "그들은 왈 ××주의자이고 왈
> ××애호가이고 엄청나게 긴
> 정강이 소유자이고 교묘한
> 말본새를 내고 쪼코렛트를 씹고 두 볼에 곤지를 찍고
> 두서너 잔 술에는 얼골이 얼는 붉어지지 아니하고
> 문학이나 그림을 경멸히 보고 더구나 시詩쯤은 똥오줌
> 대접이다." 성서인, 「현대적(모 ─ 던) 처녀」, 《별건곤》, 1927년 12월호.

그러나 미미하지만 이들에 대한 다른 시각도 존재했다. "근대
도시생활에 부댓기는 피로한 신경의 소유자들에게서 유일한 위안인
모던식 생활의 일체의 것을 박탈하는 것은 확실히 가혹한 일일 것"
박팔양, 「모 ─ 던뽀이 촌감」, 《별건곤》, 1927년 12월호. 이라는 동정어린 시선이다.
현대로 진입하는 도시생활 자체가 피폐한 정신과 피곤한 일상으로
채워져 있으며, 거기서 모던 보이와 모던 걸은 현대적 인간군으로서
새로운 사회에 걸맞은 인간형일 수 있다고 보는 시각이다. 도시적 삶과
현대적인 일상 속에서 그들은 물질로 향유된 새로운 정신을 배태했다는
것이다. 이런 점에서 그들을 "아름다운 도시의 무지개"라고 부른
박팔양의 시각은 사뭇 긍정적이기까지 하다.

> "세상에는 modern boy(모 ─ 던 뽀이)라는 이름으로
> 지칭되는 청년의 일군이 있다. 그들은 가장 근대적
> 색채가 농후해서 그들의 의복, 언어, 동작은 물론이요
> 그들의 사고방식까지도 근대화하지 못한 사람들의
> 그것과는 몹시 거리가 멀다. 그럼으로 그들의 생활은
> 근대화하지 못한 사람들의 그것에 비하야 자연히 별개의

세계에 전개하게 된다. 청신한 감각의 세계, 찰나적이요
기분적인 도취의 세계가 언제든지 그들의 눈앞에
방황한다. 그들은 실로 '아름다운 근대의 무지개'다."

박팔양, 「모 ― 던뽀이 촌감」, 《별건곤》, 1927년 12월호.

새로운 사회를 구성하는 새로운 인간형의 탄생을 기대하는 것은
시대적인 요청이기도 했다. 앞서 '현대적 처녀'의 반사회적인 행동거지를
비난했던 글에서도 진보된 존재로서의 모던 걸의 가능성을 이렇게
말하기도 한다.

"그들은 온갖 묵은 것으로부터 해방되고 그리고 새로운
창조의 도정에 있는 것이다. 그들은 남자와 평등의
위치에 서고 성격적 직분으로 부득이한 차이가 잇는
외에는 남자와 전연이 가튼 조건 위에 생활하고 로동하고
공부하고 향락하기를 구한다. 한 걸음 더 나아가서
그들은 자본주의적 경제조직을 타파하라는 싸움에
남자와 가티 참가하랴 한다. 결혼, 산아, 이혼에 대하여
가장 이성적 처지를 강구하려 한다."

성서인, 「현대적(모 ― 던) 처녀」, 《별건곤》, 1927년 12월호.

현대사회가 형성될 무렵의 모던 보이와 모던 걸의 존재는 이렇듯
이중적인 의미를 지니고 있었다. 성에 대한 의식, 육체에 대한 시각의
변화와 함께 시대의 변화를 체험하고 실현하려 했던 이들은 당시에
쏟아졌던 긍정과 부정의 시선을 떠나서 현재 우리의 모습과 닮았다.

현대적 인간이 어느 날 유행과 세태에 밀려 갑자기 등장할 수는 없었다.
모던 보이와 모던 걸이 서구의 현대적인 삶의 표피를 모방하고 이를
자신의 삶과 동일시하려는 어설픈 시도를 하고 있을 때, 현대적인
인간이 태어날 수밖에 없는 삶의 조건 또한 형성되고 있었다. 1930년대
서구의 문화가 '모던이씀'으로 불리며 퍼지고 있을 때 봉건적인 삶의
양식은 변하고 있었고, 현대적인 일상의 풍속이 그 자리를 메우면서
어느덧 현대적인 의식의 변화까지 가져오게 되었다. 모던 보이와 모던

«조광» 1935년 11월 창간호부터 연재된 「모던 심청전」의 삽화. 웅초 김규택이 글을 쓰고
그림도 그렸다. 심청의 어머니인 곽씨 부인의 꿈에 나타난 요염한 반라의 미인은 파리여인이다.
그녀는 방금 비행기를 몰고 온 듯 머리에 고글을 걸치고 손에는 부인병 치료약을 들고 있다.
심청을 점지해준 이는 삼신할머니가 아니라 파리여인이었으며, 그녀가 제공한 것은 상품화된
양약이었다.

걸이 아니더라도 일상의 삶은 분명 변모하고 있었으며, 삶의 가치와
그것이 표상하는 체계를 굴절시켰다.

　　모든 탄생설화가 그러하듯, 현대적 인간의 탄생은 새로운
신화적 요소를 요구한다. 탄생설화가 그럴듯하기 위해서는 현대적
인간이 생성될 수 있는 현대적 조건들이 성숙해야 하며 그 조건들은
가치체계와 표상체계를 만족시키는 것이어야 한다.

　　현대적 인간의 탄생설화 한 편은 아이러니하게도 봉건적 가치를
표상하는 '심청'을 통해서 볼 수 있다. 「심청전」을 패러디하여 1935년도의
세태를 보여주는 「모던 심청전」이 연재될 무렵, 현대적 삶의 풍경은
봉건과 모던이 뒤섞인 모습 그 자체였다.

　　「심청전」으로 상징되는 효와 권선징악의 개념 그리고 신화적인
요소들은 「모던 심청전」에서 뒤틀리고 분열되면서 어느새 낯선 모던
풍경을 익숙한 것으로 만든다. 이야기의 시작, 심학규의 아내인 곽씨
부인이 심청을 낳게 되는 태몽 장면은 1930년대 모던 문화가 뒤섞인

일상을 유감없이 보여주고 있다. 글의 행간 속에 현대 혹은 서구가 자리
잡은 모양새는 이렇다.

> "천기명랑하고 오색채운이 '일루미네이슌'처럼 빛나면서
> 유량한 주악리에 선녀 하나가 학을 타고 나려와서 부인
> 앞에 읍을 하며 가로되,
> '소녀는 서월궁 항아도 아니옵고, 서왕모의 딸도
> 아니옵고 나폴레옹의 생질녀도 아니옵고, 부인께서
> 신문 약광고 면에 각금 보시는 불란서 파리 ‹조세핀
> 베-카-›의 넉시로소이다. 거룩하신 조선의 신령님들께
> 초대받아 멀리 흥행을 왔다가 부인의 기원하시는
> 바를 듣자옵고 찾아왔나이다. 본시 저희 고향 파리는
> 세계의 색향色鄕이라, 누추한 말씀이나 병도 많고 약도
> 많사옵니다. 듣자옵건대 부인께서는 동지섣달 엄동에
> 한랭을 무릅쓰고 고된 일을 많이 하셨다 하온즉 잉태
> 못하시는 원인을 가히 알겠나이다. 이 약은 부인영약

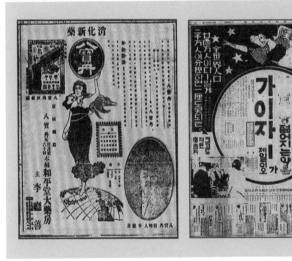

1913년 «매일신보»에 실린 팔보단 광고와 1936년 «조선중앙일보»에 실린 가이자 광고. 비너스를
본뜬 여인과 천사가 등장한다. 「모던 심청전」의 곽씨 부인이 잠에서 깬 후 본 신문 광고는 아마
이런 형식이었을 것이다.

××환이온데 월경불순, 대하증, 히스테리, 기타 부인병
일체에 특효 있아온즉 부인께서 일차 시용하시면 효력을
즉각 보시오리다.'
말이 끝나자마자 홀불견. 부인이 놀라 깨어 벽에 바른
신문지를 살피니 꿈에 보든 그 얼굴, 그 광고가 갈데없이
있더라." 용초, 「모던 심청전」, «조광», 1935년 11월호.

꿈결에 보는 오색채운은
'영롱'하기만 한 것이 아니라
'일루미네이션'으로 빛난다. 등장하는
선녀는 학을 타고 내려오되
트레머리와 날개옷을 갖춰 입은
달덩이 미인이 아니다. 서구문화에
대한 동경과 서구인에 대한 관심으로
등장하는 선녀(384쪽 삽화)는
젖가슴과 배꼽이 드러난 반라의

「모던 심청전」의 삽화.

파리여인이다. 물론 이러한 서구인에 대해서 일반적인 호감만이 있는
것은 아니다. 파리를 '색향'이라고 부른 것에서 알 수 있듯이 그들의
문화란 천박한 성적 유희를 중심으로 하고 있다는 비판적 의식을
은근히 담고 있다. 그런데도 대중들의 의식 속에서 서구는 절대적인
역할모델로서 기존의 신화를 대체하고 있다. 이제 이러한 신화가
창조되는 곳은 성황당이거나 칠성당이 아니며 신을 매개하는 무당집도
아니다. 새로운 신은 바로 안방의 담벼락에 붙어 있는 신문지의 광고를
통해 등장한다. 학을 타고 내려오는 선녀가 신문광고의 파리여인으로
둔갑하는 사이에, 그리고 그들이 던져준 현대과학의 결정체인 명약을
통해서, 곽씨 부인이 삶 속에서 꿈꾸는 이상인 심청은 새롭게 '모던
걸'로 태어난다.

그렇다고 일상이 모두 재조직되었던 것은 아니었다. 봉건적인
삶의 양태와 현대적인 생활양식은 곽씨 부인의 태교에서 보듯 "좌불변,
입불필, 석부정부좌, 할부정불식, 이불청음성, 목불시사색"(『소학』에
나오는 태교법)에다가 "비타민섭취, 칼슘보급, 정양섭생"을 겸하여,
구식·신식 임부양생법을 절충하여 나타난다.

일상은 그렇게 뒤섞여가고 있었으며 그곳에서 현대적
인간이라고 부르는 사람들이 살아가고 있었다.

토목언土木言

부춘생 《시사평론》 1922년 5월호, 7월호에서 발췌

> 1920년대 초의 풍속을 스케치한 글이다. 새로운 연애풍조와
> 이혼문제, 단발과 트레머리, 짧은 치마의 유행 풍속,
> 서구지향적 사고 등이 짤막하게 언급되어 있지만 변화하고
> 있는 세태를 그려볼 수 있는 글이다.

현 사회에는 남녀를 통하여 연애를 잘 말한다. 연애는
신성하다 한다. 그렇다. 연애는 절대로 신성하다. 기자는 어떠한 날
어떠한 곳에서 조그마한 명함지에 이렇게 쓴 것을 보았다. "잠시라도
섭섭하야 어찌하나요. 원수의 금전시대 속상하야..." 생각건대 아마도
어떤 연인이 어떤 연남에게 보낸 정찰인 듯하다. 기자는 이것을 보고
무한한 느낌이었다. 몇 자 아니 되는 그 속에 우리 인생의 연연한
그 무엇을 빼놓음 없이 또는 속임 없이 돌돌 말아서 다 집어넣었다.
절대로 신성하다 하는 연애도 원수의 금전 때문에 '잠시라도 섭섭하야
어찌하나요' 하는 이 더러운 탄식을 발하게 하였다. 신성이란 것도
금전의 마魔에게는 굴복 아니할 수 있는 우리 사회야, 우리 모든
생물아... 아... 금전...

조선사람은 어찌 된 성질인지 자아를 멸시하고 외타를 숭배하는
관념이 많다. 우리가 항상 보는 것으로도 서양의 댄스나 서양의 노래를
보고 들을 때 그네들은 그 깊은 무엇을 알고 그러는지 모르고 그러는지
피가 끓어라 하고 박수갈채를 한다. 그렇지만 우리의 춤 우리의 노래는
느리다 촉하다 하고 악평을 마지아니한다. 그네들의 평이 평다운 평
같으면 어디까지든지 좋은 일이다. 다만 외타를 숭배하는 악성에서
우러나온 그 평은 우리의 신성한 모든 것을 짓밟아 없이하고자 하는

것이나 일반이다.

　　경향을 물론하고 이혼소송이 어지간히 많은 것은 매우 놀랄 만한 일이다. 그런데 그 소송은 남자 편에서 청구한 것은 드물고 십의 팔구는 여자 편에서 청구한 것이요, 그 내용을 들어보면 별다른 충절은 없고 모두 생활난으로서이라 한다. 간란한[어렵디어려운] 사람은 아내도 없을 이 세상 참 어찌하나.

　　각지의 청년단체는 철 만난 무엇 모양으로, 우후의 죽순 모양으로, 군과 군, 면과 면, 웬만치 사람이 모였다는 곳이면 다투어서 일어나는 모양이다. 진실로 축하할 일이다. 우리 청년은 사회나 국가에 책임이 중대하다 하는 것은 누구나 입 있는 사람은 다하는 말이다. 그러한 청년으로서 어찌 잠잠히 있을까 보냐. 활동에 활동을 가하여 책임을 벗어나가야 할 것이다. 그러나 실제는, 사실이 상반되는 점이 많은 것 같다. 간판만 광대하게 붙여놓고, 아무 일거리도 아무 활동도 없이 포영착풍공捕影捉風空의 담으로[뜬구름 잡는 헛소리로] 촌음시경寸陰是競의 시간만 낭비하는 폐가 있다. 차라리 그러할진대 간판을 하루라도 속히 떼어버리고 각기 자기의 안방이나 지키고 있어 사회에 미혹이나 끼치지 않는 편이 오히려 당연치 아니할는지?

　　양화洋靴를 발에 신고 '트레머리'에 짧은 치마저고리를 입은 것은 모두 여학생으로 간주할 수 있다. 그런데, 화류계 여자들 중에도 이와 같이 모장模裝하여 어느 것이 여학생인지 어느 것이 기생인지 판별할 수 없게 되었다. 그러하므로 여학생계에서는 그것을 단속하기 위하여 강연회를 행하였다 한다. 의복이 무슨 관계가 있으랴. 행신만 단정하면 부끄러울 것이 없을 것이다. 여학생들 중에도 화류계 여자 이상의 추잡한 사실이 노출되는 것을 우리는 간혹 볼 수가 있다. 여학생 자체들은 어떻게 생각하는지 화류계 여자들에게 도리어 비웃고 비아냥거림을 받는 것을 볼 때에 우리는 여학생들을 위하여 개탄함을 마지아니한다. 그러하므로 우리는 기생을 단속하는 것보다도 여학생들은 조속히 각 개인 자신의 행위를 단속하는 것이 당연하다 하는 것이다.

한강인도철교는 누구나 다 아는바 내인거객來人去客의 교통을 편의케 하기 위하여 가설한 것이다. 교통이 편의한 대신에 간혹 비극 참극이 발생하여 청년남녀의 자살장으로 변한 것이 유감이다. 죽는 것을 저승으로 가는 것이라 하면 이승에서 저승으로 가는 교통도 한강철교가 제일 편의하다. 그러나 저승으로 가는 사람만 있고 이승으로 오는 사람은 볼 수 없는 것이 우리의 한恨일 뿐 아니라 한강철교 때문에 이승에 사람이 하나도 남지 아니할 것 그것도 두려움이다. 이승, 저승의 교통을 차단하여 아무쪼록 참비극이 일어나지 못하도록 하는 것도 당국이 깊이 고려할 바라 한다.

대전大戰 이후, 풍조가 일변하여 구주에는 단발한 여자가 많다는 말을 들었다. 그리고 지나에도 남경 등지에는 단발랑을 간혹 볼 수 있다 한다. 이러한 악풍조가 조선에는 수입되지 아니할까 바랐다. 그러나 바라던 것이 허사가 되었다. 강향란이라는 기생이 돌연히 머리를 깎고 남복을 입고 엄연히 정칙 강습원에 통학중이라 한다. 암탉이 새벽에 우는 것도 그 집안이 기울어질 조짐이라 하였다. 하물며 여자가 남자로 모습을 바꾼 것이야 변괴가 아니고 무엇이리오. 이러한 하늘이 괴이 여길 물건은 우리 사회에서 하루라도 조속히 매장해버려야 될 것을 그 강습원에서는 무슨 이유로 입학을 허가하였는지 실로 의문이며 통탄할 일이다.

[사립검사국] 여성 광고 유행병
노국백작 《신생활》 1922년 8월호

자본주의의 상술에 대해 정곡을 찌르는 글. 산업과 문물이 채 발달하지 못한 조선에서 여성을 중심으로 한 소비재의 판매에 혈안이 된 세태를 고발하고 있다. 특히 성을 중심으로 한 광고와 여성을 등장시키는 행사에서 여성과 성을 상품화하는 현상을 지적한다.

인류의 시조인 아담의 처 이화가 "너의 소원은 지아비에게 있고 지아비는 너를 주관하리라"는 천명을 받아서 그런지? 본래 여자란 것이 남자의 왼편 갈빗대로 제작된 것이므로 그런지? 유사 이래 여자는 남자에게 예속되어 한 상품으로 취급된 것은 가련하나마 사실이다. 문명이 진보될수록 여권이 확장되어간다고 하는 일면으로는 문명이 여자라는 상품의 가격을 더 오르게 하는 것도 피치 못할 현상—더욱 조선—의 증명이다. 누구든지 종로 거리를 돌아다녀보라. 무엇이 눈에 많이 걸리드뇨? 문명의 한 선사물인, 전에 보지 못하던 여자 화장품이 아니드뇨? 일찍이 계몽기, 기업기에 낙오한 이 조선에 물질문명은 무엇보다도 여자의 화장품을 많이 제공하는 듯한 감이 없지 않다. 이름 모를 각색의 비단패물, 금은세공, 양산, 향수, 백분, 이 모든 것을 남자는 부지런히 제조하고 또 외국에서 수입하여다가 여자에게 제공한다. 여자는 더욱 화장한 유두분면油頭粉面[기름 바른 머리에 분 바른 얼굴]의 미태로써 남자에게 그 여성의 가격을 더 많이 취득한다.

그런데 요새 와서는 상품화한 여자에 대하여 남자의 영리심이 매우 영리해진 모양이다. 강연회를 개최해도 여성 한두 사람을 가미하여 입장권 사는 대중을 다수히 모으려는 비굴한 수단을 쓰는 일도 있으며, 영업을 하여도 불쌍하고 가엾고 연약한 자라는 것을 연상케 하여 동정을 구하는 듯한 부인 두 글자를 상호에 가하며, 상품을 팔아도 남자보다 여자, 심지어 광고판을 그려도 젖퉁이를 내민 여자를 그린다. 가소롭구나! 물건에 여성을 혼합하여 파는 줄은 몰라도 하여간 여자가 물건을 많이 판다 하며, 강연회도 여자가 있으면 호경기인 모양이다. 남자가 다반사로 내던지는 말이라도 여자의 입으로 굴러 나올 때에는 귀여움과 동정으로 박수갈채하는 것이 여자의 어깨를 으쓱하게 하는 듯하지만 기실은 여인형에 대한 남자의 재롱!

형형색색의 경성 학생상

청오 «개벽» 1925년 4월

| 1920년대 지식인계급에는 중학생도 포함되었다. 계몽기에

선도적 역할을 할 것이란 기대를 받았던 학생에 대한 세인의 주목은 당연한 것이었다. 이 글은 경성 학생들의 세태를 해학적이지만 비판적으로 그리고 있다. 당시 학생들의 모습을 생생하게 볼 수 있다.

이크, 경성에도 요사이는 학생이 꽤 많은 모양이다. 오전 8시 반이나 오후 3~4시경이면 이 골목 저 골목 할 것 없이 빽빽하게 왔다 갔다 하는 사람이 모두 다 학생들이다. 그중에는 귀 찢어지고 고름 떨어진 두루마기에 모자를 발딱 젖혀 쓰고 목도리를 회회 감고서 한 곳만 어깨 위에다 척 붙이고 다니는 소학생도 있고, 검정 통치마 흰 저고리에 울긋불긋한 실로 짠 포대기를 쇠덕석 모양으로 온몸에 두르고 놋동이 같은 엉덩이를 휘휘 저으며 참새처럼 재깔재깔하고 다니는 여학생도 있고, 말쑥한 감색 세루 양복에 네 뿔 난 모자를 푹 숙여 쓰고 반들반들한 구두등만 굽어보고 다니는 전문학생도 있고, 웃저고리 짧은 양복에 각반을 차고 오동통한 볼기짝을 말 궁둥이 모양으로 울근불근하고 다니는 중학생도 있고, 새로 나온 송아지 모양으로 반드르르한 머리에 신춘유행의 캡을 척 젖혀 쓰고 옥양목 새 두루마기에다가 금테 안경을 버려 쓰고는 나도 이제는 신사되었다고 양양 만족하는 솔봉이 졸업생도 있고, 푸릇푸릇한 두루마기에 명주 목도리를 송아지 목달이 모양으로 허술히 매고 모표 없는 모자를 주정꾼처럼 삐뚜름하게 쓰고 두 입을 딱 벌리고 이 서점 저 서점으로 돌아다니는 신입학생도 있다.

이 흔한 학생에게 돈을 받고 관상을 보아주었으면 반액 할인을 하더라도 일시에 거부가 되어 민영휘 대감이 행랑살이를 하겠다고 찾아와 집신집신하겠다마는 관상패를 붙인 지가 벌써 1년 이상이 되도록 무료로 보아주던 터에 어찌 학생에게만 특별히 요금을 받을 수가 있으랴. 에라 그만두고 또 공짜로 보아주자. 그러나 그 많은 학생을 일시에 다 볼 수는 없으니 소학생과 여학생은 제외하고 우선 중등 이상의 남자 학생만 보라. 그들만 해도 역시 몇천 명 이상이니까 개인마다 볼 여가는 없다.

널직한 훈련원 별관에다 모여 세운 뒤에 망원경과 조심경照心鏡을 대고 최신 최기한 대관상법으로 전체관상을 보자—기착氣着을 하여라.
시작해보자. 아따... 요즘 학생이야말로 참 전일에 비하면 형식은 꽤
정제한 모양이다. 연령도 비슷하고 키도 비슷하고 복색도 비슷하다.
그전처럼 삼사십 되고 수염이 푸르르한 노학생은 볼 수 없다. 허리 굽은
사람도 없고 입 벌리는 사람도 없고 갈지자걸음 걷는 사람도 없다.
형식뿐 아니라 또 학과도 전보다 비교적 나아진 모양이다. 일본말은
물론 거개 상아치요 영어, 수리도 꽤 잘들 하는 모양이다. 그러나
관상자의 눈으로 자세히 보면 학생의 몇 분자 중에는 여러 가지 기괴한
풍이 많다. 대강만 말하여도 이러하다.

　　　모자표는 엿장사에게 전당을 잡혔다가 찾아 붙였는지 모두
오그랑바가지가 되어 어느 학교 학생인지 분간할 수가 없고(알 수는
없으나 아마 모양도 내고, 비밀 행동하느라고 그러지), 일본말만
배우느라고 입이 부었는지 하학종만 치면 변소에 가서 담배로 입
뜨기가 일쑤요, 3~4인만 모여 앉으면 선생의 비평과 여학생 비평으로
일을 삼고 점심시간이면 수십 명씩 떼를 지어 호떡집으로 간다.
보성고등학생은 견지동 영해루 앞집으로, 중동학생은 수송동 김규진
군 집 앞집으로, 휘문고보학생은 관현 모某 양복집 또는 계동 위생소
앞집으로, 중앙고보학생은 동교 정문 밖 과자점으로 간다. 경신도
그렇고 배재, 양정 어느 학교 할 것 없이 다 그렇다. 이것도 물론 돈
많은 사람의 학생뿐이지. 그네들은 호떡집을 아주 단골로 정해가지고
무슨 호텔 무슨 호텔하며 날마다 가는데 관상자의 조사한 통계로
보면 한 집의 매일 수입이 최고 57원 60전, 최저 24원 30전이라.
학생한테서만. 아, 이것이 어찌 놀랍지 아니하냐. 벤또만 먹어도 될
터인데 호떡 군것질이 무슨 버릇이냐.

　　　그밖에도 궁흉한 호떡장사 청인놈들은 학생의 환심을 사고 담배
팔기 위하여 비밀 흡연실까지 준비하여두고 매일 학생을 유인한다.
그중에 전문학생들은 호떡 먹기도 창피해서 황교 일본인의 경편輕便
양요릿집 그렇지 않으면 화개동 황추탕집 또는 두방맹어골(송현동) 비밀
음식점이나 남대문 밖 자암 내외 음식점으로 몰려간다(다 그런 것은 물론
아님). 그리고 월사금은 못 내어서 정학을 당할지언정 활동사진 구경은
으레 가고 부모형제에게 문안편지는 잘 아니하여도 촌수도 없는 여학생
누이에게 편지거래가 빈번하다. 또 하숙집에 가보면 아무리 고학생이라도

전일처럼 석유상자 책상은 없고 으레 50원짜리 책상에다 책장, 필통,
사진첩을 다 놓았다. 교과서 참고서는 한 권 없어도 연애소설과 유행
창가 한 권씩은 다 가지고 서랍 속에는 여학생에게 편지하는 꽃봉투
꽃전지와 춘화도도 가끔 나오며 벽에는 행셋거리로 바이올린, 라켓을
걸어두었다. 길만 나서면 여학생 '히야까시冷かし[놀리기]' 하느라고
시간 가는 줄도 모르고 집에 돌아오면 면도하느라고 밥도 제때에 잘 못
먹는다. 또 뇌 속과 뱃속을 들여다보면 총독부 관리 그렇지 않으면 어느
은행 회사원, 또는 어떤 부호의 노예가 되어서라도 몸 편하고 배부르게
지내려는 허영이 잔뜩 차서 졸업시험도 치르기 전에 직업 구하기에
분주하며 졸업 후에는 첫 정사政事가 양보치레, 요리점 출입, 본처
이혼이다(부자학생에 한하여). 이 외에도 할 말이 많다마는 이만하고
후기를 또 기다려보자.

아, 오늘 경성 학생계에 일부분이라도 이러한 경향이 있는 것이
과연 우리의 잘될 징조이냐 잘못될 징조이냐. 이 관상자의 말이 하나도
안 맞아서 일반이 모두 그놈 관상자놈 차천자車天子[보천교 교주 차경석.
친일하여 비판받았음] 모양으로 거짓말만 하는 놈이라고만 책을 당하게
되면 우리 민족의 다행이다만 만일에 관상자의 말이 귀신같이 꼭꼭
맞는다 하면 우리 민족에 그런 불행이 없을 것이다. 나는 다만 그러한
학생에게 관상자의 말이 허언이 되기를 바라고 또 최후에 아무 관계도
없는 순결무구한 학생에게까지 미안한 말을 혹 유감천만으로 생각하고
겸하여 사례한다. 그만 헤쳐 갓...

[모-던껄 · 모-던뽀-이 대논평] 데카당의 상징

최학송 «별건곤» 1927년 12월호

> 모던 현상이 두드러지기 시작하는 1920년대 후반, 잡지
> «별건곤»은 모던 보이와 모던 걸에 대한 기획을 마련했다.
> 장안의 지식인들이 참가한 이 기획물은 대부분 사회주의적
> 관점에서 모던 보이와 모던 걸에 대한 비판을 가하고
> 있지만 당시 막 등장하기 시작한 새로운 인간에 대한

세부적인 묘사와 함께 이들을 사회적인 현상으로 해석하려는
시도를 보여주고 있다. 모던 보이와 모던 걸을 세기말적인
퇴폐문화의 상징으로 본 이 글은 새로운 인간형에 대해
가볍게 쓴 글이지만 당시의 모던 인간들에 대한 일반적인
시각을 보여주고 있다.

'모던 껄'과 '모던 뽀이'에 대해서 감상도 좋고 풍자도 좋고
비평도 좋으니 무엇이나 하나 써달라는 것이 《별건곤》의 청이다.
　　《별건곤》은 그 이름이 기발한 것만큼 문제도 기발한 것을
취하거니와 나와 같이 평범한 사람으로서 그 기발한 문제의 해답이
능할는지 의문이라 하면 또한 의문이 되지 아니치 못할 것이다. 어느
때엔가 어떤 분이 어떤 신문에 단발미인의 평인지 감상인지 쓴 것이
동티가 나서 그 글을 쓴 분과 그 글을 실은 신문사가 단발미인 연대의
포위공격에 수세를 잃고 수항단受降壇 아래 엎드려 항복을 했다 하니
지금 이 글을 쓰는 나에게는 그것도 한 전감이 되지 않는 바도 아니다.
천행으로 내 붓이 잘 나가면 모르거니와 원래 서투른 솜씨이라, 서투른
무당의 굿과 같아서 도로 화禍나 불러놓으면 나는 나의 잘못이니 화를
받아도 문제가 아니지만 성문에 붙은 불이 연못의 고기에게까지 미치는
격으로 《별건곤》에까지 미친다면 그처럼 미안한 일은 없다.
　　대개 남을 칭찬하는 것은 좋은 일이라 하지만 그것도 너무 도에
지나치면 도로 멀미가 날 지경이거든, 하물며 남의 험담이야 더 말해
무엇 하랴. 하지만 그렇다고 험을 험이라 하지 않을 수도 없는 일이다.
미운 애기에게 젖 주는 반대로 고운 애기에게 매를 주나니 진실하고
엄숙한 험담은 분에 넘치는 찬사보다는 나으리라고 믿는다.
　　대체로 말하면 나는 모던 걸이나 모던 보이를 미워하는
파도 아니요, 또 그렇다고 좋아하는 파도 아니다. 다시 말하면 나는
그네들을 나와는 상관없는 사람들같이 쌀쌀하게 보았던 것이다.
그네들도 나를 그렇게 보았을 것이다. 그렇다고 별로 섭섭할 것은
피차 천만에 말이지만 피차간 이렇게 생긴 것만은 사실의 사실이다.
이렇게 말하면 나는 '로담'이나 석가와 같다는 변명 같으나 그렇게
무명無明을 벗은 사람도 아니다. 다행히 금년 겨울은 더우니 괜찮지만

북악산의 찬바람이 거리를 싸르르 스치는 때라도 혈색 좋은 설부가
드러날 만치 반짝거리는 엷은 양말에 금방에 발목이나 삐지 않을까?
보기에도 아심아심한 구두 위로 몸을 고이고 스커트 자락이 비칠 듯
말 듯한 정강이를 지나는 외투에 단발 혹은 '미미가꾸시'에다가 모자를
푹 눌러쓴 모양은 멀리 보아도 밉지 않고 가까이 보아도 흉치 않다.
어쩌다 길이나 좁은데서 만나 엇갈리게 되면 나는 본능적으로 분이
짙은 그 빰과 나불거리는 귀밑을 곁눈질하게 된다. 여기서 연상되는
것은 분길 같은 손에 경복궁 기둥 같은 단장을 휘두르면서 두툼한
각테 안경, 펑퍼짐한 모자—어떤 시대 화가들이 쓰던 것 같은—코
높은 구두를 신고 장안 대로는 온통 제 길이라는 듯이 활개 치는 젊은
서방님들이다. 나 같은 겁쟁이는 만원된 전차 속이나 길 좁은 골목에서
그런 서방님들을 뵈오면 공연한 트집이나 잡지 않을까? 해서 질겁을
해서 뺑소니도 치지만 하여튼 그들은 즉 모던 걸과 모던 보이는 새의
두 나래와 같고 수레의 두 바퀴와 같이 이쪽만 들면 저쪽이 섭섭해하고
저쪽만 만지면 이쪽이 섭섭해할 만큼 서로 기울지 않는 짝이다. 이런
것을 생각하면 두 쪽을 다 건드리는 우리 《별건곤》의 태도도 지극히
공명정대하다고 하지 않을 수 없다.

　　　쓸데없는 잔소리는 집어치우고 이렇게 나는 그네들과 아무
상관도 없건만 눈에 뜨이는 때면 느끼는 바가 없지도 않고 또 친구들과
서로 만나서 놀다가 화제가 그리로 돌아가면 나도 한몫 끼는 축이요,
빠지는 축은 아니다. 하나 그렇다고 거기에 대한 철저한 비판을 가진
것도 아니요, 또 철저하지는 못하더라도 어느 정도까지 통일된 의견을
가지지도 못하고 허허 웃어버릴 만큼 질서 없는 말들인데 모던 걸이
나오면 피아노나 활동사진관이 따라 나오고, 모던 보이를 말하면
기생집이나 극장이 따라 나오는 것만은 사실이다. 내 자신도 모던
걸하면 현숙한 맛은 쑥 들어가고 화사하고 요염한 계집—댄스장에
나가는 여배우 비슷한 계집에게서 받는 듯한 느낌을 어렴풋이나마
받게 된다. 그와 같이 모던 보이에게서는 일없이 히야까시나 하고
빤질빤질 계집의 궁둥이나 쫓아다니는 어떤 그림자 같아서 건실하고
강직한 느낌은 못 받는다. 딴은 모던 걸, 모던 보이라는 말을 일본이나
조선서는 '불량소녀' '불량소년' 비슷한 의미로서 쓰는 까닭에 그렇게도
느꼈겠지만 그 자체가 우리에게 주는 느낌도 현숙하고 건실하다는

느낌은 아닌 것만은 사실이다.

　　나는 영문英文을 모르니 그 참뜻이 어떤 것인지 모르지만 영문
아는 이의 해석을 들으면 '모던'이라는 것은 근대, 또는 현대라는
뜻이라 한다. 그러면 모던 걸, 모던 보이는 근대소녀, 근대소년이니
속어로 말하자면 시체계집애, 시체사내들이 될 것이다. 그렇다면
어째 시체 것을 그렇게 좋지 못한 의미로 쓰는지, 심한 이는 '못된
걸(모던 걸)' '못된 보이(모던 보이)'라고까지 부르며 어떤 이는 그네들
정조貞操에까지 불순한 말을 하니 이것은 심한 말도 되려니와 나와 같이
그네들 속은 모르고 겉만 보고는 할 말이 아니다. 하나 시체라는 것을
어째서 좋지 않게 생각하는지는 한번 생각해보는 것도 헛수고는 아닐
것이다.

　　예전은 모르지만 근래에 이르러 시체라 하면 그 요소의 90%는
양풍일 것이다. 요새는 좀 덜하지만 한때는 서양 것이라 하면 덮어놓고
좋다하여 의복, 음식, 심지어 '뻬트'까지라도 놓지 못해하는 분들이
있었다. 일본에도 이런 때가 있어서 눈알까지 푸르게 못하는 것을
한탄한 이가 있었다 한다. 그리하여 격에도 어울리지 않는 몸치장과
행동이 보는 이의 악감을 샀을 것이요 또는 되지도 않은 연애자유론을
부르짖으면서 하루에도 두셋씩 만났다 갈리는 분들이 그 속에 있어서
이러한 미움까지 받게 되는 것이라고 믿는다. 그렇다고 나는 새로운
행동을 취하지 말라는 것도 아니요 연애자유를 구속하는 것도 아니다.
새로운 행동을 취하되 의미가 있어야 할 것이요, 연애의 자유를
부르짖되 그 자유를 실현할 만한 사회부터 생각해야 할 것이다. 그렇지
않고 요새의 모던 걸이나 모던 보이 모양으로 덮어놓고 화사에 들뜨고,
바이올린, 피아노나 치고 앉아서 연애자유나 부르고 걸핏하면 정사,
그렇지 않으면 실연병에 술이나 마시고 다니는 것은 세기말적의 퇴폐
기분을 단적으로 나타내는 것이다. 나는 여기서도 스러져가는 이 세상의
잔해殘骸를 역력히 보고 있다.

　　생각하면 모던 걸과 모던 보이의 앞길도 아침 햇빛 아래 빛나는
풀꽃에 이슬이나 되지 않을까?

모던이란 무엇이냐

유광렬 «별건곤» 1927년 12월호

> 진정한 모던 보이와 모던 걸은 유행과 겉치레에 의해서가
> 아니라 의식의 근대성에서 찾아야 한다는 것을 강조한
> 글이다.

'모던 뽀이'와 '모던 껄'이란 무엇이냐? 이러한 질문을 «별건곤»
편집자에게 들었다. 이와 같이 쉬운 문제는 아무 과제될 만한 것이 못
된다! '모던 보이란 근대아 또는 시체아時體兒라는 말이고 모던 걸이란
근대처녀 또는 시체처녀라는 말이다'라고 얼른 단순히 대답할 사람이
있을는지 모른다. 그러나 우리의 모든 지식이 한번 사색이라는 현미경을
대고 보면 그 근저가 흔들리는 것같이 이 말도 알 듯하면서도 검색하면
할수록 여러 가지 의문이 생긴다.

첫째 이것을 물질로만 볼 것이냐? 정신으로만 볼 것이냐? 또다시
이것을 더 들어가 우리가 지나온 '제너레이숀(代)', 가장 가까운 대인
19세기에 구할 것이냐, 또 시대를 선행하는 사람이 이 시대 사람을 끌고
가려는 가장 새로운 사람을 말함이냐?

정신과 물질 곧 여기 정신은 그가 가진 생각의 의식을 가리킨
말이니 그 사람이 현대 자유주의의 의식을 가졌느냐 또는 더 나간
의식을 가졌느냐 하는 것이다. 세계 전 국면을 놓고 보면 말이 퍽
길어지겠으므로 여기서는 조선에 대한 것만 말하자. 봉건주의사상이냐?
아니다. 그것이 최근까지 잔재가 남았지만 그것은 과거대過去代이다.
그러면 '개인은 자유로 되어야' 한다는 자유주의사상이냐? 그것은
물론 현대가 그것이니 근대라고 할 수 있으나 그보다 더 근대사상이
있으니 그것은 합법칙성에 의한 공동주의이다. 그러니까 이 주의를
가진 사람이 근대라 할 것이요. 다시 물질방면으로 보면 그것도 역시
사상에 대한 것과 같이 도포 입고 상투를 튼 것은 과거이다. 양복 입고
금테 안경 쓰고 나만 잘 놀면 그만이라고 하는 패는 근대사상 중에도
현대(금일)의 주축이 되는 바에 의존된 사람들이다. 머리는 헙수룩하다,
눈에서는 불이 탄다, 옷은 남루하나 공동을 위하여 애쓰는 사람은

최근대의식最近代意識을 가지고 시대를 선행하는 사람이다. 그러나 이 물질 방면은 시체를 따른다고만 근대아라고는 할 수 없다. 아무것도 모르는 녀석이 도포를 벗어버리고 양복 입는다고 근대아라는 것도 아니고 양복을 벗고 남루襤褸를 입는다고 근대아도 아니고 오직 그 의식과 방향이 어떠한 것인가를 가지고, 가장 근대에 난 가장 새로운 의식을 가진 사람을 근대아라고 할 수밖에 없다. 누가 개똥을 청보에 쌌다고 구리지 않다 할 자냐?

그러므로 이와 같은 논법을 여자에게도 적용한다면 형식으로 보아서 장옷 쓰고 다니는 처녀보다 장옷 벗고 다니는 처녀가 근대녀이고 머리 땋고 내외한 새악시보다 흰 저고리 검은 치마에 거리로 나서는 것이 근대녀이고 머리 깎고 양복 입고 돌아다니는 이가 흰 저고리 검은 치마보다도 근대녀라고 할 것이 아니라 역시 그 의식을 보아서 결정할 것이다.

여기 만일 구식 남자의복과 구식 여자의복을 입은 이가 있더라도 의식만 최근대적이면 나는 근대아, 근대녀이라 하겠다.

연전에 요절할 일이 있었으니 그것은 '루바시카'를 입고 여자는 머리를 깎고 경성 큰 거리를 배회하는 것을 보고 일부가 이들을 근대아, 근대녀로 안 사람이 있었다. 그러나 이런 것은 아무 상관없는 일이다. '루바시카'는 아라사[러시아] 적삼이니 그것이 무슨 근대이며, 여자의 머리는 그전 조선승이 깎았고 미국의 일부에서와 로서아露西亞[러시아] 일부에서 깎은 일이 있으니 그것은 제 몸을 가지고 이렇게도 장난하고 저렇게도 장난하는 일종 유희에 불과한 즉 그것이 무슨 근대랴. 고대에도 있었고 근대에도 있는 일이다. 옷 같은 것도 역시 편하게 해 입으면 그만이지 근대 고대가 없을 것이다. 다만 의식만은 역사적으로 어떤 계열을 가지고 내려오는 것이기 때문에 근대와 최근대의 구별이 재연裁然하다.

그러므로 나는 최근대의식을 가지고 시대에 선행하는 사람들을 근대아, 근대녀라고 부르려 한다, 형식적 근대아녀여! 이론이 있거든 오라! 내 계몽해주리라.

모던 수제數題

적라산인 《신민》 1930년 7월호

> 모던 군상이 보여주었던 기이하고 이상한 유행을 근대적
> 도시의 산물로 보는 이 글은 도시적 공간과 이들의 상관관계,
> 모던생활자들의 계층과 직업 그리고 그들의 속성 등을
> 비판적으로 그려놓았다. 사회주의적 시각이 듬뿍 묻어
> 있는 이 글은 노동을 중심으로 하지 않는 쁘띠부르주아적
> 생활양식이 이들을 퇴폐적이고 변태적인 인간으로
> 만들어놓았다고 질타한다.

연전에 일본의 모 정신과 의학박사가 모던 환자를 진단한 결과 "조발성치매증이라는 병명인데 그중에는 현기증 환자, 감수성앙진증자, 변태선모반증 등이 많다" 하였다는 말을 들었다─여기에서 모─던병 환자라고 하는 것은 모─던 생활의 최첨단자요 모─던 생활의 정수라 할 '모─던 껄, 모─던 뽀이'를 말하는 것이다─나는 이 진단을 명의의 진단으로 생각하는 자이다.

그러면 모던 걸, 모던 보이를 환자로 취급한단 말이냐 하고 대분개하실 분이 계실지는 모르나 환자라 하더라도 그리 모욕은 되지 않을 것이다. 왜 그러냐 하면 천재는 왕왕 광인 취급을 받게 되는 것과 마찬가지로 대중의 상식에서 벗어난 짓을 하는 사람이면 아무리 제정신은 멀쩡히 가졌더라도 일종 변태병자로밖에 보이지 아니함으로서다. 그러나 나는 결코 모던병 환자를 변호하려는 것도 더구나 찬미하는 자는 아니라는 것을 먼저 알아두어야 할 것이다. 그러나 나는 또 그들을 구태여 비소하려는 자도 아니다. 그러면 무엇이냐? 여기에서 또 귀찮은 문제가 일어날 터이나 나는 다만 사상을 있는 그대로밖에 보지 않는 자다. 아마 누구나 나와 마찬가지로 이러한 모던병 환자에 대해는 때로는 얼굴에 침을 뱉어주고 싶기까지 구역이 날 것이나 또 때로는 사랑스러운 고양이처럼 등을 어루만져주고 싶은 매력도 느낄 것이다. 말하면 여기에 그들의 특징이 있고 또 현대적 지지支持가 있는 것이다.

×

　모던생활이란 대체 어디 있는 것이냐? 흙냄새 땀냄새로 섞어
짜인 시골 농촌에서는 이런 그림자가 보이지 않는 것만은 확실하다.
그러면 어디냐? 결국 그것은 도시의 산출이다. 도시라 하더라도
도시의 거리거리 귀퉁이마다 이 모던생활이 깔려 있는 것도 아니다.
서울로 말하면 종로 네거리라든지 진고개라든지의 포도 위에 또는
카페, 레스토랑, 영화관, 음악회 등의 의자 위에서 영위되는 생활이다.
그러나 그것은 또한 종로나 진고개에서 사는 사람들이 아니요 카페,
레스토랑, 영화관, 음악회 등의 여급이나 쿡이나 안내자로 영위되는
것은 아니다. 어디서인지는 모르나 다른 지역에서 거기로 모여드는
사람들이 영위하는 생활이다. 다시 말하면 전기의 각 장소에서 살며
일하는 사람들의 생활이 아니요 그 지점에 모여드는 딴판의 사람들이
그 지역과 장소를 빌어서 영위하는 생활이란 말이다. 모던생활은
가두생활이란 말이다. 카페, 레스토랑, 영화관, 음악회는 가두의
연장이다. 따라서 모던생활은 가두에서는 천량역자 노릇을 하는 모보와
모걸이 그 가정에 돌아와서는 마치 꼬리 빠진 새와 발톱 잃은 매와
같이 되는 것이다. 모던생활은 가두의 생활이다. 말하면 이런 '거리'를
만들어내어서 그것을 길러가는 근대적 대도시라는 괴물의 소산이다.

×

　그리면 모던생활자의 주체는 무엇이냐? 가장 순수한
모던생활자의 형태는 노동 생활과 생산생활에는 무관계한 종류의
인간들에게 의하여 구성되는 것이다. 즉 계급적으로 보면
유산유한계급자 적어도 쁘띠 부르주아계급에 속하는 자로 직접
생산생활에는 하등의 인연도 없이 다만 소비에만 그 생활을 쌓아
올리는 종류의 사람이다. 연령으로 보면 보이, 걸의 이름이 붙는 것만큼
그들은 모두 청년남녀이다. 직업적으로 보면 무직이 원칙이니 이
점으로 보아서는 학생이 가장 순수한 계통이라 할 수 있다. 가령 또
직업이 있다 하더라도 그 수입으로써 부양할 의무를 진 종류의 사람이
아니요 적어도 제가 벌은 수입은 제 일신의 욕망에만 소비할 수 있는
말하면 여기에는 무직자와 같은 위치에 설 수 있는 종류의 인간이다.
구체적으로 말하면 독신자에 월급쟁이다. 요컨대 노동생활과는 아주
인연이 없고 생산사업에는 아주 딴 세상 사람이요, 따라서 가정적

책임이라고는 생각해본 적도 없는 부류의 사람들이 모던생활의 주체가
되는 것이다.

그러나 자세히 살펴볼 때는 이러한 모던생활자 중에도 여러 가지
종류가 있다. 먼저 본질적 모던생활지와 이의적二義的 모던생활자로
대별할 수가 있고 이의적 모던생활자를 다시 일시적 모던생활자와
모던생활업자와를 구별할 수가 있다. 그런데 본질적 모던생활자라는
것은 이미 전술한 각 조건에 적합한 종류의 인간이니 즉 '모보'와
'모걸'이다. 이 모보와 모걸이야말로 실로 모던생활의 정수다. 그러나
이 일시적 모던생활자는 그 계급으로, 연령으로, 직업으로 또는 가정적
책임관계로 본질적 모던생활자가 될 수 없는 부류로 어떤 기간 내에만
모보, 모걸의 생활을 모방하는 자이니 가령 문예가, 미술가, 영화배우
등이다. 이 중에는 아닌 게 아니라 상습적 모던생활자라 할 사람도 적지
않고 또 상당한 연배와 직업을 가진 사람으로 우발적으로 출현하는
수도 없지 않다. 그러나 이런 부류는 모두 어딘지 도금빛이 보이고
깍두기 냄새가 나는 모던생활자들이다. 그리고 모던생활자라는 것은
모던생활을 영위하는 자들을 위하여 그 자신들도 외형적으로 부득이
모던생활의 일부를 꾸며서 그 영업을 삼는 사람들이다. 카페, 바,
레스토랑, 댄스홀 등의 여급과 무용녀 등과 같은 것이니 그들은 형식적
모던생활자에 불과한 것이다.

이러한 본질적 모던생활자와 일시적 모던생활자 및
모던생활업자들이 한데 뭉쳐서 가두에 또는 가두의 연장에서 난무하는
것이 즉 '모던생활'의 전체이다.

×

가두의 난무!

모던생활!

그들은 모든 생산생활을 떠나 모든 생활양식을 벗어버리고
혼돈된 색채, 음향, 선 위에서 어느 시절인지 어디로 가는지도 모르고
비틀다리로 난무하는 꼴! 이것이 곧 모던생활이다. 나팔통바지, 폭넓은
넥타이, 기다란 빈모, 송납식[송납은 여성이 쓰는 모자 송낙을 뜻함]
두발의 모던 보이에게나 원숭이 궁둥짝 같은 홍안, 핏빛 같은 구홍,
제비꼬리 같은 눈썹, 송곳 같은 구두 뒤축의 모던 걸에게나 그들의 어느
곳에 전통의 그림자가 숨어 있으며 통일된 미를 찾을 수 있느냐?

그러나 이들이 현대인의 심리를 잡아 쥐고 또 끌어들이는 것은 여기에 있다. 무슨 말이냐? 근대의 특징은 무엇보다도 생활해방에 있다는 것은 누구나 짐작하는 바이다. 보라. 자유해방한 생활의 파도가 바람에 따라 수처에서 용솟음치고 있지 아니하냐. 계급에 의한, 지위에 의한, 직업에 의한 기타 골치 아픈 각종 조건에 의한 봉건적 생활양식은 이미 지나간 꿈이다. 누구나 할 것 없이 제 맘대로 그야말로 순전한 제 맘대로 그 생활양식을 향락할 수 있는 시대가 되었다. 이리하여 생산생활을 떠난 무구속한 종류의 인간들에 의하여 이러한 모던생활이 건설된 것이라 하면, 마찬가지의 사조에 젖은 현대인으로서 거기에 공통성과 상관성을 느끼게 되는 것도 또한 당연한 일이라.

그러면 그들을 혐기嫌忌하게 되는 것은 무슨 까닭인가?

한 말로 하면 그들의 변태적 기호성으로서이다. 더 깊이 들어가 말하면 생산생활을 유리한 까닭이다. 노동이 균형을 얻고 노동이 보증해주는 생활에서 나온 취미는 건전하고도 정상적인 발달을 얻는 것이다. 그러나 이와 반대로 노동의 균형이 없는 생활이 낳은 취미성은 모던생활자와 같은 기형적 변태적 발달을 하게 되는 것은 당연한 일이다. 오월의 태양이 스며드는 포도 위에서 아메리카 스크린에서 지금 막 빠져나온 듯한 환영같이 헤매는 것과 밤 늘어진 카페의 몽롱한 전등 아래서 그리워 죽은 유령과 같이 비틀거리는 소위 모던 취미의 정체를 씻어보면 결국은 노동을 혐기하고 생산을 도회韜晦한 방랑군에 지나지 못하는 것이다.

삼천리에 핀 일색들
«삼천리» 1929년 9월호

대중잡지였던 «삼천리»는 대중문화와 관련된 다양한 행사를 벌이기도 했다. 「삼천리에 핀 일색들」은 «삼천리»가 공모한 지상 미인대회에 함께 실린 글이다. 성과 육체에 관한 관심은 1920년대부터 폭발적으로 늘어갔는데 이 행사는 그러한 대중적 관심을 반영한 것이기도 했다. 이 글

자체는 억지스러운 면이 없지 않으나, 서양영화의 영향을
반영하는 듯한, 동적인 아름다움을 강조하는 현대적인 미인의
가치기준을 피력하고 있다.

"네가 잘나서 일색이더냐 내 눈이 어두워 일색이더냐" 하는
노래 가락과 같이 너무 잘난 미인들을 만나면 그만 황홀해져서 두 눈이
저절로 어두워진다.

보라 여기에 핀 일색들을. 그 눈은 웃는 듯 우는 듯 무엇을
호소하는 듯 안타까워서 차마 오래 바라보지 못하겠고 그 입도 금시에
방싯 열리면서 시원한 바람이 솔솔 불어나와 지면이 청풍에 뜰 것 같다.
그뿐인가. 찍어 당기는 코, 히멋진 유방, 반듯한 두 정강이, 수양버들같이
착 드리운 그 머리카락을 바라볼 때에 그네들과 같이 이 세상에 태어난
기쁨에 처음에는 뛰고 싶다가 그다음엔 울거나 웃고 싶다가 나중에는
다만 목석같이 굳어질 뿐이다. 일색! 그대 인생을 기쁘게 하면서도
괴롭게 하는구나.

미인은 강가에서 난다. 『아라비안나이트』를 볼지라도 나일강변에
어떻게나 많은 클레오파트라들이 살았었고 또 양자강을 연하여
소항주에 몇만의 양귀비가 있었던 것을 능히 알 것이 아니냐. 조선서도
대동강을 연하여 평양미인들이 생겼고 낙동강과 물 맑은 남강을 연하여
진주 색향이 일어난 것이 아니냐.

강은 또 문명을 낳는다. 애급埃及[이집트]의 나일강과 중국의
양자강과 백제의 백마강 등 세계의 찬란한 문명국으로 강을 끼고
일어나지 않은 것이 있던가. 그는 그럴 것밖에 강물이 수천 년 흐르는
동안에 산악을 자꾸 파내려다가 '깡이'를 만들어 퇴적하여 놓으면
거기에 넓은 평원이 생기고 그 평원 위에 사람들이 저절로 쫓아와
삶으로 교역이 시작되니 문화가 일어나지 않을 수 없다.

이미 문화가 일어나매 인물이 생물학적으로 도태가 되고 세련이
되어 결국 미화한다. '니그로'의 부녀와 고도의 문명을 가진 구미
부녀의 용모를 대조해보라. 거기서 미모를 문명이 어떻게나 절대적으로
지배하고 있는 사실을 알 것이다. 그러니까 미인은 강가에서 난다는
말이 헛말이 아니다.

세계의 미인은 파리로부터 '바리웃드[할리웃인 듯]'로 옮아가고 있다. 하지만 조선의 일색들은 여전히 산수가 맑은 서북에 피고 있다. 진주도 미인이 있다 하나 마치 촉석루가 능라도와 모란대의 풍경을 이기지 못하듯이 조금 뒤떨어지는 느낌이 있다. 더군다나 서북 일대의 부녀의 절개가 남다르게 굳다 함에랴. 전쟁이 나도 제 손으로 정조대를 차고 나설 부녀는 암만하여도 경기 이북이서의 여성들에게밖에 바랄 노릇이 못 된다 하니 그 말이 참말일 걸.

외국사람들은 조선에 왔다가 반드시 기생과 금강산을 선물로 머리에 넣고 간다. 조선 기생들은 백로같이 그 담아한 자태와 음악적 말씨가 확실히 남의 마음을 건드려놓는다. 그러나 솔직하게 말하면 고전미, 정적미는 있다 할 터이나 근대적으로 세련을 받지 못한 관계로 경쾌하고 동적이고 방분한 이지성이라고 찾아보려 해도 볼 길이 없이 되었다. 우선 우리가 '아름다운 사람'이라 함은 병풍 속에 그린 닭같이 그냥 아름답기만 하고 언어 이외에는 표정과 동작을 낼 줄 모르는 그런 동양적 고전적 여자들을 가리킴이 아니냐. 그러나 근대의 감각은 그것만으로 부족하다. 입도 말하겠지마는 눈이 끊임없이 자유로이 그 의사를 아니 몸 전체의 율동에서 제 뜻을 남에게 전하는 그만한 움직임이 없으면 아니 될 것이다. 조선 기생도 그 표정이 본래의 고아에다가 지적智的 분방이 있지 않으면 시대적 도태를 면하기 어려우리라.

여기 지상에 피어난 명화들이 어째서 아름다우냐고 하느냐. 아름다우니 아름답다. 미는 절대다. 절대의 앞에 설명이 없다. 오직 '하이네'같이, 오직『시경』의 글귀같이, 오직 '브라우닝'같이 그 미를 노래하라. 그 미를 알려 하지 말고 느끼려 하라. 또 이 속에 사람들의 이름일랑 아예 묻지 말아라. 혹 기루妓樓에 몸을 던진 이도 있으리라. 그러나 진흙에 핀 꽃이 더욱 값이 있는 것이 아니냐. 또 그 나이를 묻지 마라. 이미 청춘을 지난 이조차 있으리라. 그러나 그네는 자기의 미모를 예술에게 맡겨놓고 저는 안심하고 가버린 것이다. 즉 이 땅 위에 일색을 피워놓을 의무를 다 마치고 저만 간 것이니 그 육체가 부란腐爛한들 이 서면 위에 예술로 남긴 그림이야 꺼질 줄 있으랴 늙을 줄도 있으랴. 그러면 그만이 아니냐. 우리는 기처논 일색을 자랑하면 그만이다.

아, 미! 미! 이 강산의 골골에 핀 일색들을 보며 노래하면서 이

여름에 웃으며 지냅시다.

푸로와 뿌르 여학생의 정조와 연애관
«삼천리» 1932년 12월호

> 성에 대한 관심은 대중사회의 필연적 결과로 잡지나
> 언론을 통해 증폭되었다. 프롤레타리아 여학생과 부르주아
> 여학생으로 구분하여 앙케트 조사를 한 이 글은 1930년대,
> 여학생의 정조관념, 결혼관 등 성에 대한 당시의 의식을
> 살펴볼 수 있는 자료다.

여학생들 사상이 지금 몹시 동요하고 있다. 사회 그 자체가 지금
정신적으로나 물질적으로 몹시 동요하고 있는 이즈음이니 또한 현대의
공기를 마시고 있는 여학생들의 사상과 감정이 동요받고 있지 않을 수
없는 것은 당연한 일이지만 최근에는 그 경향이 더욱 현저함을 느끼게
한다.

이제 이것을 결혼과 연애에 대한 방면으로 관찰해볼 좋은
재료가 우리 앞에 제공되었다. 그것은 서울 어떤 학교에서 그네의
가슴속 사상을 엿보려고 무기명 투표로 학생 전반의 대답을 들어보았다.
그런데 가장 주목을 끄는 것은 이것은 부르주아 여학생과 프롤레타리아
여학생을 구분하여 본 것이다. 즉,

    A= 중역, 지주, 거상, 귀족의 집 따님.
    B= 졸업 후에 부모와 형제를 부조하여야 되는 중산계급 이하의
       가정의 따님.

결혼과 여학생의 정조관
Q. 결혼하기까지 처녀대로 있고 싶노라.
A=100명 중 78명   B=100명 중 85명
Q. 결혼은 한 개의 모험이므로 처녀대로 있고 싶지만 사실

그것은 불가능하므로 정조에 구애하지 않노라.

A= 100명 중 44명   B= 100명 중 63명

Q. 결혼 전에 어느 정도로 향락하고 싶노라.

A= 100명 중 23명   B= 100명 중 16명

결혼을 함에는?

Q. 연애로부터 결혼에 들고 싶노라.

A= 100명 중 98명   B= 100명 중 67명

Q. 연애는 없이 그저 결혼하겠노라.

A= 100명 중 2명   B= 100명 중 32명

Q. 부모의 매개로서 결혼하고 싶노라.

A= 전무   B=100명 중 33명

Q. 우선 교제하여 본 뒤에.

A= 100명 중 99명   B= 100명 중 72명

이것으로 보면 A에서는 매개결혼을 희망하는 자가 전혀 없다. 그러나 무산계급에서는 결혼은 경제생활과 끊어내어 생각하지 않고 상대방을 안 뒤에 만약 연애가 일지 않을지라도 결혼은 하겠다는 여학생이 많아서 사회적 힘에 따라가는 태도가 분명히 나타나 있다.

상대방이 자산이 있는 자를 희망하는 여학생이 A에는 96%, B에 79%인 것으로 보면 A의 연애는 타산적이고 B는 착실한 희망을 가지고 있음을 알 수 있겠다.[자산과 관련된 설문은 기사에서 누락된 듯 보인다.] 매개결혼을 전연 부정하고 있는 상류계급의 자녀가 사실은 정략 인습 때문에 결혼을 좌우하고 있는 것도 가히 볼 만한 일이다.

남성 동정을 어떻게 보나

Q. 상대남자의 동정을 절대 필요로 안다.

A= 100명 중 13명   B= 100명 중 21명

Q. 동정이면 그야 좋겠지요.

A= 100명 중 73명   B= 100명 중 69명

Q. 동정여부는 문제가 아니다.(비동정도 됨)

A= 100명 중 14명   B= 100명 중 10명

　　남자의 동정문제에 대한 여학생들의 생각을 좋고 나쁘고는 별문제로 하고 우선 그네들의 생각하는 바를 이해하지 않으면 안 된다. 즉 고결한 처녀들에게 현실이 차츰차츰 인식되어가는 데 주의하지 않으면 안 된다.

　　사실 대학생 및 전문학생 중 평균 동정자는 100명 중 51명에 불과하다 함은 정확한 통계라 이 현실을 순진한 처녀들은 깨닫고 있다. 물론 이리 됨에는 사회적 결함을 인식, 이해하고 있는 현대의 여학생들이니까.

한 평생 남편께 수절할까

Q. 한 평생 정조를 지키겠노라.

A= 100명 중 75명　　　　B= 100명 중 83명

Q. 그것은 맹세할 수 없노라.

A= 100명 중 25명　　　　B= 100명 중 17명

남편의 기호와 그 여학생의 의사

Q. 술(조금 먹는 편이 좋아요.)

A= 100명 중 88명　　　　B= 100명 중 72명

Q. 담배(피워도 좋다.)

A= 100명 중 92명　　　　B=100명 중 96명

Q. 양친의 반대를 무릅쓰고라도 결혼하겠노라.

A= 100명 중 33명　　　　B= 100명 중 6명

Q 양친을 설복하겠노라.

A= 100명 중 26명　　　　B= 100명 중 35명

　　그네들의 과반수는 부모가 반대하면 단념하겠다는 의사가 보입니다.

결혼 후에는

Q. 결혼 후 양친에게서 보조를 받겠노라.

A= 100명 중 21명　　　　B= 100명 중 2명

Q. 결혼 후에도 직업을 가지겠노라.

A= 100명 중 7명   B= 100명 중 73명

Q. 부모형제를 보조하겠노라.

A= 100명 중 3명   B= 100명 중 38명

Q. 서울에서 살겠노라(시골도 안 가겠노라).

A= 100명중 92명   B= 100명중 54명

자식은 낳지 않을 테요.

Q. 자식을 낳고 싶노라.

A= 100명 중 89명   B=100명 중 9명

Q. 결혼 후 5년 이내는 아니 낳겠노라.

A= 100명 중 83명   B= 100명 중 62명

Q. 결혼 후 10년간은 아니 낳겠노라.

A= 100명 중 5명   B= 100명 중 3명

Q. 낳지 않을 방법을 알고 있노라.

A= 100명 중 79명   B= 100명 중 37명

참고자료 목록

[11월의 일] 독립문 건설과 그 시절, 수석水石, «조광朝光», 1935. 11.

[1931년 총결산] 세기世紀를 단축短縮식힌 자연과학계, 섬광생閃光生,
　　«신동아新東亞», 1931. 12.

1932년식 광고전술, «신동아», 1932. 9.

33년도 유행 전망, 최영수, «신가정新家庭», 1933. 2.

7년전후 총독부 세출입歲出入 비교, «개벽開闢», 1925. 3.

JODK – 경성방송국은 어떠한 곳, 무엇을 하는 곳인가?, 이석훈, «조광»,
　　1935. 12.

[MODERN COLLEGE] 도회생활 오계명五誡命, 모던 모세, «별건곤別乾坤»,
　　1930. 6.

[MODERN COLLEGE] 모던 낙천주의 강의, 어루빈, «별건곤», 1930. 7.

[가두街頭에서 본 인물], «혜성彗星», 1931. 12~1932. 3.

가두街頭와 '에로'전성全盛, 김을한金乙漢, «삼천리三千里», 1930. 9.

가두소묘, 조풍연趙豊衍, «조광», 1937. 12.

가두수첩, «박문博文», 1939. 2, 6, 7, 9.

[가을거리의 남녀풍경], «별건곤», 1930. 11.

　　─ 구역질 나는 남성, 최의순崔義順.

　　─ 시골 여인의....,, 김안서金岸曙.

　　─ 천고여비天高女肥!, 이태준李泰俊.

　　─ 새로운 경향傾向의 여인점경女人點景, 로아.

　　─ 운전대運轉臺의 그로, 박진朴珍.

　　─ 종로 거리의 양복쟁이들, P·S·S.

　　─ 안동安洞육거리에서, 송희松姬.

　　─ 전당국典當局이 원인, 김경선金景仙.

　　─ 자정子正뒤의 괴怪여자, 백능白菱.

　　─ A여자와 B여자, 방소파方小波.

　　── 복색服色에 가지가지, 방춘해方春海.

가정과 신가정생활, 송금선宋今璇, «조광», 1936. 9.

[가정과 음악] 가을의 서양요리, 송옥선宋玉璇, «조광», 1936. 10.

[가정과 음악] 신추新秋의 부인복, 임정혁任貞爀, «조광», 1936. 10.

가정비극 엄정비판, 제씨諸氏, «동광東光», 1931. 11.

가족제도의 측면관, 창해거사滄海居士, «개벽», 1920. 8.

[각계 일년간총평] 조선영화와 '신쩨리티' ─ 일년간 조선영화계 총결산,
　　서광제徐光霽, «조광», 1938. 12.

각계각급 백지 한 겹 관계자간의 신년 소원, 김인숙金仁淑 외 17인, «별건곤»,
　　1929. 1.

각계각면 제일 먼저 한 사람, 관상자觀相者, «별건곤», 1928. 12.

[각계각인 10년회고] 신문기자로 본 10년 조선, 고영한高永翰, «별건곤»,
　　1930. 1.

결혼 전후 ─ 내 남편을 말함, 허하백許河伯 외 3명, «여성女性», 1936. 4.

결혼론, 이광수李光洙, «여성», 1936. 4.

결혼문제 좌담회, 이선근李瑄根 외 10인, «대중공론大衆公論», 1930. 6.

[결혼은 과연 연애의 분묘墳墓?], «삼천리», 1932. 1.
　　── 기적과 신비와 현실, 염상섭廉想涉.
　　── 사랑은 하여라, 결혼은 마러라의 가부可否, 김안서金岸曙.
　　── 결혼은 연애의 정차장, 방인근方仁根.

결혼이냐? 직업이냐?, 찰쓰 다나 깁손, «신민新民», 1926. 1.

경부철도가京釜鐵道歌, «소년少年», 1908. 12.

경성 다방 성쇠기, 노다객老茶客, «청색지靑色紙», 1938. 6.

경성 식구경食求景, 천아토千亞土, «조광», 1941. 1.

경성 압뒤골 풍경, 웅초熊超, «혜성», 1931. 11.

경성 종로상가 대관大觀, 경산학인耕山學人, «삼천리», 1936. 2.

경성가두인물전람京城街頭人物展覽, «별건곤», 1929. 9(9. 27).

경성각상점 간판품평회, 안석주安碩柱 외, «별건곤», 1927. 1.

경성각상점 진열창품평회, 안석주安碩柱, 권구현權九玄, «별건곤», 1927. 2.

경성라디오, «별건곤», 1929. 2.

경성명물녀 단발랑斷髮娘 미행기, 복면자覆面子, «별건곤», 1926. 12.

경성북촌 극장가 성쇠기, 백암동인白岩洞人, «비판批判», 1938. 10.

412

경성의 양상면兩相面 - 서울의 보기 좋은 것, 서울의 보기 싫은 것, «혜성», 1931. 6.

경성의 이십년간 변천, 상투생, «개벽», 1924. 6.

경성의 화류계, 일기자一記者, «개벽», 1924. 6.

경성잡화京城雜話, «개벽», 1924. 10.

경성정구대회 소식, «신생활新生活», 1922. 8.

[경성특집], 황의돈黃義敦 외, «조광», 1940. 9.

　　── 경성명기점고, 상화실산인賞花室散人.

　　── 문화기관과 경성, 임경일林耕一.

경제생활과 부인의 지위, 이현경李賢卿, «신민», 1926. 1.

[고考미래학강좌] 1999년이 되면?, 조영근趙英根, «혜성», 1931. 7.

고급영화 팬되는 비결십칙秘訣十則, 스크린·쌜 - 쥐, «별건곤», 1930. 6.

고속도 대경성 레뷰, 주일수朱日洙, «조선문예朝鮮文藝», 1929. 5.

고향 계신 어머님께 - 서울로 유학 온 딸의 편지, «신가정», 1933. 1.

　　── 서울 유학 간 딸에게 - 시골 계신 어머님의 편지.

[과학의 진보] 유선형流線型 시대 다음엔 구상형球狀型 시대가 온다, 동해생東海生, «사해공론四海公論», 1935. 7.

과학과 조선여성, 정근양鄭槿陽, «여성», 1938. 3.

[과학란] 인조인간출현 - 최신과학의 경이 생명의 창조도 가능한가?, 일송정인一松亭人, «신동아», 1931. 11.

교양론 - 지성론의 발전으로서의, 이원조李源朝, «문장文章», 1939. 2.

[교육급학술敎育及學術] 진화론進化論, 홍병선洪秉璇, «공도公道», 1915. 1.

구한국의 외교와 문화, 에밀 마 - 텔, «삼천리», 1932. 10.

극장만담漫談, «별건곤», 1927. 3.

근대 여성미의 해부, 목화생木火生, «신동아», 1933. 4.

금년 여름의 유행 의상의 색채色彩와 문형紋型, 조중흡趙重洽, «춘추春秋», 1941. 7.

금년 일년 조선사람의 생활은 엇더하엿나, 윤지병尹芝炳 외 6인, «별건곤», 1927. 12.

기명유신其命維新의 경성, 편집실, «개벽», 1924. 6.

[기밀실機密室 조선사회내막일람실], «삼천리», 1938. 5.

　　── 백보환은 얼마나 팔니는가.

　　　— 문예대작 무정 영화화.

　　　— 경성 영화관의 명작갑.

기생생활도 신성神聖하다면 신성합니다, 화중선花中仙, «시사평론時事評論»,
　　　1923. 3.

기생의 인생관, 박옥화朴玉花, «비판», 1931. 5.

기생철폐론, 한청산韓青山, «동광», 1931. 12.

기자총출동 경성백주암행기京城白晝暗行記 제1회, «별건곤», 1926. 12.

기자총출동 대경성백주암행기白晝暗行記, 송작松雀 외, «별건곤», 1927. 2.

끽다점 연애풍경, «삼천리», 1936. 12.

나의 단발과 단발전후, 허정숙許貞琡, «신여성», 1925. 10.

[나의 항의], «별건곤», 1930. 8.

　　　— 지식계급에게, 아연동인亞鉛洞人.

　　　— 신문경영자에게, 석촌생石村生.

　　　— 남학생에게, 김○숙金○淑.

　　　— 시어머니께, 불효부不孝婦.

　　　— 모던 자식에게, 망령노야妄齡老爺.

나체모델과 화가의 감촉, 안석주安碩柱, 이승만李承萬, «삼천리», 1929. 6.

낙랑다방기, 이효석李孝石, «박문», 1938. 12.

남녀 교제사交際史, 최현배崔鉉培, «별건곤», 1927. 8.

남녀 지상誌上공격전, 김안서金岸曙, 장문경張文卿 외 14명, «여성», 1939. 3.

남녀토론 여자 단발이 가可한가 부否한가, 김활란 외 3인, «별건곤», 1929. 1.

[남녀통매痛罵 지상대논쟁誌上大論爭!!], «별건곤», 1927. 8.

　　　— 남자는 위선과 야심뿐이다, 심○숙沈○淑.

　　　— 썩고도 아니썩은 톄하는 남자, 이○경李○卿.

　　　— 이 다섯가지로 남자는 사람 못 된다, 윤○숙尹○淑.

　　　— 새로운 여성의 다섯가지 결점, 김○춘金○春.

　　　— 제이호第二號 인간들?, 강○환康○煥.

　　　— 남자 잡어먹는 구舊여자, 박○한朴○漢.

남녀평등국과 불평등국, 김준연金俊淵, «별건곤», 1927. 8.

남녀학생 풍기문제, 주요한 외 7인, «현대평론現代評論», 1927. 7.

[남성의 무정조에 항의장] 영웅호색적 치기稚氣를 타기唾棄, 윤성상尹聖相,
　　　«삼천리», 1930. 10.

414

남편의 정조문제 – 개정될 형법이야기, 김문식金汶植, «여성», 1940. 8.

내 안해에 불만, 이석훈李石薰, «여성», 1939. 3.

녜로 보고 지금으로 본 서울 중심세력의 유동, 소춘小春, «개벽», 1924. 6.

다방의 여인, 최정희崔貞熙, «작품作品», 1939. 6.

다방茶房매담에게 세정世情을 듯는다, 김연실金蓮實 외 2인, «조광», 1937. 1.

[단발과 조선여성], «동광», 1932. 9.

　　　─ 나는 단발을 이러케 본다, 김활란.

　　　─ 단발한 감상, KY생.

　　　─ '미쓰 코리아'여 단발하시오, 김기림金起林.

[대건물대공사의 측면사側面史], «조광», 1937. 7.

　　　─ 조선중앙기청회관의 창상滄桑사십년사, 청엽생靑葉生.

　　　─ 용용溶溶한 한강수에 걸친 인도교의 변천사, 일보생一步生.

　　　─ 경성제일의 고지건물 종현천주교당의 성자聖姿, 춘성椿聖.

　　　─ 주주야야晝晝夜夜 송영送迎의 관문 경성역일대기, 노천명蘆泉鳴.

대경성 광무곡狂舞曲, 쌍S생, «별건곤», 1929. 1.

대경성 식食구경, 이서구李瑞求, «중앙中央», 1936. 6.

대경성 파노라마, 최승일崔承一, «조선문예», 1929. 5.

대경성 화류계 금석今昔 성쇠기, 무호낭인無號浪人, «중앙», 1935. 2.

[대경성 회상곡] 처량한 호적胡笛과 찬란한 등불, 유광렬柳光烈, «별건곤»,
　　　　1929. 1.

대경성의 점경點景, 유광렬柳光烈, «사해공론», 1935. 10.

대경성이동풍경, 고범생孤帆生, «신민», 1930. 11.

대자본의 진출과 조선영화계, 나웅羅雄, «청색지», 1938. 8.

대화對話 신흥물리新興物理 – 아인쓰타인의 상대성이론에 대한 니야기,
　　　　신태악辛泰嶽, «신생활», 1922. 6.

도시계획 이상적 도시는 여하한가, 경서학인京西學人, «동광», 1927. 7.

도시의 불야성(화보), «신동아», 1932. 12.

도회 뒷골목에 명멸하는 협잡, 부정업자안내, 조풍연, «조광», 1938. 2.

도회都會의 일일, 서광제徐光霽, «조광», 1937. 9.

[동광대학東光大學] 성애해방론性愛解放論 – 건전한 성性적 자유의 획득,
　　　　유철수柳哲洙, «동광», 1931. 8.

[동광대학東光大學] 최신과학의 발달, 동광사, «동광», 1931. 6.

동방부녀의 의복개혁槪革, 유자후柳子厚, «여성», 1940. 12.

[동서부인의 신주장], «신민», 1926. 1.

　　　— 여자교육과 결혼문제, 김미리사金美理士.

　　　— 여인단발에 대하여, 김명순金明淳.

　　　— 부인 땐스의 위험성(日), 미야케 야스코三宅야쓰子.

　　　— 인격적 동등을 요구함(中), 왕리밍王立明.

　　　— 평화는 부인의 수중에 있다(英), 아바덴.

디렛탄트의 의식, 주경은朱敬恩, «막幕», 1938. 3.

라듸오, 스폿트, 키네마, 승일, «별건곤», 1926. 12.

라듸오는 누가 제일 잘하나?, 안테나생, «조광», 1936. 1.

라듸오는 어떠케 방송되나, 한덕봉韓德奉, «조광», 1931. 9.

라듸오음악방송비판, 김관金管, «조광», 1937. 9.

라디오 드라마에 대하여, 이석훈李石薰, «극예술劇藝術», 1934. 4.

라디오문화론, 윤규숙尹圭淑, «사해공론», 1938. 7.

레뷰화한 근대생활 – 도회가 나은 근작近作 7경(특별화보), «신동아», 1932. 6.

레코오드 추천 시장, 제씨諸氏, «여성», 1936. 4.

룸펜 사월 영춘보迎春譜 – 이래서 봄은 우울하다, 가로수, «중앙», 1936. 4.

룸펜시대, 박로아朴露兒, «혜성», 1932. 2.

룸펜의 인생관, 심경학인心耕學人, «비판», 1931. 5.

마수거리실패기, 이주홍, «신동아», 1936. 9.

마주벌이 부부생활(가정방문), «신동아», 1932. 9.

만추가두풍경晩秋街頭風景(만문만화), 최영수崔永秀, «여성», 1936. 11.

만화에 나타난 신흥문단의 문사, 안석주, «개벽», 1926. 7.

맑시스트에게 연애는 금물인가?, 안덕근安德根, «비판», 1932. 4.

명기名妓가 되려면, 금화산인金華山人, «월간 매신每申», 1934. 6.

[명기영화사] 조선권번, 낭랑공자浪浪公子, «삼천리», 1936. 6.

[명기영화사] 한성권번, 청의동자靑衣童子, «삼천리», 1936. 8.

명배우 명감독이 모여 조선영화를 말함, 나운규羅雲奎 외 10인, «삼천리»,
　　　1936. 11.

'모 – 단' 서울 설계안, 복혜숙卜惠淑, «삼천리», 1936. 1.

모더니즘 희론戱論, 오석천吳石泉, «신민», 1931. 6.

모 – 던 복덕방, «별건곤», 1930. 1~12.

모던 수제數題, 적라산인赤羅山人, 《신민》, 1930. 7.

모던 심청전沈淸傳, 웅초熊超, 《조광》, 1935. 11.

모던 행진곡, 《동광》, 1931. 4~11.

모던걸 합평, 《문예·영화文藝·映畵》, 1928. 3.

[모 - 던걸·모 - 던뽀 - 이 대논평], 《별건곤》, 1927. 12.

     — 모던이란 무엇이냐?, 유광렬柳光烈.

     — 유산자사회의 소위 '근대녀' '근대남'의 특징, 박영희朴英熙.

     — 모 - 던뽀이 촌감寸感, 박팔양朴八陽.

     — 현대적(모 - 던) 처녀, 성서인城西人.

     — 데카단의 상징, 최학송崔鶴松.

모던생활강좌, 청의아생靑衣兒生, 《조광》, 1936. 1.

모던아가씨 되는 법, 정영숙丁英淑, 《중앙》, 1933. 11.

모 - 던어 사전, 《신민》, 1930. 9.

모던이씀, 임인생壬寅生, 《별건곤》, 1930. 1.

모델과 여성의 미, 김용준金瑢俊, 《여성》, 1936. 9.

모뽀 모걸(소설), 방인근方仁根, 《신동아》, 1932. 5.

모뽀모걸의 신춘행락 경제학, 이서구李瑞求, 《별건곤》, 1932. 5.

모윤숙, 나혜석 씨의 연애관 비판, 안덕근安德根, 《삼천리》,

      1938. 5.

무궤도 취미좌담회, 박인덕朴仁德 외 9인, 《여성》, 1939. 3.

무선전신과 무선전화, 인왕생人王生, 《공영》, 1922. 9.

무선전신無線電信, 이종준李鍾駿, 《서울》, 1920. 4.

무장한 '가두양'의 표정, 《여성》, 1938. 4.

묵은 유행流行, 김석송金石松, 《조광》, 1936. 5.

문단국저공비행文壇國低空飛行, 이주홍李周洪, 《조광》, 1936. 12.

문예봉文藝峰 한은진韓銀珍 대對 김문집金文輯 방담회, 《사해공론》, 1938. 10.

문인백상文人百相, 《동광》, 1932. 1~2(31. 12. 27 ~ 32. 1. 25).

[문화기술자의 생활문제], 《청색지》, 1938. 11(11. 20).

     — 작가의 생활 - 직업적 조직을 갖어야 한다, 김남천金南天.

     — 생활의 예술, 심영沈影.

     — 화가의 생활, 길진섭吉鎭燮.

     — 음악가의 생활, 안병소安柄玿.

문화생활과 주택, 김유방金惟邦, 《개벽》, 1923. 2~4.

문화주의란 무엇?, 동운東芸, 《공영》, 1922. 8~9.

물질物質과 철도鐵道, 유훈섭劉壎燮, 《서울》, 1920. 2.

미국공장생활 - 그 시절의 여름방학, 천원天園, 《학등學燈》, 1934. 8.

미술계 인물론, 길진섭吉鎭燮, 《신세기》, 1939. 9.

　　　　 ― 레코오드 가수 인물론, 인왕산인仁旺山人.

　　　　 ― 장안 명기 인물론, 서향우徐向宇.

[미술의 6회], 《월간 매신》, 1934. 6.

　　　　 ― 나체화 수난, 김종태金鍾泰.

　　　　 ― 유방 만담, KK생.

미용법의 첨단화, 《신가정》, 1935. 8.

미인을 차저, 서울의 어디 어디에 게신가, 안석영, 《삼천리》, 1938. 5.

[민간지紙의 입년卄年] 신문화와 신문新聞, 임화林和, 《조광》, 1940. 10.

박인덕여사 이혼에 대한 사회적 비판, 양주삼 외 8인, 《신동아》, 1931. 12.

발, 정순애, 《여성》, 1937. 2.

방송실의 풍경, 김영팔金永八, 《문예·영화》, 1928. 3.

방언국放言局, 방언생放言生, 《실생활》, 1931. 8.

배재학당의 학예품 진열장을 관관觀함, 일기자一記者, 《신문계新文界》, 1916. 12.

백발백중! 상점대번창! 최신 기발奇拔한 판매술, 탐보군探報軍, 《별건곤》,
　　　　1927. 10.

백화점 봄풍경 4경 - 도시와 농촌의 춘정제태, 한인택韓仁澤, 《조광》, 1938. 4.

봄과 유행, 유행과 봄, 《여성》, 1936. 4.

부부도의 신질서, 함대훈咸大勳, 《여성》, 1940. 8.

부인 직업문제에 대하여, 김의식金義植, 《신민》, 1926. 1.

[부인논단], 《동성東聲》, 1932. 12.

　　　　 ― 남녀평등은 어듸로!, 최동희崔東禧.

　　　　 ― 결혼과 매음, 정춘자鄭春子.

　　　　 ― 현모양처란 무엇?, 김애라金愛羅.

[부인논단] 조선여성의 현대의식과 금후今後 진로, 차사백車士百, 《신가정》,
　　　　1933. 3.

부인문제의 일고찰 - 자유사상과 현모양처주의主義, 신일용辛日鎔, 《신생활》,
　　　　1922. 3.

부인문제의 종종種種, 근원槿園, «신생활», 1922. 3.

불안, 생의 사상, 지성–사실이냐? 낭만이냐?, 안함광安含光, «비판», 1938. 11.

비타민이란 무엇이냐?, 이성용李星鎔, «현대평론», 1927. 1.

뻐스와 단장短杖, 이하윤異河潤, «문장», 1940. 10.

[사립검사국檢事局] 여성 광고 유행병, 노국백작露國伯爵, «신생활», 1922. 8.

[사회개선社會改善] 조혼早婚과 만혼晩婚의 이해利害, «공도», 1914. 11.

사회생활과 재財, 성性, 명名–생활의 합리화를 제창함, «신동아», 1932. 6.

삭발령과 학생, 조풍연, «조광», 1938. 1.

산아이거든 풋뽈을 차라, 김원태金源泰, «개벽», 1920. 11.

삼천리기밀실, «삼천리», 1934. 11, 1940. 1.

삼천리에 핀 일색一色들, «삼천리», 1929. 9.

상구고독媾孤獨 현現 민간신문–한 문예가가 본 민간신문의 죄악, 금동琴童,
        «개벽», 1935. 3.

상식常識과 과학科學, 장응진張膺震, «서울», 1919. 12.

[상식의 과학] 가정전기학, 유완창兪莞昌, «여성», 1938. 7.

[상식의 과학] 전기학, 유완창兪莞昌, «여성», 1938. 6.

상점과 써–비쓰, 한승인韓昇寅, «조광», 1937. 2.

상징적象徵的 생활의 동경憧憬, 이동원李東園, «개벽», 1920. 7.

상투짜고 학교갈 때, 육정수陸定修, «조광», 1943. 1.

상품 진열법과 광고이용, 상업지식, 서춘徐椿, «동광», 1927. 6.

새로운 현모양처란 무엇인가?–특히 현모양처주의主義에 대하여,
        박경수朴璟秀, «중명衆明», 1933. 7.

새살림의 부엌은 이렇게 했으면, 박길용朴吉龍, «여성», 1936. 4.

[생활 개선과 구체안], «신동아», 1932. 11.

        — 주택, 김합라金合羅.

        — 의복, 이설李卨.

        — 음식, 이설李卨.

        — 혼례, 박현각朴鉉珏.

서양사람이 조선사람 사진찍는 것을 보고서, 김석철金錫喆, «개벽», 1923. 5.

서양인의 조선여자교육방침을 근본적으로 개혁하라(상), 오천석吳天錫,
        «서울», 1920. 6.

서울 잡감雜感, 추호秋湖, «서울», 1920. 4

[서울맛, 서울정조情調], «별건곤», 1929. 9(9. 27).

    ― 경성의 짜쓰, 이서구李瑞求.

    ― 서울내음새, 최영주崔泳柱.

    ― 스크린의 위안, 파영생波影生.

    ― 종산鍾散이 진산散이, 창석생蒼石生.

    ― 카페의 정조情調, 박로아朴露兒.

    ― 진고개, 정수일鄭秀日.

서울에 돌현突現한 여성의 집단적 룸펜군 - 룸펜의 연구를 겸하야,

    최정희崔貞熙, «삼천리», 1932. 1.

서울에 딴스홀을 허許하라 - 경무국장게 보내는 아등我等의 서書,

    이서구李瑞求 외, «삼천리», 1937. 1.

서유견문西遊見聞이란 책, 홍이섭洪以燮, «조광», 1941. 2.

성性에 관한 문제의 토론 - 성지식, 성교육, 남녀교제, 제씨, «동광», 1931. 12.

성에 관한 제문제, 주요한朱耀翰, «동광», 1931. 12.

성적性的 관계의 고찰, 김석송金石松, «계명啓明», 1921. 5~6.

[세계각국 야화집夜話集] 경성야화京城夜話, 김을한金乙漢, «별건곤», 1930. 7.

세계유행 깎근 머리, «신여성», 1925. 8.

세모가두歲暮街頭의 불경기 풍경 - 도회부처都會夫妻, 김규택金奎澤, «별건곤»,

    1930. 12.

소설小說과 얘기책, 이희승李熙昇, «박문», 1938. 10.

소위 신여성과 양처현모주의?, 백파白波, «현대평론», 1927. 1.

속續 영화가 백면상, 하소, «조광», 1938. 3.

속연애俗戀愛는 반대, 임치정林蚩正, «서울», 1920. 4.

스포츠 조선의 성장, C기자, «학등», 1935. 11.

신경향과 신희망 - 양복업계의 추세, 김창권金昌權, «신민», 1926. 2.

[신구 가정생활의 장점과 단점] 딱한 일 큰일 날 문제, 한○봉韓○鳳,

    «별건곤», 1929. 12.

신구여성 좌담회 풍경, 신불출申不出, «삼천리», 1936. 2.

신년잡경소묘笑描, 최영수崔永秀, «조광», 1937. 1.

신문과 광고, «개벽», 1935. 3.

신문광고부원이 그 자리를 떠난다면, 하희원河熙源, «별건곤», 1927. 7.

[신문기자 고백서], «개벽», 1935. 3.

── 신문기자 참회록, 이서구李瑞求.

── 신문기자 고심록, 홍종인洪鍾仁.

── 여기자 회상록, 최은희崔恩喜.

── 신문기자 비애, 소성한인邵城閑人.

── 초대기자 회상록, 정우택鄭禹澤.

신문화 들어오던 때, 이중화李重華 외, 《조광》, 1941. 6.

신문활자의 광태狂態, 정혁아正革兒, 《사해공론》, 1935. 7.

[신생활 제일보] 생활의 과학화, 이만규李萬珪, 《중앙》, 1936. 4.

신식 싀어미와 구식 며누리/ 신식 며누리와 구식 싀어미, 《별건곤》, 1926. 12.

신여성 구혼경향, 신랑 표준도 이러케 변한다, 일기자, 《별건곤》, 1926. 12.

신여성과 구여성 구별법(설문), 김동인金東仁 외 7인, 《여성》, 1939. 3.

신여성과 애정과 정조관, 최정희崔貞熙, 《삼천리》, 1935. 3.

신여성들은 남편의 밥과 옷을 지어본 적이 잇는가? 업는가?(설문),

　　　김경재金璟載 외 10인, 《삼천리》, 1931. 7.

신여성의 가정철학, 신보석申寶石, 《신동아》, 1932. 6.

[신여성의 신년 신신호新信號] 혁명은 부엌으로부터, 이경원李敬媛, 《동광》,

　　　1932. 1(1931. 12. 27).

[신춘에는 엇든 노래 유행할가], 《삼천리》, 1936. 2.

── 조선사람 심금을 울니는 노래, 이하윤異河潤.

── '민요'와 '신민요'의 중간의 것, 이기세李基世.

── '민요'와 리아리틱한 '유행가', 김능인金陵人.

── 새로히 유행될 짜ー즈 반盤, 민효식閔孝植.

── 넷것에 도라가질 듯, 왕평王平.

신춘유행의 의상 ─ 전시형戰時型 은선銀線의 작희作戱, 장사치張思致, 《춘추》,

　　　1941. 4.

[신취미 지시] 만화입문, 천리구千里駒, 《학생學生》, 1930. 4.

[싸이엔스] 천문상으로 본 우주선宇宙線, 최규남崔奎南, 《조광》, 1935. 12.

아등我等의 서광曙光, 장도빈張道斌, 《서울》, 1919. 12.

아메리카문명의 종횡관, 정일형鄭一亨, 《조광》, 1936. 10.

안석영 씨가 본 현대문단 제씨 만화상, 《삼천리》, 1933. 3.

[안해를 직업부인으로 내보낸 남편의 소감], 《삼천리》, 1929. 11.

── 생활이 청신淸新해지고 유혹에 대한 불안은 업다, 임봉순任鳳淳.

― 아내를 여점원으로, 수입은 만흐나 불안, 오창규吳昌奎.

[애인과 남편], «삼천리», 1929. 11.

― 애인과 남편과 사회적 생활, 조선일보 부인기자 윤성상尹聖相.

― 남편 이외에 애인잇스면 조켓다, M여학교교사 김숙희金淑姬.

[애인과 안해], «삼천리», 1929. 11.

― 성性의 비극과 나의 애인과 안해, 이광수李光洙.

― 안해! 애인! ― 내 애인 공개모募 ―, 염상섭廉想涉.

― 동거하는 이와 결혼전 여성, 현진건玄鎭健.

― 안해의 불행와 이혼문제, 최학송崔鶴松.

야만인의 공포와 문명인의 공포, 이여성李如星, «사상운동思想運動», 1925. 10.

약진하는 조선스포츠와 쩔내리즘, 정혁아正革兒, «사해공론», 1935. 5.

[약한 자여 네 일홈은 남자니라], «별건곤», 1930. 8.

― 쏠개빠진 놈은 남자다, 냉혈동인冷血洞人.

― 아메리카니즘 중독, 정인익鄭寅翼.

― 남자는 약하다, 김말봉金末峰.

양복의 기원―양복은 어느 때 누구의 손으로 만드린 것, 홍선표洪善杓,
  «조광», 1939. 2.

[양춘 명암 2중주], «조광», 1937. 4.

― 암흑면: 병원 풍경/ 화장火葬장편/ 빈민가편.

― 명랑보: 백화점 풍경/ 유도장 풍경/ 무용장 풍경/ 산보편/
  문화주택촌.

어떠한 '레코드'가 금지를 당하나?, «삼천리», 1936. 4.

어떤 룸펜 인텔리의 편상片想, 이헌구李軒求, «혜성», 1932. 4.

어엽분 아가씨네들 양말 신는 법 연구, «예술藝術», 1935. 1.

언제든지 의심스런 경품부景品附 대매출大賣出 내용 이약이, 일기자一記者,
  «별건곤», 1926. 12.

언질 전람회, «청색지», 1938. 8.

[없어진 민속] 기생妓生의 특색, 백화랑白花郎, «조광», 1936. 10.

엇더한 영화가 '컷트' 당하나, «삼천리», 1936. 2.

여고출신인 인테리 기생·여우女優·여급女給 좌담회, 복혜숙 외, «삼천리»,
  1936. 4.

여기자 군상, «개벽», 1935. 3.

여기자 좌담회, 윤성상尹聖相 외 10인, «신동아», 1932. 5

여류 문사의 연애문제 회의, 노천명盧天命 외 3인, «삼천리», 1938. 5.

[여류사업가열전] 교육봉사삼십년! 의지의 사도 차미리사車美理士씨, R기자, «여성», 1938. 7.

여름에 편한 양장, 하란공河蘭公, «여성», 1940. 8.

여박사의 독신생활기, «조광», 1938. 3.

[여성 주재하의 신여성 활동계], «신동아», 1932. 7.

　　　　— 김미리金美理여사와 근화槿花여학교.

　　　　— 박인덕朴仁德여사의 농사협찬회.

　　　　— 정자영鄭子英여사의 진성당병원.

　　　　— 장선희張善禧여사의 조선여자기예원.

　　　　— 김이수金尼洙여사의 문화사미용원.

여성과 끽연喫煙, 고영환高永煥, «문장», 1941. 4.

여성스포 - 츠론, 김태호金泰浩, «여성», 1937. 11.

[여성시평] 부인과 의상 - 최근유행의 화려한 의상을 논함, 이숙종李淑鐘, «여성», 1938. 3.

[여성시평] 여성의 직업문제, 김남천金南天, «여성», 1940. 12.

[여성 팔태八態], «조광», 1937. 5.

　　　　— 연극 여우女優, 유치진柳致眞.

　　　　— 아나운서, 이석훈李石薰.

　　　　— 여류 화가, 이헌구李軒求.

　　　　— 여비행사, 김광섭金珖燮.

　　　　— 여차장女車掌, 서광제徐光霽.

　　　　— 영화 여우女優, 박기채朴基采.

　　　　— 모던걸, 안석영安夕影.

　　　　— 여의사, 정근양鄭槿陽.

여성풍경(만화), «신가정», 1933. 2.

여성해방운동의 사적 고찰, 정철鄭哲, «학조學潮», 1926. 6.

여余의 경성감感과 희망, 경성인과 지방인, 선우전鮮于全, «개벽», 1924. 6.

여인 결발結髮의 사적史的 변천, 이여성, «춘추», 1941. 7.

[여인수필] 시장과 전문학교 아가씨, 김자혜金慈惠, «동광», 1932. 7.

[여인시평] 지식의 비극, 허하백許河伯, «여성», 1938. 6.

여인해부도, 김용준 외, «여성», 1938. 4.

여자계의 진보, 강매姜邁, «대한흥학보大韓興學報», 1909. 4.

여자단발문제와 그에 관련하야, 염상섭廉想涉, «신생활», 1922. 8.

여자여 강하라, 이만규李萬珪, «여성», 1938. 7.

여자와 간판, 최돌, «현대평론», 1927. 7.

[여자의 단발!] 단발문제의 시비是非?!, 조정환曺正煥 외, «신여성», 1925. 8.

여자의 지위에 대한 일고찰, 임진실林眞實, «청년青年», 1926. 3.

여자의 직업과 그 의의, 배성용裴成龍, «신여성», 1925. 4.

여자해방운동, 전유덕田有德, «삼천리», 1932. 1.

여점원과 기생, 홍효洪曉, «작품», 1939. 6.

여학생과 동성연애문제 – 동성애에서 이성애로 진전進展할 때의 위험,
        현누영玄淚影, «신여성», 1924. 12.

연애법전 – 31개조, 김문집, «여성», 1936. 6.

연애색채학, 정현웅鄭玄雄, «여성», 1939. 5.

연애의 세대적 고민, 이주홍李周洪, «비판», 1940. 1.

연예계 낭보, «신세기», 1941. 6.

연예演藝설문, 도봉섭都逢涉 등 25인, «조광», 1937. 4.

엽서운동, 적소생赤笑生, «신생활», 1922. 7.

영춘보迎春譜 인기가수알범, «사해공론», 1936. 5.

영화 연극 인기남녀배우 채점록, 남수동南守東, «신세기», 1940. 1.

영화가 백면상白面相, 하소夏蘇, «조광», 1937. 12.

영화가산보 – 연예에 관한 수상수제隨想數題, 백랑생白浪生, «중앙», 1933. 11.

영화스타 언파레드 – 혜성같이 나타난 32년식式 은막의 여왕, «신동아»,
        1932. 1.

영화시대 현상문제, «영화시대映畵時代», 1931. 6.

영화여우女優 희망하는 신여성군, 김유영金幽影, «삼천리», 1932. 10.

영화잡감 수제數題, 서광제徐光霽, «비판», 1938. 10.

영화제와 토키제작개시, «조광», 1935. 11.

영화팬의 금석담今昔譚 – 단성사주主 박정현朴晶鉉씨 방문기, «중앙», 1936. 4.

[예술과 인생] 신세계와 조선민족의 사명, 경서학인京西學人, «개벽», 1922. 1.

올드 뽀이의 낭만한 전당, 김용태金容泰, «조광», 1939. 2.

외인外人의 세력으로 관觀한 조선인 경성, 중간인中間人, 《개벽》, 1924. 6.

우리 직업부인계의 총평, 《신여성》, 1925. 4.

[우리 눈에 비친 공진회들] 나 역亦 구경求景의 영광榮光을 입던 니약이,
　　　유광열有狂熱, 《개벽》, 1923. 11.

[우리의 도시미], 《인문평론人文評論》, 1940. 1.

　　　─ 분수, 정현웅鄭玄雄.

　　　─ 포도鋪道, 김호성金湖星.

　　　─ 여객기旅客機, 김웅초金熊超.

　　　─ 철교鐵橋, 홍우백洪祐伯.

원탁만담회圓卓漫談會, 강세형姜世馨 외 6인, 《신민》, 1931. 1.

유선형시대流線型時代(만화), 《사해공론》, 1935. 10.

유행 제안, 제씨諸氏, 《여성》, 1936. 4.

[유행가에 대한 논의], 《학생》, 1930. 4.

　　　─ 유행추수流行追隨는 결국 불가학생계不可學生界, 안재홍安在鴻.

　　　─ 유행가의 건실화, 이하윤異河潤.

　　　─ 새노래 유행방책, 유광렬柳光烈.

　　　─ 가곡에 대한 세 조건, 정홍교丁洪敎.

유행가의 제문제, 김관金管, 《조광》, 1937. 11.

유행어 해설, 《학우구락부學友俱樂部》, 1939. 7.

유행에 나타난 현대여성, 윤성상尹聖相, 《여성》, 1937. 1.

유행은 그녀를 울렸습니다(만화), 최영수崔永秀, 《신동아》, 1933. 11.

유행의 금석수昔─변천 진화珍話, XYZ, 《신동아》, 1932. 11.

을밀대상의 체공녀滯空女 여류투사 강주룡 회견기, 무호정인無號亭人, 《동광》,
　　　1931. 7.

음악가천태音樂家千態, 안석주, 《동광》, 1932. 1(1931. 12. 27).

이것을 엇더케하면 조흡닛가?, ㄹㅈㅅ生, 《서울》, 1920. 4.

이상사회의 남녀관계, 백림학인柏林學人, 《신동아》, 1932. 4.

이상적 남편, 이상적 아내를 탐색하는 비결 공개장, 《중명》, 1933. 7.

이상향의 남녀생활, 노초路草, 《신생활》, 1922. 8.

[이역의 신년 새벽], 《신가정》, 1933. 1.

　　　─ 뉴욕의 그날, 박마리아.

　　　─ 백림伯林의 그 새벽, 나혜석羅蕙錫.

    — 금릉일기, 임효정林孝貞.

이천만원 움죽이는 박흥식 일대기, 창랑객創浪客, 《삼천리», 1936. 1.

이혼의 자유와 자녀문제, 고영환高永煥, 《신동아», 1932. 4.

인기 스포 – 츠맨 군상, 김태호金泰浩, 《조광», 1937. 11.

인기가수 좌담회, 왕수복王壽福 외 , 《삼천리», 1936. 1.

인기유행가수 군상, 양훈楊薰, 《조광», 1943. 5.

인습타파 신생활창조의 제일보, 내가 새로 실행하는 일(설문), 백남규白南奎
      외 5인, 《별건곤», 1927. 2.

인테리의 비애성悲哀性, 현동염玄東炎, 《신동아», 1933. 11.

일본문명관日本文明觀, 최석하崔錫夏, 《대한흥학보», 1909. 3~4.

일인일미一人一美 미혼남녀 레뷰 – , 최영수, 《신동아», 1933. 7.

자유결혼식장 순례기 – 포복절도할 결혼 형식의 각양각색, 웨딩테블生,
      《별건곤», 1926. 11.

잡지문화의 현상, 청구자靑丘子, 《청색지», 1938. 6.

장소場所가 씨우는 일기 – 평론가와 만화가, 최영수, 《사해공론», 1936. 11.

장안 신사숙녀 스타일 만평, 복혜숙卜惠淑·복면객覆面客, 《삼천리», 1937. 1.

장안명기영화사長安名妓榮華史, 김화랑金花郎, 《삼천리», 1932. 10.

저물어가는 영화가, 서광제徐光霽, 《학등», 1935. 12.

전선全鮮여자정구대회를 보고, 일기자一記者, 《별건곤», 1927. 10.

전차방담電車放談, 일송생一松生, 《신시대新時代», 1942. 4.

전통과 문화, 윤규섭尹圭涉, 《청색지», 1938. 8.

[전화와 로맨스], 《조광», 1940. 9.

    — 전화 이전의 연가, 최영수崔永秀.

    — 그 음성 꿈을 싣고, 모윤숙毛允淑.

    — 천국에서 온 음성, 함대훈咸大勳.

    — 네 음성 그립다, 조경희趙敬姬.

정신병자의 수기, 홍난파洪蘭坡, 《신천지», 1922. 1.

[정조파훼貞操破毁 여성의 재혼론], 《삼천리», 1931. 2.

    — 나의 재혼관, 허영숙許英肅.

    — 처녀 비처녀의 관념을 양기揚棄하라, 김일엽金一葉.

    — 남자 재혼과 가티 당연, 김원주金源珠.

제3의 행복, 안회남安懷南, 《조광», 1937. 1.

제4분과 레코드문화를 위하야, «사해공론», 1936. 12.

[제복을 벗는 지식여성에게] 사회 각방면 선배들의 간독懇篤한 훈탁訓托,
　　　«여성», 1938. 3.

　　　— 교육계로 나오는 여성에게, 이만규李萬珪.

　　　— 가정으로 드러가는 여성들에게, 이극로李克魯.

　　　— 사회사업에 뜻을 두는 여성에게, 유각경兪珏卿.

　　　— 직장에서의 체험을 통해서 참고로 멧말슴, 한동신韓洞信.

[제복입는 도시], «조광», 1940. 10.

　　　— 전발電髮 엘레지, 이선희李善熙.

　　　— 화장없는 거리, 정인택鄭人澤.

　　　— 백화점과 부정사否定詞, 계용묵桂鎔黙.

[제諸 명사名士의 조선여자해방관], «개벽», 1920. 9.

　　　— 먼저 교육문제를 해결함이 급무急務, 휘문고등보통학교교수
　　　　장응진張膺震.

　　　— 여자구속은 인조적人造的 악습일 뿐, 전 보성전문학교장
　　　　윤익선尹益善.

　　　— 해방은 절대적 급무가 안이라, 보성고등보통학교교수
　　　　유병민劉秉敏.

　　　— 금일은 해방준비시대, 강석江石 한규설韓圭卨.

　　　— 상당한 범위내에서 해방하라, 동아일보 편집감독 유근柳瑾.

　　　— 속박은 죄악, 보성고등보통학교장 정대현鄭大鉉.

　　　— 조선여자고유의 미덕을 상상傷함이 무無하라, 조선교육회간사
　　　　이규방李奎昉.

　　　— 다소의 희생은 면부득免不得, 보성법률상업학교장 고원훈高元勳.

　　　— 단 단자但字를 가입加入하노라, 문흥사장 이병조李秉祚.

　　　— 위선爲先 여자의 인격을 존중하라, 중앙학교장 최두선崔斗善.

　　　— 진정한 해방은 여자 스스로가, 유진희兪鎭熙.

　　　— 양성동등교육이 필요, 동덕여학교장 조동식趙東植.

　　　— 이세理勢에 순응하라, 천도교현기관장 오상준吳尙俊.

　　　— 보건保健상에도 불가불해방不可不解放, 홍제의원장 유홍종劉洪鍾.

　　　— 교육문제를 선창先唱합니다, 노동공제회장 박중화朴重華.

　　　— 조선여자해방에 대對하야, 조선교육회 총무 유진태兪鎭泰.

— 해방은 기旣히 문제가 안이오, 경기도참여관 유성준兪星濬.

— 여자해방이 즉 사회진보, 동양염직주식회사취체역 함세풍咸世豐.

— 천리天理대로, 양건식梁建植.

— 해방 운운云云은 남성의 말, 조선어학자 권덕규權悳奎.

조선 레코-드 제작내면-별유천지別有天地의 그들을 에워싼 이야기,
　　　칠방인생七方人生, «조광», 1936. 1.

조선 신문만화의 과거 현재 및 장래, 최영수崔永秀, «신동아», 1934. 5.

조선 영화계 문답, 청류생靑柳生, «조선문예», 1929. 5.

조선 유행가의 변천, 이하윤異河潤, «사해공론», 1938. 9.

조선 지식여성은 단발재소동-트레머리 마나님들의 양키-껄 화化인가,
　　　«조광», 1936. 6.

조선대학생의 문화생활 조사-조선대학생은 어떠케 사는가?, «청색지»,
　　　1938. 8.

[조선문화 급及 산업박람회] 영화편-작명作名 '려로, 춘향전', «삼천리»,
　　　1940. 5.

조선에 나올 유선형 열차, 백상감白象嵌, «중앙», 1935. 7.

조선에서의 주부로는 여교출신이 나흔가, 구여자가 나흔가?!, 이성환李晟煥
　　　외 5인, «별건곤», 1928. 12.

[조선여류 10거물 열전] 박인덕 황애시덕 양씨, «삼천리», 1931. 11.

조선여성에게-구미여성을 보고 반도여성에게, 나혜석羅蕙錫, «삼천리»,
　　　1935. 6.

조선여자의 금후행로今後行路, 묘향산인妙香山人, «개벽», 1920. 8.

조선영화감독 소묘, 임울천林蔚川, «조광», 1937. 5.

조선영화와 관중, 박신민朴新民, «조광», 1940. 2.

조선영화인 언파레드, 심훈沈熏, «동광», 1931. 7.

조선음식의 과학화-맛있고 깨끗하고 영양있는 음식을 먹자!, 한귀동韓龜東,
　　　«춘추», 1941. 4.

조선의 유행가-조선아! 너는 일시라도 속히 천재잇는 유행작곡가를
　　　나어라!, 이서구李瑞求, «삼천리», 1932. 10.

조선축첩사朝鮮蓄妾史, 청오靑吾, «개벽», 1935. 1.

종로네거리, 유광렬柳光烈, «별건곤», 1929. 9(9. 27).

종로상가 간판품평기, 김복진金復鎭, «중앙», 1936. 2.

종로상가 진열창품평회, 김복진金復鎭, 《중앙》, 1936. 1.

종로상가만감, 한승인韓昇寅, 《조광》, 1935. 12.

종로야화鐘路夜話, 조풍연趙豊衍, 《여성》, 1938. 9.

주부와 결혼법을 개조하라, 김안기金安基, 《신천지》, 1921. 10.

죽은사람 살려내는 인공소생기가 생겼다 – 심장조절기라고도 한다,
　　　명안생明眼生, 《사해공론》, 1935. 6.

지상공개誌上公開 폭리 대취체大取締, 《별건곤》, 1930. 10.

[지상紙上 하기대학] 가정학 – 우리가정의 위생적 생활개선, 김성진金晟鎭,
　　　《동광》, 1932. 8.

[지성 옹호의 변], 김기석金基錫 외 13인, 《비판》, 1938. 11.
　　　— 지성옹호에 대한 논의 – 그것을 통하야 보는 조선논단의 성격,
　　　　　김기석金基錫.
　　　— 지성은 문화의 무기고, 신남철申南澈.
　　　— 옹호란 창조의 정신을 이름이다, 안함광安含光.
　　　— 지성은 과학사상을 욕구한다, 김명식金明植.
　　　— 지성에 대하여, 안호상安浩相.
　　　— 서구의 문제는 곳 조선의 문제, 유진오兪鎭午.

지성의 패배와 그 재건, 김오성金午星, 《조광》, 1937. 8.

[지식계급논의], 《비판》, 1938. 10.
　　　— 현대 조선학생론, 김계림金桂林.
　　　— 모멸의 서 – 조선지식여성의 두뇌와 생활, 이활李活.
　　　— 지식계급의 일반적 규정, 범인凡人.
　　　— 지식계급의 사회적 역할, 천광인千光仁.
　　　— 인텔리문제의 신과제, 김남수金南洙.

지식계급의 미망迷妄, 정백鄭栢, 《신생활》, 1922. 4.

지식계급의 실패, 기안생飢雁生, 《신생활》, 1922. 7.

지식인과 직업, 박치우朴致祐, 《인문평론》, 1940. 5.

직업부인의 최신판 여변호사의 등장, 김문식金汶植, 《여성》, 1939. 3.

[직업여성 생활기록], 《신가정》, 1933. 1.
　　　— 분필가루 속에서, 이요례李堯禮.
　　　— 쎄일쓰껄의 비애, 이순경李順卿.
　　　— 병자와 함께, 한소제韓小濟.

— 방문, 집필, 원고, 최정희崔貞熙.

— 극중 '역'을 사는 사람, 이경설李景雪.

— 눈물에 젖은 일기, 김은숙金銀淑.

직업여성들의 직장보고(설문), 《춘추》, 1941. 5.

직업여성의 술회 – 학원學園시대와 실제생활, 김자혜金慈惠 외 4인, 《신동아》,
　　1932. 3.

직업전선과 조선여성, 김활란金活蘭, 《신동아》, 1932. 9.

[직장소녀들의 항의서], 《여성》, 1938. 7.

— 발등과 십원, 경성뻐스껄 김인숙金仁淑.

— 애교도 한이 있죠, 모백화점여점원 이달동李達童.

— 처녀는 수접다, 엘레베터껄 장명희張明熙.

— 한송이 붉은 꽃, 모다방껄 윤희숙尹喜淑.

— 직장의 명랑화, 모깨소링껄 이숙자李淑子.

— 당신은 달, 나는 해, 소녀직공 임수남任壽男.

— 특등과 삼등, 모극장티켙껄 양옥순梁玉順.

[째즈나 유행곡이 일반가정에 끼치는 영향], 《신가정》, 1935. 8.

— 사회교화상 '폐해'불무지만, 홍난파洪蘭波.

— 패망, 야비, 비인도적, 현제명玄濟明.

— 좋지 못한 레코드를 틀어놓으면 남의 집 애라도 귀막아주고
　　싶다, 김메리.

— 도덕적 가치가 없다, 박경호朴慶浩.

창부철폐론娼婦撤廢論, 신민생新民生, 《신민공론新民公論》, 1921. 7.

첫번 구두 신던 이야기, 임정혁任貞爀 외 5인, 《신가정》, 1935. 4.

첫번 양복 입던 이야기, 이윤재李允宰 외 4인, 《신가정》, 1935. 4.

최근 무산여학생의 연애 정조관, 혁적革笛, 《삼천리》, 1932. 12.

최근 영화계의 신경향, 신경균申敬均, 《조광》, 1936. 9.

최근 조선사회에서 감격된 일, 박승빈朴勝彬 외 6인, 《동방평론東方評論》,
　　1932. 5.

최근 조선에 유행하는 신술어新術語, 《개벽》, 1925. 3.

최신 유행 의복풍경, 이찬영李燦英, 《동광》, 1932. 11.

침체해가는 조선 레코–드의 운명, 청우청생聽又聽生, 《조광》, 1935. 11.

카아페껄의 생활이면裏面, 설우학인雪友學人, 《실생활實生活》, 1931. 8.

카페여급女給 언파레－드, 녹안경綠眼鏡, «별건곤», 1932. 11.

카페의 종횡과 학생군의 출몰, 목패생木貝生, «동방평론», 1932. 5.

키네마와 여학생, 버들, «문예·영화», 1928. 3.

토목언土木言, 부춘생富春生, «시사평론», 1922. 5~7.

토키음악에 관한 프라그멘트, 임울천林蔚川, «비판», 1939. 2.

[통속과학] 영양과 번식과의 관계－빈민에게 웨 아이가 만흔가?,
      일송정인一松亭人, «신동아», 1932. 3.

푸로와 뿌르 여학생의 정조와 연애관, «삼천리», 1932. 12.

[풍속시평] 유행, 무호동인無虎洞人, «조광», 1941. 7.

[풍자해학諷刺諧謔 신유행예상기], «별건곤», 1928. 2.

ー 새해에 올 유행중의 한 가지, 권구현權九玄.

ー 신혼살림들의 공동식당, 쌍S 생雙S生.

ー 어업븐 여학생의 신안호신구新案護身具, 돌이.

ー 여자청년회 빙수점, 삼산인三山人.

ー 감주와 막걸리, 성서인城西人.

ー 여학교 다니곤 결혼을 못하게 되어서, 삼산인三山人.

ー 기괴천만奇怪千萬, 중성남녀中性男女의 떼, 삼각정인三角町人.

[하기夏期 과학상식], «신민», 1931. 7.

ー 인연빙人然氷 '드라이아이스'의 효용.

ー 조명계의 여왕 '네온사인'.

학교무용無用론, 남영희南榮熙, 혜성, 1931. 3.

할늬혜성을 환영歡迎함, 소년동인少年同人, «소년», 1910. 5.

현단계 여성운동을 여시아관如是我觀, 김정원金貞媛, «비판»,
      1931. 5.

현대 미인론, 홍효민洪曉民, «춘추», 1943. 7.

현대 여성의 부동성, 홍효민洪曉民, «신동아», 1931. 12.

현대 여성의 처녀술, «신동아», 1932. 6.

현대문화와 전기, 김봉집金鳳集, «조광», 1931. 9.

[현대여류사상가들] 붉은 연애의 주인공들, 초사草士, «삼천리», 1931. 7.

현대여성과 건강미, 미용비법공개, 남파생南波生, «별건곤», 1930. 9.

현대여성의 결혼설계도, 고황경高凰京 외 9인, «신세기», 1940. 1.

현대여성의 고민을 말한다, 이태준李泰俊·박순천朴順天, «여성», 1940. 8.

현대여성의 얼굴화장은? – 고상하고도 건강하게, «춘추», 1941. 6.

현대와 비평정신, 최재서崔載瑞, «사해공론», 1938. 7.

현대의 부층浮層 – 월급쟁이 철학, 남일南一, «혜성», 1931. 8.

현대적 주부가 되라, 우탄생牛灘生, «신동아», 1932. 10.

형형색색의 경성 학생상, 청오靑吾, «개벽», 1925. 4.

화가 자아인식, 주경朱慶, «문장», 1939. 7.

화가·조각가의 모델좌담회, 김복진 외, «조광», 1938. 6.

화가의 모델로맨쓰, 이마동李馬銅 외 4인, «조광», 1939. 3.

화양병출和洋竝出의 불순한 졸업식, 박돌이, «개벽», 1925. 4.

화제여성 월평 – 박화성朴花城 최승희崔承喜 김옥교金玉嬌 김영의金永義,
	«여성», 1939. 10.

확장된 여자의 권리와 조선 안에서의 실제, 박희도朴熙道 외 5인,
	«영화시대», 1931. 6.

환락의 대전당 카페 – 그의 사회적 존재성, S·S생, «신동아», 1932. 6.

활동사진 변사좌담회, 성동호成東鎬 외 3인, «조광», 1938. 4.

활동사진의 속임수 – 기상천외의 '트릭크'와 그 해설, 김유영金幽影, «신동아»,
	1932. 1.

활동사진活動寫眞 이약이, 파영波影, «별건곤», 1926. 12.

황금광 시대의 광상곡狂想曲, 신태익申泰翊, «신동아», 1932. 10.

황금시대도 호접몽, 은월생銀月生, «조광», 1935. 11.

휴매니즘 논쟁의 총결산 – 현대문학과 '휴매니틔'의 문제, 임화林和, «조광»,
	1938. 4.

[희망하는 유행, 예상하는 유행](설문), 이양李亮 외 6인, «별건곤», 1929. 1.

	― 다시 중절식으로, 이승만李承萬.

	― 끽다喫茶와 악수, 이태준李泰俊.

서울에 딴스홀을 허하라
현대성의 형성

© 김진송 2020

1판 1쇄 1999년 2월 1일
2판 1쇄 2020년 2월 1일

지은이 김진송
펴낸이 김수기

펴낸곳 현실문화연구
등록 1999년 4월 23일 / 제25100-2015-000091호
주소 서울시 은평구 통일로 684 서울혁신파크 1동 403호
전화 02-393-1125 / 팩스 02-393-1128 / 전자우편 hyunsilbook@daum.net
ⓗ hyunsilbook.blog.me ⓕ hyunsilbook ⓣ hyunsilbook

만든 사람들 허원 이명혜 김재은 강정원 워크룸

ISBN 978-89-6564-243-5 (03910)

이 도서의 국립중앙도서관 출판예정도서목록(CIP)은
서지정보유통지원시스템 홈페이지(http://seoji.nl.go.kr)와
국가자료종합목록 구축시스템(http://kolis-net.nl.go.kr)에서 이용하실 수 있습니다.
(CIP제어번호: CIP2019044886)